徐在國 著

清華簡

文字聲系

（1~8）

第八冊

北京師範大學出版集團
安徽大學出版社

正編・侵部

侵　部

影紐音聲

音

清華三·祝辭 05 牆(將)䇷(射)得(干)音(函)

清華三·祝辭 05 䇷(射)音(函)也

清華五·三壽 13 可(何)胃(謂)音

清華五·三壽 18 寺(是)名曰音

清華五·三壽 21 音色柔丂(巧)而賸(叡)武不罔

清華六·管仲 10 均之以音

清華七·越公 23 今夫=(大夫)嚴(儼)肰(然)監(銜)君王之音

　清華七·越公 55 及風音誦詩訶(歌)諑(謠)

　　清華八·邦道 11 和亓(其)音燹(氣)與亓(其)㡀(顏色)以腬(柔)之

～，與 、同。《說文·言部》："音，聲也。生於心，有節於外，謂之音。宮商角徵羽，聲；絲竹金石匏土革木，音也。從言含一。"

　　清華三·祝辭 05"音"，讀爲"函"，鎧甲。《周禮·考工記序》："燕無函，秦無廬。"鄭玄注："函，鎧也。"《周禮·夏官·司弓矢》："王弓、弧弓以授射甲革、椹質者，夾弓、庾弓以授射豻侯、鳥獸者，唐弓、大弓以授學射者、使者、勞者。"鄭玄注："甲革，革甲也。《春秋傳》曰：'蹲甲而射之。'質，正也。樹椹以爲射正。射甲與椹，試弓習武也。"簡文"射干函"與"射甲革"類同。

　　清華五·三壽 13"可胃音"，讀爲"何謂音"，什麼是音樂。

　　清華五·三壽 18、清華六·管仲 10"音"，音樂。《禮記·樂記》："凡音之起，由人心生也。"鄭玄注："宮、商、角、徵、羽雜比曰音。"

　　清華七·越公 23"君王之音"，君王之善言，古人以德音喻善言。"音"，言辭。《讀書雜誌·淮南內篇·氾論》"音有本主於中"，王念孫按："音，當爲言。"

　　清華七·越公 55"音"，聲音。《詩·邶風·燕燕》："燕燕于飛，下上其音。"《淮南子·地形》："清水音小，濁水音大。"高誘注："音，聲。""風"，聲音。《管子·輕重己》："吹塤箎之風，鼛動金石之音。"《文選·王僧達〈祭顏光祿文〉》："逸翩獨翔，孤風絕侶。"李善注引《廣雅》："風，聲也。""風""音"同義連用，後凝結成詞。

　　清華五·三壽 21"音色"，指音氣和顏色，聲氣和面容、面色。

　　清華八·邦道 11"音燹"，即"音氣"，猶聲氣，指說話的聲音、語氣、氣概。王充《論衡·是應》："人含五常，音氣交通，且猶不能相知。"劉義慶《幽明錄》："董仲舒嘗下帷獨詠，忽有客來，風姿音氣，殊爲不凡。"

匣紐函聲

函

 清華六·孺子03 虐（吾）君函（陷）於大難之中

《說文·马部》："圅，舌也。象形。舌體马。马从马，马亦聲。，俗圅从肉、今。"

清華六·孺子03"函"，讀爲"陷"，陷入。《晏子春秋·內篇問上》："故忠臣也者，能納善於君，不能與君陷於難。"師詢簋（《集成》04342）："欲汝弗以乃辟函（陷）于艱。"

匣紐咸聲

咸

 清華一·尹至03 咸曰

 清華一·尹誥01 咸又（有）一悳（德）

 清華一·保訓06 咸川（順）不諍（逆）

 清華五·厚父02 兹咸又（有）神

 清華五·厚父07 咸天之臣民

清華五·菁門17 民咸解體自卹（恤）

清華五·封許 03 咸成商邑

 清華八·攝命 32 即立(位),咸

 清華八·邦道 09 母(毋)咸(感)於窒(令)色以還心

～,與 (上博一·緇 1)、 (上博七·凡甲 25)同。《説文·口部》:"咸,皆也,悉也。从口、从戌。戌,悉也。"

清華一·尹至 03"咸曰",都説。

清華一·尹誥 10"咸又一悳",讀爲"咸有一德"。《禮記·緇衣》"咸有壹德",鄭玄注:"咸,皆也。君臣皆有壹德不貳,則無疑惑也。"《書·咸有一德序》孔傳:"言君臣皆有純一之德。"郭店簡《緇衣》作《尹誥(誥)》員(云):'隹(惟)尹允及湯咸又(有)一悳(德)。'"

清華八·攝命 32"咸",訓爲"終",金文中多表示某一儀節結束,如趞觶(《集成》06516):"唯三月初吉乙卯,王在周,各大室,咸。井叔入右趞,王乎内史册令(命)趞。"

清華八·邦道 09"咸",讀爲"感",言動心。一説"咸"爲"或"字之譌,"或"讀爲"惑"。

清華一·保訓 06,清華五·厚父 02、07,清華五·封許 03,清華五·菅門 17"咸",總括副詞,皆、都。《易·乾》:"首出庶物,萬國咸寧。"《史記·淮陰侯列傳》:"於諸侯之約,大王當王關中,關中民咸知之。"

窞

 清華八·攝命 02 窞(湛)圂才(在)惡(憂)

～,从"宀","咸"聲。

清華八·攝命 02"窞",讀爲"湛",沉没。《漢書·賈誼傳》:"仄聞屈原兮,自湛汨羅。"顏師古注:"湛,讀曰沉。"《文選·班固〈答賓戲〉》:"浮英華,湛道德。"李善注:"湛,古沈字。"簡文"咸圂在憂"略同於毛公鼎(《集成》02841)"圂湛于艱"。簡文意思是沉陷在憂病之中。(蔡偉)

鹹

 清華二·繫年103 者(諸)侯同禜(盟)于鹹泉以反晉

 清華八·八氣04 鹹爲淳

～,從"鹵","咸"聲;或從"鹽"聲、"咸"省聲。《説文·鹵部》:"鹹,銜也。北方味也。從鹵,咸聲。"

清華二·繫年103"諸侯同盟于鹹泉以反晉",《左傳·定公七年》:"秋,齊侯、鄭伯盟于鹹,徵會于衛。""鹹泉",即《左傳》"鹹",地在河南濮陽縣東南。

清華八·八氣04"鹹爲淳",參《黃帝內經·素問》:"辛散,酸收,甘緩,苦堅,鹹耎,毒藥攻邪。"《管子·水地》:"酸主脾,鹹主肺,辛主腎,苦主肝,甘主心。""鹹",爲酸、甘、苦、辛、鹹五味之一。"鹹主肺",故《黃帝內經·素問》"鹹耎",即鹹柔軟。簡文"鹹爲淳"之"淳",平和。"鹹平和"和"鹹柔軟"義近,當指一事。

箴

 清華三·芮良夫18 疋(胥)箴(箴)疋(胥)㗌(謀)

"箴"字,左塚漆桐作 ,從"竹"省,"咸"聲。"䌴"字,叔弓鎛作 (《集成》00285),從"糸","箴"省聲,由於下加"糸"的原因,就把"咸"所從的"口"省去了。楚文字或作 (包山157)、 (鄂君啓舟節)、 (鄂君啓車節)、 (新蔡零271),所從"咸"訛省爲"戈"。

清華三·芮良夫18"箴",即"箴",規諫,告戒。《書·盤庚上》:"無或敢伏小人之攸箴。"陸德明《釋文》引馬融曰:"箴,諫也。"《左傳·宣公十二年》:"箴之曰:'民生在勤,勤則不匱。'"杜預注:"箴,誡。"《國語·周語上》:"列士獻詩,

瞽獻曲,史獻書,師箴。"或隸定作"哉",讀爲"語"。(白於藍)

窚

　　清華五·湯丘 04 方惟螽(聞)之乃窚(箴)

～,從"宀","絾"聲。上博五·君 10"昔者中尼窚(絾)徒三人"之"窚"字作 。所從之"竹"則不省。"窚"乃"絾"字繁體。

清華五·湯丘 04"窚",疑讀爲"箴",規戒。《左傳·宣公十二年》:"箴之曰。"杜預注:"箴,戒。"《廣韻》:"箴,規也。"

窚

　　清華八·攝命 29 佳(唯)朕□□□窚(箴)教女(汝)

～,從"宀","絾"聲。

清華八·攝命 29"窚",讀爲"箴"。參上。

匣紐刄聲

軋

　　清華二·繫年 102 晉人旻(且)又(有)軋(范)氏与(與)中行氏

之禍(禍)

　　清華七·子犯 01 秦公乃訋(召)子軋(犯)

　　　清華七·子犯 02 子軋(犯)倉(答)曰

清華七·子犯 06 公乃訝（召）子軓（犯）

 清華七·子犯（背）01 子軓（犯）子余（餘）

 清華七·趙簡子 01 軓（范）獻子進諫

 清華七·越公 54 等（等）以受（授）軓（范）羅（蠡）

 清華七·越公 61 乃命軓（范）羅（蠡）

～，與 、、、同。"軓"，"軌"之古文。《説文·車部》："軌，車軾前也。从車，凡聲。《周禮》曰'立當前軌'。"段玉裁注："按其字蓋古文作'軓'，今字作'軌'，叚借作'笵'，'笵'又譌'范'。"

清華二·繫年 102"軓氏"，讀爲"范氏"。《左傳·定公十三年》："秋七月，范氏、中行氏伐趙氏之宮，趙鞅奔晉陽……冬十一月，荀躒、韓不信、魏曼多奉公以伐范氏、中行氏，弗克。"

清華七·子犯"子軓"，讀爲"子犯"，名偃，狐氏，狐突之子，重耳之舅，故史稱"舅犯""咎犯"，在重耳流亡以及入國後的稱霸中，起了重要作用。《韓非子·外儲説右上》："（文公）一舉而八有功。所以然者，無他故異物，從狐偃之謀。"《吕氏春秋·不廣》："文公可謂智矣……出亡十七年，反國四年而霸，其聽皆如咎犯者邪。"又見子犯編鐘（《近出》10—25）。

清華七·趙簡子 01"軓獻子"，讀爲"范獻子"，晉國正卿，一名鞅，又稱士鞅，卒謚獻子。《左傳·定公元年》："范獻子去其柏椁，以其未復命而田也。"

清華七·越公 54、61"軓羅"，讀爲"范蠡"。《國語·越語下》："越王句踐即位三年而欲伐吴，范蠡進諫曰。"《越絕書·越絕外傳記范伯》："昔者，范蠡其始居楚，曰范伯。自謂衰賤，未嘗世禄。故自菲薄，飲食則甘天下之無味，居則安天下之賤位,複被發佯狂不與於世。"

軋

 清華三·良臣 05 晉文公又(有)子軋(犯)

 清華三·良臣 05 又(有)咎軋(犯)

 清華三·良臣 07 又(有)軋(范)羅(蠡)

～,从"車","𢀛"聲。

清華三·良臣 05"子軋",讀爲"子犯"。參上。

清華三·良臣 05"咎軋",讀爲"咎犯"。參上。整理者認爲"子犯""咎犯"爲同一人,羅小華指出"子犯"爲狐偃,而"咎犯"爲臼季。郭永秉認爲"咎犯"爲"舅犯"狐偃,而"子犯"是臼季。

清華三·良臣 07"軋羅",讀爲"范蠡"。參上。

匣紐柬聲

𨚰

 清華六·太伯甲 06 虐(吾)[乃]䐓(獲)𨚰(函)、邮(訾)

 清華六·太伯乙 05 虐(吾)乃䐓(獲)𨚰(函)、邮(訾)

～,从"邑","柬"聲。"𦀗" ▨(晉侯蘇鐘,《銘圖》15299)、"練" ▨ ▨(溫縣盟書 T4K11－17)無疑就是甲骨文、金文中的"柬"。裘錫圭認爲甲骨文"柬"字"象木上有物纏束之形",有"范"與"圍"兩個讀音(《說"𦀗白大師武"》,《考古》1978 年第 5 期,第 318、305 頁)。《說文》"柬"从弓聲,讀若含。

清華六·太伯"𨚰",讀爲"函",地在函陵,今河南新鄭。"函陵"見於《左傳·僖公三十年》:"九月甲午,晉侯、秦伯圍鄭,以其無禮於晉,且貳於楚也。晉軍函陵,秦軍氾南。"《太平寰宇記》卷九:"函陵在新鄭縣北十三里,水流逕其北,山形如函,故名函陵。"(吴良寳)

見紐今聲歸緝部入聲

端紐占聲

占

清華一·程寤 02 王弗敢占

清華一·程寤 03 占于明堂

清華五·三壽 09 羣=(君子)而不諱(讀)箸(書)占

清華六·子儀 14 占夢童(憧)永不休

清華四·筮法 63 乃力(扐)占之

～,與 占(上博二·從乙 2)同。《説文·卜部》:"占,視兆問也。从卜、从口。"

清華一·程寤 02、03,清華四·筮法 63"占",用龜甲、蓍草占卜,預測吉凶。《易·繫辭上》:"以制器者尚其象,以卜筮者尚其占。"

清華五·三壽 09"占",命運,氣數。《史記·五帝本紀》:"順天地之紀,幽明之占。"張守節《正義》:"占,數也。"

清華六·子儀 14"占夢",圓夢,卜度夢的吉凶。《詩·小雅·正月》:"召彼故老,訊之占夢。"鄭箋:"召之不問政事,但問占夢,不尚道德而信徵祥之甚。"《晉書·藝術傳·索紞》:"(索紞)惟以占夢爲無悔吝,乃不逆問者。"

透紐焢聲

罙

清華三·芮良夫 11 必罙(探)亓(其)厇(宅)

清華三·芮良夫 26 言罙(深)于肙(淵)

清華五·湯丘 18 罙(深)肙(淵)是淒(濟)

清華六·子產 01 濺(淺)以諅(信)罙(深)

～，與🔲(上博五·季 11)、🔲(上博八·成 13)同，從"宀""尤"聲，所從的"朩(尤)"旁或加斜筆爲飾作"火"，與"火"類同，遂爲《説文》所本。《説文·穴部》："罙，深也。一曰竈突。從穴，從火，從求省。"

清華三·芮良夫 11"罙"，讀爲"探"，訪問，看望。《漢書·司馬遷傳》："二十而南游江淮，上會稽，探禹穴，窺九疑。"

清華三·芮良夫 26"言罙于肙"，讀爲"言深于淵"。《荀子·致士》："川淵深而魚鼈歸之，山林茂而禽獸歸之。"《莊子·達生》："吾嘗濟乎觴深之淵，津人操舟若神。"

清華五·湯丘 18"罙肙"，讀爲"深淵"，深潭。《詩·小雅·小旻》："戰戰兢兢，如臨深淵，如履薄冰。"簡文"深淵是濟"，即渡深潭。

清華六·子產 01"罙"，讀爲"深"。從水面到水底的距離大，跟"淺"相對。《詩·邶風·谷風》："就其深矣，方之舟之。"左思《魏都賦》："回淵漼，積水深。"

寂

清華八·處位 08 訏(守)道寂(探)厇(度)

清華八·處位 08 以寁（探）良人

～，从"支"，"罙"聲。所从"罙"與 同。

清華八·處位 08"寁"，即"探"。《爾雅·釋詁》："探，取也。"

深

　　清華八·天下 01 深亓（其）涇

～，楚文字或作 、、，或作 、。《説文·水部》："深，水。出桂陽南平，西入營道。从水，罙聲。"

清華八·天下 01"深"，與"淺"相對。《孟子·公孫丑下》："城非不高也，池非不深也，兵革非不堅利也。"《墨子·備城門》："凡守圍城之法，厚以高，壕池深以廣，樓撕揗，守備繕利。"

透紐審聲

審

　　清華八·攝命 21 女（汝）亦母（毋）敢鬼（畏）甬（用）不審不允

　　清華七·越公 53 審荆（刑）

～，與 同。《説文·釆部》："宷，悉也。知宷諦也。从宀、从釆。審，篆文宷从番。"

清華八·攝命 21"審"，詳細，仔細。《書·顧命》："病日臻。既彌留，恐不獲誓言嗣，茲予審訓命汝。"孫星衍疏："《説文》云：'詳，審議也。'審亦爲詳。"《管子·宙合》:"聽不慎不審不聰,不審不聰則繆。視不察不明,不察不明則過。"

清華七·越公 53"審荆",即"審刑",審罰。《管子·問》:"審刑當罪,則人不易訟。"

定紐甚聲

甚

清華一·保訓 02 朕疾壹(漸)甚

清華一·祭公 02 不汓(淑)疾甚

清華二·繫年 027 賽(息)侯之妻甚娧(美)

清華二·繫年 036 文公十又二年居翟=(狄,狄)甚善之

清華六·管仲 21 夫周武王甚元以智而武以良

清華八·攝命 02 甚余我邦之若否

清華八·攝命 18 女(汝)其有翼(斁)有甚(湛)

清華八·攝命 31 甚谷(欲)女(汝)寵乃服

清華八·邦道 13 古(故)母(毋)窫(慎)甚勲(勤)

清華八·邦道13 備(服)母(毋)甚攴(慎)甚散(美)

　清華八·邦道13 飤(食)母(毋)甚(慎)甚毣

～，與 、同。或作 ![]，則是將"八"放在"匚"内。或作 ，與燕陶文 形近，"口"是共用筆畫。《說文·甘部》："甚，尤安樂也。从甘，从匹耦也。![]，古文甚。"

清華一·保訓02"疾壑甚"，讀爲"疾漸甚"。《書·顧命》："王曰：'嗚呼！疾大漸，惟幾，病日臻。'"《列子·力命》："季梁得病，七日大漸。其子環而泣之，請醫。"張湛注："漸，劇也。"《玉篇·甘部》："甚，劇也。"(《讀本一》第82頁)

清華一·祭公02"不汸(淑)疾甚"，《戰國策·楚四》："今王疾甚，旦暮且崩，太子衰弱，疾而不起，而君相少主，因而代立當國，如伊尹、周公。"

清華二·繫年027"賽侯之妻甚婞"，讀爲"息侯之妻甚美"。參《國語·魯語下》："楚公子甚美，不大夫矣，抑君也。"

清華二·繫年036"翟甚善之"，讀爲"狄甚善之"。《左傳·哀公十六年》："楚大子建之遇讒也，自城父奔宋。又辟華氏之亂於鄭，鄭人甚善之。"

清華八·攝命18"甚"，讀爲"湛"。《說文·水部》："湛，沒也。"簡文"汝其有敗有湛"，你有敗沒。

清華八·攝命31"甚"，副詞。"甚欲"見《戰國策·齊三》："齊、衛之交惡，衛君甚欲約天下之兵以攻齊。"

清華六·管仲21、清華八·攝命02、清華八·邦道13"甚"，很，極。《國語·晉語一》："吾聞申生甚好仁而彊，甚寬惠而慈於民。"

愖

　清華五·三壽17 非褢(壞)于愖(湛)

～，从"心"，"甚"聲，"忱"之異體。《說文·心部》："忱，誠也。从心，冘聲。

《詩》曰:'天命匪忱。'"

清華五·三壽 17"愖",讀爲"湛"。《國語·周語下》:"虞于湛樂。"韋昭注:"湛,淫也。"《大戴禮記·保傅》:"樂而湛。"盧辯注:"湛以樂也。"

湛

 清華五·厚父 13 母(毋)湛于酉(酒)

《說文·水部》:"湛,沒也。从水,甚聲。一曰:湛水,豫章浸。,古文。"

清華五·厚父 13"湛",沉陷,沉迷。《晏子春秋·內篇諫上》:"願君教茶以禮而勿陷於邪,導之以義而勿湛於利。"簡文"毋湛于酒",不要沉迷于酒。與《書·酒誥》"罔敢湎于酒"義同。

寔

 清華一·祭公 13 寔(皇)寔方邦

～,从"宀","甚"聲。

清華一·祭公 13"寔",讀爲"戡",平定。《書·西伯戡黎》:"西伯既戡黎,祖伊恐。"或訓爲勝。(《讀本一》第 261 頁)或讀爲"訦",《廣雅·釋訓》:"盛也。"

定紐冘聲

沖

 清華一·金縢 11 隹(惟)余沖(沖)人亦弗及(及)智(知)

 清華一·金縢 12 隹(惟)余沖(沖)人亓(其)辟(親)逆公

 清華一·皇門 1 䊫(肆)朕沖(沖)人非敢不用明刑(刑)

清華三·琴舞 09 䢔（逐）思沓（忱）之

　清華三·琴舞 10 亓（其）舍（余）沓（沖）人

　清華三·芮良夫 24 𦈢（朕）佳（惟）沓（沖）人

　清華八·攝命 05 母（毋）閟（毖）于乃佳（唯）沓（沖）子少（小）子

　清華八·攝命 06 女（汝）佳（唯）沓（沖）子少（小）子

　清華八·攝命 15 女（汝）有佳（唯）沓（沖）子

　清華八·攝命 21 女（汝）佳（唯）沓（沖）子

　清華八·攝命 29 有女（汝）佳（唯）沓（沖）子

　　～，從"水"，"沓"聲，"沓"乃是人沉於皿中，"沈"字異體。與 ![] （上博五·鬼7）同。《説文·水部》："沈，陵上滴水也。從水，冘聲。一曰濁黕也。"

　　清華一·金縢 11、12，皇門 1，清華三·琴舞 10，清華三·芮良夫 24"沓人"，讀爲"沖人"，年幼的人，多爲古代帝王自稱的謙辭。《書·盤庚下》："肆予沖人，非廢厥謀。"孔傳："沖，童。"孔穎達疏："沖、童，聲相近，皆是幼小之名。自稱童人，言己幼小無知，故爲謙也。"焦贛《易林·需之無妄》："戴璧秉珪，請命於河，周公作誓，沖人瘳愈。"

　　清華八·攝命 05、06、15、21、29"沓子"，讀爲"沖子"，沖人。《書·召誥》："今沖子嗣，則無遺壽耇。"孔傳："童子，言成王少，嗣位治政。"

　　清華三·琴舞 09"沓"，讀爲"忱"。《説文》："忱，誠也。"《詩·大雅·大明》:"天難忱斯,不易維王。"毛傳:"忱,信也。"

湫(沬、淩)

 清華一·楚居 08 至文王自疆浧遲(徙)居湫(沈)郢

 清華一·楚居 09 至成王自箬(鄀)郢遲(徙)袭(襲)湫(沈)郢

 清華一·楚居 13 女(焉)遲(徙)袭(襲)湫(沈)郢

 清華一·楚居 14 王大(太)子以邦返(復)於湫(沈)郢

 清華一·楚居 14 王大(太)子自湫(沈)郢遲(徙)居疆郢

 清華二·繫年 085 爲沬(沈)之自(師)

 清華二·繫年 130 楚人涉沬(沈)

 清華八·心中 03 百體四叟(相)莫不罶(逸)淩(沈)

～,從二"水",從"禾",會禾沈入水中之意,"沈"字異體。或從"水",從"禾";或從"水",從"禾",從"又",手持禾入水,均"沈"字異體。安大簡《詩經》"沈"作 ![]、![],《毛詩》作"髧",《齊詩》《韓詩》作"紞"。或釋"湛",也即文獻中"埋沉"之祭的"沈"(沉)字。(黃德寬)

清華一·楚居 08、09、13、14"湫郢",即"沈郢"。

清華二·繫年 085、130"沬",即"沈",讀爲"氾"。《左傳·成公七年》:"秋,楚子重伐鄭,師于氾。"杜預注:"氾,鄭地。在襄城縣南。"

清華八·心中 03"畾浸",讀爲"逸沈",疑指放縱沉淪。(馬曉穩)

定紐㸚聲

遙

清華五·命訓 09 民㦻(畏)則遙(淫)祭

清華五·命訓 10 㝵(禍)莫大於遙(淫)祭

清華五·命訓 13 敖(藝)不遙(淫)

清華五·命訓 14 敖(藝)遙(淫)則割(害)於材(才)

～,从"辵","㸚"聲。"淫"字或作▨(上博一·緇 4)。楚文字"㸚"或作▨(《璽彙》0252)、▨(上博六·孔 17)、▨(上博五·鬼 7)、▨(上博八·成 13)。

清華五·命訓 09、10"遙祭",讀爲"淫祭",淫祀,邪祭。《逸周書·命訓》:"極禍則民鬼,民鬼則淫祭,淫祭則罷家。"唐大沛云:"禍以懲惡,若降禍過多,則民思免禍,求媚於鬼神。巫祝祈禱之事盛行曰淫祭。弊其財以冀無禍,其家必至罷憊。"

清華五·命訓 13"遙",讀爲"淫",指"淫巧"的"淫"。《禮記·月令》:"是月也,命工師效功,陳祭器,按度程,毋或作爲淫巧,以蕩上心,必功致爲上。"鄭玄注:"淫巧,謂奢僞怪好也。"《書·大禹謨》:"罔遊于逸,罔淫于樂。"孔傳:"淫,過也。"

清華五·命訓 14"敖遙則割於材",讀爲"藝淫則害於才"。今本《逸周書·命訓》作"藝淫則害于才"。

淫

清華一・保訓 04 勿淫

清華一・保訓 11 母(毋)淫

清華六・太伯甲 10 色〈孚〉淫枽(媱)于庚(康)

清華六・太伯乙 09 孚淫枽(媱)于康

清華八・攝命 13 母(毋)淫

清華八・攝命 17 亡(罔)非楚(胥)以淫忑(極)

～，與▨(上博一・緇 4)、▨(郭店・緇衣 6)、▨(郭店・唐虞 12)同。所從"㸒"或與"㞷"混訛同形。郭店簡"淫"字或作▨(郭店・尊德 34)，上博簡或作▨(上博六・競 12)。《説文・水部》："淫，侵淫隨理也。从水，㸒聲。一曰久雨爲淫。"

清華一・保訓 04"勿淫"，清華一・保訓 11、清華八・攝命 13"母淫"，讀爲"毋淫"，不要過度放縱逸樂。《書・無逸》周公對嗣王的訓誡："繼自今嗣王，則其無淫于觀于逸于遊于田，以萬民惟正之供。"

清華六・太伯甲 10、太伯乙 09"淫"，過度，無節制。《書・大禹謨》："罔遊于逸，罔淫于樂。"孔傳："淫，過也。"簡文"淫枽"，讀爲"淫媱"，淫樂，過度放縱逸樂。《方言》第十："媱，遊也。江沅之間謂戲爲媱。"錢繹《箋疏》："《廣雅》：媱、愓、遊、敖，戲也。媱，曹憲音遙……案：媱之言逍遙也。"

清華八・攝命 17"亡非楚以淫忑"，讀爲"罔非胥以淫極"，皆相率以淫極。

"淫",亂雜,邪亂。《管子·小匡》:"男女不淫,馬牛選具,執玉以見,請爲關內之侯。"尹知章注:"淫,亂雜也。"《呂氏春秋·古樂》:"樂所由來尚也,必不可廢,有節,有侈,有正,有淫矣。"高誘注:"淫,亂也。"

㤎

清華三·說命中 04 女(汝)复(作)㤎(淫)雨

清華五·三壽 17 坸(徇)寶(句)傑(遏)㤎(淫)

清華五·三壽 25 昏(晦)則……戲(虐)㤎(淫)自嘉而不縷(數)

～,與(郭店·尊德 34)同,從"心","㸒"聲,疑"淫"字異體。

清華三·說命中 04"㤎雨",讀爲"淫雨",久雨。《禮記·月令》:"(季春之月)行秋令,則天多沈陰,淫雨蚤降。"鄭玄注:"淫,霖也,雨三日以上爲霖。"《左傳·莊公十一年》:"天作淫雨,害於粢盛,若之何不弔?"《史記·龜策列傳》:"淫雨不霽,水不可治。"

清華五·三壽 17"傑㤎",讀爲"遏淫",遏止淫邪。《列女傳·仁智傳》:"聘則爲妻,奔則爲妾,所以開善遏淫也。"

清華五·三壽 25"戲㤎",讀爲"虐淫"。《書·西伯戡黎》作"惟王淫戲用自絕",《史記·殷本紀》作"維王淫虐用自絕"。"虐淫",又作"淫虐",淫亂暴虐。《左傳·昭公元年》:"夫以彊取,不義而克,必以爲道。道以淫虐,弗可久已矣!"《史記·殷本紀》:"維王淫虐用自絕,故天弃我。"

定紐尋聲

䛨

清華六·子儀 08 佰(宿)君又䛨(尋)言(焉)

～，從"言","尋"聲。楚文字從"尋"之字或作☒(上博五·鬼7)、☒(上博六·競10)、☒(新蔡乙一12)、☒(新蔡乙一16)。

清華六·子儀08"䚽"，讀爲"尋"。《方言》："自關而西，秦、晉、梁益之閒，凡物長謂之尋。"

鄩

　清華一·楚居16 女(焉)遲(徙)居鄩郢

～，從"邑","畱"聲，"鄩"字異體。"畱"，楚文字或作☒(上博一·孔16)、☒(安大一003)、☒(安大一004)。"畱"所從的"由"乃是贅加的聲符。

清華一·楚居16"鄩郢"，地名，又見於新蔡簡甲三240等，有"王自肥遺郢徙於鄩郢之歲"。

泥紐男聲

男

　清華二·繫年120 旻(且)男女服

　清華四·筮法02 同男=(男，男)見

　清華四·筮法03 参(三)男同女

　清華四·筮法07 参(三)男同女

　清華四·筮法10 参(三)女同男

清華四·筮法 15 參(三)女同男

清華四·筮法 17 參(三)男同女

清華四·筮法 18 參(三)男同女

清華四·筮法 19 凸(凡)男

清華四·筮法 21 中男乃男

清華四·筮法 21 中男乃男

清華四·筮法 51 男戠(勝)女

清華四·筮法 62 曰男女

清華七·越公 06 男女備(服)

清華七·越公 25 男女備(服)

清華七·越公 69 男女□□

清華七·越公 71 男女備(服)

· 3471 ·

清華八·邦道 20 男女不達(失)亓(其)時(時)

～，與🔲(上博二·容 16)、🔲(上博五·三 3)同。《説文·男部》："男，丈夫也。从田、从力。言男用力於田也。"

清華四·筮法"男"，男子，男性的人。與"女"相對。《易·家人》："女正位乎内，男正位乎外；男女正，天地之大義也。"

清華二·繫年 120，清華七·越公 06、25、69、71"男女"，男人和女人。《易·序卦》："有天地然後有萬物，有萬物然後有男女，有男女然後有夫婦。"

清華八·邦道 20"男女不達亓時"，讀爲"男女不失其時"。參《韓詩外傳》卷三："太平之時，民行役者不逾時。男女不失時以偶，孝子不失時以養。"

泥紐壬聲

壬

清華四·筮法 43 甲壬

清華五·三壽 17 惠民由壬(任)

清華八·攝命 32 隹(唯)九月既望壬申

《説文·壬部》："壬，位北方也。陰極陽生，故《易》曰：'龍戰于野。'戰者，接也。象人裹妊之形。承亥壬以子，生之敘也。與巫同意。壬承辛，象人脛。脛，任體也。"

清華四·筮法 43"甲壬"，"乾"納甲壬，將天干納入八卦。《京氏易傳》卷下有京房"納甲"説云："分天地乾、坤之象，益之以甲乙、壬癸。"

清華五·三壽 17"壬"，讀爲"任"。《廣雅·釋詁》："任，使也。"此云以(音樂)導民、使民。《荀子·樂論》："故制《雅》《頌》之聲以道之。"

清華八·攝命 32"隹(唯)九月既望壬申"，《左傳·桓公十四年》："秋八月壬申，御廩災。"

任

清華六·子產 17 悎(更)則任之

清華六·子產 19 任砫(重)不果

清華六·子產 20 砫(重)任以果塷(將)

清華八·攝命 32 王乎(呼)乍(作)册任册命白(伯)㝜(攝)

～,與(上博四·內 6)同。《說文·人部》:"任,保也。从人,壬聲。"

清華六·子產 17"悎(更)則任之"之"任",委任,任用。《韓非子·外儲說左上》:"燕相受書而說之,曰:'舉燭者,尚明也,尚明也者,舉賢而任之。'"

清華六·子產 19"任砫",即"任重",擔負重大的責任。《國語·周語上》:"夫天事恆象,任重享大者必速及,故晉侯輕王,人亦將輕之。"

清華六·子產 20"砫任",即"重任",猶言擔當重任,或委以重任。《左傳·襄公十年》:"余贏老也,可重任乎?"杜預注:"不任受女此責。"

清華八·攝命 32"任",作册名。

邥

清華二·繫年 119 晉公止會者(諸)侯於邥(任)

清華六·子儀 16 公及三方者(諸)邥(任)君不贍(瞻)皮(彼)泹(沮)漳之川屏(開)而不盧(闔)殹(也)

～,从"邑","壬"聲。

清華二·繫年 119"邥",讀爲"任",晉邑,在今河北任縣東。一說在今山東濟寧東南,古泗水邊上,位在宋魯之間。《左傳·襄公三十年》:"羽頡出奔晉,爲任大夫。"

清華六·子儀 16"邘君",讀爲"任君",有抱負之君。

紝

 清華一·耆夜 03 紝（緝）尼（夷）䛐（兄）俤（弟）

 清華三·赤鵠 02 湯旬（后）妻紝巟胃（謂）少（小）臣曰

 清華三·赤鵠 03 紝巟胃（謂）少（小）臣曰

 清華三·赤鵠 03 少（小）臣自堂下受（授）紝巟䰞（羹）

 清華三·赤鵠 03 紝巟受少（小）臣而嘗之

 清華六·子儀 10 織紝之不成

《說文·糸部》："紝,機縷也。从糸,壬聲。 ,紝或从任。"

清華一·耆夜 03"紝尼",讀爲"緝夷",和樂。《國語·晉語八》："緝訓典。"韋昭注："緝,和也。"《詩·鄭風·風雨》："云胡不夷。"毛傳："夷,說也。"（《讀本一》第 122 頁）或讀爲"恁仁",誠信仁愛。

清華三·赤鵠 02、03"紝巟",湯旬（后）妻。

清華六·子儀 10"織紝",指織作布帛之事。《墨子·非攻下》："農夫不暇稼穡,婦人不暇紡績織紝。"《禮記·內則》："執麻枲,治絲繭,織紝組紃,學女事,以共衣服。"孔穎達疏："紝爲繒帛。"

賃

 清華八·處位04 宔(主)賃(任)百𠬛(役)

《說文·貝部》:"賃,庸也。从貝,任聲。"
　　清華八·處位04"賃",讀爲"任"。《周禮·夏官·掌固》:"任其萬民。"鄭玄注:"任,謂以其任使之也。""𠬛",讀爲"役",指職務、職事。

泥紐南聲

南

 清華一·金縢02 爲一坦(壇)於南方

 清華二·繫年069 齊三辟(嬖)夫=(大夫)南㪍(郭)子、鄝(蔡)子、安(晏)子

 清華二·繫年070 南㪍(郭)子

 清華二·繫年080 爲南深(懷)之行

 清華二·繫年099 爲南深(懷)之行

 清華二·繫年112 自南山逗(屬)之北洃(海)

 清華三·良臣03 又(有)南宮适

清華三·良臣 03 又(有)南宮天

　清華四·筮法 49 南

　清華六·子儀 12 鼓(豈)曰奉晉軍以相南面之事

　清華七·越公 63 軍於江南

　清華八·八氣 02 或戈(一)旬日南〈北〉至

～，與🀄(上博二·容 14)、🀄(上博一·孔 8)、🀄(上博七·武 2)、🀄(上博七·武 13)同。《說文·宋部》："南，艸木至南方，有枝任也。从宋，羊聲。🀄，古文。"

清華一·金縢 02"爲一坦（壇）於南方"，今本《書·金縢》作"爲壇於南方"。

清華二·繫年 069、070"南章（郭）子"，齊大夫。《左傳·宣公十七年》："晉人執晏弱于野王，執蔡朝于原，執南郭偃于溫。"

清華二·繫年 080、099"南深"，讀爲"南懷"，地名。《左傳·昭公五年》："楚師濟於羅汭，沈尹赤會楚子，次於萊山。薳射帥繁揚之師，先入南懷，楚師從之。"

清華二·繫年 112"南山"，疑指平陰一帶丘陵地帶。

清華三·良臣 03"南宮适"，人名，也作"南宮括"。《書·君奭》："惟文王尚克修和我有夏；亦惟有若虢叔，有若閎夭，有若散宜生，有若泰顛，有若南宮括。"《尚書大傳》："散宜生、南宮括、閎夭三子相與學訟於太公。"

清華三·良臣 03"南宮天"，人名。

清華六·子儀 12"南面"，面嚮南，古人君聽治之位居北，其面嚮南，故稱人君曰南面也。《論語·雍也》："子曰：雍也，可使南面。"朱熹注："南面者，人君聽治之位。"《莊子·齊物論》:"故昔者堯問於舜曰:'我欲伐宗、膾、胥敖,南面而不釋然,其故何也?'"成玄英疏:"南面,君位也。"

清華七·越公63"江南",松江以南。《國語·吳語》:"於是吳王起師,軍於江北,越王軍於江南。"韋昭注:"松江,去吳五十里。"

清華八·八氣02"日南至",冬至。《左傳·僖公五年》"春,王正月,辛亥朔,日南至",杜預注:"周正月,今十一月,冬至之日,日南極。"簡文此處當爲"夏至","南"疑爲"北"之誤。

湳

　清華五·厚父06 湳湎于非彝

～,從"水","南"聲。

清華五·厚父06"湳湎",讀爲"淫湎",沉溺于酒色。《左傳·成公二年》:"蠻夷戎狄,不式王命,淫湎毁常,王命伐之。"(曹方向)或讀爲"沈湎",與"淫泆"義近。《書·酒誥》:"誕惟厥縱,淫泆于非彝,用燕喪威儀,民罔不盡傷心。"

來紐林聲

林

　清華二·繫年063 晉中行林父衍(率)自(師)救(救)奠(鄭)

　清華七·越公17 肰(然)爲犲(豺)狼飤(食)於山林莔芒

～,與 林(上博二·容31)、 林(上博四·柬22)同。《説文·林部》:"林,平土有叢木曰林。从二木。凡林之屬皆从林。"

清華二·繫年063"晉中行林父",即荀林父、中行桓子。《左傳·宣公十二年》:"夏六月,晉師救鄭。荀林父將中軍,先縠佐之。士會將上軍,郤克佐之。趙朔將下軍,欒書佐之。趙括、趙嬰齊爲中軍大夫。鞏朔、韓穿爲上軍大夫。荀首、趙同爲下軍大夫。韓厥爲司馬。"

清華七·越公 17 "山林"，山與林，亦指有山有林的地區。《周禮·地官·大司徒》："辨其山林、川澤、丘陵、墳衍、原隰之名物。"《晏子春秋·外篇第七》："山林之木，衡鹿守之；澤之萑蒲，舟鮫守之；藪之薪蒸，虞侯守之；海之鹽蜃，祈望守之。"

惏

 清華三·芮良夫 04 母（毋）惏貪（貪）

《説文·心部》："惏，河內之北謂貪曰惏。从心，林聲。"

清華三·芮良夫 04 "惏貪"，讀為"惏貪"，即《左傳》"貪惏"，"貪""惏"同義連用。《左傳·昭公二十八年》："貪惏無饜。"《釋文》引《方言》云："楚人謂貪為惏。"

譿

 清華四·別卦 05 譿（臨）

～，从"言"，"林""㐭"均為聲符，"㐭"下所从的"土"是贅加的義符，"諃"字繁體，《玉篇·言部》："諃，善言。"戰國文字"㐭"或从"㐭"之字作：嗇（清華二·繫年 57）、啚（清華一·皇門 13）、稟（廩）（清華二·繫年 123）、（《集成》09977，土匀錍）、（《陶錄》5·51·3）、（《集成》09575，盛季壺）、（《璽彙》0327）、嗇（《集成》11324，二十五年戈）、（《璽彙》0112）、（《集成》09707，安邑下官鐘），"㐭"上部所从多作"爾"形，或作""，與""所从形近。下部多作""，或作""，與""形近。""釋為"㐭"，應無問題。

清華四·別卦 05 "譿"，即"諃"，讀為"臨"，卦名，兌下坤上。《易·臨》："象曰：澤上有地，臨。"王家臺秦簡《歸藏》和今本《周易》作"臨"，馬王堆帛書、阜陽漢簡《周易》作"林"。古籍中多"林""臨"相通之例（參《古字通假會典》第

241 頁）。（徐在國）

來紐㐭聲

龡

 清華二·繫年 123 母（毋）伐龡（廩）丘

 清華八·邦政 04 邦龡（寡）龡（廩）

～，从二"禾"，"㐭"聲，"廩"字異體。《説文·㐭部》："㐭，穀所振入。宗廟粢盛，倉黃㐭而取之，故謂之㐭。从入，回象屋形，中有户牖。凡㐭之屬皆从㐭。廩，㐭或从广从禾。"

清華二·繫年 123"龡丘"，即"廩丘"，地名，在今山東菏澤市鄆城縣西北。《史記·田敬仲世家》："宣公五十一年卒，田會自廩丘反。"《水經注·瓠子水》引《竹書紀年》："晉烈公十一年，田悼子卒。田布殺其大夫公孫孫，公孫會以廩丘叛于趙。田布圍廩丘，翟角、趙孔屑、韓師救廩丘，及田布戰於龍澤，田師敗逋是也。"

清華八·邦政 04"龡"，即"廩"，讀爲"懍"，恐懼。《荀子·議兵》："臣下懍然，莫必其命。"楊倞注："懍然，悚栗之貌。"

㐭

 清華二·繫年 057 㺇（徙）之徒㐭（林）

～，从"艸"，"㐭"聲，與 、、同。

清華二·繫年 057"徒㐭"，讀爲"徒林"，田獵地名。與《國語·晉語八》唐叔射兕的"徒林"非一地。

斀

清華七·越公55 及群斀（近）御

清華七·越公58 斀（近）御莫徹（躓）

清華八·攝命24 女（汝）母（毋）斀（婪）

清華六·子產22 乃斀（禁）辛道、敨語

清華六·子產22 乃斀（禁）赽（管）單、相冒、榦（韓）樂

清華六·子產25 以咸斀（禁）御

～，與西周金文（《集成》00043，楚公家鐘）、（《集成》00044，楚公家鐘）、（《集成》00045，楚公家鐘）同，從"攴"，"䕣"聲，乃"廩"字繁體，加"泉"是義符，表示倉廩就像泉水一樣不竭。"斀"，從"向"省，也可分析爲"向""泉"共用偏旁，清華二·繫年123"斀"下部所從與"泉"上部形近，看作共用偏旁更好一些。"䕣"乃"向"字繁體，贅加義符"泉"。

清華七·越公55、58"斀御"，讀爲"近御"，身邊親近的侍從，與"近侍"義近。《漢書·王嘉傳》："賊亂之臣，近侍帷幄。"《周書·申徽傳》："近侍之官，分散者衆，徽獨不離左右。"

清華八·攝命24"斀"，讀爲"婪"，貪。《楚辭·離騷》："衆皆競進以貪婪兮，憑不猒乎求索。"王逸注："愛財曰貪，愛食曰婪。"簡文"汝毋婪"，與大篙蓋（《集成》04298）"余弗敢斀（婪）"義同。

清華六・子產 22"歒",讀爲"禁",禁止,制止。《易・繫辭下》:"理財正辭,禁民爲非曰義。"《左傳・僖公三年》:"齊侯與蔡姬乘舟于囿,蕩公,公懼變色,禁之不可。"《子產》22—23"乃歒辛道、餃語虛言亡實;乃歒卷(管)單、相冒、歓(韓)樂勑(飾)岂(美)宮室衣裘、好舍(飲)飤(食)酬(醬)釀",簡文大意是乃禁止辛道、餃語說假話,乃禁止管單、相冒、韓樂美飾宮室衣裘、沉溺飲食美酒。

清華六・子產 25"歒御",讀爲"禁禦",禁止,制止。《左傳・昭公六年》:"昔先王議事以制,不爲刑辟,懼民之有爭心也,猶不可禁禦,是故閑之以義,糾之以政,行之以禮,守之以信,奉之以仁。"桓寬《鹽鐵論・錯幣》:"禁禦之法立而奸僞息。"《後漢書・朱暉傳》:"子弟親戚,並荷榮任,故放濫驕溢,莫能禁禦。"簡文"以咸禁禦",指奸盜等犯罪活動都被禁止。

來紐臨聲

臨

清華一・耆夜 08 明=(明明)上帝,臨下之光

清華二・繫年 067 子亓(其)與臨之

清華六・孺子 11 乳=(孺子)拜,乃虐(皆)臨

清華八・邦道 03 臨事

～,與 、同。《說文・卧部》:"臨,監臨也。从卧,品聲。"

清華一・耆夜 08"明明上帝,臨下之光",光明的上帝,照臨四方。參《詩・小雅・小明》:"明明上天,照臨下土。"鄭箋:"明明上天,喻王者當光明。如日之中也。照臨下土,喻王者當察理天下之事也。"

清華二・繫年 067"與臨",參與蒞臨。

清華六・孺子 11"臨",哭弔。《左傳・宣公十二年》:"卜臨于大官。"杜預注:"臨,哭也。"《儀禮・士虞禮》:"宗人告有司具,遂請拜賓。如臨,入門,哭,婦人哭。"鄭玄注:"臨,朝夕哭。"

清華八・邦道 03"臨事",謂遇事或處事。《論語・述而》:"臨事而懼。"《荀子・致士》:"臨事接民。"《晏子春秋・内篇雜下》:"臨事守職,不勝其任,則過之。"

靈

　　清華五・命訓 12 靈(臨)之以中

～,从"似","霝"聲,疑"臨"之異體。

清華五・命訓 12"靈之以中",讀爲"臨之以忠",與今本《逸周書・命訓》同。"臨",《論語・爲政》"臨之以莊則敬",邢昺疏:"自上涖下曰臨。"《左傳・昭公六年》"臨之以敬",孔穎達疏:"臨,謂位居其上,俯臨其下。"

精紐霣聲

霣

　　清華五・帝門 08 亓(其)燓(氣)霣𦁅(解)爰(發)綑(治)

　　清華六・管仲 25 而遙(後)霣(僭)與譌

　　清華七・越公 47 霣(譖)民則怀(背)

　　清華八・處位 04 埶(勢)霣(僭)萬而方(旁)受大政

～,與 [圖](左塚漆梮)同。《說文・曰部》:"霣,曾也。從曰,兓聲。《詩》曰:'霣不畏明。'"

清華五·厚門 08"燓朁繇發緎",讀爲"氣朁解發治",指氣之充盈暢達。"朁",或讀爲"崇",豐滿。

清華六·管仲 25"朁",讀爲"僭",虛僞。《詩·小雅·巧言》:"亂之初生,僭始既涵。"鄭箋:"僭,不信也。"《左傳·昭公八年》:"君子之言,信而有徵,故怨遠於其身;小人之言,僭而無徵,故怨咎及之。""譌",又作"訛",虛假。簡文"而後僭與譌",背後虛僞。《書·益稷》:"汝無面從,退有後言。""朁",或讀爲"譖"。(吳祺)

清華七·越公 47"朁民",讀爲"譖民",與"善人"相對,猶"譖人",讒毀他人的人。《詩·小雅·巷伯》:"取彼譖人,投畀豺虎。"

清華八·處位 04"朁",讀爲"僭",超越本分,冒用在上者的職權、名義行事。《穀梁傳·隱公五年》"始僭樂矣",范寧注:"下犯上謂之僭。"《史記·平津侯主父列傳》:"且臣聞管仲相齊,有三歸,侈擬於君,桓公以霸,亦上僭於君。"

譖

 清華七·子犯 08 凡民秉氒(度)耑(端)正譖(僭)訨(忒)

《説文·言部》:"譖,愬也。从言,朁聲。"

清華七·子犯 08"譖訨",讀爲"僭忒",謂越禮踰制,心懷疑貳。《書·洪範》:"臣之有作福、作威玉食,其害于而家,凶于而國,人用側頗僻,民用僭忒。"孔傳:"在位不敦平,則下民僭差。""僭",《詩·大雅·抑》毛傳:"差也。""忒",《詩·大雅·抑》鄭箋:"不差忒也。""僭""忒"同義連用。

遳

 清華七·子犯 09 斤亦不遳(僭)

~,从"辵","朁"聲。

清華七·子犯 09"遳",讀爲"僭",差失,超越本分。《書·湯誥》:"天命弗僭,賁若草木,兆民允殖。"孔傳:"僭,差。"《詩·大雅·抑》:"不僭不賊,鮮不爲則。"毛傳:"僭,差也。"

瞽（憯）

清華一·尹至 05 執（摯）惪（德）不瞽（憯）

～，"心"在"朁"下，"憯"之異體。《説文·心部》："憯，痛也。从心，朁聲。"

清華一·尹至 05"不瞽"，讀爲"不憯"。《詩·大雅·抑》："不憯不賊，鮮不爲則。"毛傳："憯，曾也。"鄭箋："不信、不殘賊者少矣，其不爲人所法。"孔穎達疏："譖毀人者，是差貳之事，故云'憯，差'。箋言'不信'，義亦同也。"

蠶

清華六·子儀 02 自蠶月㠯=（至于）秋窒備女（焉）

～，與 蠶（上博四·采 3）同。《説文·䖵部》："蠶，任絲也。从䖵，朁聲。"

清華六·子儀 02"蠶月"，《詩·豳風·七月》："七月流火，八月萑葦。蠶月條桑，取彼斧斨。以伐遠揚，猗彼女桑。"高亨注："蠶月，即夏曆三月，養蠶的月份，所以叫蠶月。"

清紐侵聲

戠（侵）

清華二·繫年 102 楚卲（昭）王戠（侵）尹（伊）、洛以复（復）方城之自（師）

清華二·繫年 116 王命莫囂（敖）昜爲衒（率）自（師）戠（侵）晉

清華二·繫年 127 奠（鄭）人戠（侵）犢闗（關）

清華二·繫年 130 郘戩（莊）坪（平）君衒（率）𠂤（師）戠（侵）奠
（鄭）

　　清華二·繫年 133 王命坪（平）亦（夜）悼武君衒（率）𠂤（師）戠
（侵）晉

　　清華七·晉文公 06 爲蓋芡（採）之𦣞（旗）戠（侵）糧者出

～，與𢦏（上博三·周 13）同，從"戈"，"帚"聲，"侵"字異體。《說文·人部》："侵，漸進也。從人又持帚，若埽之進。又，手也。"

清華"戠"，即"侵"，指侵伐、侵犯。《詩·小雅·六月》："玁狁匪茹，整居焦穫。侵鎬及方，至于涇陽。"《左傳·莊公二十九年》："夏，鄭人侵許。凡師，有鐘鼓曰伐，無曰侵，輕曰襲。"

帚（寢）

　　清華三·赤鵠 05 少（小）臣乃疾（寐）而帚（寢）於迯（路）

　　清華三·赤鵠 07 帝命二黃它（蛇）與二白兔尻句（后）之帚（寢）
室之棟

　　清華三·赤鵠 11 尻句（后）之帚（寢）室之棟

～，與𡦹（上博六·天甲 11）同，從"爿"，"帚"聲，"寢"字異體。《說文·宀部》："寢，臥也。從宀，侵聲。𡩠，籀文寢省。"

清華三·赤鵠 05"帚"，即"寢"，睡，臥。《詩·小雅·斯干》："乃寢乃興，乃占我夢。"

清華三·赤鵠07、11"帰室",即"寝室",猶宮室。《禮記·表記》:"諸侯非其國,不以筮,卜宅寝室。"鄭玄注:"諸侯受封乎天子,因國而國;唯宮室欲改易者,得卜之耳。"

寝

 清華一·皇門10 曰余蜀(獨)備(服)才(在)寝

 清華六·子産07 不▨臺寝

～,從"宀","戠(侵)"聲,"寝"字異體。

清華一·皇門10"曰余蜀(獨)備(服)才(在)寝",此句今本《逸周書·皇門》作"曰予獨服在寝"。丁宗洛《逸周書管箋》:"獨服在寝,言專妬也。"

清華六·子産07"臺寝",寝宫,卧室。《國語·晉語一》:"獻公田,見翟柤之氛,歸寝不寐。"《左傳·襄公三十一年》:"僑聞文公之爲盟主也,宫室卑庳,無觀臺榭,以崇大諸侯之館。館如公寝,庫廄繕脩,司空以時平易道路,圬人以時塓館宫室。"《國語·周語下》:"夫宫室不崇,器無彤鏤,儉也。"

浧

 清華七·越公67 不鼓不喿(噪)以浧(侵)攻之

～,與▨(郭店·語叢二17)、▨(上博一·性18)同,隸作"浧",即浸字異體。

清華七·越公67"浧攻",讀爲"侵攻",侵襲攻打。《國語·吳語》作"不鼓不譟以襲攻之"。"侵""襲"義近。

歸

 清華七·越公51 王乃歸使(使)人意(請)𦖞(問)群大臣及鄥(邊)鄙(縣)成(城)市之多兵亡(無)兵者

～，从"視"，"尋"聲。

清華七·越公51"歸"，或讀爲"潛"。《馬王堆肆·十六經·觀》欄3/80："（黄帝）令力黑浸（潛）行伏匿，周留（流）四國。"《馬王堆叁·二三子問》欄4－5："孔子曰：龍寑（潛）矣而不陽，時至矣而不出，可謂寑（潛）矣。""潛"，暗中義。《逸周書·文政》："同惡潛謀。"孔晁注："潛謀，潛密之謀也。"《左傳·哀公十六年》："（子閭）與子西、子期謀，潛師閉塗，逆越女之子章立之，而後還。"杜預注："潛師，密發也。"（滕勝霖）或疑讀爲"親""急""侵""饋""謂"。

心紐三聲

三

清華一·保訓07 甬（用）乍（作）三隆（降）之惪（德）

清華一·金縢01 武王既克鬵（殷）三年

清華一·金縢02 周公乃爲三坦（壇）同畚（墠）

清華一·金縢08 周公石（宅）東三年

清華一·祭公09 三公

清華一·祭公12 三公

清華一·祭公17 三公

清華一·祭公18 三公

清華二·繫年 009 三年

 清華二·繫年 013 乃埶(設)三監于殷

 清華二·繫年 013 殺三監而立彔子耿

 清華二·繫年 047 乃以奠(鄭)君之命裦(勞)秦三衔(帥)

 清華二·繫年 063 [臧(莊)]王回(圍)奠(鄭)三月

 清華二·繫年 069 齊三辟(嬖)夫=(大夫)南章(郭)子、鄩(蔡)子、安(晏)子

 清華二·繫年 123 晉三子之夫=(大夫)内(入)齊

 清華二·繫年 135 三執珪之君與右尹卲(昭)之竢(竢)死女(焉)

 清華四·筮法 15 亓(其)徥(失)十三

 清華四·算表 15 三

清華四·算表 18 三

清華四·算表 18 三

清華四·算表 20 三

清華四·算表 21 三

清華四·算表 14 三朒

清華四·算表 21 三朒

清華四·算表 09 三十

清華四·算表 15 三十

清華四·算表 17 三十二

清華四·算表 14 三十五

清華四·算表 15 三十六

清華四·算表 17 三十六

清華四·算表 06 三百

清華四·算表 07 三百

清華四·算表 09 三百

清華四·算表 11 三百

清華四·算表 15 三百

清華四·算表 16 三百

清華四·算表 14 三百五十

清華四·算表 16 三百五十

清華四·算表 03 三百六十

清華四·算表 08 三百六十

清華四·算表 12 三百六十

清華四·算表 04 三百廿（二十）

清華四·算表 08 三百廿=（二十）

清華四·算表 13 三百廿=（二十）

清華四·算表 05 三百卒=（五十）

清華四·算表07 三百至=（五十）

清華四·算表06 三百卒=（六十）

清華四·算表15 三百卒=（六十）

清華四·算表06 三千

清華四·算表07 三千

清華四·算表04 三千二百

清華四·算表08 三千二百

清華四·算表05 三千五百

清華四·算表07 三千五百

清華四·算表03 三千六百

清華四·算表06 三千六百

清華四·算表08 三千六百

清華四·算表14 卒=（六十）三

清華四·算表12 六十三

清華四·算表03 六千三百

清華四·算表05 六千三百

清華五·厚父04 或禄(肆)祀三后

清華五·厚父08 俊(作)辟事三后

清華五·命訓06 夫天道三

清華五·命訓07 人道三

清華五·命訓08 方三述

清華五·湯丘03 三月不出

清華五·啻門07 三月乃荆(形)

清華五·三壽28(背)毆(殷)高宗蠱(問)於三曽(壽)

清華六·孺子01 朼(必)再三進夫=(大夫)而與之虜(偕)恩(圖)

清華六·子犯子 04 尻(處)於麿(衛)三年

清華六·子犯子 04 三年無君

清華六·子犯子 08 女(如)及三哉(歲)

清華六·子犯子 09 昔虐(吾)先君史(使)二三臣

清華六·子犯子 13 女(汝)斳(慎)鈺(重)君麷(葬)而舊(久)之於上三月

清華六·子犯子 13 二三老母(毋)交於死

清華六·子犯子 14 二三臣史於邦

清華六·子犯子 16 二三夫=(大夫)不尚(當)母(毋)然

清華六·子犯子 16 二三夫=(大夫)虘(皆)虐(吾)先君斋=(之所)仅(守)孫也

清華六·子犯子 16 虐(吾)先君智(知)二三子之不忑=(二心)

清華六·子犯子 17 今二三夫=(大夫)畜孤而乍(作)女(焉)

清華六·管仲15 能旻（得）僕三人同心

清華六·管仲16 而侣（己）三女（焉）

清華六·管仲30 余日三埅之

清華六·管仲30 夕三埅之

清華六·子儀01 三晉（謀）塼（輔）之

清華六·子儀02 車脆（逸）於舊暑（數）三百

清華六·子儀15 公及三方者（諸）邱（任）君

清華七·子犯01 尻（處）女（焉）三戠（歲）

清華七·子犯12 殺三無殆（辜）

清華七·子犯12 爲桼（桎）檡（梏）三百

清華七·晉文公07 乃爲三羿（旗）以成至

清華七·晉文公07 成之以兔于蒿（郊）三

清華七·趙簡子 10 宮中三臺(臺)

清華八·天下 05 昔三王者之所以取之₌(之之)器

清華八·天下 06 昔三王之所胃(謂)戟(陳)者

清華八·天下 06 三曰駇(懋)之

清華八·八氣 01 自渴(竭)之日三旬又五日甘雺(露)降

清華一·尹至 03(背)三

清華一·尹誥 03(背)三

清華一·耆夜 03(背)三

清華一·金縢 03(背) 三

清華一·皇門 03(背)三

清華一·祭公 03(背)三

清華二·繫年 003(背)三

清華二·繫年 103(背)百三

清華二·繫年 113(背)百十三

清華二·繫年 123(背)百廿(二十)三

清華二·繫年 133(背)百卅(三十)三

清華三·說命上 03(背)三

清華三·說命中 03(背)三

清華三·說命下 03(背)三

清華三·琴舞 03(背)三

清華三·芮良夫 03(背)三

清華三·赤鵠 03(背)三

清華五·厚父 03(背)三

清華五·封許 03(背)三

清華五·命訓 03(背)三

清華八·攝命 03(背)三

清華八·邦政 03（背）三

清華八·處位 03（背）三

清華四·算表 01 弎

～，與 (上博二·民 5)、 (上博二·容 18)、 (上博七·君乙 2)同。或作 ，乃《説文》"三"字古文所本。《説文·三部》："三，天地人之道也。从三數。凡三之屬皆从三。 ，古文三从弋。"

清華一·保訓 07"三隆之悫"，讀爲"三降之德"。傳世文獻多云"三德"，如《書·洪範》："三德，一曰正直，二曰剛克，三曰柔克。"

清華一·金縢 01"武王既克譻（殷）三年"，今本《書·金縢》作"既克商二年"。

清華一·金縢 02"周公乃爲三坦（壇）同墠（墠）"，今本《書·金縢》作"爲三壇同墠"。

清華一·金縢 08"周公石（宅）東三年"，今本《書·金縢》作"周公居東二年"。

清華一·祭公"三公"，指畢𤶅、井利、毛班三人。

清華二·繫年 013"三監"，《漢書·地理志》："周既滅殷，分其畿内爲三國，《詩·風》邶、庸、衛國是也。邶，以封紂子武庚；庸，管叔尹之；衛，蔡叔尹之，以監殷民，謂之三監。"《逸周書·作雒》："武王克殷，乃立王子禄父，俾守商祀。建管叔于東，建蔡叔、霍叔于殷，俾監殷臣。"

清華二·繫年 047"秦三衒"，即"秦三帥"，指百里孟明視、西乞術、白乙丙。《左傳·僖公三十三年》："夏四月辛巳，敗秦師于殽，獲百里孟明視、西乞術、白乙丙以歸，遂墨以葬文公。"

清華二·繫年 069"齊三辟夫="，讀爲"齊三嬖大夫"，指南郭子、蔡子、晏子。

清華二·繫年 123"晉三子"，指魏斯、韓虔、趙籍。

清華二·繫年 135"三執珪之君"，即魯陽公、平夜君、陽城君。

清華五·厚父 04、08"三后"，或指禹、湯、文王，或指太王、王季、文王，或指禹、契、后稷,等等。此處指夏代的三位賢君。

清華五·命訓 06"天道三",指有命,有福,有禍。

清華五·命訓 07"人道三",指有恥,有市冕,有斧鉞。

清華五·命訓 08"方三述",今本《逸周書·命訓》作"六方三述,其極一也,不知則不存"。孔晁注:"一者,善之謂也。不行善,不知故也。"潘振云:"方,比也。述,稱也。合而比之則六,別而稱之則三。天有極,人無極,道皆至善,故曰其極一也。"唐大沛云:"曰命、曰禍、曰福、曰醜、曰絺絻、曰斧鉞,有此六方,方即道也。術者,道之用也。天人相合,則道之用惟三述耳。論其極,三術實皆一理耳。"

清華五·三壽 28(背)"三䎽",即"三壽",指少壽、中壽、彭祖三位不同年齡段的老人。《莊子·盜跖》:"人上壽百歲,中壽八十,下壽六十。"

清華六·孺子 01"再三",第二次、第三次,一次又一次,一遍又一遍。《易·蒙》:"初筮告,再三瀆,瀆則不告。"孔穎達疏:"師若遲疑不定,或再或三,是褻瀆,瀆則不告。"《史記·孔子世家》:"齊人……陳女樂文馬於魯城南高門外。季桓子微服往觀再三,將受。"

清華六·孺子 08、清華七·子犯 01"三歲",三年。

清華六·孺子 09、13、14、16、17"二三",約數,不定數。表示較少的數目,猶言幾。《國語·吳語》:"(越王)曰:'句踐用帥二三之老,親委重罪,頓顙於邊。'"

清華六·孺子 16"二三子",猶言諸君,幾個人。《論語·八佾》:"二三子何患於喪乎?天下之無道也久矣,天將以夫子爲木鐸。"

清華六·子儀 01"三䜅",讀爲"三謀",孟明視、西乞術、白乙丙,一般稱作三將或三帥。《史記·秦本紀》:"晉君許之,歸秦三將。三將至,繆公素服郊迎,嚮三人哭曰:'孤以不用百里傒、蹇叔言以辱三子,三子何罪乎?子其悉心雪恥,毋怠。'遂復三人官秩如故,愈益厚之。"

清華七·子犯 12"殺三無辜",即"殺三無辜"。《史記·殷本紀》有載,即"醢九侯""脯鄂侯""剖比干"。

清華七·子犯 12"爲柔桿三百",讀爲"爲桎梏三百"。上博二·容 44:"不從命者從而桎挚(梏)之,於是虖(乎)复(作)爲金桎三千。"

清華七·晉文公 07"三羿",即"三旗",指遠羿(旗)、中羿(旗)、忻(近)羿(旗)。

清華七·晉文公 07"三",三人。

清華七·趙簡子 10"宮中三臺(臺)",《史記·晉世家》:"(平公)十九年,齊使晏嬰如晉,與叔嚮語。叔嚮曰:'晉,季世也。公厚賦爲臺池而不恤政,政在私門,其可久乎!'晏子然之。"

清華八·天下 05、06"三王",指夏禹、商湯、周文王(一説指周文王和周武王),即夏、商、周三代開國之君。《孟子·告子下》"五霸者,三王之罪人也",趙注:"三王,夏禹、商湯、周文王是也。"

清華八·天下 06"三曰",序數的第三位。《書·洪範》:"五行:一曰水,二曰火,三曰木,四曰金,五曰土。"

清華八·八氣 01"三旬又五日",三十五天。

簡文"三",數詞。《易·需》:"有不速之客三人來。"《戰國策·齊四》:"狡兔有三窟,僅得免其死耳。"

心紐參聲

參(晶、厽)

清華二·繫年 121 齊侯晶(參)乘(乘)以内(入)

清華六·管仲 08 丌(其)侌(陰)則晶(三)

清華六·管仲 08 僉(斂)之晶(三)

清華七·子犯 04 虐(吾)宔(主)之弋(二)晶(三)臣

清華八·虞夏 02 殷人弋(代)之以晶(三)

清華六·管仲 11 坖(匡)之以厽(三)

清華七·晉文公 02 繇(由)弋(二)厽(三)夫=(大夫)

清華七·晉文公03 以孤之舊不旻(得)繇(由)弌(二)厽(三)夫=(大夫)以攸(修)晉邦之祀

 清華七·越公19 今厽(三)年亡(無)克又(有)奠(定)

 清華七·越公28 王趽(並)亡(無)好攸(修)于民厽(三)工之堵(功)

 清華七·越公29 羣=(至于)厽(三)年

 清華七·越公30 厽(三)年

 清華七·越公47 坙(野)會厽(三)品

 清華七·越公47 交于王寶(府)厽(三)品

 清華八·邦道21 不记(起)事於戎(農)之厽(三)時

 清華一·祭公14 参舒(叙)之

 清華一·祭公20 参(三)公

 清華三·說命下09 弋(式)隹(惟)参(三)悳(德)賜我

 清華三·琴舞05 曑(三)攺(啓)曰

清華五·三壽 01 參(三)壽與從

清華六·子產 24 乃隸(肄)參(三)邦之命(令)

清華四·筮法 01 參(三)女同男=(男,男)見

清華四·筮法 03 參(三)左同右

清華四·筮法 03 參(三)男同女=(女,女)見

清華四·筮法 05 參(三)吉同兇

清華四·筮法 05 參(三)右同左

清華四·筮法 07 參(三)兇同吉

清華四·筮法 07 參(三)男同女

清華四·筮法 09 參(三)吉同兇

清華四·筮法 09 參(三)女同男

清華四·筮法 12 參(三)兇同吉

清華四·筮法 14 參(三)女同男

清華四·筮法 16 參(三)男同女

清華四·筮法 18 參(三)男同女

清華四·筮法 28 參(三)同式(一)

清華六·子產 25 隶(肆)參(三)邦之型(刑)

清華六·子產 26 埜(野)參(三)分

清華六·子產 26 粟參(三)分

清華六·子產 26 兵參(三)分

品，與 品(上博四·柬 9)、品(上博五·競 6)同；晶，與 晶(上博三·周 54)同；參，與 參(上博六·用 1)、參(上博五·三 5)同；參，與 參(上博五·三 1)形近。《説文·晶部》：“參，商星也。从晶，㐱聲。參，參或省。”

清華二·繫年 121"晶竈"，即"參乘"，或作"驂乘"，陪乘或陪乘的人。《禮記·服問》："唯近臣及僕驂乘從服。"《左傳·文公十八年》："納閻職之妻，而使職驂乘。"杜預注："驂乘，陪乘。"《漢書·文帝紀》："乃令宋昌驂乘。"顔師古注："乘車之法，尊者居左，御者居中，又有一人處車之右，以備傾側。是以戎事則稱車右，其餘則曰驂乘。驂者，蓋取三人爲名義耳。"

清華七·子犯04"弌晶",清華七·晉文公02、03"弌厽",讀爲"二三",參上。

清華七·越公47"圣會厽品",讀爲"野會三品",邊鄙的考校分爲三個等級。

清華七·越公47"交于王寶厽品",讀爲"交于王府三品",官府的考察分爲三個等級。

清華八·邦道21"厽時",讀爲"三時",謂春、夏、秋三個務農時節。

清華一·祭公14"參",《荀子·解蔽》:"參稽治亂而通其度。"楊倞注:"參,驗。"

清華一·祭公20"參公",讀爲"三公",指畢𩰚、井利、毛班三人。

清華三·説命下09"參悳",讀爲"三德",三種品德。《書·洪範》:"三德,一曰正直,二曰剛克,三曰柔克。"孔穎達疏:"此三德者,人君之德,張弛有三也。一曰正直,言能正人之曲使直;二曰剛克,言剛強而能立事;三曰柔克,言和柔而能治。"《書·皋陶謨》:"日宣三德,夙夜浚明有家。"

清華三·琴舞05"曇攽",讀爲"三啓",三章之啓。

清華五·三壽01"參壽",讀爲"三壽",參上。

清華六·子産24、25"參邦",讀爲"三邦",指夏商周。

清華六·子産26"參分",讀爲"三分",三分之一,例見三晉系金文。

清華"厽",讀爲"三",數次。

心紐心聲

心

清華一·尹誥02 民𥣫(復)之甬(用)麗(離)心

清華一·祭公05 隹(惟)寺(時)皇上帝厇(宅)亓(其)心

清華一·祭公09 愻(遜)惜(措)乃心

清華一·祭公11 亦尚亙(寬)娍(壯)氒(厥)心

清華一·祭公 12 亦屴（美）悉（戀）妥（綏）心

清華二·繫年 002 卿𡘲（士）、者（諸）正、萬民弗刃（忍）于氒（厥）心

清華二·繫年 039 穆（戮）力同心

清華三·説命中 02 㴇（漸）之于乃心

清華三·説命中 03 㕁（啓）乃心

清華三·説命中 04 曰沃朕心

清華三·説命中 05 女（汝）隹（惟）孳（茲）敚（説）砥（底）之于乃心

清華三·説命中 06 心毀隹（惟）備

清華三·説命中 07 𢗏（志）之于乃心

清華三·説命下 10 母（毋）蜀（獨）乃心

清華三·琴舞 07 不（丕）窜（寧）亓（其）又（有）心

清華三·琴舞 10 隹(惟)克少(小)心

 清華三·琴舞 11 甬(用)少(小)心

 清華三·琴舞 14 亓(其)又(有)心不易

 清華三·芮良夫 04 此心目亡(無)亟(極)

 清華三·芮良夫 08 心之慭(憂)矣

 清華三·芮良夫 11 和剸(專)同心

 清華三·芮良夫 20 喬(遹)易兇(凶)心

 清華三·芮良夫 26 我心不快

 清華三·芮良夫 27 虐(吾)审(中)心念誋(絓)

 清華三·祝辭 03 童(同)以心

 清華三·赤鵠 13 是思(使)句(后)䎽(昏)䁂(亂)甘心

 清華五·厚父 09 斯民心難測

清華五·厚父09 民弋(式)克共(恭)心芍(敬)愳(畏)

 清華五·厚父11 曰民心隹(惟)本

 清華五·厚父11 廼洹(宣)弔(淑)氒(厥)心

 清華五·湯丘02 以道心萦(嗌)

 清華五·三壽05 虞(吾)䎽(聞)夫䁭(險)莫䁭(險)於心

 清華五·三壽27 則隹(唯)小心異=(翼翼)

 清華六·孺子05 虞(吾)先君之棠(常)心

 清華六·管仲03 止(趾)則心之本

 清華六·管仲04 手則心之枳(枝)

 清華六·管仲04 目、耳則心之末

 清華六·管仲04 口則心之突(竅)

 清華六·管仲04 止(趾)不正則心卓(逴)

 清華六·管仲 04 心不情(靜)則手敦(躁)

 清華六·管仲 04 心亡(無)煮(圖)則目、耳豫(野)

 清華六·管仲 05 心煮(圖)亡(無)獣(守)則言不道

 清華六·管仲 15 能旻(得)僕四人同心

 清華六·管仲 15 能旻(得)僕三人同心

 清華六·管仲 16 能旻(得)僕二人同心

 清華六·太伯甲 05 故(鼓)亓(其)腹心

 清華六·太伯乙 04 故(鼓)亓(其)腹心

 清華六·子儀 04 君及不敦(穀)剌(專)心穆(戮)力以左右者(諸)侯

 清華六·子儀 11 心則不戋(察)

 清華六·子產 08 宅大心張

 清華七·子犯 02 母(毋)乃猷(猶)心是不歁(足)也虖(乎)

· 3507 ·

清華七·子犯07 句（苟）聿（盡）又（有）心女（如）是

清華七·子犯08 民心訐（信）難成也哉

清華七·子犯15 亦備才（在）公子之心巳（已）

清華七·越公06 齊郤同心

清華八·攝命10 糞=（翼翼）鬼（畏）少（小）心

清華八·攝命14 是隹（唯）君子秉心

清華八·攝命15 亦鬼（畏）䐴（獲）懃朕心

清華八·攝命17 余厭既異氒（厥）心氒（厥）惪（德）

清華八·處位05 心厇（度）未愈（愉）而進

清華八·邦道09 母（毋）咸（感）於窒（令）色以還心

清華八·邦道12 鼠-（一）之則亡（無）戎（二）心

清華八·心中01 心, 中

清華八·心中01 心是胃（謂）中

清華八·心中 01 心所爲娨（美）亞（惡）

 清華八·心中 01 心所出少（小）大

 清華八·心中 02 心欲見之

 清華八·心中 02 心欲䎽（聞）之

 清華八·心中 02 心欲道之

 清華八·心中 02 心欲甬（用）之

 清華八·心中 02 心，情母（毋）又（有）所至

 清華八·心中 04 智（知）事之䘂（卒），心

 清華八·心中 04 必心與天兩事女（焉）

 清華八·心中 04 寍（寧）心㥁（謀）之

 清華八·心中 05 心女（焉）爲之

 清華八·心中 05 心氏（是）爲死

 清華八·心中 06 心氏（是）爲生

清華八·心中 06 亓(其)亦逹(失)才(在)心

 清華八·天下 02 民心是獸(守)

 清華八·天下 03 㐹(乘)亓(其)民之心

 清華八·天下 06 亓(其)民心是戟(陳)

～，與 、、、、、、、同。《說文·心部》："心，人心，土藏，在身之中。象形。博士說以爲火藏。"

清華一·尹誥 02"麗心"，讀爲"離心"，參看《左傳·昭公二十四年》引《大誓》："紂有億兆夷人，亦有離德，余有亂臣十人，同心同德。"

清華一·祭公 05"隹寺皇上帝厇亓心"，讀爲"惟時皇上帝宅其心"，今本《逸周書·祭公》作"維皇皇上帝度其心"。"宅心"，放在心上，用心。《書·康誥》："汝丕遠惟商耇成人，宅心知訓。"孔穎達疏："又當須大遠求商家耇老成人之道，居之於心，即知訓民矣。"

清華一·祭公 09"愻惜乃心"，讀爲"遜措乃心"。師𩆜鼎(《集成》02830)："遜純乃用心。"

清華一·祭公 11、12"妥心"，讀爲"綏心"，安心。《逸周書·祭公》："亦先王茂綏厥心。"

清華二·繫年 002"弗刃于氒心"，讀爲"弗忍于厥心"。《左傳·成公十三年》："亦悔于厥心，用集我文公，是穆之成也。"

清華二·繫年 039"穆力同心"，讀爲"戮力同心"，謂齊心協力。"戮"，通"勠"。《左傳·成公十三年》："昔逮我獻公，及穆公相好，戮力同心，申之以盟誓，重之以昏姻。"《左傳·昭公二十五年》："臧昭伯率從者將盟，載書曰：'戮力壹心，好惡同之。'"

清華三·説命中02"㴅(漸)之于乃心"，入乃心。

清華三·説命中03"啓乃心"，即"啓乃心"。《國語·楚語上》作"啓乃心，沃朕心"。

清華三·説命中04"日沃朕心"，《國語·楚語上》作"啓乃心，沃朕心"。

清華三·琴舞10、11"少心"，讀爲"小心"，畏忌，顧慮。《詩·小雅·正月》："民之訛言，亦孔之將。念我獨兮，憂心京京，哀我小心，癙憂以痒。"《國語·晉語一》："其爲人也，小心精潔。"韋昭注："小心，多畏忌。"

清華三·琴舞07、14"又心"，讀爲"有心"，"有"，詞頭。

清華三·芮良夫04"心目"，心和眼。《國語·晉語一》："上下左右，以相心目。"

清華三·芮良夫08"心之慐(憂)矣"，《詩·邶風·柏舟》："心之憂矣，如匪澣衣。"

清華三·芮良夫11，清華六·管仲15、16"同心"，齊心。《易·繫辭上》："二人同心，其利斷金。"

清華三·芮良夫20"兇心"，即"凶心"，險惡之心。《墨子·非命下》："既防凶心，天加之咎。不慎厥德，天命焉葆？"

清華三·芮良夫26"我心不快"，《易·艮》："六二，艮其腓，不拯其隨，其心不快。"

清華三·芮良夫27"虐审心念絓"，讀爲"吾中心念絓"。《楚辭·九章·哀郢》"心絓結而不解兮"，王逸注："絓，懸也。"

清華三·祝辭03"童以心"，讀爲"同以心"，意指矢發方嚮與射者之心平齊。

清華三·赤鵠13"甘心"，《詩·衛風·伯兮》："願言思伯，甘心首疾。"傳："甘，厭也。"箋："我念思伯，心不能已，如人心嗜欲，所貪口味不能絶也。"

清華五·厚父09、11，清華七·子犯08，清華八·天下02、06"民心"，人民的思想、感情、意願等。《左傳·昭公七年》："六物不同，民心不壹，事序不類，官職不則，同始異終，胡可常也？"

清華五·厚父09"民弋克共心芍愄"，讀爲"民式克恭心敬畏"。《書·無逸》："嚴恭寅畏天命。"孔穎達疏："昔在殷王中宗，威儀嚴恪，貌恭心敬，畏天命，用法度，治民敬身畏懼。"

清華五·厚父11"廼洹弔㱷心"，讀爲"廼宣淑厥心"，大善之心。

清華五·三壽05"莫險於心"，參《莊子·列禦寇》："凡人心險於山川，難於知天。"《荀子·解蔽》："故《道經》曰：人心之危，道心之微。危微之幾，惟明君子而後能知之。"

　　清華五·三壽 27"小心異₌",讀爲"小心翼翼",恭敬謹慎。《詩·大雅·大明》:"維此文王,小心翼翼。昭事上帝,聿懷多福。"鄭箋:"小心翼翼,恭慎貌。"

　　清華六·孺子 05"裳心",讀爲"常心",平素的心迹。《莊子·德充符》:"得其常心,物何爲最之哉?"

　　清華六·管仲 03"止則心之本",讀爲"趾則心之本",足是心的根本。

　　清華六·管仲 04"手則心之杸",讀爲"手則心之枝",手是心的枝。

　　清華六·管仲 04"目、耳則心之末",目、耳是心的末梢。

　　清華六·管仲 04"口則心之夋",讀爲"口則心之窾",口是心的竅。

　　清華六·管仲 04"止(趾)不正則心卓(逴)",應乙作"心不正則趾卓"。

　　清華六·管仲 04"心不情則手敫",讀爲"心不靜則手躁",心不靜則手躁,躁動。

　　清華六·太伯甲 05、太伯乙 04"腹心",肚腹與心臟,亦比喻賢智策謀之臣。《詩·周南·兔罝》:"肅肅兔罝,施于中林;赳赳武夫,公侯腹心。"鄭箋:"此罝兔之人,於行攻伐,可用爲策謀之臣,使之慮事,亦言賢也。"《孟子·離婁下》:"君之視臣如手足,則臣視君如腹心。"

　　清華六·子儀 04"剌心穆力",讀爲"專心戮力",即齊心戮力,和"戮力同心"義同。

　　清華六·子儀 11"心則不戏",讀爲"心則不察",《墨子·尚賢中》:"且夫王公大人有所愛其色而使其心,不察其知而與其愛。"

　　清華六·子產 08"心張",心自侈大。

　　清華七·子犯 02"心",思慮義。《爾雅·釋言》:"謀,心也。"王引之《經義述聞》:"心者,思也。"

　　清華七·越公 06"齊剢同心",猶步調一致,同心同德。

　　清華八·攝命 10"龏₌(翼翼)鬼(畏)少(小)心",參"小心翼翼"。

　　清華八·攝命 14"秉心",持心。《詩·鄘風·定之方中》:"匪直也人,秉心塞淵。"《漢書·劉交傳》:"論議正直,秉心有常。"《詩·大雅·桑柔》:"君子實維,秉心無競。"

　　清華八·攝命 15"朕心",見《書·康誥》:"朕心朕德惟乃知。"《書·盤庚中》:"汝不憂朕心之攸困,乃咸大不宣乃心,欽念以忱動予一人。"

　　清華八·攝命 17"氒心氒㥯",讀爲"厥心厥德",即其心其德。《書·康誥》:"今惟民不靜,未戾厥心……丕則敏德,用康乃心,顧乃德,遠乃猷,裕乃以。"

清華八·處位05"心",指民心。《淮南子·本經》"其心愉而不僞",高誘注:"愉,和也。"

清華八·邦道09"還心",指縈繞於心。《左傳·襄公十年》"還鄭而南",杜預注:"還,繞也。"

清華八·邦道12"式心",即"二心",異心,不忠實。《書·康王之誥》:"則亦有熊羆之士,不二心之臣,保乂王家。"

清華八·心中01"心",《荀子·解蔽》:"心者,形之君也,而神明之主也。"楊倞注:"心出令以使百體,不爲百體所使也。"《詩大序》"情動於中,而形於言",孔穎達疏:"中,謂中心。"

清華八·心中01"心是胃(謂)中",心處身之中而爲身之主宰。以心爲君,目、耳、口、四肢若相。

清華八·心中01"心所爲娩亞",讀爲"心所爲美惡"。《禮記·禮運》:"人藏其心,不可測度也。美惡皆在其心,不見其色也。欲一以窮之,舍禮何以哉?"

清華八·心中04"心",謂處身之中,謀劃作爲者。《孟子·盡心上》:"盡其心者,知其性也。知其性,則知天矣。存其心,養其性,所以事天也。"《書·泰誓中》"離心離德",孔穎達疏:"心,謂謀慮。"

清華八·心中04"窓心慸之",讀爲"寧心謀之"。《漢書·蕭望之傳》:"四人同心謀議,勸道上以古制,多所欲匡正,上甚鄉納之。"

沁

 清華一·祭公15 既沁(咸)

《說文·水部》:"沁,水。出上黨羊頭山,東南入河。从水,心聲。"

清華一·祭公15"沁",讀爲"咸",訓爲終。今本《逸周書·祭公》作"既畢"。

滂紐品聲

品

 清華六·子儀15 降上品之

清華七·越公 46 乃品

 清華七·越公 47 坓(野)會厽(三)品

 清華七·越公 47 交于王寶(府)厽(三)品

 清華七·越公 55 粦(唯)立(位)之宋(次)尼、備(服)袟(飾)、群勿(物)品采之侃(愆)于耆(故)棠(常)

～，與 (上博六·孔 3)同。《說文·品部》："品，眾庶也。从三口。"

清華七·越公 46"品"，評價其等次。顏延之《赭白馬賦》："料武藝，品驍騰。"《易·巽》："田獲三品。"焦循《章句》："品，等也。"

清華七·越公 47"坓會厽品"，讀爲"野會三品"，邊鄙的考校分爲三個等級。

清華七·越公 47"王寶厽品"，讀爲"王府三品"，官府的考察分爲三個等級。

清華七·越公 55"品采"，種類及其等差。《禮記·郊特牲》："籩豆之薦，水土之品也。"《國語·周語中》："品其百籩，修其簠簋。"

嚚

清華二·繫年 138 齊自(師)至嚚(聶)

《說文·品部》："嚚，多言也，从品相連。《春秋傳》曰'次于嚚北'，讀與聶同。"

清華二·繫年 138"嚚"，讀爲"聶"，地名。《春秋·僖公元年》："齊師、宋師、曹師次于聶北，救邢。"朱駿聲《說文通訓定聲》以爲"嚚"即《左傳·昭公二十年》"聊、攝以東"之"攝"，在今山東聊城聶城，參看楊伯峻《春秋左傳注》。

明紐凡聲

凡

 清華三·芮良夫 17 凡隹(惟)君子

 清華五·命訓 10 凡氒(厥)六者

 清華五·命訓 13 凡此

 清華六·管仲 19 凡亓(其)民人

 清華六·管仲 22 凡亓(其)民人

 清華七·子犯 08 凡民秉尼(度)諯(端)正譖(僭)試(忒)

 清華七·子犯 10 凡君斋=(之所)䎽(問)

 清華七·子犯 13 用凡君所䎽(問)莫可䎽(聞)

 清華七·越公 13 凡吳之善士

 清華七·越公 35 凡王左右大臣

清華七·越公 37 凡群氏（度）之不氏（度）

 清華七·越公 38 凡市賈爭訟

 清華七·越公 39 凡鄎（邊）鄏（縣）之民

 清華七·越公 39 凡此勿（物）也

 清華七·越公 40 凡成（城）邑之司事及官帀（師）之人

 清華七·越公 41 凡又（有）䛊（獄）訟宰=（至于）王廷

 清華七·越公 41 凡此聿（類）也

 清華七·越公 42 凡雩（越）庶民交逮（接）

 清華七·越公 50 凡五兵之利

 清華七·越公 50 凡金革之攻

 清華七·越公 55 及凡庶眚（姓）

 清華七·越公 55 凡民司事

清華七·越公75 凡吳土墬(地)民人

清華八·攝命21 凡人有獄有訟

清華八·攝命22 凡人無獄亡(·無)訟

凢

清華一·金縢13 凢(凡)大木斦=(之所)㩜(拔)

清華三·芮良夫09 凢(凡)百君子

清華四·筮法01 凢(凡)䵼(享)

清華四·筮法01 凢(凡)見

清華四·筮法03 凢(凡)見

清華四·筮法05 凢(凡)䊷

清華四·筮法05 凢(凡)見大人

清華四·筮法07 凢(凡)䊷

清華四·筮法 07 占(凡)咎

 清華四·筮法 10 占(凡)瘳

 清華四·筮法 12 占(凡)雨

 清華四·筮法 14 占(凡)取(娶)妻

 清華四·筮法 16 占(凡)取(娶)妻

 清華四·筮法 18 占(凡)雠(售)

 清華四·筮法 19 占(凡)男

 清華四·筮法 22 占(凡)行

 清華四·筮法 24 占(凡)貞(貞)丈夫

 清華四·筮法 24 占(凡)貞(貞)女子

 清華四·筮法 24 占(凡)少(小)旻(得)

清華四·筮法 24 占(凡)是

清華四·筮法 24 占（凡）簪（筮）志事

清華四·筮法 26 占（凡）少（小）旻（得）

清華四·筮法 26 占（凡）是

清華四·筮法 28 占（凡）成

清華四·筮法 32 占（凡）簪（筮）志事

清華四·筮法 38 占（凡）簪（筮）志事及軍遬（旅）

清華四·筮法 39 占（凡）靬（乾）

清華四·筮法 40 占（凡）果

清華四·筮法 52 占（凡）肴（爻）象

清華四·筮法 61 占（凡）肴（爻）

清華四·筮法 62 占（凡）十七命

清華四·筮法 63 占（凡）是

清華八·邦道01 凸(凡)皮(彼)刉(削)坒(邦)、烕(戕)君

～,與(上博四·曹24)、(上博五·季20)、(上博六·天甲1)同;或下從"口"繁化,與(上博二·從甲9)同。《説文·二部》:"凡,最括也。從二,二,偶也。從乀,乀,古文及。"

　　清華五·命訓13"凡此",所有這些。陳琳《檄吳將校部曲文》:"凡此之輩數百人,皆忠壯果烈,有智有仁。"

　　清華七·子犯10"凡君斎=霝",讀爲"凡君之所問"。《墨子·所染》:"凡君之所以安者,何也?"

　　清華"凡",副詞,所有,凡是。《易·益》:"凡益之道,與時偕行。"

迟

　　清華一·程寤07 迟(芃)于商

～,從"辵",兇聲。兇乃"凡"字繁體,古文字中往往單複無別。

　　清華一·程寤07"迟",讀爲"芃"。《詩·大雅·棫樸》:"芃芃棫樸。"毛傳:"芃芃,木盛貌。"

風

　　清華一·金滕09 天疾風以雷

　　清華一·金滕13 天反風

　　清華三·芮良夫21 風雨寺(時)至

　　清華五·三壽09 我思天風

　清華四·筮法 18 火相見才(在)下,風

　清華四·筮法 47 風、長殤(殤)

　清華四·筮法 52 八爲風

　清華七·子犯 10 虔(吾)尚(當)觀亓(其)風

　清華七·越公 55 及風音誦詩詞(歌)謠(謠)

～,與 （上博一·孔 4）、 （上博一·孔 27）、 （上博五·弟 4）、 （上博八·命 2）、 （上博八·蘭 4）同;或作 ,所從"凡",贅加"口"。或作 ,多加一"虫",繁化。《説文·虫部》:"風,八風也。東方曰明庶風,東南曰清明風,南方曰景風,西南曰涼風,西方曰閶闔風,西北曰不周風,北方曰廣莫風,東北曰融風。風動蟲生。故蟲八日而化。从虫,凡聲。凡風之屬皆从風。 ,古文風。"

　　清華一·金縢 09"疾風",急劇而猛烈的風。《莊子·天下》:"(禹)沐甚雨,櫛疾風,置萬國。"

　　清華一·金縢 13"天反風",風嚮倒轉。《書·金縢》:"王出郊,天乃雨,反風,禾則盡起。"《後漢書·和帝紀》:"昔楚嚴無災而懼,成王出郊而反風。"李賢注:"成王疑周公,天乃大風,禾則盡偃;王乃出郊祭,天乃反風起禾。"

　　清華三·芮良夫 21"風雨寺(時)至",《戰國策·趙一》:"甘露降,風雨時至,農夫登,年穀豐盈,衆人喜之,而賢主惡之。""風雨",刮風下雨。《書·洪範》:"月之從星,則以風雨。"

　　清華四·筮法 18、47、52,清華五·三壽 09"風",空氣流動的現象。《詩·鄭風·蘀兮》:"蘀兮蘀兮,風其吹女。"

清華七·子犯 10"風",風教,教化。《書·說命下》:"咸仰朕德,時乃風。"孔傳:"風,教也。"《莊子·天下》:"墨翟、禽滑釐聞其風而説之,爲之大過,已之大循。"成玄英疏:"墨翟、釐,性好勤儉,聞禹風教,深悦愛之。"《易·觀卦·象傳》:"風行地上,觀。先王以省方觀民設教。"(侯乃峰)

清華七·越公 55"風",聲音。《管子·輕重己》:"吹塤篪之風,鑿動金石之音。"《淮南子·原道》:"結激楚之遺風。"高誘注:"遺風,猶餘聲也。"

正編·葉部

葉　部

匣紐盍聲

盍

 清華一・皇門 06 王用能盍（奄）又（有）四叚（鄰）

 清華一・皇門 10 乃弇（掩）盍（蓋）善夫

 清華一・楚居 12 盍（闔）虜（盧）内（入）鄀

 清華二・繫年 014 飛曆（廉）東逃于商盍（蓋）氏

 清華二・繫年 014 成王伐商盍（蓋）

 清華二・繫年 015 西駐（遷）商盍（蓋）之民于邾虐

 清華二・繫年 084 吳王盍（闔）虜（盧）乃歸（歸）

清華二・繫年 109 與吳王盍（闔）虞（廬）伐楚

 清華二・繫年 110 盍（闔）虞（廬）即殜（世）

 清華三・説命下 08 隹（惟）寺（時）大戊盍（謙）曰

 清華七・越公 11 昔虐（吾）先王盍膚（廬）所以克内（入）郢邦

～，與 （上博六・競 2）、（上博七・武 2）、（上博七・吳 9）同。《説文・血部》："盍，覆也。从血、大。"

　　清華一・皇門 06 "盍"，讀爲 "奄"，擁有。《詩・周頌・執競》："自彼成康，奄有四方，斤斤其明。""蓋"（从"盍"聲）、"奄"古通。《左傳・昭公九年》"商奄"，《墨子・耕柱》《韓非子・説林上》等作 "商蓋"。

　　清華一・皇門 10 "弇盍"，讀爲 "掩蓋"，阻攔。今本《逸周書・皇門》作 "乃食蓋善夫"。王念孫《讀書雜志》卷一已經指出 "食蓋"，乃 "弇蓋" 之誤。

　　清華二・繫年 014、015 "商盍"，即 "商蓋"，又作 "商奄"。《墨子・耕柱》："古者周公旦非關叔，辭三公，東處於商蓋，人皆謂之狂，後世稱其德，揚其名，至今不息。"《韓非子・説林上》："周公旦已勝殷，將攻商蓋。辛公甲曰：'大難攻，小易服。不如服衆小以劫大。' 乃攻九夷而商蓋服矣。"《左傳・定公四年》記封魯 "因商奄之民"，《括地志》："兗州曲阜縣奄里即奄國之地也。"

　　清華二・繫年 084、109、110 "盍虞"，清華一・楚居 12、清華七・越公 11 "盍膚"，讀爲 "闔廬"，即吳王闔廬，張家山漢簡作 "蓋盧"。《左傳・定公四年》："十一月庚午，二師陳于柏舉。闔廬之弟夫概王，晨請於闔廬曰：'楚瓦不仁，其臣莫有死志，先伐之，其卒必奔。而後大師繼之，必克。' 弗許。"《國語・吳語》："吾先君闔廬不貰不忍，被甲帶劍，挺鈹搢鐸，以與楚昭王毒逐於中原柏舉。"

　　清華三・説命下 08 "盍"，讀爲 "謙"，謙虚，謙讓。《書・大禹謨》："滿招損，謙受益。"

諡

 清華三·琴舞 14 畏（威）義（儀）諡=（業業）

～，從"言"，"盍"聲。

清華三·琴舞 14"威儀諡諡"，秦公鐘（《集成》00262）："韖韖允義，翼受明德。""諡諡""韖韖"，均讀爲"業業"，危懼貌。《書·皋陶謨》："兢兢業業，一日二日萬幾。"孔傳："業業，危懼。"《漢書·董仲舒傳》："故堯兢兢日行其道，而舜業業日致其孝……此其寢明寢昌之道也。"或讀爲"藹藹"。（黄甜甜）

厴

 清華八·邦道 01 以不厴（掩）于志

～，從"厂"，"盍"聲。

清華八·邦道 01"厴"，讀爲"掩"。《廣雅·釋詁》："掩，取也。"簡文"不掩于志"，指不能實現其目標。或説"厴"爲"闔"字異體，疑讀爲"盍"。《爾雅·釋詁》："盍，合也。"

盇

 清華六·子儀 16 公及三方者（諸）邦（任）君不賒（瞻）皮（彼）邦（沮）漳之川屏（開）而不盇（闔）殹（也）

～，從"户"，"盍"聲。"闔"之異體。《説文·門部》："闔，門扇也。一曰：閉也。從門，盍聲。"

清華六·子儀 16"盇"，即"闔"，與"屏（開）"相對，閉合。《易·繫辭上》："一闔一闢謂之變。"《老子》："天門開闔，能爲雌乎？"

灋

清華五·封許 08 勿灋（廢）朕命

清華八·邦道 02 □□灋（廢）嬰（興）之不氐（度）

清華八·邦道 11 唯皮（彼）灋（廢）民之不腟（循）教者

清華五·命訓 15 以尚（權）從䗊（法）則不行

清華五·命訓 15 行不必䗊（法，法）以智（知）尚（權）

清華五·命訓 12 尚（權）不䗊（法）

清華六·子產 20 善君必豚（循）昔前善王之䗊（法）

～，楚文字或作 、、、、、、，或省水作 。齊系文字或作 ![](《山東》104 司馬楙編鎛）。![]，右側因"𣉻（智）"字所從誤寫。《説文·廌部》："灋，刑也。平之如水，從水。廌，所以觸不直者；去之，從去。![]，今文省。![]，古文。"

清華五·封許 08"勿灋朕命"，讀爲"勿廢朕命"，語見大盂鼎（《集成》02837）。《左傳·哀公十一年》："奉爾君事，敬無廢命。"

清華八·邦道 02"灋嬰"，讀爲"廢興"，盛衰，興亡。《孟子·離婁上》："國之所以廢興存亡者亦然。"《漢書·董仲舒傳》:"孔子曰'人能弘道,非道弘人'也。故治亂廢興在於己。"

清華八·邦道 11"瀍民",讀爲"廢民",無業之民。《晏子春秋·内篇問上》:"治無怨業,居無廢民,此聖人之得意也。"

清華五·命訓 15"以峜(權)從攦(法)則不行,行不必攦(法,法)以智(知)峜(權)",今本《逸周書·命訓》作"以權從法則行,行不必以知權"。

清華五·命訓 12"峜(權)不攦(法)",今本《逸周書·命訓》作"權不法"。《逸周書·寶典》:"以法從權,安上無慝。"

清華六·子產 20"攦",讀爲"法"。《禮記·中庸》"行而世爲天下法",朱熹《集注》:"法,法度也。"

見紐甲聲

甲

  清華二·繫年 137 甲戌

  清華四·筮法 43 甲壬

  清華五·厚父 06 弗甬(用)先劼(哲)王孔甲之典刑(刑)

  清華七·子犯 14 則大甲與盤庚

  清華七·越公 03 以身被甲冐(胄)

  清華七·越公 04 募(寡)人不忍君之武礪(勵)兵甲之鬼(威)

  清華七·越公 05 募(寡)人又(有)繡(帶)甲伞(八千)

清華七·越公07 君乃陟（陳）吳甲□

清華七·越公11 今雩（越）公亓（其）故（胡）又（有）繡（帶）甲𠦜（八千）以臺（敦）刃皆（偕）死

清華七·越公20 羅（罹）甲綏（纓）冑（胄）

清華七·越公52 乃皆好兵甲

～，楚文字或作 （上博三·周18）。《説文·甲部》："甲，東方之孟，陽氣萌動，从木戴孚甲之象。一曰人頭宜爲甲，甲象人頭。凡甲之屬皆从甲。 ，古文甲，始於十，見於千，成於木之象。"

清華二·繫年137"甲戌"，《書·費誓》："甲戌，我惟征徐戎。"

清華四·筮法43"甲壬"，"乾"納甲壬。將天干納入八卦。《京氏易傳》卷下有京房"納甲"説云："分天地乾、坤之象，益之以甲乙、壬癸；震、巽之象配庚、辛，坎、離之象配戊、己，艮、兑之象配丙、丁。"

清華五·厚父06"孔甲"，《左傳·昭公二十九年》孔穎達疏引《帝王世紀》云："少康子帝杼，杼子帝芬，芬子帝芒，芒子帝世，世子帝不降，不降弟帝喬，喬子帝廑也。至帝孔甲，孔甲，不降子。"杜預注："孔甲，少康之後九世君也。其德能順於天。"《史記·夏本紀》："帝廑崩，立帝不降之子孔甲，是爲帝孔甲。帝孔甲立，好方鬼神，事淫亂。夏后氏德衰，諸侯畔之。"

清華七·子犯14"大甲"，即太甲，商湯的孫子。《左傳·襄公二十一年》："伊尹放大甲而相之，卒無怨色。"杜預注："太甲，湯孫也。荒淫失度，伊尹放之桐宫，三年，改悔而複之，而無恨心。言不以一怨妨大德。"《史記·殷本紀》："帝中壬即位四年，崩，伊尹迺立太丁之子太甲。太甲，成湯適長孫也，是爲帝太甲。帝太甲元年，伊尹作伊訓，作肆命，作徂后。"

清華七·越公03"以身被甲冑（胄）"，《戰國策·齊五》："魏王身被甲厎劍，挑趙索戰。""甲冑"，鎧甲和頭盔。《易·説卦》："離爲火，爲日，爲電，爲中女，爲甲冑，爲戈兵。"《書·説命中》："惟口起羞，惟甲冑起戎。"孔傳："甲，鎧；冑，兜鍪也。"

清華七·越公04、52"兵甲"，兵器，鎧甲，指軍隊。《左傳·哀公十五年》：

· 3530 ·

"公孫宿以其兵甲入于嬴。"

清華七·越公 05、11"繻甲",即"帶甲",披甲的將士。《國語·越語上》:"有帶甲五千人將以致死。"

清華七·越公 07"甲□","甲"後面可能是"兵"。

清華七·越公 20"羅甲綏冒",讀爲"縭(纚)甲纓冑",繫甲戴冑結纓。《墨子·兼愛下》:"今有平原廣野於此,被甲嬰冑,將往戰,死生之權未可識也。"《荀子·樂論》:"帶甲嬰冑,歌於行伍,使人之心傷。"或讀爲"羅甲纓冑"。

見紐夾聲

夾

 清華一·耆夜 02 卲(召)公保奭(奭)爲夾

 清華一·祭公 06 克夾卲(绍)城(成)康

 清華四·筮法 48 二五夾四

 清華七·越公 66 牆(將)以夾□(攻)

～,與 、、同。《說文·大部》:"夾,持也。从大俠二人。"

清華一·耆夜 02"夾",訓爲介,指助賓客行禮者。"夾介",猶言輔助。《書·多方》:"爾曷不夾介乂我周王享天之命?"蔡沈《集傳》:"爾何不夾輔介助我周王享天之命乎?"

清華一·祭公 06"夾卲",西周逨(或釋迹)盤(《近二》939)作"夾誰",讀爲"夾紹",義爲輔佐。夾,輔佐。《書·梓材》:"先王既勤用明德,懷爲夾。"孫星衍疏:"言今王爰思先生勤勞,用明德之臣來爲夾輔。"玄應《一切經音義》卷十二引《三蒼》:"夾,輔也。"

3531

清華四·筮法 48"二五夾四",二五夾著四的爻。"夾",從左右相持或相對。《儀禮·既夕禮》:"北面交響,圉人夾牽之。"《墨子·雜守》:"守大門者二人,夾門而立。"

清華七·越公 66"夾攻",從兩方面同時進攻。《左傳·僖公二十八年》:"狐毛、狐偃以上軍夾攻子西,楚左師潰。"

疑紐業聲

鐷（業）

 清華三·說命下 06 女（汝）亦隹（惟）又（有）萬福鐷=（業業）才（在）乃備（服）

 清華三·琴舞 05 鐷=（業業）畏載（忌）

~,與 鐷（上博一·孔 5）同。《說文·丵部》:"業,大版也。所以飾縣鍾鼓。捷業如鋸齒,以白畫之。象其鉏鋙相承也。从丵从巾。巾象版。《詩》曰:'巨業維樅。'鐷,古文業。"

清華三·說命下 06"鐷=",讀爲"業業",盛大義。《詩·大雅·烝民》"四牡業業",毛傳:"業業,言高大也。"引申爲盛大。

清華三·琴舞 05"鐷=畏載",讀爲"業業畏忌",小心謹慎。《詩·大雅·雲漢》:"兢兢業業,如霆如雷。"孔傳:"兢兢,恐也;業業,危也。"王孫誥鐘(《近出》60)"畏忌趩趩",叔夷鎛(《集成》00285):"小心畏忌。"《儀禮·士虞禮》:"小心畏忌,不惰其身。"

定紐涉聲

涉

 清華二·繫年 019 壅（衛）人乃東涉河

清華二·繫年 021 翟人或（又）涉河

清華二·繫年 034 囟（使）君涉河

清華二·繫年 068 母（毋）能涉白水

清華二·繫年 094 齊臧（莊）公涉河贎（襲）朝訶（歌）

清華二·繫年 130 楚人涉泳（沈）

清華二·繫年 133 歆（止）郯公涉綱以歸（歸）

清華七·越公 30 王辟（親）涉沟（溝）淳（澱）潕塗

清華七·越公 65 乃命左軍、右軍涉江

清華七·越公 66 涉江

清華七·越公 67 雩（越）王句戔（踐）乃以亓（其）厶（私）采（卒）
辛＝（六千）敲（竊）涉

清華七·越公 67 左軍、右軍乃述（遂）涉

～，與 （上博一·孔 29）、 （上博三·周 25）、 （上博五·季 7）同。

《説文·沝部》:"涉,徒行厲水也。从沝,从步。,篆文从水。"

清華二·繫年019、021、034、094"涉河",渡河。《左傳·成公十一年》:"秦、晉爲成,將會于令狐。晉侯先至焉,秦伯不肯涉河,次于王城,使史顆盟晉侯于河東。晉郤犨盟秦伯于河西。"

清華二·繫年068"母(毋)能涉白水",不能渡河。《左傳·宣公十七年》:"獻子怒,出而誓曰:'所不此報,無能涉河!'"

清華二·繫年133"郑公涉綱",讀爲"滕公涉澗"。"涉澗",滕公之名。

清華二·繫年130,清華七·越公30、66"涉",徒步渡水。《詩·鄭風·褰裳》:"子惠思我,褰裳涉溱。"

清華七·越公65"乃命左軍、右軍涉江",參《國語·吳語》:"夜中,乃命左軍、右軍涉江鳴鼓中水以須。"

清華七·越公67"雩(越)王句戔(踐)乃以亓(其)厶(私)䘚(卒)六=(六千)敲(竊)涉",參《國語·吳語》:"越王乃令其中軍銜枚潛涉,不鼓不譟以襲攻之,吳師大北。"

泥紐聶聲

矆

 清華八·攝命01 劼姪卹(恐)矆(攝)

 清華八·攝命03 王曰:矆(攝)

 清華八·攝命05 王曰:矆(攝)

 清華八·攝命15 王曰:矆(攝)

 清華八·攝命17 王曰:矆(攝)

清華八·攝命 21 王曰：䙔（攝）

清華八·攝命 23 王曰：䙔（攝）

清華八·攝命 24 王曰：䙔（攝）

清華八·攝命 28 王曰：䙔（攝）

清華八·攝命 30 王曰：䙔（攝）

清華八·攝命 32 士疌右白（伯）䙔（攝）立才（在）中廷

䙔 清華八·攝命 32 白（伯）䙔（攝）

～，從"大""聑"，"聶"字異體。或作 （上博六·用 12）、 （上博七·吳 6）。《説文·耳部》："聶，附耳私小語也。從三耳。"

清華八·攝命"䙔"，讀爲"攝"，人名，或認爲是懿王太子夷王燮。簡文"伯攝"，即《尚書大傳》《史記·周本紀》的"伯檠"，"檠"即"䙔（攝）"字之訛。

竪

清華一·楚居 03 乇（厥）皕（狀）竪（聶）耳

清華八·邦道 22 竪（攝）洍（圮）梁

～，從"立""聑"，"聶"字異體。

清華一·楚居03"翌耳",即"聶耳"。《山海經·海外北經》:"聶耳之國……爲人兩手聶其耳。"郭璞注:"言耳長,行則以手攝持之也。"

清華八·邦道22"翌洰梁",讀爲"攝圯梁",整飭橋梁。"攝",整飭。《儀禮·士冠禮》:"再醮攝酒。"鄭玄注:"攝,猶整也。"

來紐鼠聲

徶

　　清華七·越公59 敷(近)御莫徶(躐)

　　清華七·越公59 亡(無)敢徶(躐)命

~,與徶(郭店·六德43)同,從"彳","鼠"聲。楚文字"鼠"或從"鼠"之字或作:𩖅(郭店·性自命出54)、𩖅(九店A25);遘𩖅(清華三·芮良夫6);敱𩖅(郭店·六德40)、𩖅(郭店·六德41)、𩖅(郭店·語叢三12);轆𩖅(上博六·用14)、𩖅(九A31)、𩖅(包山150)。

清華七·越公59"徶",即"躐",逾越。《禮記·學記》:"幼者聽而弗問,學不躐等也。"孔穎達疏:"踰越等差。"簡文"近御莫躐",越王身邊的親近不敢陵越不尊。

清華七·越公59"徶命",即"躐命",不聽從命令。逾越等級,不按次序。

邋

　　清華八·處位10 甬(用)邋(躐)歔(貢)而改(改)

　　清華三·芮良夫06 亓(其)由不邋(攝)丁(停)

~,從"辵","鼠"聲。"躐"字異體。

清華八·處位10"遬",即"躐"。《禮記·學記》"幼者聽而弗問,學不躐等也",孔穎達疏:"躐,踰越也。"

清華三·芮良夫06"遬",即"躐"。《後漢書·崔駰傳》:"則躐纓整襟,規矩其步。"李賢注:"《史記》曰:'攝纓整襟。'華嶠書躐作攝也。"引申表示收斂。或隸定作"遺",讀爲"顛"。(丁若山)

禮

 清華六·子儀09 昔之禮(臘)可(兮)余不與

 清華六·子儀10 今兹之禮(臘)余或不與

~,從"示","巤"聲。

清華六·子儀09、10"禮",即"臘",祭名。《禮記·月令》:"(孟冬之月)天子乃祈來年于天宗,大割祠于公社及門閭,臘先祖五祀,勞農以休息之。"孔穎達疏:"臘,獵也。謂獵取禽獸以祭先祖五祀也。"《左傳·僖公五年》:"宮之奇以其族行,曰:'虞不臘矣。'"杜預注:"歲終祭衆神之名。"

髊

 清華一·楚居03 渭(潰)自髊(脅)出

 清華一·楚居03 厎(巫)炁(咸)賅亓(其)髊(脅)以楚

~,從"骨","巤"聲,"脅"字異體。

清華一·楚居03"髊",即"脅",肋骨。《儀禮·特牲饋食禮》:"長脅二骨短脅。"胡培翬《正義》:"脊兩旁之肋,謂之脅。"《史記·范雎蔡澤列傳》:"魏齊大怒。使舍人笞擊雎,折脅摺齒。"《史記·楚世家》:"陸終生子六人,坼剖而產焉。"《大戴禮記·帝系》:"陸終氏娶于鬼方氏,鬼方氏之妹謂之女隤氏,產六子。孕而不粥,三年,啓其左脅,六人出焉。"

清紐妾聲

妾

清華二·繫年 031 晉獻公之婢（嬖）妾曰驪姬

清華四·筮法 35 臣妾之立（位）

清華四·筮法 46 長女爲妾而死

～，與 同。《說文·辛部》："妾，有辠女子，給事之得接於君者。从辛、从女。《春秋》云：'女爲人妾。'妾，不娉也。"

清華二·繫年 031"婢妾"，讀爲"嬖妾"，猶愛妾。《左傳·宣公十五年》："初，魏武子有嬖妾，無子。"《南史·臧質傳》："質頓兵不肯時發，又顧戀嬖妾，棄軍營壘，單馬還城。"

清華四·筮法 35"臣妾"，古時對奴隸的稱謂，男曰臣，女曰妾。《書·費誓》："臣妾逋逃。"孔傳："役人賤者，男曰臣，女曰妾。"《漢書·食貨志上》："王莽因漢承平之業，匈奴稱藩，百蠻賓服，舟車所通，盡爲臣妾。"

清華四·筮法 46"妾"，女奴。參上。

綾

 清華七·越公 24 夫婦交綾（接）

～，从"糸"，"妾"聲。

清華七·越公 24"交綾"，即交接。見於《馬王堆漢墓帛書·十六經·五正》："外內交接，乃正於事之所成。"簡文"夫婦交接"，指鄰國男女聯姻。

從紐疌聲

疌

 清華七·越公 03 疌(挾)弳秉橐(枹)

 清華八·攝命 32 士疌右白(伯)巭(攝)

《說文·止部》："疌,疾也。从止、从又。又,手也。屮聲。"陳劍釋"疌"。

清華七·越公 03"疌弳秉橐",讀爲"挾弳秉枹",夾持弳,秉持鼓槌。《國語·吳語》作"挾經秉枹"。韋昭注:"在掖曰挾。"《楚辭·國殤》:"帶長劍兮挾秦弓,首身離兮心不懲。"

清華八·攝命 32"士疌",人名,簡文爲右者。

諜

 清華七·越公 42 凡雩(越)庶民交諜(接)

～,從"言","疌"聲。

清華七·越公 42"交諜",讀爲"交接",交往。《禮記·樂記》:"射鄉食饗,所以正交接也。"

心紐燮聲

燮

 清華一·耆夜 05 克燮(燮)戁(仇)戩(讎)

 清華二·繫年 089 楚王子波(罷)會晉文子燮(燮)及者(諸)侯

之夫=(大夫)

　　清華三·説命中 03 燮(爕)弜(强)

　　清華三·芮良夫 13 畏燮(爕)方戜(讎)

　　清華三·芮良夫 14 燮(爕)戜(仇)攺(啓)邦(國)

～，从"又"，"炑"，爕或燮的省文。《説文·又部》："爕，和也。从言、从又、炎。籀文爕从羊。讀若溼。"

清華一·耆夜 05"克燮戜戜"，讀爲"克爕仇讎"。《詩·大雅·大明》："爕伐大商。""仇讎"，仇人。《左傳·成公十三年》："君之仇讎，而我之昏姻也。""爕"，或讀爲"襲"，擊伐剿滅義。(《讀本一》第 125 頁)或説"爕"，和順，協和。《書·洪範》："爕友柔克。"孔傳："爕，和也。世和順，以柔能治之。"《大雅·大明》："爕伐大商。"毛傳："爕，和也。"鄭箋："使協和伐殷之事。"

清華二·繫年 089"晉文子爕"，即"晉文子爕"，士爕。《左傳·成公十二年》："宋華元克合晉、楚之成，夏五月，晉士爕會楚公子罷、許偃。癸亥，盟于宋西門之外。"

清華三·説命中 03"燮弜"，即"爕强"，讀爲"襲强"。《詩·大雅·大明》"爕伐大商"，馬瑞辰《通釋》讀"爕"爲"襲"。曾伯簠(《集成》04634、04632)"印爕繁湯"之"爕"亦讀爲"襲"。"爕""溼""濕""隰"古通，金文中用爲"隰"的"溼"又可以讀爲"襲"。均可證"爕"確實可讀爲"襲"。(李家浩)

清華三·芮良夫 13"畏燮方戜"，讀爲"畏襲方讎"。"方讎"，四方讎敵。

清華三·芮良夫 14"燮戜攺邦"，讀爲"爕仇啓國"。"爕"，和順，協和。《書·顧命下》"爕和天下"，孫星衍《今古文注疏》引《釋詁》云："爕者，和也。"《爾雅·釋詁》："仇，匹也。"此處用爲名詞。《詩·魯頌·閟宫》"大啓爾宇"，朱熹《集傳》："啓，開。""啓國"，猶言建國。

並紐乏聲

乏

　清華一·程寤 07 卑（俾）行量亡（無）乏

　清華五·命訓 08 亟（極）命則民陵（墮）乏

《説文·正部》："乏，《春秋傳》曰：'反正爲乏。'"

清華一·程寤 07"乏"，缺乏，不足。《左傳·僖公三十年》："行李之往來，共其乏困。"簡文"俾行量亡乏"，謂所行之處無有困乏。

清華五·命訓 08"亟命則民陵乏"，讀爲"極命則民墮乏"。今本《逸周書·命訓》作"極命則民墮"，今本漏"乏"字。《莊子·天地》："子往矣，无乏吾事！"《釋文》："乏，廢也。"《戰國策·燕三》："雖然，光不敢以乏國事也。"

正編·談部

談 部

影紐猒聲

猒

清華六·子儀 13 猒(期)年而見之

清華八·攝命 17 余猒既異乓(厥)心乓(厥)悳(德)

～，或從"石"，"猒"聲。上博簡"猒"或作 ☒(上博一·緇 24)、☒(上博二·從甲 12)、☒(上博三·中 12)。《說文·厂部》："猒，笮也。从厂，猒聲。一曰：合也。"

清華六·子儀 13"猒年"，讀爲"期年"，一年。《左傳·僖公十四年》："秋八月辛卯，沙鹿崩。晉卜偃曰：'期年將有大咎，幾亡國。'"（蘇建洲等）

清華八·攝命 17"猒"，合(心)。《國語·周語下》："帥象禹之功，度之於軌儀，莫非嘉績，克猒帝心。"韋昭注："猒，合也。"

肙(猒)

清華五·三壽 02 可(何)胃(謂)肙(猒)

清華五·三壽04 可（何）胃（謂）肩（厭）

清華五·三壽05 肩（厭）非（必）頊（臧）

清華五·三壽06 可（何）胃（謂）肩（厭）

清華五·三壽07 肩（厭）非（必）坪（平）

清華五·三壽08 肩（厭）非（必）寠（富）

～，从"石"，"肙"聲。"石""肙"共用"口"旁，"厭"之異體。

清華五·三壽"肩"，即"厭"，同"猒"，足也。《荀子·儒效》："猒猒兮其能長久也。"楊倞注："猒，足也。"《國語·周語中》："豈敢猒縱其耳目心腹以亂百度。"韋昭注："猒，足也。"

影紐弇聲

弇

清華一·皇門10 乃弇（掩）盍（蓋）善夫

清華六·子產05 弇（掩）見（現）又（有）秩（秩）

～，與 、同。《說文·収部》："弇，蓋也。从廾，从合。![]，古文弇。"

清華一·皇門10"乃弇盍（蓋）善夫"，今本《逸周書·皇門》作"乃食蓋善夫"。"弇"，讀爲"掩"，掩蓋、阻攔。"弇"，今本作"食"。王念孫《讀書雜志》卷一："'食蓋'二字義不相屬，'食'當爲'弇'。《爾雅》：'弇，蓋也。'《字通》作

· 3546 ·

'掩',孔注云'掩蓋善夫',是其明證矣……'弇'與'食'字相似,故'弇'誤爲'食'。"

清華六·子産 05"弇",《說文》:"蓋也。"今作"掩",與"見(現)"相對。簡文"掩現有秩",疑指服飾而言。

匣紐炎聲

畚

 清華八·攝命 10 敬學畚明

 清華八·攝命 22 凡人有獄有畚

 清華八·攝命 23 凡人無獄亡(無)畚

 清華八·攝命 04 雩(越)御事庶百又告有畚

～,從"自","炎"聲。或說"畚"下半所謂"自"形當是"昝"下一"火"與"口"形相結合的結果,"畚"則在"畚"基礎上上半復從二火。金文則作"猋""昝""猋"等形,尖夫日(卌三年逨鼎,《近二》330)、(親簋,《近二》440)、(牧簋,《集成》04343)、(趞簋,《集成》04266)。

清華八·攝命"有畚",或讀爲"有嫌";"畚明"讀爲"廉明",參看李學勤:《清華八〈攝命〉中的"嫌""廉"》(《文物》2018 年第 9 期);或讀爲"吝",《說文》"吝,恨惜也","有吝"類於古書所謂"心有不平""有爭心","訊小大有吝""訊庶有吝"指處理爭訟。"畚明"即尹姞鬲(《集成》00754)、史牆盤(《集成》10175)之"猋明",猋、明同訓。(馬楠)或讀"有畚"爲"有訟","畚明"爲"崇明"。(陳劍、趙平安)

清華八·攝命 10"敬學畚明",或讀爲"敬學慎明"。

匣紐臽聲

諂（諂）

　清華八·處位07 諂諛無甬（扇）

～，从"言"，"臽"聲，"諂"之異體。"臽"，"子"在"凵"中，"臽"之或體。《説文·言部》："諂，諛也。从言，閻聲。，諂或省。"

清華八·處位07"諂"，即"諂"，奉承，獻媚。《禮記·少儀》："頌而無諂，諫而無驕。"孔穎達疏："諂謂橫求見容。若君有盛德，臣當美而頌之也。君苟無德，則匡而救之。不得虛妄以惡爲美，橫求見容。"《論語·學而》："貧而無諂，富而無驕。"

見紐兼聲

兼

　清華七·趙簡子09 兼敀（霸）者（諸）侯

《説文·秝部》："兼，并也。从又持秝。兼持二禾，秉持一禾。"

清華七·趙簡子09"兼敀者侯"，讀爲"兼霸諸侯"，兼并稱霸諸侯。酈道元《水經注·河水四》："皇帝二十六年，初兼天下，以爲郡縣。"《論語·憲問》："管仲相桓公，霸諸侯，一匡天下，民到于今受其賜。"《管子·輕重乙》："請與之立壤列天下之旁，天子中立，地方千里，兼霸之壤三百有餘里，佗諸侯度百里，負海子男者度七十里，若此，則如胸之使臂，臂之使指也。"

謙

清華四·別卦05 謙

《説文·言部》："謙，敬也。从言，兼聲。"

清華四·別卦 05 "謙",卦名。《周易》六十四卦之一,艮下坤上。《易·謙》:"《象》曰:地中有山,謙,君子以裒多益寡,稱物平施。"

溓

 清華八·邦道 13 是以尃(敷)均於百眚(姓)之溓(兼)厱而𢗘(愛)者

 清華八·邦道 26 古(故)萬民溓(慊)疠(病)

《説文·水部》:"溓,薄水也。一曰:中絶小水。从水,兼聲。"

清華八·邦道 13 "溓",讀爲"兼"。《墨子·天志上》:"故天意曰:'此之我所愛,兼而愛之;我所利,兼而利之。'"《墨子·法儀》:"奚以知天之欲人之相愛相利,而不欲人之相惡相賊也?以其兼而愛之、兼而利之也。奚以知天兼而愛之、兼而利之也?以其兼而有之、兼而食之也。"

清華八·邦道 26 "溓",或疑讀爲"慊",不滿,怨恨。

厱

 清華八·邦道 13 是以尃(敷)均於百眚(姓)之溓(兼)厱而𢗘(愛)者

～,从"力","兼"省聲。疑"廉"之異體。

清華八·邦道 13 "厱",即"廉",節儉,節省。《淮南子·原道》:"不以奢爲樂,不以廉爲悲。"高誘注:"廉,猶儉也。"

厰

 清華六·孺子 16 甬(用)厰受(授)之邦

～,从"厂","兼"聲,即"廉"字。"兼"从"又"持雙禾會意。此字"兼"旁所从"又"下移。

清華六·孺子 16"甬厤受之邦",讀爲"用兼授之邦"。(李守奎)

厤

清華七·越公 32 亓(其)見蓐(農)夫老溺(弱)堇(勤)厤者

清華七·越公 41 乃亡(無)敢增厤亓(其)政以爲獻於王

清華八·處位 04 印(抑)厤無訾

～,从"土""厤"省聲。(劉剛)或分析爲从"土""廉"省聲。"兼"之省"又"。

清華七·越公 32"堇厤",讀爲"勤斂",勤於收穫。《孟子·梁惠王下》:"春省耕而補不足,秋省斂而助不給。"朱熹《集注》:"斂,收穫也。"(侯瑞華)或讀爲"勤懋"。(陳劍)或讀爲"饉歉",表示食物匱乏。《廣雅·釋天》:"一穀不升曰歉、二穀不升曰饑、三穀不升曰饉、四穀不升曰荒、五穀不升曰大侵。"簡文"亓(其)蓐(農)夫老弱堇厤者,王必舍(飲)飤(食)之",意思是說"農夫老弱和食物匱乏者,越公都會給他們提供飲食"。(劉剛)

清華七·越公 41"增厤",讀爲"增斂",與"聚斂""厚斂""重斂"等義同。如《荀子·王制》:"故修禮者王,爲政者彊,取民者安,聚斂者亡。"《周禮·地官·里宰》:"以待有司之政令,而徵斂其財賦。"簡文"乃無敢增斂其徵以爲獻於王",意即官吏將賦斂所得呈奉給越王。(陳劍、侯瑞華)或讀爲"增歉",偏義複詞,偏嚮于"增"。(劉剛)

清華八·處位 04"厤",讀爲"廉",少。荀悅《漢紀·孝武皇帝紀五》:"(李陵)臨財廉,取與義,嘗思奮不顧身以徇國家之急。"

見紐甘聲

甘

清華三·赤鵠 13 是思(使)句(后)啻(昏)顳(亂)甘心

清華八·八氣01 甘雺(露)降

清華八·八氣04 甘爲緩

～，與 、同。《説文·甘部》："甘，美也。从口含一。一，道也。凡甘之屬皆从甘。"

清華三·赤鵠13"甘心"，《詩·衛風·伯兮》"願言思伯，甘心首疾"，毛傳："甘，厭也。"鄭箋："我念思伯，心不能已，如人心嗜欲，所貪口味不能絶也。"

清華八·八氣01"甘雺"，即"甘露"，甘美的露水。《老子》："天地相合，以降甘露。"《吕氏春秋·貴信》："以此治人，則膏雨甘露降矣，寒暑四時當矣。"

清華八·八氣04"甘爲緩"，参《黄帝内經·素問》："辛散，酸收，甘緩，苦堅，鹹耎，毒藥攻邪。五穀爲養，五果爲助，五畜爲益，五菜爲充，氣味合而服之，以補精益氣。此五者，有辛酸甘苦鹹，各有所利，或散或收，或緩或急，或堅或耎，四時五藏，病隨五味所宜也。"《管子·水地》："五味者何？曰五藏。酸主脾，鹹主肺，辛主腎，苦主肝，甘主心。五藏已具，而後生肉。脾生隔，肺生骨，腎生腦，肝生革，心生肉。"

厤

清華二·繫年014 飛厤(廉)東逃于商盍(蓋)氏

清華二·繫年014 殺飛厤(廉)

～，與 、形近。

清華二·繫年014"飛厤"，讀爲"飛廉"，或作"蜚廉"，嬴姓，乃秦人之祖，父名中潏。《史記·秦本紀》："其玄孫曰中潏，在西戎，保西垂。生蜚廉。蜚廉生惡來，惡來有力，蜚廉善走，父子俱以材力事殷紂。"

3551

敢

清華一·程寤 02 王弗敢占

清華一·金縢 06 勿敢言

清華一·金縢 11 公命我勿敢言

清華一·皇門 01 䌛（肆）朕沖（沖）人非敢不用明刑（刑）

清華一·祭公 10 敢䈞（告）天子

清華二·繫年 054 左行薳（蔑）、陵（隨）會不敢歸（歸）

清華三·琴舞 11 弼（弼）敢亢（荒）才立（位）

清華三·琴舞 15 弼（弼）敢亢（荒）悳（德）

清華三·芮良夫 12 莫敢尐㦔

清華三·赤鵠 02 少（小）臣弗敢嘗

清華五·湯丘 11 剴（豈）敢以㑒（貪）舉（舉）

清華五·三壽02 敢䎽(問)人可(何)胃(謂)長

清華五·三壽04 敢䎽(問)人可(何)胃(謂)長

清華五·三壽06 敢䎽(問)人可(何)胃(謂)長

清華五·三壽12 敢䎽(問)先王之遺忎(訓)

清華五·三壽24 敢䎽(問)疋(胥)民古(胡)曰易(揚)

清華六·孺子06 門檻之外母(毋)敢又(有)智(知)女(焉)

清華六·孺子06 老婦亦不敢

清華六·孺子12 乳=(孺子)母(毋)敢又(有)智(知)女(焉)

清華六·管仲09 敢䎽(問)耑(前)文句(后)爲之女(如)可(何)

清華六·管仲12 敢䎽(問)可(何)以執成

清華六·子儀17 不穀(穀)敢忎(愛)糧

清華七·子犯09 不穀(穀)余敢䎽(問)亓(其)道瓞(奚)女(如)

清華七·子犯 14 敢大膽䤂(問)

 清華七·趙簡子 05 敢䤂(問)齊君逵(失)之瓞(奚)繇(由)

 清華七·越公 06 三(四)方者(諸)侯亓(其)或敢不賓于吳邦

 清華七·越公 15 孤敢兌(脫)辠(罪)於夫=(大夫)

 清華七·越公 24 孤敢不許諾

 清華七·越公 41 乃亡(無)敢增歷亓(其)政

 清華七·越公 42 亡(無)敢反不(背)訐(欺)已(詒)

 清華七·越公 58 亡(無)敢不竹(敬)

 清華七·越公 59 亡(無)敢徹(躐)命

 清華七·越公 70 余不敢鹽(絕)祀

 清華七·越公 73 句戏(踐)不敢弗受

清華八·攝命 07 女(汝)母(毋)敢怙偈(遏)余曰乃妩(毓)

清華八·攝命10 女(汝)亦母(毋)敢豕才(在)乃死(尸)服

清華八·攝命13 女(汝)母(毋)敢有退于之

清華八·攝命13 女(汝)亦母(毋)敢逄(泆)于之

清華八·攝命14 女(汝)迺敢整(整)忈(極)

清華八·攝命16 女(汝)母(毋)敢朋況(酗)于酉(酒)

清華八·攝命21 女(汝)亦母(毋)敢鬼(畏)甬(用)不審不允

清華八·攝命21 女(汝)母(毋)敢棄=(滔滔)

清華八·邦道10 則下不敢悥上

清華八·邦道15 下有惢(過)不敢以憮(誣)上

清華八·邦道15 古(故)莫敢訋(急)

清華八·邦道19 則弗敢言

～，與 、、、

(上博二·從甲14)、 (上博五·三5)、 (上博二·容18)、 (上博四·柬7)、 (上博六·競13)、 (上博七·吳7)同。《說文·受部》："敢，進取也。从受，古聲。 ，籀文敢。 ，古文敢。"

清華一·祭公10"敢拏天子"，讀爲"敢告天子"。"敢"，謙辭，猶言冒昧。《禮記·雜記上》："君訃於他國之君，曰：'寡君不禄，敢告於執事。'"

清華三·琴舞11、15"弼敢"，即"弼敢"，讀爲"弗敢"，不敢。《書·湯誥》："爾有善，朕弗敢蔽。"

清華五·湯丘11"剴敢"，讀爲"豈敢"，怎麼敢。《詩·鄭風·將仲子》："將仲子兮，無踰我里，無折我樹杞。豈敢愛之？"

清華六·子儀17"不穀敢恧糧"，讀爲"不穀敢愛糧"，我豈敢愛惜糧食。

清華七·子犯14"敢大膽餂"，讀爲"敢大膽問"。參"敢問"。

清華七·越公06、15、24"敢"，即"豈敢""不敢"，用作謙詞。《左傳·莊公二十二年》："敢辱高位，以速官謗。"杜預注："敢，不敢也。"趙公06"敢不"，即不敢不。

清華"不敢"，謂沒膽量，沒勇氣。亦表示沒有膽量做某事。《孟子·公孫丑下》："我非堯舜之道，不敢以陳於王前。"

清華"弗敢""母（毋）敢""毋敢""亡（無）敢""勿敢""莫敢""非敢"，不敢，謂沒膽量，沒勇氣。

清華"敢餂""敢𩪋"，讀爲"敢問"，謙詞，猶冒昧。《儀禮·士虞禮》："敢用絜牲剛鬣。"鄭玄注："敢，昧冒之辭。"賈公彥疏："敢，昧冒之辭者，凡言敢者，皆是以卑觸尊不自明之意。"《禮記·樂記》："文侯曰：'敢問溺音何從出也？'"

清華"敢"，敢於，表示有膽量做某種事情。《書·益稷》："誰敢不讓。"《書·湯誓》："予畏上帝，不敢不正。"

嚴

清華一·楚居06 至酓（熊）甬（勇）及酓（熊）嚴

清華五·厚父03 廼嚴禋鬼（畏）皇天上帝之命

清華五·封許03 嚴塍(將)天命

清華七·越公23 今夫=(大夫)嚴(儼)肰(然)監(銜)君王之音

《說文·吅部》:"嚴,教命急也。从吅,厰聲。 ,古文。"

清華一·楚居06"酓嚴",讀爲"熊嚴"。《史記·楚世家》:"熊延生熊勇。熊勇六年,而周人作亂,攻厲王,厲王出奔彘。熊勇十年卒,弟熊嚴爲後。熊嚴十年卒。"《國語·鄭語》韋昭注:"熊嚴,楚子鬻熊之後十世也。"

清華五·厚父03"廼嚴寅鬼(畏)皇天上帝之命",《玉篇·吅部》:"嚴,敬也。"《書·無逸》:"嚴恭寅畏天命。"又見秦公簋(《集成》04315)。

清華五·封許03"嚴",《禮記·學記》:"凡學之道,嚴師爲難。"鄭玄注:"嚴,尊敬也。"簡文"嚴將天命",即敬奉天命。

清華七·越公23"嚴然",讀爲"儼然",莊重。《荀子·正論》:"今子宋子嚴然而好說。"楊倞注:"嚴,讀爲儼。"

厰

 清華三·說命上02 隹(惟)弦人旻(得)敚(說)于尃(傅)厰(巖)

 清華三·說命中01 敚(說)逨(來)自尃(傅)厰(巖)

 清華三·琴舞05 厰(嚴)余不解(懈)

 清華五·三壽10 四厰(嚴)酒(將)行

《說文·厂部》:"厰,崟也。一曰地名。从厂,敢聲。"

清華三·說命上02、說命中01"尃厰",讀爲"傅巖"。《墨子·尚賢中》:"傅說被褐帶索,庸築乎傅巖。武丁得之,舉以爲三公,與接天下之政,治天下之民。"《史記·殷本紀》作"傅險"。

清華三·琴舞 05"厰",讀爲"嚴",敬也,畏也,又作"儼"。《詩·大雅·常武》:"赫赫業業,有嚴天子。"《楚辭·離騷》:"湯禹儼而祇敬兮。"王逸注:"儼,畏也。""不解",即不懈。

清華五·三壽 10"厰",讀爲"嚴"。《說文·吅部》:"嚴,教命急也。"簡文或指嚴厲的行政措施。

見紐敢聲歸甘聲

見紐監聲

監

清華一·程寤 08 可(何)監非呰(時)

清華一·耆夜 03 監歙(飲)酉(酒)

清華一·皇門 04 王用又(有)監

清華一·皇門 12 監于茲

清華二·繫年 001 昔周武王監觀商王之不龏(恭)帝=(上帝)

清華二·繫年 013 乃埶(設)三監于殷

清華二·繫年 013 殺三監而立彔子耿

清華四・筮法 49 監天

 清華五・封許 07 盤、監(鑒)、鏐(鋆)

 清華五・封許 07 余既監于殷之不若

 清華五・三壽 17 監(濫)蒐(媚)莫淦(感)

 清華五・厚父 01 王監劼絑(績)

 清華七・子犯 06 募(顧)監於訛(禍)

 清華七・越公 23 今夫=(大夫)嚴(儼)肰(然)監(銜)君王之音

 清華七・越公 59 王監雩(越)邦之既苟(敬)

 清華七・越公 64 乃命左軍監(銜)桄(枚)鯀(溯)江五里以須

 清華七・越公 65 亦命右軍監(銜)桄(枚)渝江五里以須

 清華八・心中 03 爲君者亓(其)監(鑒)於此

 清華八・心中 05 監(鑒)之

～，與![字]（上博二·子11）、![字]（上博六·競13）同。《說文·臥部》："監，臨下也。从臥，衉省聲。![字]，古文監从言。"

清華一·程寤08"可監非當"，讀為"何監非時"。參《逸周書·小開》："何監非時，何務非德。"

清華一·耆夜03"監歃酉"，讀為"監飲酒"。《儀禮》的《鄉飲酒》《鄉射》《燕禮》《大射》四篇皆有"司正"，立司正在行一獻之禮、作樂之後，行無筭爵之前。胡匡衷《儀禮·釋官》："案《國語》'晉獻公飲大夫酒，令司正實爵'，注：'司正，正賓主之禮者。'其職無常官，飲酒則設之。"

清華一·皇門04"王用又（有）監"，與今本《逸周書·皇門》同。

清華一·皇門12"監于茲"，今本《逸周書·皇門》作"監于茲"。

清華二·繫年001"監觀"，觀察，觀覽。《詩·大雅·皇矣》："皇矣上帝，臨下有赫。監觀四方，求民之莫。"鄭箋："監，視也。大矣！天之視天下，赫然甚明。以殷紂之暴亂，乃監察天下之眾國，求民之定，謂所歸就也。"《淮南子·泰族》："曠然而通，昭然而明；天地之間，無所繫戾。其所以監觀，豈不大哉！"

清華二·繫年013"三監"，指管叔、蔡叔、霍叔；或指武庚、管叔、蔡叔。《逸周書·作雒》："武王克殷，乃立王子祿父，俾守商祀。建管叔于東，建蔡叔、霍叔于殷，俾監殷臣。"《漢書·地理志下》："周既滅殷，分其畿內為三國，《詩·風》邶、庸、衛國是也。邶，以封紂子武庚；庸，管叔尹之；衛，蔡叔尹之，以監殷民，謂之三監。"

清華四·筮法49"監天"，疑即《淮南子·天文》的"炎天"。

清華五·封許07"監"，即"鑒"，古器名。形似大盆，有耳。青銅制，盛行於東周。《周禮·天官·凌人》："春始治鑒。"鄭玄注："鑒，如甀。大口，以盛冰，置食物于中，以禦溫氣。"《詩·邶風·柏舟》："我心匪鑒。"毛傳："所以察形也。"

清華五·封許07"余既監于殷之不若"，《書·君奭》："其汝克敬以予監于殷喪大否，肆念我天威。"

清華五·三壽17"監莧莫淦"，讀為"濫媚莫感"，不要被淫聲諂媚所惑。"監"，讀為"濫"，淫竊奸聲。《禮記·樂記》："子夏對曰：'鄭音好濫淫志，宋音燕女溺志，衛音趨數煩志，齊音敖辟喬志。'此四者，皆淫於色而害於德，是以祭祀弗用也。"鄭玄注："言四國皆出此溺音。濫，濫竊，姦聲也。"

清華五·厚父01、清華七·子犯06"監"，《爾雅·釋詁》："視也。"《書·太甲上》："天監厥德，用集大命，撫綏萬方。"孔傳："監，視也。"

清華七·越公23"監"，讀為"銜"，遵奉，領受。《禮記·檀弓上》："仕弗與共國，銜君命而使，雖遇之不鬪。"《管子·形勢解》："法立而民樂之，令出而民銜之。"

清華七·越公 59、清華八·心中 03"監",明察。《書·酒誥》:"人無於水監,當於民監。"

清華七·越公 64、65"監枻",讀爲"銜枚",橫銜枚於口中,以防喧嘩或叫喊。"枚",形如筷子,兩端有帶,可繫於頸上。《國語·吳語》:"明日將舟戰於江,及昏,乃令左軍銜枚泝江五里以須,亦令右軍銜枚踰江五里以須。夜中,乃令左軍、右軍涉江鳴鼓中水以須。"《周禮·夏官·大司馬》:"群司馬振鐸,車徒皆作,遂鼓行,徒銜枚而進。"

清華八·心中 05"監",讀爲"鑒"。《國語·晉語二》:"是天奪之鑒而益其疾。"韋昭注:"鑒,鏡也,鏡所以自省察也。"

藍

清華一·尹誥 02 今句(后)蕾(何)不藍(監)

清華一·祭公 14 藍(監)于顝(夏)商之既敗(敗)

清華一·楚居 15 柬大王自疆郢遷(徙)居藍郢

清華三·琴舞 02 卑藍(監)才(在)孳(茲)

清華三·琴舞 07 不脆(逸)藍(監)舍(余)

清華三·琴舞 07 缶(保)藍(監)亓(其)又(有)逡(後)

清華三·芮良夫 08 不藍(鑒)于顝(夏)商

清華三·芮良夫 17 尚藍(鑒)于先舊

《説文·艸部》:"藍,染青艸也。从艸,監聲。"

清華一·尹誥 02"藍",讀爲"監",察看,督察。《書·呂刑》:"上帝監民,罔有馨香。"孔傳:"天視苗民無有馨香之行。"

清華一·祭公 14"藍于顗商之既敗",讀爲"監于夏商之既敗",與今本《逸周書·祭公》同。《書·召誥》:"我不可不監于有夏,亦不可不監于有殷。"孔傳:"言王當視夏殷,法其歷年,戒其不長。"

清華一·楚居 15"藍郢",又見於包山 7、新蔡甲三·297 等。《左傳·定公五年》:"(昭)王之奔隨也,將涉於成臼,藍尹亹涉其帑,不與王舟。""藍尹亹",即藍邑之尹,名亹。

清華三·琴舞 02"卑藍才兹",讀爲"卑監在兹",與上文"高高在上"相對。卑,下,指人間。今本《詩·周頌·敬之》作"日監在兹"。鄭箋:"監,視也。"

清華三·琴舞 07"藍舍",讀爲"監余"。"監",察看、督察。《書·呂刑》:"上帝監民。"

清華三·琴舞 07"缶藍",讀爲"保監",保佑和監督。《逸周書·文儆》:"汝何葆非監?不維一保監順時。"

清華三·芮良夫 08"不藍于顗商",讀爲"不監于夏商"。參上。

清華三·芮良夫 17"藍",讀爲"鑒",引爲教訓的事。《詩·大雅·蕩》:"殷鑒不遠,在夏后之世。"

檻

 清華六·孺子 06 門檻之外母(毋)敢又(有)智(知)女(焉)

《説文·木部》:"檻,櫳也。从木,監聲。一曰圈。"

清華六·孺子 06"門檻",門下的橫木,即門檻、門限。《明史·太祖紀一》:"移兵兩河,破其藩籬,拔潼關而守之,扼其户檻。"簡文指宮門檻。"門檻之外"即宮外。

醓

 清華三·芮良夫 18 龏(恭)醓(監)亯(享)祀

· 3562 ·

～，從"見"、從"心"、從"臼"，會意，疑爲"監"之異體。或從"視"，"今"聲，作（清華五·厚父12）。

清華三·芮良夫18"罾"，即"監"。《國語·楚語下》："聖王正端冕，以其不違心，帥其群臣精物以臨監享祀。"或讀爲"潔"。（鄔可晶）或讀爲"虔"。（白於藍）

溪紐欠聲

飲

 清華六·子産23 好飲飤（食）酺（酯）釀

《說文·歙部》："歙，歠也。从欠，酓聲。凡歙之屬皆从歙。𩚁，古文歙从今、水。𩚌，古文歙从今、食。"

清華六·子産23"飲飤"，即"飲食"，吃喝。《書·酒誥》："爾乃飲食醉飽。"

齾

清華四·別卦07 齾（噬）

～，從"齒（齒）"，從"又"，"欠"聲，"噬"之異體。王家臺秦簡《歸藏》作"筮"，今本《周易》作"噬嗑"。

清華四·別卦07"齾"，即"噬"。"噬嗑"，《易》卦名。六十四卦之一。震下離上。謂頤中有物，齧而合之。象徵以刑法治國，亦象徵市集聚合天下貨物以交易。《易·繫辭下》："日中爲市，致天下之民，聚天下之貨，交易而退，各得其所，蓋取諸噬嗑。"王弼注："噬嗑，合也。市人之所聚，異方之所合，設法以合物，噬嗑之義也。"孔穎達疏："日中爲市，聚合天下之貨，設法以合物，取於噬嗑，象物噬齧乃得通也。"

龂

　　清華五·命訓 11 龂（斂）之以哀

～，與 同，贅加"口"。"龂"，即《説文·夂部》"竷"字所從聲旁"龂"。《説文·夂部》："竷，繇也，舞也。樂有章。从章、从夅、从夂。"

　　清華五·命訓 11"龂之以哀"，讀爲"斂之以哀"，與今本《逸周書·命訓》同。"斂"，給死者穿衣，入棺。《儀禮·士喪禮》："主人奉尸斂于棺。"鄭玄注："棺在肂中斂尸焉，所謂殯也。"賈公彥疏："以尸入棺名斂，亦名殯也。"

贛（竷）

　　清華六·子儀 05 豊（禮）巛（隋）貨以贛（竷）

　　清華二·繫年 030 女（焉）取邨（頓）以贛（恐）陳侯

～，與 、、同。《説文·貝部》："贛，賜也。从貝，竷省聲。籒文贛。"

　　清華六·子儀 05"贛"，讀爲"竷"，邊歌邊舞貌。《説文·夂部》："竷，繇也，舞也。樂有章，从章、从夅、从夂。《詩》曰：'竷竷舞我。'"朱駿聲《通訓定聲》："許謂謣且舞曰竷。"

　　清華二·繫年 030"贛"，讀爲"恐"。《説文·心部》："恐，懼也。"或讀爲"陷"，《孫子·地形》："吏強卒弱，曰陷。"李筌注："陷，敗也。"或讀爲"脅"或"憎"，訓爲"脅迫""恐懼"。（白於藍）

歛

　　清華一·祭公 19 我亦不以我辟歛（陷）于戁（難）

～，從"穴"，"欹"聲。

清華一·祭公 19"歆"，讀爲"陷"。師詢簋（《集成》04342）："欲汝弗以乃辟函（陷）于艱"，毛公鼎（《集成》02841）同。《左傳·昭公二十五年》："陷君於難，罪孰大焉？"

堃

　　清華八·邦政 09 亓（其）型（刑）堃（陷）而枳（枝）

～，從"土"，"欹"聲。

清華八·邦政 09"堃"，讀爲"陷"。《韓非子·六反》："犯而誅之，是爲民設陷也。"《孟子·梁惠王上》："及陷於罪，然後從而刑之，是罔民也。"簡文指設陷害民。

贛（贛）

　　清華八·處位 06 夫堂（黨）贛（貢）亦曰

　　清華八·處位 08 贛（貢）乃古（固）爲顗（美）

　　清華八·處位 09 贛（貢）以愉（治）疾亞（惡）

～，從"自"，"贛（贛）"聲。

清華八·處位 06"堂贛"，讀爲"黨貢"。《周禮·地官·大司徒》："五家爲比，使之相保；五比爲閭，使之相受；四閭爲族，使之相葬；五族爲黨，使之相救。""貢"，薦舉。《禮記·射義》："諸侯歲獻貢士於天子。""黨貢"，指鄉黨貢士。（馬楠）

清華八·處位 08、09"贛"，讀爲"貢"，簡文指選拔貢士。

歔

 清華八·處位10 甬（用）邋（躐）歔（貢）而攺（改）

～，从"自"，"欹（斡）"聲。
清華八·處位10"歔"，讀爲"貢"。

隓

 清華八·處位11 必内（納）隓（貢）

 清華八·處位11 既備内（納）隓（贛）

～，从"自"，"蛩"聲。
清華八·處位11"内隓"，讀爲"納貢"，古代諸侯嚮天子貢獻財物。《史記·齊太公世家》："命燕君復修召公之政，納貢于周，如成康之時。"《晉書·潘岳傳》："方今四海會同，九服納貢。"

隌

 清華八·天下01 而利亓（其）櫨隌

～，从"自"，"盩"聲。
清華八·天下01"櫨隌"，或讀爲"渠譫"，守城器具。見於《墨子·備城門》："城上之備：渠譫、藉車……"又作"渠幨"。《淮南子·氾論》："晚世之兵，隆衝以攻，渠幨以守。"高誘注："幨，幰，所以禦矢也。"疑"櫨隌"，讀爲"戚甲"，爲"兵革"類器物。参《孟子·公孫丑下》："城非不高也，池非不深也，兵革非不堅利也，米粟非不多也，委而去之，是地利不如人和也。"

溪紐贛聲歸欠聲

端紐詹聲

瞻

 清華六·太伯甲 12 兹賧（詹）父内謫於中

 清華六·太伯乙 10 兹賧（詹）父内謫於中

 清華六·子儀 16 公及三方者（諸）邧（任）君不賧（瞻）皮（彼）泜（沮）漳之川屏（開）而不盧（閭）殹（也）

 清華六·子儀 17 尚耑（端）項賧（瞻）遊目以盲我秦邦

 清華八·邦政 06 下賧（瞻）亓（其）上女（如）父母

 清華八·邦政 10 下賧（瞻）亓（其）上女（如）寇（寇）戠（讎）矣

～，與 同，从"視"，"詹"聲，"瞻"字異體。《説文·目部》："瞻，臨視也。从目，詹聲。"

清華六·太伯甲 12、太伯乙 10"賧父"，讀爲"詹父"，即叔詹。《左傳·僖公七年》："鄭有叔詹、堵叔、師叔三良爲政，未可間也。"《吕氏春秋·上德》作"被瞻"，《韓非子·喻老》作"叔瞻"。

清華六·子儀 16"賧"，即"瞻"，看，望。《詩·魏風·伐檀》："不狩不獵，胡瞻爾庭有縣貆兮？"《左傳·襄公十四年》："鷄鳴而駕，塞井夷竈，唯余馬首是瞻。"

清華八·邦政 06"下賧（瞻）亓（其）上女（如）父母"，《爾雅·釋詁》："瞻，視也。"《韓非子·五蠹》:"今儒、墨皆稱'先王兼愛天下',則視民如父母。"

清華八·邦政 10"下贍(瞻)丌(其)上女(如)宼(寇)戲(讎)矣",參《孟子·離婁下》:"君之視臣如土芥,則臣視君如寇讎。"

膽

 清華七·子犯 14 敢大膽䎷(問)

《説文·肉部》:"膽,連肝之府。从肉,詹聲。"

清華七·子犯 14"大膽",不畏怯,有勇氣。蘇軾《木山》詩:"阿咸大膽忽持去,河伯好事不汝尤。"

定紐盦聲

盦(鹽)

 清華六·孺子 08 盦(掩)於丌(其)考(巧)語

~,與 同,从"卤"、从"皿",會意,"鹽"字初文。《説文·鹵部》:"鹵,西方鹹地也。"段注:"鹽,鹵也。天生曰鹵,人生曰鹽。"徐灝箋:"天生謂不湅治者,如今鹽田所曬生鹽。人生謂湅治者,如今揚竈所煎熟鹽是也。"《説文·鹵部》:"鹽,鹹也。从鹵,監聲。古者,宿沙初作煮海鹽。"

清華六·孺子 08"盦",即"鹽",讀爲"掩"(同爲影母談部字)。《戰國策·趙二》:"豈掩於衆人之言。"鮑彪注:"掩,猶蔽。"

精紐斬聲

斬

 清華三·芮良夫 10 或因斬檹(柯)

清華三·赤鵠 13 戎坠(地)斬茨(陵)

 清華三·赤鵠 14 乃斬之

 清華六·太伯甲 09 亦不湪(逸)斬伐

 清華六·太伯乙 08 亦不湪(逸)斬伐

《説文·車部》:"斬,截也。从車、从斤。斬法車裂也。"

清華三·芮良夫 10"或因斬椅,不遠亓惻",讀爲"或因斬柯,不遠其則"。參《詩·豳風·伐柯》:"伐柯伐柯,其則不遠。""斬",砍斷,砍。《墨子·非攻下》:"芟刈其禾稼,斬其樹木。""伐",砍斫。《詩·召南·甘棠》:"蔽芾甘棠,勿翦勿伐。""斬""伐"二字同義。

清華三·赤鵠 13、14"斬",砍斷,砍。參上。

清華六·太伯甲 09、太伯乙 08"斬伐",征伐。《詩·小雅·雨無正》:"降喪饑饉,斬伐四國。"《荀子·王制》:"斬伐養長不失其時,故山林不童而百姓有餘材也。"

漸

 清華一·楚居 05 酓(熊)追遲(徙)居叕(發)漸

 清華一·楚居 06 至酓(熊)朔、酓(熊)𡨥(摯)居叕(發)漸

《説文·水部》:"漸,水。出丹陽黟南蠻中,東入海。从水,斬聲。"

清華一·楚居"叕漸",讀爲"發漸",地名。

浰

清華三·說命中 02 浰（漸）之于乃心

清華三·說命下 08 克浰（漸）五祀

～，从"水"，"剌"聲，"浰"即"漸"字異體。

清華三·說命中 02"浰"，即"漸"，流入，入。《書·禹貢》："東漸于海，西被于流沙，朔南暨聲教。"孔傳："漸，入也。"

清華三·說命下 08"浰"，即"漸"。《公羊傳·隱公元年》："漸，進也。"

清紐僉聲

會（僉）

清華八·八氣 04 爲會（僉）

清華六·管仲 07 會（僉）之晶（三）

清華七·趙簡子 11 會（僉）之欿（佥）

清華七·趙簡子 11 欿（佥）之會（僉）虖（乎）

清華七·子犯 05 欲皆僉之

🗚，與🗚（上博一·孔3）、🗚（上博四·曹8）、🗚（上博六·孔5）、🗚（上博八·蘭4）同，贅加"曰"，"僉"字繁體。🗚，與🗚（上博六·用17）同，省體。

包山122"僉"作 ■。《説文・亼部》:"僉,皆也。从亼、从吅、从从。《虞書》曰:'僉曰伯夷。'"

清華八・八氣04"[酸]爲會",讀爲"[酸]爲斂"。參《黄帝内經・素問》:"辛散,酸收,甘緩,苦堅,鹹耎,毒藥攻邪。""斂""收"同義,收斂,聚集。《晏子春秋・外篇第八》:"寡人猶且淫洪而不收,怨罪重積於百姓。"張純一《校注》:"收,斂也。"

清華六・管仲07"僉之晶",讀爲"斂之三",原應作"斂之以三",脱一"以"字。"斂",與"博"對稱。

清華七・趙簡子11"會",讀爲"儉",與"侈"相對,節省。《論語・八佾》:"禮,與其奢也,寧儉。"

清華七・子犯05"僉",《小爾雅・廣言》:"同也。"或讀爲"散",將錢財分發予人。《書・武成》:"散鹿臺之財,發鉅橋之粟,大賚于四海,而萬姓悦服。"孔穎達疏:"'散'者言其分布,'發'者言其開出,互相見也。"(鄧佩玲)

憸

　　清華六・子産05　共(恭)憸(儉)整齊

　　清華六・子産19　窜(卑)不足先善君之憸(驗)

～,从"心","會(僉)"聲,"憸"之異體。《説文・心部》:"憸,憸詖也。憸利於上,佞人也。从心,僉聲。"

清華六・子産05"共憸",讀爲"恭儉",恭謹謙遜。《書・周官》:"恭儉惟德,無載爾僞。"《北齊書・趙彦深傳》:"温良恭儉,雖對妻子,亦未嘗怠慢,終日儼然。"《孟子・離婁上》:"恭者不侮人,儉者不奪人,侮奪人之君,惟恐不順焉,惡得爲恭儉?恭儉豈可以聲音笑貌爲哉?"

清華六・子産19"憸",讀爲"驗",效驗。《吕氏春秋・察傳》:"凡聞言必熟論,其於人必驗之以理。"高誘注:"驗,效也。"

險

清華一·皇門 13 輔余于險

清華三·芮良夫 06 卑之若童（重）載以行隋（崝）隌（險）

清華七·越公 09 思道迮（路）之攸（修）隌（險）

清華七·越公 13 今我道迮（路）攸（修）隌（險）

～，與 ▇（上博二·從甲 19）同，从"𨸏"，"會"聲，"險"字異體。《說文·𨸏部》："險，阻，難也。从𨸏，僉聲。"

清華一·皇門 13"輔余于險"，有危險時要輔助我。"險"，危險。《易·蹇》："見險而能止，知矣哉。"此句今本《逸周書·皇門》作"譬若衆畋，常扶予險"。

清華三·芮良夫 06"隋隌"，讀爲"崝險"，意即峭險，高陡險峻，亦指陡峭險峻的山路。柳宗元《石澗記》："某上深山幽林，逾峭險，道狹不可窮也。"

清華七·越公 09、13"險"，遥遠。《淮南子·主術訓》："是乘衆勢以爲車，御衆智以爲馬，雖幽野險塗，則無由惑矣。"高誘注："險，猶遠也。"《莊子·山木》："彼其道遠而險，又有江山，我无舟車，柰何？"

噞（險）

清華五·三壽 02 可（何）胃（謂）噞（險）

清華五·三壽 04 可（何）胃（謂）噞（險）

清華五·三壽 05 虗（吾）䎽（聞）夫噞（險）莫噞（險）於心

清華五·三壽 05 莫鹼(險)於心

 清華五·三壽 06 可(何)胃(謂)鹼(險)

 清華五·三壽 07 虐(吾)䍃(聞)夫鹼(險)莫鹼(險)於櫐(鬼)

 清華五·三壽 07 莫鹼(險)於櫐(鬼)

 清華五·三壽 08 虐(吾)䍃(聞)夫鹼(險)非(必)矛汲(及)干

～，從"土"，"鹼"聲，"險"字繁體。

清華五·三壽 02、04、06"可胃鹼"，讀爲"何謂險"，什麼是危險？《國語·周語下》："若夫山林匱竭，林麓散亡，藪澤肆既，民力彫盡，田疇荒蕪，資用乏匱，君子將險哀之不暇，而何樂易之有焉？"韋昭注："險，危也。"

清華五·三壽 05、07"虐䍃夫鹼莫鹼於心"，讀爲"吾聞夫險莫險於心"。參《莊子·列禦寇》："凡人心險於山川，難於知天。"《荀子·解蔽》："故《道經》曰：人心之危，道心之微。危微之幾，惟明君子而後能知之。"

清華五·三壽 07"虐䍃夫鹼莫鹼於櫐"，讀爲"吾聞夫險莫險於鬼"，我聽説没有比鬼更危險的了。

清華五·三壽 08"虐䍃夫鹼(險)非(必)矛汲(及)干"，讀爲"吾聞夫險必矛及干"，我聽説危險一定是戰爭。將心、鬼、矛及干與"險"掛鉤。

鐱

 清華四·筮法 47 五，伏鐱(劍)者

 清華七·子犯 07 乃各賜之鐱(劍)繡(帶)衣常(裳)而敩之

～，从"金"，"僉"聲，"劍"字異體。《說文·刀部》："劍，人所帶兵也。从刀，僉聲。，籀文劍从刀。"

清華四·筮法47"伏鐱"，即"伏劍"，以劍自刎。《左傳·襄公三年》："魏絳至，授僕人書，將伏劍。"

清華七·子犯07"乃各賜之鐱（劍）繡（帶）"，《左傳·襄公二十一年》："庶其竊邑於邾以來，子以姬氏妻之，而與之邑，其從者皆有賜焉。若大盜禮焉以君之姑姊與其大邑，其次皂牧輿馬，其小者衣裳劍帶，是賞盜也。"《後漢書·虞延列傳》："延從送車駕西盡郡界，賜錢及劍帶佩刀還郡，於是聲名遂振。"

精紐戔聲

戔

 清華一·皇門06 戔（咸）祀天神

 清華一·楚居03 晉（巫）戔（咸）貶亓（其）體（脅）以楚

～，與 戔（包山167）、戔（包山169）同。《說文·戈部》："戔，絕也。一曰田器。从从，持戈。古文讀若咸。讀若《詩》云'攤攤女手'。"

清華一·皇門06"戔祀天神"，讀爲"咸祀天神"。與今本《逸周書·皇門》同。《周禮·春官·小宗伯》："兆五帝於四郊，四望、四類亦如之。"鄭玄注引鄭司農云："四望，道氣出入。四類，三皇、五帝、九皇、六十四民咸祀之。""咸"，皆，都。《易·乾》："首出庶物，萬國咸寧。"

清華一·楚居03"晉戔"，讀爲"巫咸"，傳說人名。郭璞《巫咸山賦》序："蓋巫咸者，實以鴻術爲帝堯醫。"《楚辭·離騷》："巫咸將夕降兮，懷椒糈而要之。"王逸注："巫咸，古神巫也，當殷中宗之時。"

郕

 清華一·楚居16 以爲凥（處）於郕郢

～，从"邑"，"戌"聲。

清華一·楚居16"鄵䣚"，讀爲"咸䣚"，地名。

合文

合 文

之部

先₌（之先）

　　　　清華五·湯丘 15 古先₌（之先）聖人

　　　　清華五·湯丘 15 古先₌（之先）聖人所以自悊（愛）

　　　　清華五·甞門 21 唯古先₌（之先）帝之良言

～，"之先"二字的合文。

清華五·湯丘 15"古先₌聖人"，讀爲"古之先聖人"。《商君書·定分》："今先聖人爲書傳之後世，必師受之，乃知所謂之名。"《新書·傅職》："天子不諭於先聖人之德，不知君國畜民之道。"

清華五·甞門 21"古先₌帝"，讀爲"古之先帝"，古代的帝王。《禮記·月令》："季春之月……天子乃薦鞠衣于先帝。"鄭玄注："先帝，大皞之屬。"

志₌（之志）

　　　　清華六·孺子 11 虗（吾）先君女（如）忍乳₌（孺子）志₌（之志）

～，"之志"兩字合文。與 （上博五·季 7）同。

· 3579 ·

清華六·孺子 11"乳₌志₌",讀爲"孺子之志"。參《論語·公冶長》:"子路曰:'願聞子之志。'子曰:'老者安之,朋友信之,少者懷之。'"《孟子·盡心上》:"孟子曰……'流水之爲物也,不盈科不行;君子之志於道也,不成章不達。'"

忎₌(之心)

　　清華八·天下 05 戈(一)曰逞(歸)之晉(謀)人以敚(奪)忎₌(之心)

～,"之心"二字的合文。

清華八·天下 05"忎₌","之心"合文。《戰國策·韓三》:"昔先王之攻,有爲名者,有爲實者。爲名者攻其心,爲實者攻其形。"鮑彪注:"使之心服而已。"

斎₌(之所)

　　清華一·金縢 13 凡大木斎₌(之所)䭫(拔)

　　清華一·祭公 03 縢(朕)䰟(魂)才(在)縢(朕)辟卲(昭)王斎₌(之所)

　　清華六·孺子 16 二三夫₌(大夫)臱(皆)虐(吾)先君斎₌(之所)伃(守)孫也

　　清華七·子犯 10 凡君斎₌(之所)䁀(問)

～,與 𠂇(上博二·從甲 9)、斎(上博五·季 12)同,"之所"二字的合文。

清華一·金縢 13"凡大木斎₌䭫",讀爲"凡大木之所拔"。今本《書·金縢》作"二公命邦人凡大木所偃"。

清華一·祭公 03"卲王斎₌",讀爲"昭王之所",昭王的處所、地方。《詩·魏風·碩鼠》:"樂土樂土,爰得我所。"

清華六·孺子 16"二三夫₌臱虐先君斎₌伃孫也",讀爲"二三大夫皆吾先君之所守孫也"。《公羊傳・襄公二十九年》:"先君之所以不與子國而與弟者,凡爲季子故也。"

清華七・子犯 10 "凡君斎=䚻",讀爲"凡君之所問"。《荀子・哀公》:"君之所問,聖君之問也。"

𣥖=（止之）

　　清華二・繫年 023 郘（蔡）哀侯命𣥖=（止之）

~,"止之"二字的合文。與 (上博四・昭 1)同。

清華二・繫年 023 "止之",可參《左傳・僖公五年》:"孔叔止之曰:'國君不可以輕,輕則失親。失親患必至,病而乞盟,所喪多矣,君必悔之。'弗聽,逃其師而歸。"

孫=（子孫）

清華一・保訓 09 逨（傳）䝮（貽）孫=（子孫）

清華一・皇門 06 孫=（子孫）用穮（末）被先王之耿光

清華六・子儀 20 敳（豈）於孫=（子孫）若

清華八・邦道 23 子孫=（子孫）不逗（屬）

清華八・天下 07 孫=（子孫）不眉（昌）

~,"子孫"二字的合文。與 (上博四・柬 10)、 (上博七・吳 6)同。

清華"子孫",兒子和孫子,泛指後代。《書・洪範》:"身其康彊,子孫其逢吉。"賈誼《過秦論》："自以爲關中之固,金城千里,子孫帝王,萬世之業。"

幽部

卆₌（九十）

清華四·算表 01 九十

清華四·算表 03 九十

清華四·算表 03 九十

清華四·算表 09 九十

清華四·算表 11 九十

清華四·算表 12 九十

清華四·算表 18 九十

清華四·算表 20 九十

清華四·算表 14 四百九十

清華二·繫年 090（背）九十

清華二·繫年 091（背）九十一

清華二·繫年 092（背）九十二

清華二·繫年 093（背）九十三

清華二·繫年 094（背）九十厶（四）

清華二·繫年 095（背）九十五

清華二·繫年 096（背）九十六

清華二·繫年 097（背）九十七

清華二·繫年 098（背）九十八

清華二·繫年 099（背）九十九

～，"九十"二字的合文。

清華"九十"，數詞。《戰國策·魏四》："魏人有唐且者，年九十餘。"

覺部

卒₌（六十）

清華四·算表 01 六十

清華四·算表 06 六十

清華四·算表06 六十

清華四·算表09 六十

清華四·算表10 六十

清華四·算表11 六十

清華四·算表15 六十

清華四·算表18 六十

清華四·算表19 六十

清華四·算表20 六十

清華四·算表08 百六十

清華四·算表10 百六十

清華四·算表17 百六十

清華四·算表19 百六十

清華四·算表 06 三百六十

清華四·算表 15 三百六十

清華四·算表 05 五百六十

清華四·算表 14 五百六十

清華四·算表 14 六十三

清華四·算表 13 六十四

清華二·繫年 061（背）六十

清華二·繫年 062（背）六十一

清華二·繫年 063（背）六十二

清華二·繫年 064（背）六十三

清華二·繫年 066（背）六十五

清華二·繫年 067（背）六十六

清華二·繫年 068(背)六十七

清華二·繫年 069(背)六十八

清華二·繫年 070(背)六十九

～,"六十"二字的合文。
清華"六十",數詞。《左傳·宣公二年》："二月壬子,戰于大棘,宋師敗績,囚華元,獲樂呂,及甲車四百六十乘,俘二百五十人,馘百人。"

卒₌(六千)

清華七·越公 64 以亓(其)厶(私)圶(卒)君子卒₌(六千)以爲中軍

清華七·越公 67 乃以亓(其)厶(私)圶(卒)卒₌(六千)敵(竊)涉

清華七·越公 61 乃由王圶(卒)君子卒(六千)

～,"六千"二字的合文。
清華"六千",數詞。《荀子·仲尼》："不善用之,則楚六千里而爲讎人役。"

宵部

火₌(小人)

清華一·保訓 04 昔埅(舜)舊(久)复(作)火₌(小人)

～,"小人"二字的合文,與 ᗧ(上博三·周 8)、ᗧ(上博五·季 7)同。

· 3586 ·

清華一·保訓04"小人",《書·無逸》:"其在祖甲,不義惟王,舊爲小人。"《史記·魯世家》,《集解》引馬融本作"久爲小人"。

尐₌(少人)

　　清華五·三壽09 則若尐₌(小人)之瘜(寵)痊(狂)而不吝(友)

～,"少人"合文。與(上博五·季7)同。

清華五·三壽09"少人",讀爲"小人",與"君子"相對。《書·大禹謨》:"君子在野,小人在位。"《易·泰》:"君子道長,小人道消也。"

孚₌(少子)

　　清華一·程寤01 廼孚₌(小子)嬰(發)取周廷杍(梓)桓(樹)于

氒(厥)閒(間)

～,"少子"二字的合文。

清華一·程寤01"少子",讀爲"小子"。張華《博物志》卷八引作"乃小子發"。

峀₌(少凶)

　　清華四·筮法37 艮羅(離)峀₌(小凶)

～,"少凶"二字的合文。

清華四·筮法37"少凶",讀爲"小凶",謂危敗而未至死滅之象。《國語·越語下》:"天節不遠,五年復反。小凶則近,大凶則遠。"韋昭注:"小凶,謂危敗;大凶,謂死滅。"

迡₌(少迡)

　　清華四·別卦04 迡₌(少過)

～,"少迊"二字的合文。

清華四·别卦 04"少迊",讀爲"小過",卦名。《易·小過》:"《小過》:亨。利貞。可小事,不可大事。飛鳥遺之音,不宜上,宜下,大吉。"馬國翰輯本《歸藏》、今本《周易》作"小過"。

㞢=(少又)

 清華四·别卦 07 㞢=(小有)

～,"少又"二字的合文。

清華四·别卦 07"少又",讀爲"小有",與"大有"相對。"小有",稍有一些。《易·訟》:"不永所事,小有言,終吉。"

筲=(少筲)

 清華四·别卦 08 筲=(小畜)

～,"少筲"二字的合文。

清華四·别卦 08"少筲",讀爲"小畜",《周易》六十四卦之一。乾下巽上。《易·小畜》:"《象》曰:風行天上,小畜,君子以懿文德。"

尖=(少大)

 清華七·越公 35 䢃=(至于)鄔(邊)澴(縣)尖=(小大)遠伲(邇)

 清華七·越公 44 尖=(小大)遠伲(邇)之匔(句)、菭(落)

～,"少大"二字的合文。

清華七·越公"少大",讀爲"小大",《書·顧命》:"柔遠能邇,安勸小大庶邦。"

侯部

乳₌（乳子）

清華一·楚居 11 至龏（共）王、康王、乳₌（孺子）王皆居爲郢

清華二·繫年 097 乳₌（孺子）王即立（位）

清華二·繫年 098 乳₌（孺子）王即殜（世）

清華六·鄭子 01 武夫人訹（規）乳₌（孺子）

清華六·鄭子 05 乳₌（孺子）女（汝）母（毋）智（知）邦正（政）

清華六·鄭子 07 乳₌（孺子）亦母（毋）以執（勢）豊（豎）卑御

清華六·鄭子 08 乳₌（孺子）女（汝）共（恭）夫₌（大夫）

清華六·鄭子 08 乳₌（孺子）亓（其）童（重）旻（得）良臣

清華六·鄭子 10 歌虐（吾）先君而孤乳₌（孺子）

清華六·鄭子 10 乳₌（孺子）或延（誕）告

3589

清華六·孺子 11 虗(吾)先君女(如)忍乳=(孺子)志=(之志)

清華六·孺子 11 虗(吾)先君北(必)牀(將)相乳=(孺子)

清華六·孺子 11 乳=(孺子)拜

清華六·孺子 12 乳=(孺子)母(毋)敢又(有)智(知)女(焉)

～，"乳子"二字的合文。李家浩隸定爲"勻"，讀作"乳"。

清華"乳子"，讀爲"孺子"，幼兒，兒童。《孟子·公孫丑上》："今人乍見孺子將入於井，皆有怵惕惻隱之心。"古代稱天子、諸侯、世卿的繼承人。《書·立政》："嗚呼！孺子王矣。"《漢書·王莽傳上》："立宣帝玄孫嬰爲太子，號曰孺子。"

清華一·楚居 11 ，李家浩隸定爲"勻"，讀作"員"。（李家浩）

東部

孔=(孔子)

清華八·邦政 12 孔=(孔子)詥(答)曰

～，"孔子"二字的合文。虢季子白盤"孔"字作 (《集成》10173)，指示小兒頭囟有孔。指示囟孔的"乚"形，楚文字或訛變爲"卜""人""乙"。上博簡或作 (上博一·孔 1)、 (上博二·民 10)、 (上博八·顏 10)、 (上博五·季 2)、 (上博三·中 1)。

清華八·邦政 12"孔子"，名丘，字仲尼，魯國陬邑（今山東曲阜東南）人。《史記·孔子世家》："孔子以詩書禮樂教，弟子蓋三千焉，身通六藝者七十有二人。"

𡈼=(同人)

 清華四·別卦01 𡈼=(同人)

~,"同人"二字的合文。

清華四·別卦01"同人",《易》卦名,離下乾上,意爲與人和協。《易·同人》:"同人于野,亨。"孔穎達疏:"同人,謂和同於人。"朱熹《本義》:"與人同也。"

魚部

斌(武王)

 清華五·封許03 旟(扞)楠(輔)斌(武王)

~,"武王"二字的合文。

清華五·封許03"武王",周武王。《史記·周本紀》:"明年,西伯崩,太子發立,是爲武王……武王即位,太公望爲師,周公旦爲輔,召公、畢公之徒左右王師,脩文王緒業。"

㠯=(五十)

 清華一·保訓01 隹王㠯=(五十)年

 清華四·算表01 五十

 清華四·算表07 五十

 清華四·算表07 五十

清華四·算表 11 五十

清華四·算表 16 五十

清華四·算表 20 五十

清華四·算表 07 百五十

清華四·算表 16 百五十

清華四·算表 18 百五十

清華四·算表 07 二百五十

清華四·算表 16 二百五十

清華四·算表 05 三百五十

清華四·算表 07 三百五十

清華四·算表 07 四百五十

清華四·算表 12 五十四

清華四·算表 15 五十四

清華二·繫年 050(背) 五十

清華二·繫年 051(背) 五十一

清華二·繫年 052(背) 五十二

清華二·繫年 053(背)(殘) 五十二

清華二·繫年 054(背) 五十三

清華二·繫年 055(背) 五十四

清華二·繫年 056(背) 五十五

清華二·繫年 057(背) 五十六

清華二·繫年 058(背) 五十七

清華二·繫年 059(背) 五十八

清華二·繫年 060(背)(殘) 五十九

～,"五十"二字的合文。

清華"五十",數詞。《書·無逸》:"文王受命惟中身,厥享國五十年。"

陽部

卡₌(上下)

清華四·筮法 41 卡₌(上下)同疴(狀)

清華六·管仲 07 遠逐(遹)卡₌(上下)

清華六·子產 02 卡₌(上下)乃周

清華五·湯丘 11 唯(雖)余孤之與卡₌(上下)交

清華七·越公 19 以交(徼)求卡₌(上下)吉羕(祥)

清華八·邦道 03 以脰(甄)卡₌(上下)

～,"上下"二字的合文,中間一橫是共用的筆畫,其右下側兩點是合文符號。與卡(上博一·孔 4)、卡(上博四·曹 16)同。

清華四·筮法 41"上下",高處和低處,上面和下面。《孟子·告子上》:"孟子曰:'水信無分於東西,無分於上下乎?'"

清華六·子產 02"上下乃周",君民親密。

清華五·湯丘 11、清華七·越公 19"上下",指天地。《論語·述而》:"禱爾于上下神祇。"

清華六·管仲 07、清華八·邦道 03"上下",指位分的高低,猶言君臣、尊卑、長幼。《易·泰》:"上下交而其志同也。"孔穎達疏:"上,謂君也;下,謂臣也。"《書·周官》:"宗伯掌邦禮,治神人,和上下。"孔傳:"和上下尊卑等列。"《吕氏春秋·論威》:"義也者,萬事之紀也。君臣上下親疏之所由起也。"高誘注:"上,長;下,幼。"

帝=(上帝)

　　清華一·程寤 04 受商命于皇帝=(上帝)

　　清華五·封許 03 䎽(祗)事帝(上帝)

　　清華二·繫年 001 昔周武王監觀商王之不龏(恭)帝=(上帝)

　　清華二·繫年 001 以䰂(登)祀帝=(上帝)天神

～,"上帝"二字的合文。上博四·柬 6 作。

清華"上帝",天帝。《易·豫》:"先王以作樂崇德,殷薦之上帝,以配祖考。"《國語·吴語》:"天子有命,周室卑約,貢獻莫入,上帝鬼神而不可以告。"

盍=(亡孟)

　　清華四·别卦 01 盍=(亡孟)

～,"亡孟"二字的合文。

清華四·别卦 01"亡孟",讀爲"無妄",指《易》卦"無妄"。《易·無妄》:"《無妄》:元亨,利貞。其匪正有眚,不利有攸往。"馬王堆漢墓帛書《周易》作"無孟",今本作"無妄"。

亾=（亡尼）

　　清華四·別卦05 亾=（亡尼）

～，"亡尼"二字的合文。

清華四·別卦05"亡尼"，讀爲"明夷"，六十四卦之一，即離下坤上。《易·明夷》："明夷，利艱貞。"孫星衍《集解》引鄭玄曰："夷，傷也，日出地上，其明乃光，至其入地，明則傷矣，故謂之明夷。"馬國翰輯本《歸藏》作"明尼"，王家臺秦簡本《歸藏》、馬王堆帛書本、今本《周易》作"明夷"。

姚=（葬死）

　　清華四·筮法43 肴（淆）乃父之不姚=（葬死）

～，"姚死"二字的合文。

清華四·筮法43"姚死"，即"葬死"，掩埋尸體。《易·繫辭下》："古之葬者，厚衣之以薪，葬之中野，不封不樹，喪期无數，後世聖人易之以棺椁，蓋取諸《大過》。"《楚辭·漁父》："寧赴湘流，葬於江魚之腹中。"

脂部

䛯=（稽首）

　　清華一·祭公03 槷（祭）公拜=（拜手）䛯=（稽首）

　　清華一·祭公09 公蒜（懋）拜=（拜手）䛯=（稽首）

　　清華一·祭公21 王拜䛯=（稽首）塈（既）言

清華三·説命上 04 尔(爾)右頴=(稽首)

　清華五·厚父 05 厚父拜=(拜手)頴=(稽首)

,"旨首"二字的合文;,"旨頁"二字的合文。

清華"旨首""旨頁",均讀爲"稽首",古時一種跪拜禮,叩頭至地,是九拜中最恭敬者。《公羊傳·宣公六年》:"靈公望見趙盾,愬而再拜;趙盾逡巡北面再拜稽首,趨而出。"《史記·趙世家》:"公子成再拜稽首曰:'臣固聞王之胡服也。'"

忘=(二心)

　清華六·孺子 16 虐(吾)先君智(知)二三子之不忘=(二心)

～,"二心"二字的合文。

清華六·孺子 16"二心",異心,不忠實。《書·康王之誥》:"則亦有熊羆之士,不二心之臣,保乂王家。"

醴=(醴酒)

　清華七·晉文公 03 具番(黍)稷醴=(醴酒)以祀

～,"醴酉"二字的合文。

清華七·晉文公 03"醴酉",讀爲"醴酒",甜酒。《禮記·喪大記》:"始食肉者,先食乾肉;始飲酒者,先飲醴酒。"玄應《一切經音義》卷二二:"醴,甜美也,言其水甘如醴酒。"或讀爲"酒醴"。《禮記·郊特牲》鄭玄注:"移之言羨也,《詩·頌·豐年》曰:'爲酒爲醴,烝畀祖妣,以洽百禮。'此其羨之與?"孔穎達疏:"言豐年多黍多稻,故爲酒醴,進與祖妣,謂烝嘗於廟之祭也。"

質部

兀(一人)

 清華五·封許 05 以堇(勤)余兀(一人)

~，"一人"二字的合文。與 兀(上博四·曹 26)、兀(上博七·君甲 4)同。

清華五·封許 05"余一人"，古代天子自稱。也寫作"予一人"。《左傳·昭公三十二年》："(天子曰)：'余一人無日忘之，閔閔焉如農夫之望歲。'"《國語·周語上》："在《湯誓》曰：'余一人有罪，無以萬夫；萬夫有罪，在余一人。'"韋昭注："天子自稱曰余一人。"

卌=(四十)

清華四·算表 01 卌=(四十)

清華四·算表 04 卌=(四十)

清華四·算表 11 卌=(四十)

清華四·算表 03 卌=(四十)五

清華四·算表 13 卌=(四十)八

清華四·算表 15 卌=(四十)八

清華二·繫年 040(背)冊(四十)

清華二·繫年041(背)冊(四十)一

清華二·繫年042(背)冊(四十)二

清華二·繫年043(背)冊(四十)三

清華二·繫年044(背)冊(四十)厶(四)

清華二·繫年045(背)冊(四十)五

清華二·繫年046(背)冊(四十)六

清華二·繫年047(背)冊(四十)七

清華二·繫年048(背)冊(四十)八

清華二·繫年049(背)冊(四十)九

~,"四十"二字的合文。

清華"四十",數詞。《論語·子罕》:"四十、五十而無聞焉,斯亦不足畏也已。"

眡=(必視)

清華七·越公44 王則眡(比視)

清華七·越公 51 王則𣬉=（比視）

～，"必視"二字的合文。，所從"必"旁缺筆。

　　清華七·越公"必視"，或疑讀爲"比視"，與下文"必聽"相對應。"比"，考較。《周禮·天官·内宰》："比其小大與其麤良而賞罰之。"《漢書·石奮傳》："是以切比閭里，知吏姦邪。"顔師古注："比，校考也。"

　　𦍩=（至于）

　　清華七·越公 13 虘（吾）訇（始）俴（踐）雩（越）𨛭（地）以𦍩=（至于）今

　　清華七·越公 29 𦍩=（至于）厽（三）年

　　清華七·越公 35 𦍩=（至于）鄪（邊）㠯（縣）

　　清華七·越公 41 凡又（有）狱（獄）訟𦍩=（至于）王廷

　　清華七·越公 52 與（舉）雩（越）邦𦍩=（至于）鄪（邊）㠯（縣）成（城）市乃皆好兵甲

　　清華七·越公 56 王乃敳（趣）𦍩=（至于）沟（溝）隚（塘）之工（功）

　　清華七·越公 70 以𦍩=（至于）今

～，"至于"二字的合文。

清華七・越公"至于",到,達到。"于",助詞,無義。《書・盤庚上》:"王命衆,悉至于庭。"《禮記・祭統》:"子孫纂之,至于今不廢。"

仐₌（八十）

 清華四・算表01 仐₌（八十）

 清華四・算表04 仐₌（八十）

 清華四・算表04 仐₌（八十）

 清華四・算表08 仐₌（八十）

 清華四・算表10 仐₌（八十）

 清華四・算表11 仐₌（八十）

 清華四・算表13 仐₌（八十）

 清華四・算表17 仐₌（八十）

 清華四・算表19 仐₌（八十）

 清華四・算表20 仐₌（八十）

 清華四・算表03 百仐₌（八十）

清華四·算表 06 百分=(八十)

清華四·算表 09 百分=(八十)

清華四·算表 10 百分=(八十)

清華四·算表 12 百分=(八十)

清華四·算表 14 二百分=(八十)

清華四·算表 18 百分=(八十)

清華四·算表 19 百分=(八十)

清華四·算表 05 二百分=(八十)

清華四·算表 08 二百分=(八十)

清華四·算表 17 二百分=(八十)

清華四·算表 12 分=(八十)一

清華四·算表 06 四百分=(八十)

清華四·算表 15 四百卆=（八十）

清華二·繫年 081（背）卆=（八十）

清華二·繫年 082（背）卆=（八十）一

清華二·繫年 083（背）卆=（八十）二

清華二·繫年 084（背）卆=（八十）三

清華二·繫年 085（背）卆=（八十）厶（四）

清華二·繫年 086（背）卆=（八十）五

清華二·繫年 087（背）卆=（八十）六

清華二·繫年 088（背）卆=（八十）七

清華二·繫年 089（背）卆=（八十）九

～，"八十"二字的合文。
清華"八十"，數詞。《商君書·境内》："八百之令，短兵八十人。"

秂(八千)

 清華七·越公 05 募(寡)人又(有)繡(帶)甲秂(八千)

 清華七·越公 08 以觀句戔(踐)之以此秂(八千)人者死也

 清華七·越公 11 今雩(越)公亓(其)故(胡)又(有)繡(帶)甲秂(八千)以臺(敦)刃皆(偕)死

 清華七·越公 14 虐(吾)於膚(胡)取秂(八千)人以會皮(彼)死

~,"八千"二字的合文。

清華七·越公"八千",數詞。《管子·小匡》:"又游士八千人,奉之以車馬衣裘。"

卋=(七十)

 清華四·算表 01 卋=(七十)

 清華四·算表 05 卋=(七十)

 清華四·算表 05 卋=(七十)

 清華四·算表 11 卋=(七十)

 清華四·算表 20 卋=(七十)

清華四·算表09 二百丰=(七十)

清華四·算表12 二百丰=(七十)

清華四·算表18 二百丰=(七十)

清華四·算表13 丰=(七十)二

清華四·算表14 七十

清華四·算表12 七十

清華二·繫年071(背)丰=(七十)

清華二·繫年072(背)七十一

清華二·繫年073(背)七十二

清華二·繫年074(背)七十三

清華二·繫年075(背)七十厶(四)

清華二·繫年076(背)七十五

　　　　　清華二·繫年077(背)七十六

　　　　　清華二·繫年078(背)七十七

　　　　　清華二·繫年079(背)七十八

　　　　　清華二·繫年080(背)七十九

～，"七十"二字的合文。與 、同。

清華"七十"，數詞。《書·堯典》："朕在位七十載，汝能庸命，巽朕位？"

真部

昀₌（旬日）

　　　清華一·尹至01 我迷（來）越（越）今昀₌（旬日）

～，"旬日"的合文。

清華一·尹至01"旬日"，十天，亦指較短的時日。《周禮·地官·泉府》："凡賒者，祭祀無過旬日。"《後漢書·孫賜傳》："有形執者，旬日累遷；守真之徒，歷載不轉。"

身₌（身人）

　　　清華五·命訓06 事（使）身₌（信人）椉（畏）天

～，"身人"的合文。

清華五·命訓06"身人"，讀爲"信人"。《逸周書·命訓》："使信人畏天。"

微部

湏=（湏水）

清華一・保訓 01 自湏=（靧水）

～，“湏水”的合文。右下所从爲《説文》“蕢”之古文。

清華一・保訓 01“湏=”，“湏水”合文，即“潰水”，讀爲“靧水”。“靧”字或作“頮”“沬”。《書・顧命》：“甲子，王乃洮頮水。”（單育辰）

䢜=（䢜妹）

清華四・別卦 04 䢜=（䢜妹）

～，“䢜妹”的合文。䢜，“歸”之異體。

清華四・別卦 04“䢜妹”，即“歸妹”，《易》卦名，六十四卦之一。兑爲少女，故謂妹，以嫁震男，故稱“歸妹”。《易・歸妹》：“歸妹、征凶，無攸利。”王弼注：“妹者，少女之稱也。兑爲少陰，震爲長陽；少陰而承長陽，説以動，嫁妹之象也。”孔穎達疏：“婦人謂嫁曰歸，歸妹猶言嫁妹也。”王家臺秦簡、馬國翰輯本《歸藏》、馬王堆帛書、今本《周易》作“歸妹”。

文部

珺=（君子）

清華六・子産 08 孝=（君子）智（知）思（懼）乃惪（憂）

清華五・三壽 09 孝=（君子）而不譁（讀）箸（書）占

～，“君子”的合文。右下方的“=”是合文符號，其中“子”字上部的“口”或兼充“君”的下部，這屬於借筆合文；或不省，與（上博五・季 7）、（上博

一·緇16)同。

清華"君子",對統治者和貴族男子的通稱。常與"小人"或"野人"對舉。《孟子·滕文公上》:"無君子莫治野人,無野人莫養君子。"《淮南子·説林》:"農夫勞而君子養焉。"泛指才德出衆的人。班固《白虎通·號》:"或稱君子何?道德之稱也。君之爲言群也;子者,丈夫之通稱也。"《禮記·鄉飲酒義》鄭玄注:"君子,謂卿、大夫、士也。"

先=(先人)

清華二·繫年015 是秦先=(先人)

清華五·湯丘06 子之員(云)先=(先人)又(有)言

清華六·子儀12 先=(先人)又(有)言曰

～,"先人"二字的合文。與(上博二·從甲17)、(上博五·季14)、(上博七·吴1)同。

清華"先人",前人。《國語·越語下》:"先人有言曰:'伐柯者,其則不遠。'"

玟(文王)

清華五·封許02 庫(肇)棄(右)玟(文王)

～,"文王"二字的合文。

清華五·封許02"文王",周文王。《史記·周本紀》:"公季卒,子昌立,是爲西伯。西伯曰文王,遵后稷、公劉之業,則古公、公季之法,篤仁,敬老,慈少。"

合文

仞₌（刃人）

 清華五·命訓 13 季（惠）必仞₌（忍人）

 清華五·命訓 13 季（惠）而不仞₌（忍人）

～，"刃人"二字的合文。

清華五·命訓 13"刃人"，讀爲"忍人"。《左傳·文公元年》："且是人也，蠭目而豺聲，忍人也。"杜預注："能忍行不義。"

歌部

鬶₌（鬶爲）

 清華一·程寤 01 鬶₌（化爲）松柏棫柞

 清華一·程寤 04 鬶₌（化爲）膫

～，"鬶爲"二字的合文。

清華一·程寤 04"鬶爲"，讀爲"化爲"。

犮₌（左右）

 清華五·三壽 21 犮₌（左右）忍（毋）比

～，"左右"二字的合文。上博簡作（上博八·命 4）。

清華五·三壽 21"左右"，近臣，侍從。《左傳·宣公二十年》："（楚子）左右曰：'不可許也，得國無赦。'"《史記·廉頗藺相如列傳》："左右欲刃相如，相如張目叱之，左右皆靡。"

3609

月部

夫=（大夫）

清華一·金縢 10 夫=（大夫）繇

清華一·祭公 16 女（汝）母（毋）以俾（嬖）士息（疾）夫=（大夫）卿㦳（士）

清華二·繫年 032 亓（其）夫=（大夫）里之克乃殺瓡（奚）脊（齊）

清華二·繫年 050 夫=（大夫）聚昍（謀）曰

清華二·繫年 052 夫=（大夫）惸（閔）

清華二·繫年 069 齊三辟夫=（大夫）南章（郭）子、䣂（蔡）子、安（晏）子

清華二·繫年 089 楚王子波（罷）會晉文子燮（燮）及者（諸）侯之夫=（大夫）

清華二·繫年 096 命（令）尹子木會邟（趙）文子武及者（諸）侯之夫=（大夫）

清華二·繫年 097 令尹會邟（趙）文子及者（諸）侯之夫=（大夫）

合文

清華二·繫年 111 㪷(趙)趄(桓)子會[者(諸)]侯之夫=(大夫)

清華二·繫年 123 晉三子之夫=(大夫)内(入)齊

清華三·良臣 07 秦穆公又(有)𢾁(殺)夫=(大夫)

清華六·孺子 01 北(必)再三進夫=(大夫)而與之膚(偕)恩

(圖)

清華六·孺子 02 古(故)君與夫=(大夫)𩰹(晏)女(焉)

清華六·孺子 06 誙(屬)之夫=(大夫)

清華六·孺子 07 以䜔(亂)夫=(大夫)之正(政)

清華六·孺子 08 以䜔(亂)夫=(大夫)之正(政)

清華六·孺子 08 乳=(孺子)女(汝)共(恭)夫=(大夫)

清華六·孺子 12 誙(屬)之夫=(大夫)及百執事

清華六·孺子 12 臱(邊)父設(規)夫=(大夫)曰

· 3611 ·

清華六·孺子 13 加鈺（重）於夫=（大夫）

清華六·孺子 13 夫=（大夫）聚昏（謀）

 清華六·孺子 16 二三夫=（大夫）不尚（當）母（毋）然

 清華六·孺子 16 二三夫=（大夫）膚（皆）虘（吾）先君斎=（之所）仅（守）孫也

 清華六·孺子 17 今二三夫=（大夫）畜孤而乍（作）女（焉）

清華六·管仲 09 夫=（大夫）叚（假）事（使）支（便）俾（嬖）智（知）

清華六·管仲 12 夫=（大夫）堂（當）月

清華六·管仲 15 夫=（大夫）之明者

清華七·晉文公 02 以孤之舊（久）不旻（得）縣（由）式（二）厽（三）夫=（大夫）

 清華七·晉文公 03 以孤之舊不旻（得）縣（由）式（二）厽（三）夫=（大夫）

清華七·晉文公06 爲熊羿(旗)夫=(大夫)出

清華七·越公01 乃史(使)夫=(大夫)住(種)行成於吳帀(師)

清華七·越公11 夫=(大夫)亓(其)良煮(圖)此

清華七·越公15 君雩(越)公不命使(使)人而夫=(大夫)辟(親)辱

清華七·越公15 孤敢兑(脱)皋(罪)於夫=(大夫)

清華七·越公23 今夫=(大夫)嚴(儼)肰(然)監(銜)君王之音

清華七·越公53 䎽(等)以受(授)夫=(大夫)住(種)

清華七·越公61 此乃諈(屬)邦政於夫=(大夫)住(種)

清華八·邦道16 卿夫=(大夫)獸(守)正(政)

清華二·繫年011 亓(其)大=(大夫)高之巨(渠)爾(彌)

～，"大夫"二字合文。與 (上博四·昭1)、(上博四·曹39)、(上博八·志1)同。或作 ，與"大"同形。

清華"大夫"，先秦時代官職等級名。《禮記·王制》："諸侯之上大夫卿、下大夫、上士、中士、下士,凡五等。"《國語·吳語》:"吳王夫差乃告諸大夫曰……"《周禮·天官·冢宰》:"大宰,卿一人。小宰,中大夫二人。宰夫,下大夫四人、上士八人、中士十有六人。"

奮₌(大箮)

　　清華四·別卦 02 奮₌(大箮)

～,"大箮"二字的合文。

清華四·別卦 02"大箮",讀爲"大畜",《易》卦名,乾下艮上。《易·大畜》:"大畜,利貞,不家食,吉。"孔穎達疏:"謂之大畜者,乾健上進,艮止在上,止而畜之,能畜止剛健,故曰大畜。"上博簡《周易》作"大篁",今本《周易》作"大畜"。

裔₌(大臧)

　　清華四·別卦 04 裔₌(大臧)

～,"大臧"二字的合文。"臧",從"宀","臧(賊)"聲,"藏"之異體。

清華四·別卦 04"大臧",讀爲"大壯",《易》六十四卦之一,乾下震上,爲陽剛盛長之象。《易·大壯》:"大壯,利貞。"孔穎達疏:"壯者,強盛之名。以陽稱大,陽長既多,是大者盛壯,故曰大壯。"王家臺秦簡《歸藏》、馬王堆帛書《衷》、今本《周易》作"大壯"。

竝₌(大迡)

　　清華四·別卦 06 竝₌(大迡)

～,"大迡"二字的合文。

清華四·別卦 06"大迡",讀爲"大過",《易》卦名,巽下兌上。《易·大過》:"大過,棟撓,利有攸往。亨。"孔穎達疏:"棟撓者謂屋棟也,本之與末俱撓弱,以言衰亂之世始終皆弱也。"

合文

敝₌（敝邑）

　　清華七·越公 04 辟（親）辱於募（寡）人之敝₌（敝邑）

～，"敝邑"二字的合文。

清華七·越公 04"敝邑"，謙辭，稱自己的國家。《禮記·檀弓下》："君王討敝邑之罪，又矜而赦之。"《左傳·僖公二十六年》："寡君聞君親舉玉趾，將辱於敝邑。"《國語·吳語》："君王以親辱於弊邑，孤敢請成。"

月₌（月夕）

　　清華四·筮法 39 月₌（月夕）吉

～，"月夕"二字的合文。

清華四·筮法 39"月夕"，月末，月尾。《荀子·禮論》："月朝卜日，月夕卜宅。"楊倞注："月朝，月初也；月夕，月末也。"

拜₌（拜手）

　　清華一·祭公 02 懋（祭）公拜₌（拜手）頴₌（稽首）

　　清華一·祭公 09 公懋（懋）拜₌（拜手）頴₌（稽首）

　　清華五·厚父 05 厚父拜₌（拜手）頴₌（稽首）

～，"拜手"二字的合文。

清華"拜手"，古代男子跪拜禮的一種。跪後兩手相拱，俯頭至手。《書·太甲中》："伊尹拜手稽首。"孔傳："拜手，首至手。"《漢書·郊祀志下》："尸臣拜手稽首曰：'敢對揚天子丕顯休命。'"

· 3615 ·

元部

㡭(顔色)

 清華八·邦道 11 和亓(其)音燹(氣)與亓(其)㡭(顔色)以䐄(柔)之

～,當爲"顔色"二字合文。

清華八·邦道 11 "顔色",面容,面色。《禮記·玉藻》:"凡祭,容貌顔色,如見所祭者。"

緝部

廿=(二十)

 清華二·繫年 008 立廿=(二十)又一年

 清華四·算表 04 三百廿(二十)

 清華四·算表 05 四百廿(二十)

 清華四·算表 01 廿=(二十)

 清華四·算表 08 廿=(二十)

 清華四·算表 10 廿=(二十)

合文

清華四·算表 10 廿₌（二十）

清華四·算表 11 廿₌（二十）

清華四·算表 16 廿₌（二十）

清華四·算表 17 廿₌（二十）

清華四·算表 19 廿₌（二十）

清華四·算表 20 廿₌（二十）

清華四·算表 21 廿₌（二十）

清華四·算表 06 百廿₌（二十）

清華四·算表 10 百廿₌（二十）

清華四·算表 17 百廿₌（二十）

清華四·算表 18 百廿₌（二十）

清華四·算表 19 百廿₌（二十）

清華四·算表 18 廿₌（二十）一

清華四·算表 13 廿₌（二十）四

清華四·算表 18 廿₌（二十）四

清華四·算表 07 廿₌（二十）五

清華四·算表 16 廿₌（二十）五

清華四·算表 21 廿₌（二十）五

清華四·算表 12 廿₌（二十）七

清華四·算表 18 廿₌（二十）七

清華四·算表 08 三百廿₌（二十）

清華四·算表 13 三百廿₌（二十）

清華四·算表 06 四百廿₌（二十）

清華四·算表 14 四百廿₌（二十）

合文

 清華四·算表 12 七百廿₌(二十)

 清華四·算表 13 七百廿₌(二十)

 清華一·祭公 20(背)廿(二十)

 清華二·繫年 020(背)廿(二十)

 清華三·芮良夫 20(背)廿(二十)

 清華五·三壽 20(背)廿₌(二十)

 清華八·攝命 20(背)廿₌(二十)

 清華一·祭公 21(背)廿(二十)一

 清華二·繫年 021(背)廿(二十)一

 清華二·繫年 120(背)百廿(二十)

 清華二·繫年 121(背)百廿(二十)一

 清華二·繫年 122(背)百廿(二十)二

 清華二·繫年 123(背)百廿(二十)三

· 3619 ·

清華二·繫年124(背)百廿(二十)厶(四)

清華二·繫年125(背)百廿(二十)五

清華二·繫年126(背)百廿(二十)六

清華二·繫年127(背)百廿(二十)七

清華二·繫年128(背)百廿(二十)八

清華二·繫年129(背)百廿(二十)九

清華三·芮良夫21(背)廿(二十)一

清華五·三壽21(背)廿(二十)一

清華八·攝命21(背)廿(二十)一

清華二·繫年022(背)廿(二十)二

清華三·芮良夫22(背)廿(二十)二

清華五·三壽22(背)廿(二十)二

清華八·攝命22(背)廿(二十)二

清華二·繫年023(背)廿(二十)三

合文

清華三·芮良夫 23(背) 廿(二十)三

清華五·三壽 23(背) 廿(二十)三

清華八·攝命 23(背) 廿(二十)三

清華二·繫年 024(背) 廿(二十)厶(四)

清華三·芮良夫 24(背) 廿(二十)四

清華五·三壽 24(背) 廿(二十)四

清華八·攝命 24(背) 廿(二十)四

清華二·繫年 025(背) 廿(二十)五

清華三·芮良夫 25(背) 廿(二十)五

清華五·三壽 25(背) 廿(二十)五

清華八·攝命 25(背) 廿(二十)五

清華二·繫年 026(背) 廿(二十)六

 清華三·芮良夫26(背)廿(二十)六

 清華五·三壽26(背)廿(二十)六

 清華八·攝命26(背)廿(二十)六

 清華二·繫年027(背)廿(二十)七

 清華三·芮良夫27(背)廿(二十)七

 清華五·三壽27(背)廿(二十)七

 清華八·攝命28(背)廿(二十)七

 清華二·繫年028(背)廿(二十)八

 清華三·芮良夫28(背)廿(二十)八

 清華五·三壽28(背)廿(二十)八

 清華八·攝命28(背)廿(二十)八

 清華二·繫年029(背)廿(二十)九

清華八·攝命 29(背)廿(二十)九

～,"二十"二字的合文。多數在下部或右下部加了合文符號。《説文·十部》:"廿,二十并也。古文省。"

清華"二十",數詞。

侵部

歙₌（飲酉）

　　清華二·繫年 027 賽(息)侯以文王歙₌(飲酒)

～,"歙酉"二字的合文。與 、同。

清華二·繫年 027"歙₌",即"歙酉",讀爲"飲酒",喝酒。《國語·晉語一》:"(史蘇)飲酒出。"

丗₌（三十）

　　清華二·繫年 004 立丗₌(三十)又九年

　　清華六·太伯甲 05 徒丗₌(三十)人

　　清華六·太伯乙 04 徒丗₌(三十)人

　　清華四·算表 01 丗₌(三十)

　　清華四·算表 06 丗₌(三十)

清華四•算表 11 卅=（三十）

清華四•算表 16 卅=（三十）

清華四•算表 18 卅=（三十）

清華四•算表 20 卅=（三十）

清華四•算表 21 卅=（三十）

清華四•算表 13 卅=（三十）二

清華四•算表 05 卅=（三十）五

清華四•算表 16 卅=（三十）五

清華四•算表 21 卅=（三十）五

清華四•算表 03 六百卅=（三十）

清華四•算表 05 六百卅=（三十）

清華四•算表 12 六百卅=（三十）

合文

 清華四·算表 14 六百丗=(三十)

 清華七·趙簡子 10 宮中卅=(三十)里

 清華四·算表 12 三十六

 清華二·繫年 030(背)卅

 清華八·攝命 30(背)卅(三十)

 清華二·繫年 031(背)卅(三十)一

清華二·繫年 032(背)卅(三十)二

 清華二·繫年 130(背)(殘)百卅(三十)

 清華二·繫年 131(背)(殘)百卅(三十)一

 清華二·繫年 132(背)(殘)百卅(三十)二

 清華二·繫年 133(背)百卅(三十)三

 清華二·繫年 134(背)(殘)百卅(三十)厶(四)

 清華二·繫年 135(背)百卅(三十)五

 清華二·繫年 136(背)百卅(三十)六

清華二·繫年 137(背)百卅(三十)七

 清華八·攝命 32(背)卅(三十)二

 清華二·繫年 033(背)卅(三十)三

 清華二·繫年 034(背)卅(三十)ム(四)

清華二·繫年 035(背)卅(三十)五

 清華二·繫年 036(背)卅(三十)六

 清華二·繫年 037(背)卅(三十)七

 清華二·繫年 038(背)卅(三十)八

 清華二·繫年 039(背)卅(三十)九

～，"三十"二字的合文。與 同。或作"![]"。

清華"三十"，數詞。《詩·小雅·無羊》："三十維物，爾牲則具。"《左傳·宣公三年》："成王定鼎于郟鄏，卜世三十，卜年七百。"

音=（三百）

 清華七·越公 60 死者音=(三百)人

清華七·越公 74 夫婦𠶷₌（三百）

～，"三百"二字的合文。

清華"三百"，數詞。《論語·爲政》："子曰：'《詩三百》，一言以蔽之，曰：思無邪。'"

待考

𦄂₌（𢔁墨）

　　清華七·越公 58 大達（失）𦄂₌（𢔁墨）

～，"墨𢔁"二字的合文。

清華七·越公 58"𦄂₌"，"墨𢔁"或"𢔁墨"的合文，讀作"墨準"，是"繩準"之同義換言。"繩墨"之"墨"本指木工用以取直的墨綫，與"繩"之功用、詞義俱近。簡文"大失墨準"，越王若有大的過失，則依據"法度"懲罰自身。或疑讀爲"繪墨"或"繢墨"，給某個部位畫墨。《周禮·考工記·畫繢》："畫繢之事，雜五色。"墨爲五刑之一。《書·吕刑》："墨辟疑赦，其罰百鍰，閲實其罪。"（袁金平、孫莉莉）

研究論著目録

説明

一、"研究論著目録"包含本書所引論著及清華簡 1－8 輯研究論著簡目。

二、所收録的論著截止日期爲 2020 年底。

三、本目録每一部分均按作者姓氏拼音順序編排。

四、著作條目標注：

作者，書名，出版單位，出版時間。

五、論文條目標注：

作者，論文篇名，文獻來源，出版單位，出版時間，頁碼（個别論文未注頁碼）。

六、學位論文條目標注：

作者，論文篇名，大學碩士（博士、博士後）學位論文（出站報告），時間。

一、著作

白星飛：《出土文獻鄭國史料集釋（上）（下）》，《古典文獻研究輯刊》第 27 編，花木蘭文化出版社 2018 年。

白於藍：《簡帛古書通假字大系》，福建人民出版社 2017 年。

白於藍：《拾遺録——出土文獻研究》，科學出版社 2017 年。

蔡偉：《誤字、衍文與用字習慣——出土簡帛古書與傳世古書校勘的幾個專題研究》，花木蘭文化出版社 2019 年。

陳劍：《戰國竹書論集》，上海古籍出版社 2013 年。

陳立：《楚系簡帛文字研究（上）（中）（下）》，《中國語言文字研究輯刊》初編，花木蘭文化出版社 2011 年。

陳立：《戰國文字構形研究（上）（中）（下）》，《中國語言文字研究輯刊》第 2 編，花木蘭文化出版社 2012 年。

陳美蘭:《戰國竹簡東周人名用字現象研究——以郭店簡、上博簡、清華簡爲範圍》,藝文印書館2014年。

陳斯鵬:《簡帛文獻與文學考論》,中山大學出版社2007年。

陳斯鵬:《楚系簡帛中字形與音義關係研究》,中國社會科學出版社2011年。

陳斯鵬:《卓廬古文字學叢稿》,中西書局2018年。

陳偉:《郭店竹書別釋》,湖北教育出版社2002年。

陳偉:《新出楚簡研讀》,武漢大學出版社2010年。

陳偉武:《愈愚齋磨牙集》,中西書局2014年。

陳偉武:《愈愚齋磨牙二集》,中西書局2018年。

陳穎飛:《楚官制與世族探研——以幾批出土文獻爲中心》,中西書局2016年。

陳致:《詩書禮樂中的傳統——陳致自選集》,上海人民出版社2012年。

程鵬萬:《簡牘帛書格式研究》,上海古籍出版社2017年。

程燕:《詩經異文輯考》,安徽大學出版社2010年。

程燕:《戰國典制研究——職官篇》,安徽大學出版社2018年。

鄧佩玲:《〈雅〉〈頌〉與出土文獻新證》,商務印書館2017年。

董珊:《簡帛文獻考釋論叢》,上海古籍出版社2014年。

杜勇:《清華簡與古史探賾》,科學出版社2018年。

馮勝君:《郭店簡與上博簡對比研究》,綫裝書局2007年。

馮遠主編:《竹簡上的經典——清華簡文獻展》,清華大學出版社2016年。

高佑仁:《〈清華伍〉書類文獻研究》,萬卷樓圖書股份有限公司2018年。

郭永秉:《帝系新研——楚地出土戰國文獻中的傳說時代古帝王系統研究》,北京大學出版社2008年。

郭永秉:《古文字與古文獻論集》,上海古籍出版社2011年。

郭永秉:《古文字與古文獻論集續編》,上海古籍出版社2015年。

何琳儀:《戰國文字通論(訂補)》,江蘇教育出版社2003年。

何琳儀:《戰國古文字典——戰國文字聲系》,中華書局1998年。

何琳儀:《安徽大學漢語言文字研究叢書——何琳儀卷》,安徽大學出版社2013年。

侯乃峰:《逐狐東山——先秦兩漢出土文獻與古文字論集》,上海古籍出版社2020年。

侯文學、李明麗:《清華簡〈繫年〉與〈左傳〉叙事比較研究》,中西書局2015年。

胡寧:《楚簡逸詩——〈上博簡〉〈清華簡〉詩篇輯注》,上海古籍出版社2018年。

湖北省博物館:《曾侯乙墓》,文物出版社1989年。

湖北省荆沙鐵路考古隊:《包山楚簡》,文物出版社1991年。

湖北省文物考古研究所、北京大學中文系:《望山楚簡》,文物出版社1995年。

湖北省文物考古研究所、北京大學中文系:《九店楚簡》,文物出版社2000年。

黄德寬主編:《古文字譜系疏證》,商務印書館2007年。

黄德寬等:《古漢字發展論》,中華書局2014年。

黄德寬:《古文字學》,上海古籍出版社2015年。

黄德寬、何琳儀、徐在國:《新出楚簡文字考》,安徽大學出版社2007年。

黄德寬、徐在國主編:《安徽大學藏戰國竹簡(一)》,中西書局2019年。

黄德寬主編:《清華大學藏戰國竹簡(玖)》,中西書局2019年。

季旭昇主編:《〈清華大學藏戰國竹簡(壹)〉讀本》,藝文印書館2013年。

季旭昇主編:《〈清華大學藏戰國竹簡(肆)〉讀本》,萬卷樓圖書股份有限公司2019年。

賈連翔:《戰國竹書形制及相關問題研究——以清華大學藏戰國竹簡爲中心》,中西書局2015年。

江林昌、孫進主編:《清華簡與儒家經典國際學術研討會論文集》,上海古籍出版社2017年。

荆州市博物館:《郭店楚墓竹簡》,文物出版社1998年。

雷黎明:《戰國楚簡字義通釋》,上海古籍出版社2020年。

李充、鍾周鳴、張相森:《清華簡〈繫年〉所見春秋戰事考釋》,四川辭書出版社2016年。

李家浩:《著名中年語言學家自選集·李家浩卷》,安徽教育出版社2002年。

李家浩:《安徽大學漢語言文字研究叢書·李家浩卷》,安徽大學出版社2013年。

李均明:《耕耘録:簡牘研究叢稿》,人民美術出版社2015年。

李均明、劉國忠、劉光勝、鄔文玲:《當代中國簡帛學研究(1949—2019)》,中國社會科學出版社2019年。

李零:《郭店楚簡校讀記(增訂本)》,中國人民大學出版社2007年。

李零:《上博楚簡三篇校讀記》,中國人民大學出版社2007年。

李零:《簡帛古書與學術源流(修訂本)》,生活·讀書·新知三聯書店

2008年。

　　李零:《待兔軒文存·説文卷》,廣西師範大學出版社2015年。

　　李鋭:《同文與族本——新出簡帛與古書形成研究》,中西書局2017年。

　　李守奎:《楚文字編》,華東師範大學出版社2003年。

　　李守奎、曲冰、孫偉龍:《上海博物館藏戰國楚竹書(一——五)文字編》,作家出版社2007年。

　　李守奎:《古文字與古史考——清華簡整理研究》,中西書局2015年。

　　李守奎、肖攀:《清華簡〈繫年〉文字考釋與構形研究》,中西書局2015年。

　　李守奎:《清華簡〈繫年〉與古史新探》,中西書局2016年。

　　李松儒:《清華簡〈繫年〉集釋》,中西書局2015年。

　　李天虹:《楚國銅器與竹簡文字研究》,湖北教育出版社2012年。

　　李學勤主編:《清華大學藏戰國竹簡(壹)》,中西書局2010年。

　　李學勤主編:《清華大學藏戰國竹簡(貳)》,中西書局2011年。

　　李學勤主編:《清華大學藏戰國竹簡(叁)》,中西書局2012年。

　　李學勤主編:《清華大學藏戰國竹簡(肆)》,中西書局2013年。

　　李學勤主編:《清華大學藏戰國竹簡(伍)》,中西書局2015年。

　　李學勤主編:《清華大學藏戰國竹簡(陸)》,中西書局2016年。

　　李學勤主編:《清華大學藏戰國竹簡(柒)》,中西書局2017年。

　　李學勤主編:《清華大學藏戰國竹簡(捌)》,中西書局2018年。

　　李學勤:《當代名家學術思想文庫·李學勤卷》,萬卷出版公司2010年。

　　李學勤:《通嚮文明之路》,商務印書館2010年。

　　李學勤:《三代文明研究》,商務印書館2011年。

　　李學勤:《初識清華簡》,中西書局2013年。

　　李學勤:《夏商周文明研究》,商務印書館2015年

　　李學勤:《中西學術名篇精讀·李學勤卷》,中西書局2017年

　　李學勤:《李學勤講演録》,長春出版社2012年。

　　李學勤主編:《清華簡研究》第1輯,中西書局2012年。

　　李學勤、陳致主編:《清華簡研究》第2輯,中西書局2015年。

　　李學勤、艾蘭、吕德凱主編:《清華簡研究》第3輯,中西書局2019年。

　　李學勤、朱鳳瀚、趙平安等主編:《古代簡牘保護與整理研究》,中西書局2012年。

　　李學勤主編,沈建華、賈連翔編:《清華大學藏戰國竹簡(壹—叁)文字編》,

中西書局2014年。

李學勤主編,賈連翔、沈建華編:《清華大學藏戰國竹簡(肆—陸)文字編》,中西書局2017年。

李學勤主編,賈連翔、沈建華編:《清華大學藏戰國竹簡(柒—玖)文字編》,中西書局2020年。

李學勤主編:《清華大學藏戰國竹簡書法選編(全八輯)》,文物出版社2017年。

李學勤:《清華簡及古代文明》,江西教育出版社2017年。

李學勤等:《出土簡帛與古史再建》,經濟科學出版社2017年。

廖秀珍:《簡帛與先秦兩漢儒家思想初探》,《中國學術思想研究輯刊》第16編,花木蘭文化出版社2013年。

劉成群:《清華簡與古史甄微》,上海古籍出版社2016年。

劉光勝:《〈清華大學藏戰國竹簡(壹)〉整理研究》,上海古籍出版社2016年。

劉光勝:《清華簡〈繫年〉與〈竹書紀年〉比較研究》,中西書局2015年。

劉國忠:《走近清華簡》,高等教育出版社2011年。

劉洪濤:《形體特點對古文字考釋重要性研究》,商務印書館2019年。

劉麗:《清華簡〈保訓〉集釋》,中西書局2018年。

劉信芳:《楚簡帛通假彙釋》,高等教育出版社2011年。

劉釗:《出土簡帛文字叢考》,臺灣古籍出版有限公司2004年。

劉釗:《古文字構形學》,福建人民出版社2006年。

劉釗:《古文字考釋叢稿》,嶽麓書社2005年。

劉釗:《郭店楚簡校釋》,福建人民出版社2005年。

劉釗:《書馨集——出土文獻與古文字論叢》,上海古籍出版社2013年。

劉雨、盧岩:《近出殷周金文集錄》,中華書局2002年。

劉雨、嚴志斌:《近出殷周金文集錄二編》,中華書局2010年。

路懿菡:《清華簡與西周史研究》,三秦出版社2018年。

羅福頤:《古璽彙編》,文物出版社1981年。

羅福頤:《古璽文編》,文物出版社1981年。

馬楠:《清華簡〈繫年〉輯證》,中西書局2015年。

馬承源主編:《商周青銅器銘文選》(1—4册),文物出版社1986—1990年。

馬承源主編:《上海博物館藏戰國楚竹書》(一—九),上海古籍出版社2001—2012年。

寧鎮疆、趙爭主編:《考證與釋義——出土四古本〈老子〉綜合研究》,中西書局 2019 年。

駢宇騫:《簡帛文獻綱要》,北京大學出版社 2015 年。

裘錫圭:《裘錫圭學術文集》,復旦大學出版社 2012 年。

饒宗頤主編:《上博藏戰國楚竹書字匯》,安徽大學出版社 2012 年。

屈萬里:《尚書集釋》,中西書局 2014 年。

容庚:《金文編》,中華書局 1985 年。

單周堯:《勉齋論學雜著》,上海古籍出版社 2017 年。

申超:《清華簡與先秦史事探研》,光明日報出版社 2019 年。

沈寶春:《沈寶春學術論文集(古文字卷)》,萬卷樓圖書股份有限公司 2018 年。

石小力:《東周金文與楚簡合證》,上海古籍出版社 2017 年。

蘇建洲:《楚文字論集》,萬卷樓圖書股份有限公司 2011 年。

蘇建洲、吳雯雯、賴怡璇:《清華二〈繫年〉集解》,萬卷樓圖書股份有限公司 2013 年。

孫飛燕:《清華簡〈繫年〉初探》,中西書局 2015 年。

孫合肥:《戰國文字形體研究》,中華書局 2020 年。

湯餘惠:《戰國銘文選》,吉林大學出版社 1993 年。

湯餘惠主編:《戰國文字編》,福建人民出版社 2001 年。

滕壬生:《楚系簡帛文字編(增訂本)》,湖北教育出版社 2008 年。

夏含夷:《孔子之前:中國經典誕生的研究》,中西書局 2019 年。

王恩田:《陶文圖錄》,齊魯書社 2006 年。

王恩田:《陶文字典》,齊魯書社 2007 年。

魏慈德:《新出楚簡中的楚國語料與史料》,五南圖書出版股份有限公司 2014 年。

武漢大學簡帛研究中心、荆州市博物館:《楚地出土戰國簡冊合集》(一),文物出版社 2011 年。

武漢大學簡帛研究中心、河南省文物考古研究所:《楚地出土戰國簡冊合集》(二),文物出版社 2013 年。

吳良寶:《先秦貨幣文字編》,福建人民出版社 2006 年。

吳良寶:《戰國楚簡地名輯證》,武漢大學出版社 2010 年。

吳振武:《〈古璽文編〉校訂》,人民美術出版社 2011 年。

吴鎮烽:《商周青銅器銘文暨圖像集成》,上海古籍出版社 2012 年。

邢文:《楚簡書法探論——清華簡〈繫年〉書法與手稿文化》,中西書局 2015 年。

徐在國:《傳抄古文字編》,綫裝書局 2006 年。

徐在國:《楚帛書詁林》,安徽大學出版社 2010 年。

徐在國:《安徽大學漢語言文字研究叢書·徐在國卷》,安徽大學出版社 2013 年。

徐在國:《上博楚簡文字聲系》,安徽大学出版社 2013 年。

徐在國、程燕、張振謙:《戰國文字字形表》,上海古籍出版社 2017 年。

徐在國主編:《戰國文字研究》(1—3 輯),安徽大學出版社 2019—2021 年。

許慎:《説文解字》,中華書局 1963 年。

許萬宏:《楚系簡帛文字形用問題研究》,《中國語言文字研究輯刊》第 7 編,花木蘭文化出版社 2014 年。

許兆昌:《〈繫年〉〈春秋〉〈竹書紀年〉的歷史叙事》,中西書局 2015 年。

禤健聰:《戰國楚系簡帛用字習慣研究》,科學出版社 2017 年。

禤健聰:《戰國簡帛讀本》,鳳凰出版社 2017 年。

楊博:《戰國楚竹書史學價值探研》,上海古籍出版社 2019 年。

楊蒙生:《驫羌編鐘銘文與清華簡〈繫年〉》,上海古籍出版社 2020 年。

袁金平:《出土文獻與古籍新詮》,社會科學文獻出版社 2020 年。

曾憲通:《曾憲通學術文集》,汕頭大學出版社 2002 年。

曾憲通:《古文字與出土文獻叢考》,中山大學出版社 2005 年。

張峰:《楚文字訛書研究》,上海古籍出版社 2016 年。

張振謙:《齊魯文字編》,學苑出版社 2014 年。

鍾柏生、陳昭容、黃銘崇、袁國華:《新收殷周青銅器銘文暨器影彙編》,藝文印書館 2006 年。

張玉金:《出土戰國文獻動詞研究》,暨南大學出版社 2018 年。

趙朝陽:《出土文獻與〈尚書〉校讀》,蘭臺出版社 2020 年。

趙成傑:《今文〈尚書·周書〉異文研究及彙編》,蘭臺出版社 2015 年。

趙平安:《新出簡帛與古文字古文獻研究》,商務印書館 2009 年。

趙平安:《文字·文獻·古史——趙平安自選集》,中西書局 2017 年。

趙平安:《新出簡帛與古文字古文獻研究續集》,商務印書館 2018 年。

鄭威:《出土文獻與楚秦漢歷史地理研究》,科學出版社 2017 年。

中國古文字研究會編：《古文字研究》（1—33 輯），中華書局 1979—2020 年。
中國文字學會編：《中國文字學報》（1—11 輯），商務印書館 2006—2021 年。
中國社會科學院考古研究所：《殷周金文集成（修訂增補本）》，中華書局 2007 年。
周波：《戰國時代各系文字間的用字差異現象研究》，綫裝書局 2013 年。
周鳳五：《朋齋學術文集（戰國竹書卷）》，臺大出版中心 2016 年。
朱德熙：《朱德熙古文字論集》，中華書局 1995 年。
朱德熙：《朱德熙文集》，商務印書館 1999 年。
朱歧祥：《亦古亦今之學——古文字與近代學術論稿》，萬卷樓圖書股份有限公司 2017 年。

二、論文

A

［美］艾蘭：《清華簡〈保訓〉的"中"與天命》，簡帛網 2010 年 3 月 20 日。
［美］艾蘭撰、王進鋒譯：《怎樣成爲君王》，《光明日報》2010 年 7 月 12 日第 12 版。
［美］艾蘭：《何爲〈書〉》，《光明日報》2010 年 12 月 20 日第 12 版。
［美］艾蘭：《研究中國思想史不能錯過"簡帛"》，《中國社會科學報》2011 年 3 月 30 日。
［美］艾蘭：《〈保訓〉及楚國書的問題（提要）》，《清華簡研究》第 1 輯，中西書局 2012 年，第 72—73 頁。
［美］艾蘭：《李學勤先生和國際漢學》，《出土文獻》2020 年第 1 期，第 135—142 頁。

B

白光琦：《由清華簡〈繫年〉訂正戰國楚年》，簡帛網 2012 年 3 月 26 日。
白光琦：《清華簡〈繫年〉與平王東遷》，簡帛網 2013 年 7 月 5 日。
白光琦：《從"歲有歇行"看〈耆夜〉的著作時代》，簡帛網 2013 年 10 月 16 日。
白國紅、劉國忠：《〈春秋〉始於隱公新解——以清華簡〈繫年〉爲切入點》，《中國史研究》2019 年第 4 期，第 21—37 頁。
白立超：《信仰時代的政治文明——從〈尚書〉看〈保訓〉"中"的問題》，《國學學刊》2013 年第 2 期，第 106—114 頁。
白立超：《禮樂文明視野下的清華簡〈保訓〉"詞"字新釋——以〈尚書·顧

命〉與"内史亳同"爲綫索》,《西北大學學報(哲學社會科學版)》2020年第5期,第119—125頁。

白星飛:《據清華簡補釋金文人名兩則》,《中國簡帛學刊》第2輯,齊魯書社2018年,第63—71頁。

白一平:《關於清華簡(伍)三篇的一些筆記》,《清華簡研究》第3輯,中西書局2019年,第29—54頁。

白於藍:《釋"雟""𠂤"》,《古漢語研究》2011年第3期,第33—36頁。

白於藍、段凱:《清華簡〈保訓〉篇竹簡編連問題芻議》,《古文字研究》第30輯,中華書局2014年,第369—373頁;《拾遺録——出土文獻研究》,科學出版社2017年,第139—145頁。

白於藍:《釋"宲"——兼論今本〈老子〉第三十二章"萬物將自賓"》,《文史》2014年第4期,第261—269頁。

白於藍:《〈清華大學藏戰國竹簡(叁)〉拾遺》,《中國文字研究》第20輯,上海書店出版社2014年,第19—23頁;《漢語言文字研究》第1輯,上海古籍出版社2015年,第142—148頁;《拾遺録——出土文獻研究》,科學出版社2017年,第146—154頁。

白於藍:《釋"舃"》,《中國文字研究》第21輯,上海書店出版社2015年,第84—87頁;《拾遺録——出土文獻研究》,科學出版社2017年,第258—264頁。

白於藍、吳祺:《清華簡〈厚父〉校釋四則》,《簡帛研究二〇一六(秋冬卷)》,廣西師範大學出版社2017年,第6—14頁。

白於藍:《清華簡〈芮良夫毖〉6—8號簡校釋》,《古文字研究》第31輯,中華書局2016年,第346—350頁;《拾遺録——出土文獻研究》,科學出版社2017年,第166—171頁。

白於藍、段凱:《清華簡〈説命〉三篇校釋》,《中國文字研究》第23輯,上海書店出版社2016年,第70—76頁;《拾遺録——出土文獻研究》,科學出版社2017年,第155—165頁。

白於藍:《釋"妯"》,《語言科學》2018年第4期,第407—421頁;《拾遺録——出土文獻研究》,科學出版社2017年,第232—251頁。

白於藍:《清華簡〈金縢〉8—13號簡校釋》,《"出土文獻與〈尚書〉學研究國際學術研討會"論文集》,上海大學2018年9月21日—23日。

白於藍:《讀簡札記(三則)》,《古文字研究》第32輯,中華書局2018年,第453—457頁。

白於藍、周悦：《清華簡〈金縢〉文句新釋》，《歷史研究》2020年第5期，第198—207頁。

白於藍、沈奇石：《"譥"字補釋》，《古文字研究》第33輯，中華書局2020年，第354—359頁。

抱小（網名）：《讀清華簡捌〈邦家之政〉小札二則》，復旦大學出土文獻與古文字研究中心網2018年11月19日。

抱小（網名）：《〈攝命〉"湛圂在憂"與〈封許之命〉"圂童在憂"合證》，復旦大學出土文獻與古文字研究中心網2018年11月22日。

抱小（網名）：《據清華簡校正〈逸周書·祭公〉誤字一則》，復旦大學出土文獻與古文字研究中心網2019年3月31日。

卞仁海：《出土先秦兩漢文獻中的避諱材料述論》，《"第二屆古文字與出土文獻語言研究學術研討會"論文集》，西南大學2017年10月27日—30日。

邴尚白：《清華簡〈楚居〉中的季連》，《出土文獻文字與語法研讀論文集》第1輯，萬卷樓圖書股份有限公司2013年，第121—155頁。

邴尚白：《清華伍〈命訓〉補釋》，《"楚文化與長江中游早期開發國際學術研討會"論文集》，武漢大學2018年9月15—16日。

邴尚白：《清華七〈趙簡子〉新探》，《"出土文獻與商周社會學術研討會"論文集》，華東師範大學2019年10月18—20日。

補白（網名）：《清華簡〈殷高宗問於三壽〉臆説四則》，復旦大學出土文獻與古文字研究中心網2015年4月16日。

C

蔡飛舟：《清華簡〈筮法〉補釋》，《周易研究》2015年第2期，第10—18頁；《清華簡與儒家經典國際學術研討會論文集》，上海古籍出版社2017年，第82—93頁。

蔡飛舟：《清華簡〈別卦〉解詁》，《周易研究》2016年第1期，第13—22頁。

蔡飛舟：《清華簡〈筮法·爻象〉芻論》，《周易研究》2017年第3期，第33—41頁。

蔡飛舟：《〈左傳〉〈國語〉涉"八"筮例考》，《周易研究》2019年第3期，第22—34頁。

蔡麗利、譚生力：《清華簡〈説命〉相關問題初探》，《古籍整理研究學刊》2014年第2期，第32—35頁。

蔡偉：《據清華簡校正〈逸周書〉三則》，復旦大學出土文獻與古文字研究中心網 2011 年 1 月 6 日。

蔡偉:《讀新見的出土文獻資料札記二則》,復旦大學出土文獻與古文字研究中心網 2012 年 12 月 24 日。

蔡先金:《清華簡〈周公之琴舞〉的文本與樂章》,《西北師大學報(社會科學版)》2014 年第 4 期,第 33—41 頁;《清華簡與先秦經學文獻研究》,生活・讀書・新知三聯書店 2016 年,第 35—58 頁。

蔡先金:《清華簡〈耆夜〉古小説與古小説家"擬古詩"》,《濟南大學學報(社會科學版)》2017 年第 1 期,第 88—95 頁。

蔡一峰:《清華簡〈繫年〉釋字拾遺一則》,簡帛網 2015 年 3 月 8 日。

蔡一峰:《讀清華伍〈命訓〉札記二則》,簡帛網 2015 年 4 月 14 日。

蔡一峰:《讀清華簡〈命訓〉札記三則》,《簡帛》第 13 輯,上海古籍出版社 2016 年,第 63—69 頁。

蔡一峰:《讀清華簡第六輯零札(五則)》,《古文字論壇》第 2 輯,中西書局 2016 年,第 255—260 頁。

蔡一峰:《〈清華簡(伍)〉字詞零釋四則》,《簡帛研究二〇一六(春夏卷)》,廣西師範大學出版社 2016 年,第 29—35 頁。

蔡一峰:《清華簡〈越公其事〉字詞考釋三則》,《出土文獻》第 15 輯,中西書局 2019 年,第 155—160 頁。

蔡一峰:《竹書所見傅説之名辨説》,《中國文字研究》第 32 輯,華東師範大學 2020 年,第 79—82 頁。

蔡運章:《清華簡〈卦位圖〉哲學思想考辨》,《易學考古論集》,中華書局 2016 年,第 134—147 頁。

蔡哲茂:《讀清華簡〈祭公之顧命〉札記五則》,《簡帛》第 13 輯,上海古籍出版社 2016 年,第 53—62 頁。

蔡哲茂:《讀清華簡〈繫年〉札記二則》,《"第一屆出土文獻與中國古代史學術論壇暨青年學者工作坊"論文集》,復旦大學 2019 年 11 月 2 日—4 日。

蔡哲茂:《由清華簡看商王世系名號問題三則》,《"紀念清華簡入藏暨清華大學出土文獻研究與保護中心成立十週年國際學術研討會"論文集》,清華大學 2018 年 11 月 17 日—18 日。

蔡哲茂:《夏王朝存在新證説殷人辭的"西邑"》,《中國文化》2016 年第 2 期,第 47—51 頁。

曹定雲:《清華簡〈説命上〉"二戊豕"解——兼論〈説命〉的真實性與傳抄時

代》,《中原文化研究》2019年第2期,第87—90頁。

曹方向:《清華大學藏戰國竹簡〈尹誥〉篇補議一則》,簡帛網2011年1月8日。

曹方向:《記清華簡第一册九篇竹書的若干書寫情況》,簡帛網2011年1月31日。

曹方向:《小議清華簡〈繫年〉及郭店簡中的"京"字》,簡帛網2012年1月2日。

曹方向:《據清華簡釋上博簡的"鈙"字》,簡帛網2014年1月9日;又以《戰國簡及〈説文〉所見"鈙"字補説》爲題,發表於《"紀念中國古文字研究會成立四十周年國際學術研討會"論文集》,吉林大學2018年10月9日—11日。

曹方向:《讀清華簡〈厚父〉短札》,簡帛網2015年4月11日。

曹方向:《清華簡〈湯處于湯丘〉補論一則》,簡帛網2015年4月13日。

曹方向:《清華六"饋而不二"試解》,簡帛網2016年4月22日。

曹方向:《清華簡〈湯處於湯丘〉"絶芳旨而滑"試解》,《古文字研究》第31輯,中華書局2016年,第388—390頁。

曹方向:《清華簡〈管仲〉帝辛事迹探討》,《出土文獻與古文字研究》第7輯,上海古籍出版社2018年,第198—207頁。

曹峰:《〈保訓〉的"中"即"公平公正"之理念説——兼論"三降之德"》,《文史哲》2011年第6期,第36—43頁;《清華簡研究》第1輯,中西書局2012年,第110—122頁。

曹峰:《讀〈殷高宗問於三壽〉上半篇一些心得》,《"出土文獻與中國古代文明學術研討會"論文集》,中國人民大學2015年6月6日—7日;《楚地簡帛思想研究》,嶽麓書社2015年,第195—210頁。

曹峰:《關於清華簡〈殷高宗問於三壽〉的若干問題》,《"出土文獻與先秦經史國際學術研討會"論文集》,香港大學2015年10月16日—17日。

曹峰:《從〈逸周書〉二文看〈保訓〉之"中"的刑書性質》,《哲學門》第31輯,北京大學出版社2016年,第27—40頁。

曹峰:《帝師的教誨——以清華簡〈殷高宗問於三壽〉等文獻爲綫索》,《"首届新語文學與早期中國研究國際研討會"論文集》,澳門大學2016年6月19日—21日。

曹峰:《清華簡〈三壽〉〈湯在啻門〉二文中的鬼神觀》,《四川大學學報(哲學社會科學版)》2016年第5期,第33—40頁。

曹峰:《清華簡〈湯在啻門〉與"氣"相關内容研究》,《哲學研究》2016年12期。

曹峰:《導言:清華簡(五)與先秦思想研究專題》,《哲學與文化》2017年第10期。

曹峰:《清華簡〈湯在啻門〉所見"五"的研究》,《哲學與文化》2017年第10期。

曹峰:《清華簡〈湯在啻門〉譯注》,日本《出土文獻與秦楚文化》第10號(2017年3月),第87—114頁;《清華簡研究》第3輯,中西書局2019年,第108—143頁。

曹峰:《從"食烹之和"到"和民"——清華簡〈湯處於湯丘〉"和"思想研究》,《"紀念清華簡入藏暨清華大學出土文獻研究與保護中心成立十周年國際學術研討會"論文集》,清華大學2018年11月17日—18日;《中國文化》2018年第2期,第45—55頁。

曹峰:《清華簡〈心是謂中〉的心論與命論》,《中國哲學史》2019年第3期,第5—13、29頁。

曹峰:《清華簡〈殷高宗問於三壽〉上下兩部分簡文的研究》,《清華簡研究》第3輯,中西書局2019年,第261—278頁。

曹建敦:《清華簡(一)〈楚居〉中的"内尸"小議》,復旦大學出土文獻與古文字研究中心網2011年4月1日。

曹建敦:《清華簡〈耆夜〉篇中的飲至禮考釋二則》,復旦大學出土文獻與古文字研究中心網2011年9月15日。

曹建國:《論清華簡中的〈蟋蟀〉》,《江漢考古》2011年第2期,第110—115頁。

曹建國:《清華簡〈芮良夫毖〉試論》,《復旦學報(社會科學版)》2016年第1期,第19—30頁。

曹錦炎、岳曉峰:《説〈越公其事〉的"舊"——兼説九店楚簡"嘗"字》,《簡帛》第16輯,上海古籍出版社2018年,第19—23頁。

曹錦炎:《"夜爵"補説》,《出土文獻研究》第16輯,中西書局2017年,第19—24頁。

曹錦炎:《説清華簡〈繫年〉的"閔"》,《清華簡〈繫年〉與古史新探》,中西書局2016年,第363—371頁。

曹娜:《試論清華簡〈尹誥〉篇研究中的兩個問題》,《史學史研究》2018年第1期,第115—120頁。

常昭:《出土簡帛的文體價值簡論》,《中國簡帛學刊》第2輯,齊魯書社2018年,第9—26頁。

晁福林：《清華簡〈繫年〉與兩周之際史事的重構》，《歷史研究》2013年第6期，第154—163頁。

晁福林：《從清華簡〈說命〉看〈尚書〉學史的一樁公案》，《人文雜志》2015年第2期，第86—90頁。

晁福林：《觀念史研究的一個標本——清華簡〈保訓〉補釋》，《文史哲》2015年第3期，第22—32頁。

晁福林：《從清華簡〈程寤〉篇看"文王受命"問題》，《北京師範大學學報（社會科學版）》2016年第5期，第95—105頁。

晁福林：《談清華簡〈鄭武夫人規孺子〉的史料價值》，《清華大學學報（哲學社會科學版）》2017第3期，第125—130頁。

陳伯适：《清華簡〈程寤〉釋讀與有關議題評述》，《"2011年出土文獻研究視野與方法研討會"論文集》，臺灣政治大學2011年6月11日。

陳才：《清華簡〈耆夜〉拾遺》，《歷史文獻研究》2015年第1期，第303—310頁。

陳才：《文獻中"息""思"互訛問題瑣談》，《國學學刊》2017年第1期，第116—122頁。

陳晨：《上博、清華藏簡文字釋讀札記》，《簡帛》第16輯，上海古籍出版社2018年，第25—29頁。

陳鴻超：《從清華簡〈繫年〉看〈左傳〉的傳書性質及特徵》，《出土文獻》第8輯，中西書局2016年，第97—107頁。

陳鴻超：《試論〈左傳〉與清華簡〈繫年〉的文獻關係》，《簡帛研究二〇一七（秋冬卷）》，廣西師範大學出版社2017年，第13—26頁。

陳慧：《保君德訓嚮"中"求——讀清華簡〈保訓〉》，《簡帛·經典·古史》，上海古籍出版社2013年，第209—216頁。

陳慧：《身體與治國——試讀清華簡〈湯在啻門〉兼論"疾"》，《清華簡研究》第3輯，中西書局2019年，第171—182頁。

陳慧：《從清華簡看戰國文獻的隱喻手法》，《"紀念清華簡入藏暨清華大學出土文獻研究與保護中心成立十周年國際學術研討會"論文集》，清華大學2018年11月17日—18日。

陳健：《也說〈清華五·殷高宗問於三壽〉的"寵皇"》，簡帛網2015年4月14日。

陳健：《"滿招損，謙受益"的中性色彩解詁》，《社會科學論壇》2016年第2期，第51—58頁。

陳劍:《試説戰國文字中寫法特殊的"亢"和从"亢"諸字》,《出土文獻與古文字研究》第 3 輯,上海古籍出版社 2010 年,第 152－182 頁。

陳劍:《清華簡〈皇門〉"䛊"字補説》,《出土文獻與古文字研究》第 4 輯,上海古籍出版社 2011 年,第 170－184 頁。

陳劍:《簡談〈繫年〉的"䜅"和楚簡部分"晢"字當釋讀爲"捷"》,《安徽大學學報(哲學社會科學版)》2013 年第 6 期,第 67－70 頁。

陳劍:《釋"疌"及相關諸字》,《出土文獻與古文字研究》第 5 輯,上海古籍出版社 2013 年,第 258－279 頁。

陳劍:《竹書〈周易〉需卦卦名之字試解》,簡帛網 2004 年 4 月 29 日;《戰國竹書論集》,上海古籍出版社 2013 年,第 112－113 頁。

陳劍:《〈清華簡(伍)〉與舊説互證兩則》,復旦大學出土文獻與古文字研究中心網 2015 年 4 月 14 日。

陳劍:《〈容成氏〉補釋三則》,《出土文獻與古文字研究》第 6 輯,上海古籍出版社 2015 年,第 365－378 頁。

陳劍:《清華簡"厎災皋蠱"與〈詩經〉"烈假""罪罟"合證》,《"清華簡與〈詩經〉研究國際會議"論文集》,香港浸會大學 2013 年 11 月 1 日－3 日;《饒宗頤國學院院刊》第 2 期,中華書局 2015 年,第 55－78 頁。

陳劍:《清華簡與〈尚書〉字詞合證零札》,《出土文獻與中國古代文明——李學勤先生八十壽誕紀念論文集》,中西書局 2016 年,第 211－220 頁。

陳劍:《〈越公其事〉殘簡 18 的位置及相關的簡序調整問題》,復旦大學出土文獻與古文字研究中心網 2017 年 5 月 14 日。

陳劍:《據〈清華簡(伍)〉的"古文虞"字説毛公鼎和殷墟甲骨文的有關諸字》,《古文字與古代史》第 5 輯,"中研院"歷史語言研究所 2017 年,第 261－286 頁。

陳劍:《清華簡字義零札兩則》,《戰國文字研究的回顧與展望》,中西書局 2017 年,第 190－203 頁。

陳劍:《説"規"等字並論一些特別的形聲字意符》,《源遠流長——漢字國際學術研討會暨 AEARU 第三届漢字文化研討會論文集》,北京大學出版社 2017 年,第 1－25 頁。

陳劍:《簡談對金文"蔑懋"問題的一些新認識》,《出土文獻與古文字研究》第 7 輯,上海古籍出版社 2018 年,第 91－117 頁。

陳劍:《試爲西周金文和清華簡〈攝命〉所謂"粦"字進一解》,《出土文獻》第 13 輯,中西書局 2018 年,第 29－39 頁。

陳劍：《結合出土文獻校讀古書舉隅》，《新語文學與早期中國研究》，上海人民出版社2018年，第293－315頁。

陳絜：《清華簡札記二則》，《中原文化研究》2013年第4期，第120－122頁。

陳絜：《清華簡〈繫年〉第二十章地名補正》，《清華簡〈繫年〉與古史新探》，中西書局2016年，第107－115頁。

陳絜：《東土諸嬴與"飛廉東逃于商盍"》，《"紀念清華簡入藏暨清華大學出土文獻研究與保護中心成立十周年國際學術研討會"論文集》，清華大學2018年11月17日－18日。

陳立：《清華簡〈繫年〉與〈竹書紀年〉所載相關史料的異同》，《簡帛文獻與古代史——第二屆出土文獻青年學者國際論壇論文集》，中西書局2015年，第52－67頁。

陳立：《〈清華·繫年〉載錄史事的合理性——試以夏徵舒之亂爲例》，《"出土文獻與經學、古史國際學術研討會暨研究生論壇"論文集》，華東師範大學2018年11月3日－4日。

陳麗桂：《〈湯在啻門〉的氣化胎產說與天人論述》，《出土文獻與傳世典籍的詮釋》，中西書局2019年，第97－112頁。

陳良武：《"清華簡"〈耆夜〉與〈西伯戡黎〉》，《蘭臺世界》2012年第27期，第87－88頁。

陳美蘭：《〈清華簡（貳）·繫年〉晉文公事蹟輯考》，《"古文字學青年論壇"論文集》，"中研院"歷史語言研究所2013年11月25日－26日。

陳美蘭：《〈清華簡（貳）·繫年〉札記兩則》，《孔壁遺文論集》，藝文印書館2013年，第47－68頁。

陳美蘭：《〈清華大學藏戰國竹簡（貳）·繫年〉用字現象考察——以同詞異字爲例》，《"第二十五屆中國文字學國際學術研討會"論文集》，臺灣中國文化大學2014年5月16日－17日。

陳美蘭：《〈清華大學藏戰國竹簡（叁）·周公之琴舞〉"XX其有X"句式研究》，《中國文字》新40期，藝文印書館2014年，第19－40頁。

陳美蘭：《〈清華簡（叁）·周公之琴舞〉札記三則》，《出土文獻研究》第15輯，中西書局2016年，第73－88頁。

陳美蘭：《清華簡〈封許之命〉札記三則》，《中國文字》新43期，藝文印書館2017年，第31－44頁。

陳美蘭：《清華簡〈子儀〉札記》，《古文字研究》第32輯，中華書局2018年，第 355－360 頁。

陳夢兮:《以出土文獻重論"苛政"之"苛"》,《漢字漢語研究》2018 年第 1 期第 95－101 頁。

陳夢兮:《公、仌及相關字考論》,《中國文字》新 45 期,藝文印書館 2019 年,第 205－222 頁。

陳民鎮:《略說清華簡〈保訓〉的"貽"》,復旦大學出土文獻與古文字研究中心網 2010 年 11 月 7 日。

陳民鎮:《"朕疾漸甚"芻議》,簡帛網 2010 年 11 月 15 日。

陳民鎮:《清華簡〈保訓〉簡 10 試解》,簡帛網 2010 年 11 月 10 日。

陳民鎮:《釋"叚(假)"》,簡帛網 2010 年 11 月 12 日。

陳民鎮:《清華簡〈保訓〉解題》,孔子 2000 網 2010 年 12 月 1 日。

陳民鎮:《"越公殹"考略》,復旦大學出土文獻與古文字研究中心網 2011 年 4 月 5 日。

陳民鎮:《讀清華簡〈楚居〉札記(二則)》,復旦大學出土文獻與古文字研究中心網 2011 年 5 月 31 日。

陳民鎮:《清華簡〈尹誥〉集釋》,復旦大學出土文獻與古文字研究中心網 2011 年 9 月 12 日。

陳民鎮:《清華簡〈保訓〉"中"字解讀諸說平議》,復旦大學出土文獻與古文字研究中心網 2011 年 9 月 19 日。

陳民鎮、胡凱:《清華簡〈金縢〉集釋》,復旦大學出土文獻與古文字研究中心網 2011 年 9 月 20 日。

陳民鎮:《清華簡〈楚居〉集釋》,復旦大學出土文獻與古文字研究中心網 2011 年 9 月 23 日。

陳民鎮:《清華簡〈尹誥〉釋文校補》,《中華文化論壇》2011 年第 4 期,第 110－114 頁。

陳民鎮、江林昌:《"西伯戡黎"新證——從清華簡〈耆夜〉看周人伐黎的史事》,《東岳論叢》2011 年第 10 期,第 44－51 頁。

陳民鎮:《清華簡〈保訓〉疑悟舉例(三則)》,《四川文物》2012 年第 1 期,第 45－50 頁。

陳民鎮:《〈繫年〉"故志"說——清華簡〈繫年〉性質及撰作背景芻議》,《邯鄲學院學報》2012 年第 2 期,第 49－57、100 頁。

陳民鎮:《略說清華簡〈繫年〉的"烝"》,簡帛網 2012 年 3 月 17 日。

陳民鎮:《清華簡〈繫年〉周年綜述》,復旦大學出土文獻與古文字研究中心網 2012 年 12 月 19 日。

陳民鎮:《孟子"詩亡然後〈春秋〉作"解詁——兼論中國早期史學的轉捩與清華簡〈繫年〉(上)》,《孔孟月刊》第 50 卷第 11、12 期,2012 年 8 月,第 11—21 頁。

陳民鎮:《孟子"詩亡然後〈春秋〉作"解詁——兼論中國早期史學的轉捩與清華簡〈繫年〉(下)》,《孔孟月刊》第 51 卷第 1、2 期,2012 年 10 月。

陳民鎮:《清華簡〈說命上〉首句試解》,復旦大學出土文獻與古文字研究中心網 2013 年 1 月 21 日。

陳民鎮:《齊長城新研——從清華簡〈繫年〉看齊長城的若干問題》,《中國史研究》2013 年第 3 期,第 5—19 頁。

陳民鎮:《清華簡〈繫年〉所見越國史新史料》,《中國長城博物館》2013 年第 3 期,第 49—51 頁。

陳民鎮:《上甲微史迹傳說鉤沉——兼說清華簡〈保訓〉"微假中于河"》,《史學月刊》2013 年第 4 期,第 25—38 頁。

陳民鎮:《驫羌鐘與清華簡〈繫年〉合證》,《考古與文物》2015 第 6 期,第 82—87 頁。

陳民鎮:《"惟尹既及湯咸有一德"解》,《文藝評論》2015 年第 12 期,第 12—15 頁。

陳民鎮:《從虛詞特徵看清華簡〈繫年〉的真偽、編纂及性質》,《清華簡〈繫年〉與古史新探》,中西書局 2016 年,第 255—271 頁。

陳民鎮:《清華簡〈繫年〉所見"山東時期"越國的軍事與外交》,《清華簡與儒家經典國際學術研討會論文集》,上海古籍出版社 2017 年,第 205—213 頁。

陳民鎮:《清華簡(捌)讀札》,清華大學出土文獻研究與保護中心網 2018 年 11 月 17 日。

陳民鎮:《清華簡〈攝命〉性質小議》,清華大學出土文獻研究與保護中心網 2018 年 11 月 17 日。

陳民鎮:《據清華九〈治政之道〉補說清華八(六則)》,《出土文獻》第 15 輯,中西書局 2019 年,第 193—199 頁。

陳民鎮:《清華簡〈心是謂中〉首章心論的内涵與性質》,《中國哲學史》2019 年第 3 期,第 14—24 頁。

陳民鎮:《清華簡〈治邦之道〉墨家佚書說獻疑》,《陝西師範大學學報(哲學社會科學版)》2019 年第 5 期,第 139—149 頁。

陳民鎮:《清華簡〈治政之道〉〈治邦之道〉思想性質初探》,《清華大學學報(哲學社會科學版)》2020 年第 1 期,第 48－52 頁。

陳鵬宇:《周代古樂的歌、樂、舞相關問題探討——兼論清華簡〈周公之琴舞〉》,《出土文獻》第 4 輯,中西書局 2013 年,第 80－93 頁。

陳鵬宇:《清華簡〈芮良夫毖〉套語成分分析》,《深圳大學學報(人文社會科學版)》2014 年第 2 期,第 62－70 頁。

陳鵬宇:《清華簡〈赤鵠之集湯之屋〉神話元素疏證》,《出土文獻與中國古代文明——李學勤先生八十壽誕紀念論文集》,中西書局 2016 年,第 360－366 頁。

陳勤香:《讀〈清華簡·繫年〉札記》,《語文學刊(高等教育版)》2014 年第 7 期,第 24、38 頁。

陳姍姍:《〈皇門〉主旨初探》,《白城師範學院學報》2013 年第 4 期,第 43－46 頁。

陳樹:《清華簡〈説命〉(上)補釋》,《古籍整理研究學刊》2016 年第 3 期,第 36－39 頁。

陳斯鵬:《從楚系簡帛看字詞關係變化中的代償現象》,《中山大學學報(社會科學版)》2011 年第 4 期,第 57－62 頁。

陳斯鵬:《〈清華大學藏戰國竹書(捌)〉虛詞札記》,《中國文字》2019 年冬季號,總第 2 期,第 19－24 頁。

陳斯鵬:《舊釋"舞"字及相關問題新解》,《文史》2019 年第 4 期,第 5－18 頁。

陳斯鵬:《清華大學所藏竹書〈邦家之政〉校證》,《中山大學學報(社會科學版)》2019 年第 6 期,第 106－112 頁。

陳松長:《清華大學藏戰國竹簡(壹)書體特徵探析》,《湖南省博物館館刊》第 9 輯,嶽麓書社 2013 年,第 187－195 頁;《中國簡帛書法藝術編年與研究》,上海書畫出版社 2015 年,第 33－43 頁。

陳松長:《清華簡〈祭公〉與〈楚居〉的書體藝術》,《中國簡帛書法藝術編年與研究》,上海書畫出版社 2015 年,第 43－49 頁。

陳偉:《〈保訓〉字句試讀》,《出土文獻》第 1 輯,中西書局 2010 年,第 58－62 頁。

陳偉:《讀清華簡〈楚居〉札記》,簡帛網 2011 年 1 月 8 日。

陳偉:《也説清華竹書〈耆夜〉中的"夜爵"》,簡帛網 2011 年 6 月 27 日。

陳偉:《不禁想起〈鐸氏微〉——讀清華簡〈繫年〉隨想》,簡帛網 2011 年 12

月19日。

陳偉:《清華簡〈楚居〉"梗室"故事小考》,《清華簡研究》第1輯,中西書局2012年,第274－276頁。

陳偉:《讀清華簡〈繫年〉札記》,《江漢考古》2012年第3期,第112、117－120頁。

陳偉:《〈清華大學藏戰國竹簡·良臣〉初讀——在〈清華大學藏戰國竹簡(三)〉成果發布會上的講話》,簡帛網2013年1月4日。

陳偉:《清華大學藏竹書〈繫年〉的文獻學考察》,《史林》2013年第1期,第43－48、188頁。

陳偉:《讀〈清華竹簡(伍)〉札記(三則)》,簡帛網2015年4月11日。

陳偉:《讀〈清華竹簡(伍)〉札記(續)》,簡帛網2015年4月12日。

陳偉:《清華簡七〈越公其事〉校讀》,簡帛網2017年4月27日。

陳偉:《也説楚簡从"黽"之字》,簡帛網2017年4月29日。

陳偉:《〈鄭武夫人規孺子〉再讀》,《"紀念清華簡入藏暨清華大學出土文獻研究與保護中心成立十周年國際學術研討會"論文集》,清華大學2018年11月17日－18日。

陳偉:《清華簡〈子犯子餘〉校讀》,《古文字研究》第32輯,中華書局2018年,第347－350頁。

陳偉:《清華簡〈邦家處位〉零釋》,《中國文字》2019年夏季號,總第1期,第83－87頁。

陳偉:《清華簡〈邦家之政〉零釋》,《出土文獻與古文字研究》第8輯,上海古籍出版社2019年,第136－140頁。

陳偉:《清華柒〈越公其事〉校釋》,《出土文獻與傳世典籍的詮釋》,中西書局2019年,第136－140頁。

陳偉武:《清華簡釋讀拾遺》,《清華簡研究》第1輯,中西書局2012年,第356－359頁;《愈愚齋磨牙二集》,中西書局2018年,第41－46頁。

陳偉武:《從楚簡和秦簡看上古漢語詞彙研究的若干問題》,《歷史語言學研究》第7輯,商務印書館2014年,第91－102頁;《愈愚齋磨牙二集》,中西書局2018年,第156－173頁。

陳偉武:《讀清華簡〈周公之琴舞〉和〈芮良夫毖〉零札》,《清華簡研究》第2輯,中西書局2015年,第28－32頁;《愈愚齋磨牙二集》,中西書局2018年,第47－53頁。

陳偉武:《楚簡秦簡字詞考釋拾遺》,《簡帛》第 13 輯,上海古籍出版社 2016 年,第 19－25 頁;《愈愚齋磨牙二集》,中西書局 2018 年,第 18－27 頁。

陳偉武:《讀清華簡第六册小札》,《出土文獻》第 11 輯,中西書局 2017 年,第 205－209 頁;《愈愚齋磨牙二集》,中西書局 2018 年,第 54－59 頁。

陳偉武:《清華叁〈祝辭〉"恐溺"解詁》,《出土文獻與傳世典籍的詮釋》,中西書局 2019 年,第 86－88 頁。

陳偉武:《釋戰國楚簡"寶"字的兩種異體》,《古籍新詮:"先秦兩漢文獻國際學術研討會暨中國文化研究所五十周年慶典"論文集》,香港中文大學 2017 年 12 月 14 日。

陳偉武:《新出楚簡秦簡之於漢語詞彙史研究》,《愈愚齋磨牙二集》,中西書局 2018 年,第 174－194 頁。

陳偉武:《清華簡第七册釋讀小記》,《"清華簡國際研討會"論文集》,香港浸會大學、澳門大學 2017 年 10 月 26 日－28 日。

陳偉武:《楚簡與秦簡用字習慣的若干比較研究》,《承繼與拓新:漢語語言文字學研究(上)》,商務印書館(香港)有限公司 2014 年;《愈愚齋磨牙二集》,中西書局 2018 年,第 91－116 頁。

陳偉武:《清華簡〈繫年〉首章"央帝"臆釋》,《清華簡〈繫年〉與古史新探》,中西書局 2016 年,第 82－90 頁;《愈愚齋磨牙二集》,中西書局 2018 年,第 60－67 頁。

陳偉武:《一簡之内同字異用與異字同用》,《古文字論壇》第 1 輯,中山大學出版社 2015 年,第 126－138 頁;《愈愚齋磨牙二集》,中西書局 2018 年,第 28－40 頁。

陳偉武:《戰國文字的聲符化與非聲符化補説》,《源遠流長:漢字國際學術研討會暨 AEARU 第三屆漢字文化研討會論文集》,北京大學出版社 2017 年,第 26－35 頁;《愈愚齋磨牙二集》,中西書局 2018 年,第 117－127 頁。

陳偉武:《戰國秦漢簡帛語文學研究舉隅》,《"古文字與上古音研究青年學者論壇"論文集》,廈門大學 2019 年 11 月 8 日－11 日。

陳文豪:《臺灣簡帛研究目録(2007－2013 年)》,《簡帛研究二〇一五(秋冬卷)》,廣西師範大學出版社 2015 年,第 260－318 頁。

陳咸松:《芻議清華簡〈説命〉之筆法和體勢特徵》,《大衆文藝》2018 年第 15 期,第 14－15 頁。

陳翔、李冰清:《從文本形態看清華簡〈保訓〉的文本性質》,《殷都學刊》

2017年第3期,第42—45頁。

陳曉麗、萬德良:《清華簡〈繫年〉所見息國史事小札》,《棗莊學院學報》2013年第3期,第51—53頁。

陳爻:《也談〈繫年〉的"厭年"》,復旦大學出土文獻與古文字研究中心網2012年10月29日。

陳迎娣:《〈清華大學藏戰國竹簡(貳)〉虛詞整理》,簡帛網2013年4月21日。

陳英傑:《談金文中"辟"字的意義》,《中國文字學報》第2輯,商務印書館2008年,第35—48頁;《西周金文作器用途銘辭研究》,綫裝書局2008年,第772—790頁。

陳英傑:《讀〈鄭武夫人規孺子〉札記》,《"第三届出土文獻與上古漢語研究(簡帛專題)學術研討會暨2017中國社會科學院社會科學論壇"論文集》,中國社會科學院2017年8月14日—16日。

陳穎飛:《楚悼王初期的大戰與楚封君——清華簡〈繫年〉札記之一》,《文史知識》2012年第5期,第105—107頁。

陳穎飛:《楚國封君制的形成與初期面貌新探》,《出土文獻》第3輯,中西書局2012年,第215—227頁。

陳穎飛:《清華簡〈程寤〉〈保訓〉文王紀年探研》,《中國文化研究》2012年第1期,第122—129頁。

陳穎飛:《清華簡祭公與西周祭氏》,《江漢考古》2012年第1期,第100—106頁。

陳穎飛:《清華簡畢公高、畢桓與西周畢氏》,《中國國家博物館館刊》2012年第6期,第35—49頁;《清華簡研究》第1輯,中西書局2012年,第130—151頁。

陳穎飛:《從清華簡〈周公之琴舞〉看西周早期"德"的觀念》,《"清華簡與〈詩經〉研究國際會議"論文集》,香港浸會大學2013年11月1日—3日。

陳穎飛:《清華簡〈程寤〉與文王受命》,《清華大學學報(哲學社會科學版)》2013年第2期,第132—140頁。

陳穎飛:《清華簡〈祭公〉毛班與西周毛氏》,《叩問三代文明——中國出土文獻與上古史國際學術研討會論文集》,中國社會科學出版社2014年,第277—297頁。

陳穎飛:《清華簡〈良臣〉散宜生與西周金文中的散氏》,《出土文獻》第9輯,中西書局2016年,第73—88頁;又以《清華簡〈良臣〉散宜生與西周散氏》爲題,收入《清華簡與儒家經典國際學術研討會論文集》,上海古籍出版社

2017年,第261—275頁;《中國古代文明研究論集》,科學出版社2018年,第182—198頁。

陳穎飛:《從清華簡〈子產〉"信"論其是制刑書的基礎——兼議先秦"信"的觀念》,《"出土文獻與中國古代文明再認識青年學術論壇"論文集》,中國社會科學院、河南大學等2016年10月28日—30日;《"首屆中國古代文明研究前沿論壇"論文集》,深圳大學2016年12月10日—12日;又以《從清華簡〈子產〉"信"論其是子產制刑書的基礎》爲題,發表於《"清華簡國際研討會"論文集》,香港浸會大學、澳門大學2017年10月26日—28日。

陳穎飛:《論清華簡〈子犯子餘〉的幾個問題》,《文物》2017年第6期,第81—83、91頁。

陳穎飛:《論清華簡〈邦家處位〉的幾個問題》,《清華大學學報(哲學社會科學版)》2018年第6期,第172—176頁。

陳穎飛:《清華簡〈繫年〉末章所記晉鄭楚大戰再識》,《邯鄲學院學報》2018年第2期,第16—19頁。

陳穎飛:《從清華簡第八、九輯的"度"看戰國時期社會大變革——兼議〈邦家處位〉等簡及〈逸周書・度訓〉的寫作年代》,《"出土文獻與商周社會學術研討會"論文集》,華東師範大學2019年10月18日—20日。

陈治军:《釋"虜"》,《楚學論叢》第5輯,湖北人民出版社2016年,第16—22頁。

陳治軍:《清華簡六〈子產〉中的"窣"字補正》,復旦大學出土文獻與古文字研究中心網2016年9月24日。

陳治軍:《清華簡〈趙簡子〉中從"黽"字釋例》,復旦大學出土文獻與古文字研究中心網2017年4月29日。

陳治軍:《從清華簡〈越公其事〉所見"甬、句東"再論"楚滅越"的時代》,《"中國文字學會第九屆學術年會"論文集》,貴州師範大學、貴陽孔學堂文化傳播中心2017年8月18日—22日。

陳治軍:《清華簡〈越公其事〉札記七則》,《楚文化研究論集》第13集,上海古籍出版社2018年,第668—675頁。

陳致:《清華簡所見古飲至禮及〈耆夜〉中古佚詩試解》,《出土文獻與傳世典籍的詮釋——紀念譚樸森先生逝世兩周年國際學術研討會論文集》,上海古籍出版社2010年,第469—494頁;《出土文獻》第1輯,中西書局2010年,第6—30頁;《詩書禮樂中的傳統——陳致自選集》,上海人民出版社2012年,第

177—201頁。

　　陳致:《清華簡〈周公之琴舞〉中"文文其有家"試解》,《出土文獻》第3輯,中西書局2012年,第41—47頁。

　　陳致:《讀〈周公之琴舞〉劄記》,《清華簡研究》第2輯,中西書局2015年,第33—40頁。

　　陳致:《清華簡(伍)〈湯處於湯丘〉〈湯在啻門〉〈殷高宗問於三壽〉三篇札記》,《清華簡研究》第3輯,中西書局2019年,第78—89頁。

　　陳致:《讀〈清華大學藏戰國竹簡〉札記》,《"清華簡國際研討會"論文集》,香港浸會大學、澳門大學2017年10月26日—28日。

　　陳致:《説"三壽"與"參壽"——讀清華簡(伍)〈殷高宗問於三壽〉札記》,《林慶彰教授七秩華誕壽慶論文集》,萬卷樓圖書股份有限公司2018年,第545—554頁。

　　成富磊、李若暉:《失德而後禮——清華簡〈繫年〉"蔡哀侯取妻于陳"章考論》,《復旦學報(社會科學版)》2017年第4期,第43—52頁。

　　成富磊:《先秦君臣遇合的神學政治探源——也説〈清華簡〉"惟尹既及湯咸有一德"》,《古代文明》2019年第4期,第49—55頁。

　　程浩:《古書成書研究再反思——以清華簡"書"類文獻爲中心》,《歷史研究》2016年第4期,第132—143頁。

　　程浩:《清華簡〈程寤〉研讀札記》,復旦大學出土文獻與古文字研究中心網2011年1月8日。

　　程浩:《清華簡〈保訓〉源自三晉文獻説》,復旦大學出土文獻與古文字研究中心網2011年4月21日。

　　程浩:《清華簡〈楚居〉"盤"字試解》,復旦大學出土文獻與古文字研究中心網2011年5月10日。

　　程浩:《出土文獻看〈尚書〉的體裁與分類》,《文藝評論》2017年第3期,第30—34頁。

　　程浩:《清華簡〈耆夜·蟋蟀〉與今本〈蟋蟀〉關係辨析》,復旦大學出土文獻與古文字研究中心網2011年6月10日。

　　程浩:《清華簡〈耆夜〉篇禮制問題釋惑——兼談如何閱讀出土文獻》,《社會科學論壇》2012年第3期,第69—77頁。

　　程浩:《小議〈良臣〉中的"叔向"》,清華大學出土文獻研究與保護中心網2013年5月12日。

程浩:《略論〈筮法〉的解卦原則》,《出土文獻》第 4 輯,中西書局 2013 年,第 105—107 頁。

程浩:《清華簡〈金縢〉性質與成篇辨證》,《上海交通大學學報(哲學社會科學版)》2013 年第 4 期,第 88—95 頁。

程浩:《清華簡〈筮法〉與周代占筮系統》,《周易研究》2013 年第 6 期,第 11—16 頁。

程浩:《〈筮法〉占法與大衍之數》,《深圳大學學報(人文社會科學版)》2014 年第 1 期,第 62—64 頁。

程浩:《清華簡〈別卦〉卦名補釋》,《簡帛研究二○一四》,廣西師範大學出版社 2014 年,第 1—4 頁。

程浩:《清華簡〈厚父〉"周書"説》,《出土文獻》第 5 輯,中西書局 2014 年,第 145—147 頁。

程浩:《清華簡〈説命〉研究三題》,《古代文明》2014 年第 3 期,第 54—59、113 頁。

程浩:《由清華簡〈良臣〉論初代曾侯"南宫夨"》,《"曾國考古發現與研究學術研討會"論文集》,北京 2014 年 12 月 21 日;《管子學刊》2016 第 1 期,第 99—100 頁。

程浩:《輯本〈歸藏〉源流蠡測》,《周易研究》2015 年第 2 期,第 40—45 頁;《清華簡與儒家經典國際學術研討會論文集》,上海古籍出版社 2017 年,第 123—129 頁。

程浩:《〈封許之命〉與册命"書"》,《中國典籍與文化》2016 年第 1 期,第 4—6 頁。

程浩:《釋清華簡〈命訓〉中對應今本"震"之字——兼談〈歸藏〉〈筮法〉的"震"卦卦名》,《出土文獻》第 6 輯,中西書局 2015 年,第 220—223 頁。

程浩:《清華簡同簡同字異構例》,《古文字研究》第 31 輯,中華書局 2016 年,第 401—403 頁。

程浩:《"書"類文獻辨析》,《出土文獻》第 8 輯,中西書局 2016 年,第 139—145 頁。

程浩:《〈戰國竹書形制及相關問題研究〉評介》,《中國史研究動態》2016 年第 1 期,第 88—89 頁;又以《龍蟲並雕 由微見著——〈戰國竹書形制及相關問題研究〉評介》爲題,收入《清華簡〈繫年〉與古史新探》,中西書局 2016 年,第 522—525 頁。

程浩:《從"逃死"到"扞艱":新史料所見兩周之際的鄭國》,《"出土文獻與中國古代文明再認識青年學術論壇"論文集》,中國社會科學院、河南大學等 2016 年 10 月 28 日－30 日;《历史教學問題》2018 年第 4 期,第 31－38 頁。

程浩:《清華簡第七輯整理報告拾遺》,《出土文獻》第 10 輯,中西書局 2017 年,第 130－137 頁。

程浩:《封子楚簠與〈繫年〉中的"子封子"》,《"第二屆出土文獻與先秦史研究工作坊"論文集》,華東師範大學 2017 年 11 月 18 日。

程浩:《"孝子不匱"還是"雄鷙多智"——新史料所見鄭武夫人與鄭莊公事考論》,《中國古代文明研究論集》,科學出版社 2018 年,第 225－238 頁。

程浩:《從出土文獻看〈尚書〉的篇名與序次》,《史學集刊》2018 年第 1 期,第 113－118 頁。

程浩:《清華簡〈攝命〉的性質與結構》,《清華大學學報(哲學社會科學版)》2018 年第 5 期,第 53－57 頁。

程浩:《清華簡第八輯整理報告拾遺》,清華大學出土文獻研究與保護中心網 2018 年 11 月 17 日。

程浩:《〈攝命〉首節芻議》,《清華簡〈攝命〉研究高端論壇文集》,上海大學 2019 年 5 月 31 日－6 月 2 日。

程浩:《清華簡〈禱辭〉與戰國禱祀制度》,《文物》2019 年第 9 期,第 2、56－59 頁。

程浩:《"鄫"字兩系說》,《"古文字與出土文獻青年學者論壇"論文集》,吉林大學 2019 年 9 月 20 日－24 日。

程浩:《清華簡新見鄭國人物考略》,《文獻》2020 年第 1 期,第 20－32 頁。

程浩:《清華簡〈四告〉的性質與結構》,《出土文獻》2020 年第 3 期,第 21－36、154－155 頁。

程平山:《唐叔虞至晉武公年代事蹟考》,《文史》2015 年第 3 期,第 5－23 頁。

程平山:《兩周之際"二王並立"歷史再解讀》,《歷史研究》2015 年第 6 期,第 4－21、189 頁。

程平山:《周初"三監"人物考》,《文史》2020 年第 1 期,第 269－277 頁。

程少軒:《談談〈楚居〉所見古地名"宵"及相關問題》,簡帛網 2011 年 5 月 31 日。

程少軒:《也談〈周訓〉的"維歲冬享駕之日"和"臘之明日"》,復旦大學出土文獻與古文字研究中心網 2011 年 6 月 4 日。

程少軒:《清華簡〈筮法〉"坎離易位"試解》,《中國文字》新41期,藝文印書館2015年,第175—182頁。

程少軒:《論清華簡(捌)所謂"八氣"當爲"六氣"》,復旦大學出土文獻與古文字研究中心網2018年11月19日。

程薇:《清華簡〈繫年〉與夏姬身份之謎》,《文史知識》2012年第7期,第108—112頁。

程薇:《清華簡〈繫年〉與晉伐中山》,《深圳大學學報(人文社會科學版)》2012年第2期,第50—53頁。

程薇:《清華簡〈繫年〉與息嬀事迹》,《文史知識》2012年第4期,第45—48頁。

程薇:《清華簡〈繫年〉與夏姬身份之謎》,《文史知識》2012年第7期,第108—112頁。

程薇:《清華簡〈芮良夫毖〉與周厲王時期的外患》,《出土文獻》第3輯,中西書局2012年,第54—60頁。

程薇:《清華簡〈說命上〉札記(二則)》,《出土文獻》第4輯,中西書局2013年,第62—64頁。

程薇:《試釋清華簡〈筮法〉中的"䍻"字》,《深圳大學學報(人文社會科學版)》2014年第3期,第60—61頁。

程薇:《由〈傅説之命〉反思僞古文〈尚書·説命〉篇》,《中國社會科學報》2014年2月26日第A5版。

程薇:《傳世古文尚書〈説命〉篇重審——以清華簡〈傅説之命〉爲中心》,《中原文化研究》2015年第1期,第122—128頁;《清華簡與儒家經典國際學術研討會論文集》,上海古籍出版社2017年,第247—255頁。

程薇:《"民人皆叴禹麗"補説》,《出土文獻》第6輯,中西書局2015年,第215—219頁。

程薇:《清華簡(柒)新見字形叢字小考》,《"第三届出土文獻與上古漢語研究(簡帛專題)學術研討會暨2017中國社會科學院社會科學論壇"論文集》,中國社會科學院2017年8月14日—16日。

程薇:《清華簡(柒)中一新見字試解》,《"清華簡國際研討會"論文集》,香港浸會大學、澳門大學2017年10月26日—28日。

程薇:《清華簡〈天下之道〉初探》,《清華大學學報(哲學社會科學版)》2018年第6期,第176—180頁。

程薇:《〈傅説之命〉著作時代考》,《中國古代文明研究論集》,科學出版社

2018年,第177—181頁。

程薇:《"規"字楚文字字形來源管窺——兼論〈説文〉几部來源》,《訛字研究論集》,中西書局2019年,第152—162頁。

程薇:《讀清華簡(九)〈成人〉篇札記》,《"李學勤先生學術成就與學術思想國際研討紀念會"論文集》,清華大學2019年12月7日—8日。

程燕:《"坐""跪"同源考》,《古文字研究》第29輯,中華書局2012年,第641—643頁。

程燕:《説樊》,《中國文字學報》第5輯,商務印書館2014年,第146—149頁。

程燕:《談清華簡〈筮法〉中的"坤"字》,《周易研究》2014年第2期,第19—20、31頁。

程燕:《清華六考釋三則》,簡帛網2016年4月19日。

程燕:《清華五札記二則》,《古文字研究》第31輯,中華書局2016年,第366—369頁。

程燕:《"包茅"考》,《中國文字學報》第7輯,商務印書館2017年,第199—202頁。

程燕:《談楚文字中的"㫳"字》,《安徽大學學報(哲學社會科學版)》2017年第5期,第91—93頁。

程燕:《清華七札記三則》,《中國文字學報》第9輯,商務印書館2018年,第86—89頁。

程燕:《"夅"字探源——兼釋"夅"之相關字》,《語言科學》2018年第3期,第255—259頁。

程燕:《清華六〈鄭武夫人規孺子〉"規"字補説》,《中國文字學報》第10輯,商務印書館2020年,第75—78頁。

程悦:《清華簡〈越公其事〉"募(寡)人不忍君之武礪(勵)兵甲之鬼"札記》,《文獻語言學》第6輯,中華書局2018年,第233—237頁。

崔存明:《試説清華簡〈周公之琴舞〉"日内皋蠱不窋,是佳尾"》,《簡帛研究二〇一五(春夏卷)》,廣西師範大學出版社2015年,第22—29頁。

崔廣洲:《"清華簡"〈繫年〉研究概述》,《大衆文藝》2014年第4期,第261—262頁。

崔永東:《〈清華大學藏戰國竹簡〉所見古代法中的司法理念與道德精神》,《湖北大學學報(哲學社會科學版)》2012年第3期,第36—40頁。

D

笪浩波:《從近年出土文獻看早期楚國中心區域》,《江漢考古》2011 年第 2 期,第 66—70 頁。

笪浩波:《從清華簡〈楚居〉看楚史的若干問題》,《中國史研究》2015 年第 1 期,第 83—93 頁。

笪浩波:《從清華簡〈楚居〉看"爲"郢之所在》,《中國歷史地理論叢》2016 年第 4 期,第 27—33 頁。

笪浩波:《從清華簡〈楚居〉看楚族源》,《"楚文化與長江中游早期開發國際學術研討會"論文集》,武漢大學 2018 年 9 月 15 日—16 日。

大西克也:《清華簡〈繫年〉爲楚簡説——從楚王謚號用字探討》,《源遠流長——漢字國際學術研討會暨 AEARU 第三屆漢字文化研討會論文集》,北京大學出版社 2017 年,第 36—45 頁。

大西克也:《也説清華簡从"黽"之字》,《"紀念清華簡入藏暨清華大學出土文獻研究與保護中心成立十周年國際學術研討會"論文集》,清華大學 2018 年 11 月 17 日—18 日。

大西克也:《〈清華柒·越公其事〉"坳塗溝塘"考》,《"第三十届中國文字學國際學術研討會"論文集》,臺灣國立成功大學 2019 年 5 月 24 日—25 日。

代生:《清華簡〈繫年〉所見兩周之際史事説》,《學術界》2014 年第 11 期,第 107—114 頁。

代生:《西周晚期虢國東遷》,《中國社會科學報》2014 年 7 月 30 日。

代生:《〈清華大學藏戰國竹簡〉與儒家經典學術研討會綜述》,《周易研究》2015 年第 2 期,第 92—94 頁。

代生:《清華簡〈繫年〉所見齊國史事初探》,《煙臺大學學報(哲學社會科學版)》2015 年第 1 期,第 88—94 頁。

代生、張少筠:《清華簡〈繫年〉所見鄭國史事初探》,《中南大學學報(社會科學版)》2015 第 3 期,第 242—247 頁。

代生:《從郤克使齊看史事的書寫與傳承——清華簡〈繫年〉與古書對比研究之二》,《海岱學刊》2016 年第 2 期,第 95—106 頁。

代生:《清華簡〈楚居〉與楚辭研究三題》,《濟南大學學報(社會科學版)》2016 年第 3 期,第 10—14 頁。

代生:《清華簡〈繫年〉所見宋國史事初探》,《中國國家博物館館刊》2016 年第 7 期,第 132—138 頁。

代生、馬興:《從呂相絕秦辭看穆、康時代的秦晉關係——清華簡〈繫年〉與古書對比研究之二》,《清華簡與儒家經典國際學術研討會論文集》,上海古籍出版社 2017 年,第 192－199 頁。

代生:《由清華簡〈繫年〉再論兩周之際〈詩經〉有關篇章的創作年代》,《華夏文化論壇》2018 年第 2 期,第 104－112 頁。

代生:《清華簡(六)鄭國史類文獻初探》,《濟南大學學報(社會科學版)》2018 年第 1 期,第 104－112 頁。

代生:《咨政耆老與先秦治國理政——以清華簡"言"類文獻爲中心的考察》,《暨南學報(哲學社會科學版)》2020 年第 10 期,第 123－132 頁。

鄧國軍:《殷周時期"中"觀念的生成演變——兼論殷周制度文化的沿革》,《古代文明》2018 年第 1 期,第 80－88、127 頁。

鄧宏亞:《從清華簡〈楚居〉探楚王"徙郢"原因》,《鄖陽師範高等專科學校學報》2012 年第 5 期,第 76－79 頁。

鄧佩玲:《讀清華大學藏戰國竹簡〈程寤〉篇札記(兩則)》,復旦大學出土文獻與古文字研究中心網 2011 年 2 月 4 日。

鄧佩玲:《讀清華簡〈耆夜〉佚詩〈輶（輶）乘〉〈贔=（央央）〉小札》,復旦大學出土文獻與古文字研究中心網 2011 年 9 月 10 日。

鄧佩玲:《談清華簡〈芮良夫毖〉"毖"詩所見之諍諫——與〈詩〉及兩周金文之互證》,《清華簡研究》第 2 輯,中西書局 2015 年,第 152－171 頁。

鄧佩玲:《〈清華簡三·周公之琴舞〉"非天諲憼"與〈詩·周頌〉所見誡勉之辭》,《漢語言文字研究》第 1 輯,上海古籍出版社 2015 年,第 173－183 頁。

鄧佩玲:《清華簡(伍)〈殷高宗問於三壽〉有關"智""利""信"三段簡文考釋》,《出土文獻》第 11 輯,中西書局 2017 年,第 194－204 頁。

鄧佩玲:《從楚地卜筮祭禱簡談先秦時期之"不辜"》,《中國出土資料研究》第 21 號,日本株式會社 2017 年,第 67－87 頁。

鄧佩玲:《從兩周金文及楚簡文字談〈尚書〉所見之"亂"》,《"楚文化與長江中游早期開發國際學術研討會"論文集》,武漢大學 2018 年 9 月 15 日－16 日。

鄧佩玲:《清華簡(七)〈子犯子餘〉"𤰰"字及相關問題——以〈尚書·盤庚〉"相時憸民"異文參證》,《"紀念清華簡入藏暨清華大學出土文獻研究與保護中心成立十周年國際學術研討會"論文集》,清華大學 2018 年 11 月 17 日。

鄧佩玲:《戰國楚簡所見誋及其相關字形》,《古文字研究》第 32 輯,中華書局2018年,第458—463頁。

鄧少平:《清華簡研究論著目録(2008.12—2011.8)》,復旦大學出土文獻與古文字研究中心網2011年8月30日。

鄧少平:《清華簡〈繫年〉與兩周之際史事綜考》,《深圳大學學報(人文社會科學版)》2012年第3期,第60—61頁。

丁進:《清華簡〈保訓〉獻疑》,《中國哲學史》2010年第3期,第39—44頁。

丁進:《清華簡〈耆夜〉篇禮制問題述惑》,《學術月刊》2011年第6期,第123—130頁。

丁軍偉:《"雁""雅"及相關諸字考辨》,《"第五屆出土文獻研究與比較文字學全國博士生學術論壇"論文集》,西南大學2015年10月21日—22日。

丁若山:《讀清華三懸想一則》,簡帛網2013年1月12日。

董春:《論清華簡〈筮法〉之祟》,《清華簡與儒家經典國際學術研討會論文集》,上海古籍出版社2017年,第93—100頁。

董珊:《釋西周金文的"沈子"和〈逸周書·皇門〉的"沈人"》,《清華簡研究》第1輯,中西書局2012年,第211—216頁。

董珊:《清華簡〈繫年〉與驫羌鐘對讀》,《出土文獻與中國古代文明——李學勤先生八十壽誕紀念論文集》,中西書局2016年,第105—108頁。

董珊:《清華簡〈繫年〉所見的"衛叔封"》,《清華簡與儒家經典國際學術研討會論文集》,上海古籍出版社2017年,第188—191頁。

董珊:《釋"泲"——兼說哀成叔鼎銘文》,《"紀念清華簡入藏暨清華大學出土文獻研究與保護中心成立十周年國際學術研討會"論文集》,清華大學2018年11月17日—18日。

董志翹、洪曉婷:《〈清華大學藏戰國竹簡(壹、貳)〉中的介詞"于"和"於"——兼談清華簡的真僞問題》,《語言研究》2015年第3期,第68—75頁。

杜安(網名):《清華簡(捌)〈治邦之道〉"興"字試釋》,復旦大學出土文獻與古文字研究中心網2018年11月22日。

杜峰:《清華簡〈赤鵠之集湯之屋〉與巫醫交合》,《蘭臺世界》2014年第6期,第4—5頁。

杜航:《清華簡〈祭公〉與〈逸周書·祭公〉對校札記》,《六盤水師範學院學報》2017年第5期,第20—24頁。

杜航:《〈清華簡(壹—肆)〉研究述評》,《成都理工大學學報(社會科學版)》2018年第2期,第99—103頁。

杜新宇:《清華簡〈繫年〉"達迵而歸之於楚"小議》,復旦大學出土文獻與古文字研究中心網 2015 年 12 月 31 日。

杜勇:《關於清華簡〈保訓〉的著作年代問題》,《天津師範大學學報(社會科學版)》2010 年第 4 期,第 20－26 頁。

杜勇:《清華簡〈金縢〉有關歷史問題考論》,《古籍整理研究學刊》2012 年第 2 期,第 61－68 頁。

杜勇:《清華簡〈尹誥〉與晚書〈咸有一德〉辨僞》,《天津師範大學學報(社會科學版)》2012 年第 3 期,第 20－28 頁。

杜勇:《從清華簡〈金縢〉看周公與〈鴟鴞〉的關係》,《理論與現代化》2013 年第 3 期,第 56－60 頁。

杜勇:《從清華簡〈説命〉看古書的反思》,《天津師範大學學報(社會科學版)》2013 年第 4 期,第 1－7 頁。

杜勇:《從清華簡〈耆夜〉看古書的形成》,《中原文化研究》2013 年第 6 期,第 18－27 頁。

杜勇:《清華簡〈楚居〉所見楚人早期居邑考》,《中國國家博物館館刊》2013 年第 11 期,第 37－47 頁。

杜勇:《清華簡〈祭公〉與西周三公之制》,《歷史研究》2014 年第 4 期,第 4－20 頁。

杜勇:《清華簡〈程寤〉與文王受命綜考》,《叩問三代文明——中國出土文獻與上古史國際學術研討會論文集》,中國社會科學出版社 2014 年,第 304－335 頁。

杜勇:《清華簡與伊尹傳之謎》,《中原文化研究》2015 年第 2 期,第 31－43 頁。

杜勇:《清華簡〈皇門〉的製作年代及相關史事問題》,《中國史研究》2015 年第 3 期,第 29－46 頁。

杜新宇:《清華簡〈厚父〉與早期民本思想》,《西華師範大學學報(哲學社會科學版)》2016 年第 2 期,第 15－22 頁。

杜勇:《清華簡〈厚父〉"王若曰"之"王"考實》,《邯鄲學院學報》2017 年第 3 期,第 73－75 頁。

杜勇、孔華:《從清華簡〈繫年〉説康叔的始封地問題》,《管子學刊》2017 第 2 期,第 110－112 頁。

杜勇:《西周"共和行政"歷史真相新探》,《"紀念清華簡入藏暨清華大學出土文獻研究與保護中心成立十周年國際學術研討會"論文集》,清華大學 2018

年11月17日—18日。

杜勇:《清華簡〈攝命〉人物關係辨析》,《中原文化研究》2020年第3期,第68—74頁。

杜勇:《西周"共和行政"歷史真相新探》,《人文雜志》2019年第5期,第23—32頁。

段凱:《〈清華藏簡(伍)〉拾遺》,《簡帛》第14輯,上海古籍出版社2017年,第21—28、279頁。

段凱:《〈清華大學藏戰國竹簡(六)〉補釋》,《中國文字研究》第25輯,上海書店2017年,第67—71頁。

段凱:《釋清華簡第六册中的"茲"字》,《簡帛研究二〇一七(春夏卷)》,廣西師範大學出版社2017年,第1—7頁。

段凱:《讀清華簡第七册札記二則》,《出土文獻》第12輯,中西書局2018年,第171—176頁。

段凱:《清華簡第八册校釋兩則》,《中國文字研究》第31輯,華東師範大學出版社2020年83—87日。

段雅麗:《清華簡(柒)〈趙簡子〉篇札記一則》,簡帛網2017年5月25日。

段雅麗、王化平:《清華簡〈子犯子餘〉與〈孟子〉"民心""天命"思想比較》,《宜春學院學報》2018年第2期,第44—50頁。

段雅麗:《清華簡〈繫年〉作者立場問題探討》,《四川職業技術學院學報》2019年第1期,第50—56頁。

段穎龍:《從清華簡〈耆夜〉看毛詩〈蟋蟀〉之成因與〈詩經〉早期的流傳》,《河北師範大學學報(哲學社會科學版)》2018年第1期,第80—85頁。

F

凡國棟:《清華簡〈楚居〉中與季連有關的幾個地名》,簡帛網2011年6月4日。

范常喜:《戰國楚簡"刟"字述論》,復旦大學出土文獻與古文字研究中心網2010年11月2日。

范常喜:《楚簡"▲"及相關之字述議》,《簡帛》第11輯,上海古籍出版社2015年,第53—66頁。

范常喜:《清華簡〈越公其事〉與〈國語〉外交辭令對讀札記一則》,《中國史研究》2018年第1期,第201—203頁。

范常喜:《清華簡〈虞夏殷周之治〉所記夏代樂名小考》,簡帛網 2018 年 9 月 24 日

范常喜:《清華六〈鄭文公問太伯〉札記三則》,《出土文獻》第 12 輯,中西書局 2018 年,第 156－163 頁。

范常喜:《清華七〈子犯子餘〉"䈞桔"試解》,《中國文字學報》第 9 輯,商務印書館 2018 年,第 79－85 頁。

范常喜:《清華簡〈繫年〉"鶡骼玉笭"小考》,《古文字研究》第 32 輯,中華書局 2018 年,第 361－365 頁。

范常喜:《清華簡〈子儀〉首簡"公益及三謀敷之"小考》,《"紀念方光燾、黃淬伯先生誕辰 120 周年國際學術研討會"論文集》,南京大學 2018 年 12 月 29 日－30 日。

范常喜:《清華簡、金文與〈管子·小問〉"洝"字合證》,《出土文獻與傳世典籍的詮釋》,中西書局 2019 年,第 89－96 頁。

范常喜:《清華陸〈子儀〉所記"大菟"事考析》,《出土文獻》2020 年第 4 期,第 68－71 頁。

范麗梅:《簡帛文字"虇如"與"疋膚膚"考釋》,《林慶彰教授七秩華誕壽慶論文集》,萬卷樓圖書股份有限公司 2018 年,第 535－544 頁。

范麗梅:《清華簡〈金縢〉〈祭公〉"不豫有㠯"的經典意涵》,《清華簡與儒家經典國際學術研討會論文集》,上海古籍出版社 2017 年,第 229－235 頁。

范麗梅:《釋"迪"與"貨"——論郭店〈緇衣〉與清華簡〈傅說之命〉的尊賢思想》,《"清華簡國際研討會"論文集》,香港浸會大學、澳門大學 2017 年 10 月 26 日－28 日。

范麗梅:《委蛇與威儀——戰國竹簡與經典詮釋中的身體思維》,《饒宗頤國學院院刊》第 2 期,中華書局(香港)有限公司 2015 年,第 119－175 頁。

范天培:《說〈越公其事〉簡四八的"收寇"》,簡帛網 2019 年 12 月 17 日。

范雲飛:《〈清華陸·子產〉"尊令裕義"解》,簡帛網 2016 年 10 月 18 日。

方建軍:《論清華簡"琴舞九絉"及"啓、亂"》,《音樂研究》2014 年第 4 期,第 5－9 頁。

方建軍:《清華簡"作歌一終"等語解義》,《中國音樂學》2014 年第 2 期,第 84－86 頁。

方建軍:《〈保訓〉與"中"的音樂思想本源》,《中國音樂學》2016 年第 1 期,第 33－35 頁。

方銘:《清華簡〈保訓〉與周代德治文化的淵源》,《文藝研究》2013 年第 8 期,第 36—38 頁;又以《清華簡〈保訓〉與德治文明的起源》爲題,收入《清華簡與先秦經學文獻研究》,生活·讀書·新知三聯書店 2016 年,第 339—353 頁。

方韜:《從清華簡〈繫年〉看郤克與鞌之戰》,《南京師範大學文學院學報》2017 年第 2 期,第144—149 頁。

房德鄰:《清華簡注釋之商榷》,《中國高校社會科學》2014 年第 2 期,第 55—70 頁。

房德鄰:《清華簡〈周武王有疾周公所自以代王之志(金縢)〉是僞作》,《故宫博物院院刊》2013 年第 6 期,第 41—51 頁。

房相楠:《〈清華大學藏戰國竹簡(壹)〉形容詞語法功能探析》,《攀枝花學院學報》2012 年第 3 期,第 42—44 頁。

房振三:《清華簡〈保訓〉篇"咸順不成"解》,《古文字研究》第 28 輯,中華書局 2010 年,第 492—495 頁。

費安德:《The *Jin Wen Gong ru yu Jin* 晉文公入于晉 and the *Zhao Jianzi* 趙簡子 in Comparison with the *Zhou xun* 周訓"Mandate of Heaven" in the Tsinghua Manuscripts》,《"清華簡國際研討會"論文集》,香港浸會大學、澳門大學 2017 年 10 月 26 日—28 日。

風儀誠:《讀清華簡〈殷高宗問於三壽〉〈湯處於湯丘〉〈湯在啻門〉三篇札記》,《清華簡研究》第 3 輯,中西書局 2019 年 12 月,第 55—77 頁。

馮立昇:《清華簡〈算表〉的功能及其在數學史上的意義》,《科學》2014 年第 3 期,第 40—44 頁。

馮勝君:《試論清華簡〈保訓〉篇書法風格與三體石經的關係》,《清華簡研究》第 1 輯,中西書局 2012 年,第 92—98 頁。

馮勝君:《讀簡隨記(二題)》,《古文字研究》第 30 輯,中華書局 2014 年,第 331—333 頁。

馮勝君:《清華簡〈尹至〉"兹乃柔大縈"解》,《出土文獻研究》第 13 輯,中西書局 2014 年,第 310—317 頁。

馮勝君:《讀清華簡〈芮良夫毖〉札記》,《漢語言文字研究》第 1 輯,上海古籍出版社 2015 年,第 184—186 頁。

馮勝君:《根據出土文獻論〈書·洛誥〉篇"朕子"當讀爲"沖子"》,《文獻語言學》第 6 輯,中華書局 2018 年,第 7—9 頁。

馮勝君:《清華簡〈説命〉"圖水"解》,《古文字研究》第 31 輯,中華書局

2016年,第337—340頁。

馮勝君:《肺腑而能語 醫師色如土——以〈皇門〉爲例檢視前人校讀古書的得失》,《新語文學與早期中國研究》,上海人民出版社2018年,第279—292頁。

馮勝君:《讀清華三〈赤鵠之集湯之屋〉札記》,《出土文獻與中國古代文明——李學勤先生八十壽誕紀念論文集》,中西書局2016年,第251—254頁。

馮勝君:《試説清華七〈越公其事〉篇中的"繼孽"》,復旦大學出土文獻與古文字研究中心網2017年5月2日。

馮勝君:《清華七〈晉文公入於晉〉釋讀札記一則》,復旦大學出土文獻與古文字研究中心網2017年4月25日。

馮勝君:《也説清華簡〈保訓〉篇的"中"》,《出土文獻研究》第16輯,中西書局2017年,第25—29頁。

馮勝君:《清華簡〈子犯子餘〉篇"不忻"解》,簡帛網2017年5月5日。

馮勝君:《清華簡〈命訓〉釋讀掇瑣(四則)》,《出土文獻研究》第17輯,中西書局2018年,第68—72頁。

馮勝君、郭侃:《清華七釋讀札記二則》,《古文字研究》第32輯,中華書局2018年,第351—354頁。

馮勝君:《從清華簡看〈尚書〉成書過程中的一些問題》,《"紀念〈劍橋中國上古史〉出版二十周年學術研討會"論文集》,北京2019年9月11日—12日。

馮勝君:《清華簡與〈尚書〉研究芻議》,《"第一届出土文獻與中國古代史學術論壇暨青年學者工作坊"論文集》,復旦大學2019年11月2日—4日。

馮勝君:《也談清華簡〈金縢〉及〈詩·豳風·鴟鴞〉所見周初史事》,《簡帛》第18輯,上海古籍出版社2019年,第13—22頁。

馮勝君:《讀清華簡〈祭公之顧命〉札記》,《出土文獻與傳世典籍的詮釋》,中西書局2019年,第59—67頁。

馮時:《〈鄭子家喪〉與〈鐸氏微〉》,《考古》2012年第2期,第76—83頁。

馮時:《清華〈金縢〉書文本性質考述》,《清華簡研究》第1輯,中西書局2012年,第152—170頁。

馮時:《〈保訓〉故事與地中之變遷》,《考古學報》2015年第2期,第129—156頁。

馮時:《清華〈筮法〉卦位圖所見陰陽觀》,《哲學與文化》第42卷第10期,2015年,第43—59頁。

馮小紅:《由清華簡〈繫年〉所見趙襄子至趙獻侯世系新説》,《邯鄲學院學報》2014 年第 4 期,第 29－31 頁。

馮小紅:《從清華簡〈繫年〉看侯馬盟書的年代》,《邯鄲學院學報》2018 第 2 期,第 13－15 頁。

伏俊璉、冷江山:《清華簡〈耆夜〉與西周時期的"飲至"典禮》,《西北師大學報(社會科學版)》2011 年第 1 期,第 59－64 頁。

[日]福田哲之:《清華簡〈保訓〉與三體石經古文——科斗體的淵源》,《出土文獻研究》第 13 輯,中西書局 2014 年,第 47－61 頁。

付林鵬:《由清華簡〈耆(耆)夜·樂詩〉看周公的巫祝身份》,《中國文物報》2010 年 8 月 20 日第 6 版。

付林鵬:《由清華簡〈繫年〉看西周帝籍禮之興廢》,《井岡山大學學報(社會科學版)》2017 年第 4 期,第 114－119 頁。

付强:《從賓組卜辭看清華簡〈説命〉的用詞續考》,清華大學出土文獻研究與保護中心網 2013 年 5 月 9 日。

付强:《説清華簡〈筮法〉中釋爲"奴"之字》,簡帛網 2014 年 5 月 6 日。

付强:《據清華簡〈厚父〉釋金文中的"康盤"》,簡帛網 2015 年 4 月 10 日。

付强:《〈厚父〉與大盂鼎銘文的"湛"字》,簡帛網 2015 年 4 月 12 日。

付强:《〈封許之命〉推測兩則》,簡帛網 2015 年 4 月 12 日。

付强:《〈封許之命〉與青銅監的自名》,簡帛網 2015 年 4 月 14 日。

付强:《〈封許之命〉與史墻盤的"允尹"》,簡帛網 2015 年 4 月 14 日。

付强:《讀清華簡(五)札記一則》,簡帛網 2015 年 4 月 17 日。

付强:《由清華簡〈封許之命〉看周初分器的標準》,簡帛網 2015 年 11 月 26 日

付强:《據清華簡釋金文甲骨中的"襲"字》,《高明先生九秩華誕慶壽論文集》,科學出版社 2016 年,第 250－251 頁。

付强:《據清華簡訓釋金文三則》,《簡帛語言文字研究》第 9 輯,巴蜀書社 2017 年,第 25－30 頁;《考古與文物》2019 年第 1 期,第 114－115 頁。

復旦大學出土文獻與古文字研究中心研究生讀書會:《清華簡研讀札記》,復旦大學出土文獻與古文字研究中心網 2010 年 5 月 30 日。

復旦大學出土文獻與古文字研究中心研究生讀書會:《清華簡〈尹至〉〈尹誥〉研讀札記(附:〈尹至〉〈尹誥〉〈程寤〉釋文)》,復旦大學出土文獻與古文字研究中心網 2011 年 1 月 5 日。

復旦大學出土文獻與古文字研究中心研究生讀書會:《清華簡〈程寤〉簡序

調整一則》,復旦大學出土文獻與古文字研究中心網 2011 年 1 月 5 日。

復旦大學出土文獻與古文字研究中心研究生讀書會:《清華簡〈耆夜〉研讀札記》,復旦大學出土文獻與古文字研究中心網 2011 年 1 月 5 日。

復旦大學出土文獻與古文字研究中心研究生讀書會:《清華簡〈金縢〉研讀札記》,復旦大學出土文獻與古文字研究中心網 2011 年 1 月 5 日。

復旦大學出土文獻與古文字研究中心研究生讀書會:《清華簡〈皇門〉研讀札記》,復旦大學出土文獻與古文字研究中心網 2011 年 1 月 5 日。

復旦大學出土文獻與古文字研究中心研究生讀書會:《清華簡〈祭公之顧命〉研讀札記》,復旦大學出土文獻與古文字研究中心網 2011 年 1 月 5 日。

復旦大學出土文獻與古文字研究中心研究生讀書會:《清華簡〈楚居〉研讀札記》,復旦大學出土文獻與古文字研究中心網 2011 年 1 月 5 日。

復旦大學出土文獻與古文字研究中心研究生讀書會:《〈清華(貳)〉討論記錄》,復旦大學出土文獻與古文字研究中心網 2011 年 12 月 23 日。

復旦大學研究生讀書會:《〈邦家之政〉集釋》,復旦大學出土文獻與古文字研究中心網 2019 年 3 月 24 日。

傅剛:《出土文獻給我們的啓示——以清華簡〈尚書·説命〉爲例》,《文藝研究》2013 第 8 期,第 41－42 頁;《清華簡與先秦經學文獻研究》,生活·讀書·新知三聯書店 2016 年,第 250－254 頁。

傅永聚:《斷代〈書經〉學:唤醒竹簡中的歷史——"清華簡"與〈周秦《尚書》學研究〉引義》,《中國教育報》2008 年 12 月 7 日第 4 版。

富祥:《〈厚父〉簡 1"朕"字臆説》,簡帛網 2015 年 4 月 28 日。

G

甘鳳、王進鋒、餘佳:《"中"是什麽?》,《光明日報》2010 年 7 月 12 日第 12 版。

高崇文:《清華簡〈楚居〉所載楚早期居地辨析》,《江漢考古》2011 年第 4 期,第 61－66 頁。

高崇文:《楚早期居地再探》,《"楚文化與長江中游早期開發國際學術研討會"論文集》,武漢大學 2018 年 9 月 15 日－16 日。

高飛:《由清華簡〈祭公之顧命〉再論西周"三公"》,《廊坊師範學院學報(社會科學版)》2012 年第 5 期,第 56－58 頁。

高罕鈺、陶浩:《〈清華大學藏戰國竹簡(壹－陸)〉文字研究綜述》,《簡帛語言文字研究》第 9 輯,巴蜀書社 2017 年,第 275－298 頁。

高佳敏:《〈清華大學藏戰國竹簡(捌)〉札記四則》,《四川職業技術學院學報》2020年第2期,第69—72頁。

高江濤:《清華戰國竹簡〈楚居〉中的"夷屯"初探》,《叩問三代文明:中國出土文獻與上古史國際學術研討會論文集》,中國社會科學出版社2014年,第353—365頁。

高榮鴻:《〈清華簡·程寤〉4號簡釋讀》,《中國文字》新37期,藝文印書館2011年,第171—180頁。

高榮鴻:《〈清華叁·說命(上)〉釋讀與初步研究》,《"第二十六屆中國文字學國際學術研討會"論文集》,臺灣逢甲大學2015年5月29日—30日。

高榮鴻:《〈清華伍·命訓〉字詞考釋》,《出土文獻綜合研究集刊》第7輯,巴蜀書社2018年,第296—303頁。

高瑞傑:《對讀〈子產〉篇與〈大戴禮記〉:兼論先秦儒家思想的兩條路徑》,《殷都學刊》2018年第1期,第48—53頁。

高嵩松:《允執厥中有恃無恐:清華簡〈保訓〉篇的"中"是指"中道"嗎?》,《東方早報》2009年7月26日第B4版。

高險峰、楊效雷:《清華簡〈筮法〉研究述要》,《中原文物》2016年第2期,第65—70頁。

高一致、餘朝婷:《讀清華簡(叁)〈祝辭〉淺見》,簡帛網2013年4月6日。

高佑仁:《論戰國文字中"穆"與"秋"的構形差異》,《中國文字》新37期,藝文印書館2011年,第95—128頁。

高佑仁:《釋楚文字的"沈"及相關諸字》,《出土文獻文字與語法研讀論文集》第1輯,萬卷樓圖書股份有限公司2013年,第213—250頁。

高佑仁:《"屰"字構形演變研究》,《中正漢學研究》2013年第22期,第19—54頁。

高佑仁:《清華伍〈厚父〉釋文新研》,《"第二十八屆中國文字學國際學術研討會"論文集》,臺灣大學2017年5月12日—13日。

高佑仁:《〈湯處於商丘〉札記六則》,《文字·文獻·文明》,上海古籍出版社2019年,第87—98頁。

高佑仁:《〈越公其事〉首章補釋》,《"第三十屆中國文字學國際學術研討會"論文集》,臺灣國立成功大學2019年5月24日—25日。

高中華:《清華簡〈保訓〉"日不足惟宿不羕"補釋》,復旦大學出土文獻與古文字研究中心網2011年4月23日。

高中華:《讀清華簡札記二則》,《文藝評論》2011年第12期,第4—6頁。

高中華:《清華簡"不豫有遲"再考察》,復旦大學出土文獻與古文字研究中心網 2012 年 8 月 6 日。

高中華:《〈清華簡〉(壹)校讀四則》,復旦大學出土文獻與古文字研究中心網 2013 年 6 月 8 日。

高中華:《清華簡〈筮法〉與"以〈詩〉解〈易〉說"》,《中國簡帛學刊》第 1 輯,齊魯書社 2016 年,第 84—97 頁。

高中華、姚小鷗:《論清華簡〈芮良夫毖〉的文本性質》,《中州學刊》2016 年第 1 期,第 140—143 頁;《中國文學年鑒》2016 年第 1 期,第 745—753 頁。

高中華、姚小鷗:《周代政治倫理與〈芮良夫毖〉"誰適爲王"釋義》,《文藝評論》2016 年 9 月,第 41—44 頁。

高中華:《〈清華大學藏戰國竹簡(壹)〉校讀五則》,《清華簡與先秦經學文獻研究》,生活·讀書·新知三聯書店 2016 年,第 361—365 頁。

高中華、姚小鷗:《清華簡〈芮良夫毖〉缺文試補》,《文獻》2018 年第 3 期,第 48—53 頁。

高中正:《"趾不正則心卓""付孫"解——清華簡六語詞札記兩則》,《簡帛》第 17 輯,上海古籍出版社 2018 年,第 29—36 頁。

郜士華、黃傑:《清華簡〈攝命〉26—28 號簡的斷句與釋讀》,《簡帛》第 18 輯,上海古籍出版社 2019 年,第 23—28 頁。

葛姍姍:《清華簡〈繫年〉所見女性形象》,《文史雜志》2018 第 3 期,第 60—62 頁。

葛志毅:《釋中——讀清華簡〈保訓〉》,《邯鄲學院學報》2012 年第 3 期,第 21—34 頁。

[日]宮島和也:《從戰國楚簡、秦簡來看上古漢語的"於"與"于"》,《戰國文字研究的回顧與展望》,中西書局 2017 年,第 341—352 頁。

[日]宮島和也:《清華大學藏戰國竹簡(柒)"趙簡子"譯注》,《中國出土資料研究》第 22 號,日本株式會社 2018 年,第 160—193 頁。

苟家容:《由清華簡〈繫年〉看晉"聯吳制楚"爭霸新策略》,《桂林師範高等專科學校學報》2016 年第 5 期,第 43—46 頁。

苟家容:《從清華簡〈繫年〉息夫人事迹看楚國北擴策略》,《內蒙古電大學刊》2016 年第 3 期,第 73—76 頁。

古育安:《清華簡〈保訓〉"易位設稽,測陰陽之物"補論——兼談舜典故的敘述立場》,《"第八屆出土文獻青年學者國際論壇——古代中國研究青年學者研習會"論文集》,臺灣中興大學 2019 年 8 月 14 日—17 日。

谷繼明:《清華簡〈筮法〉偶識》,《周易研究》2015 年第 2 期,第 23—26 頁。

[日]谷中信一:《清華簡"傅説之命"考》,《中國出土資料研究》第 18 號,日本株式會社 2014 年,第 20—38 頁。

顧史考:《"刟"字讀法試解》,《古文字研究》第 28 輯,中華書局 2010 年,第 496—503 頁。

顧史考:《清華簡〈周公之琴舞〉成王首章初探》,《古文字研究》第 30 輯,中華書局 2014 年,第 396—403 頁。

顧史考:《清華簡〈周公之琴舞〉及〈周頌〉之形成試探》,《"第三届中國古典文獻學國際學術研討會"論文集》,2014 年 4 月 25 日—26 日;《上博等楚簡戰國逸書縱横覽》,中西書局 2018 年,第 298—314 頁。

顧史考:《楚簡"犀"字試讀》,《"出土文獻與先秦經史國際學術研討會"論文集》,香港大學 2015 年 10 月 16—17 日;《上博等楚簡戰國逸書縱横覽》,中西書局 2018 年,第 367—376 頁。

顧史考:《〈趙簡子〉初探》,《"清華簡國際研討會"論文集》,香港浸會大學、澳門大學 2017 年 10 月 26 日—28 日。

顧史考:《清華竹簡(伍)〈湯在啻門〉札記》,《清華簡研究》第 3 輯,中西書局 2019 年,第 144—148 頁。

顧王樂:《〈吕氏春秋·下賢〉與清華簡〈繫年〉互證一則》,《中國史研究》2017 第 1 期,第 146 頁。

[日]廣瀨薰雄:《釋清華大學藏楚簡(叁)〈良臣〉的"大同"——兼論姑馮句鑃所見的"昏同"》,《古文字研究》第 30 輯,中華書局 2014 年,第 415—418 頁。

[日]廣瀨薰雄:《談〈清華簡〉第 22 章的"陳麇子牛之禍"》,《"清華簡〈繫年〉與古史新探學術研討會暨叢書發布會"論文集》,清華大學 2015 年 10 月 29 日—31 日。

桂珍明:《清華六〈鄭文公問太伯〉"饋而不二"引喻考論》,復旦大學出土文獻與古文字研究中心網 2016 年 5 月 2 日。

桂珍明:《清華簡〈攝命〉"受幣"相關問題蠡測》,《"清華簡〈攝命〉研究高端論壇"論文集》,上海大學 2019 年 5 月 31 日—6 月 2 日。

郭成磊:《清華簡〈楚居〉熊繹"卜徙"探賾》,《西北大學學報(哲學社會科學版)》2016 年第 1 期,第 28—31 頁。

郭成磊:《清華簡〈心是謂中〉"斷命在天"章發覆——兼論其所反映的儒家

命論》,《孔子研究》2020 年第 1 期,第 150－160 頁。

郭珂:《説楚文字"瑟"》,《出土文獻》第 3 輯,中西書局 2012 年,第 176－186 頁。

郭梨華:《清華簡(六)〈管仲〉的爲政之道》,《"清華簡國際研討會"論文集》,香港浸會大學、澳門大學 2017 年 10 月 26 日－28 日。

郭梨華:《〈湯處於湯丘〉〈湯在啻門〉中的黄老思想初探》,《出土文獻與中國古典學》,中西書局 2018 年,第 292－306 頁。

郭麗:《衛文公與衛公子開方——從清華簡〈繫年〉談起》,《"出土文獻與商周社會學術研討會"論文集》,華東師範大學 2019 年 10 月 18 日－20 日。

郭濤:《清華簡〈繫年〉讀札之"息息侯"》,復旦大學出土文獻與古文字研究中心網 2012 年 3 月 22 日。

郭濤:《試説清華簡〈繫年〉之"中城"》,簡帛網 2012 年 4 月 9 日。

郭偉川:《〈保訓〉主旨與"中"字釋讀》,《光明日報》2010 年 12 月 6 日第 12 版。

郭偉川:《武王遵遺訓伐紂取中土——再論清華簡〈保訓〉》,《光明日報》2011 年 4 月 25 日第 15 版。

郭偉川:《從清華簡〈楚居〉論荆楚之立國——兼論夏商周時期對南方之經略》,《歷史文獻研究》第 32 輯,華東師範大學出版社 2013 年,第 118－134 頁。

郭偉川:《清華簡〈楚居〉麗季段考釋》,《出土文獻》第 5 輯,中西書局 2014 年,第 127－139 頁。

郭偉川:《清華簡〈金縢〉與〈皇門〉主旨考析》,《"單周堯教授七秩華誕國際學術研討會"論文集》,饒宗頤文化館 2017 年 12 月 9 日。

郭永秉:《談古文字中的"要"字和从"要"之字》,《古文字研究》第 28 輯,中華書局 2010 年,第 108－115 頁;《古文字與古文獻論集》,上海古籍出版社 2011 年,第 189－201 頁。

郭永秉:《疑〈繫年〉64 號簡的"射"字實是"發"字》,復旦大學出土文獻與古文字研究中心網"學術討論論壇"2012 年 1 月 7 日。

郭永秉:《談談戰國文字中可能與"庖"有關的資料》,《出土文獻研究》第 11 輯,中西書局 2012 年,第 84－112 頁;《古文字與古文獻論集續編》,上海古籍出版社 2015 年,第 31－59 頁。

郭永秉:《補説麗、瑟的會通——從〈君人者何必安哉〉的"玩"字説起》,《中國文字》新 38 期,藝文印書館 2012 年,第 73－90 頁;《古文字與古文獻論集續編》,上海古籍出版社 2015 年,第 14—30 頁。

郭永秉:《從戰國楚系"乳"字的辨釋談到戰國銘刻中的"乳(孺)子"》,《簡帛·經典·古史》,上海古籍出版社 2013 年,第 345—352 頁;《古文字與古文獻論集續編》,上海古籍出版社 2015 年,第 3—13 頁。

郭永秉:《釋清華簡中倒山形的"覆"字》,《中國文字》新 39 期,藝文印書館 2013 年,第 77—88 頁;《清華簡研究》第 2 輯,中西書局 2015 年,第 143—151 頁;《古文字與古文獻論集續編》,上海古籍出版社 2015 年,第 262—274 頁。

郭永秉:《説"鷹忎"》,復旦大學出土文獻與古文字研究中心網 2014 年 1 月 8 日。

郭永秉:《"京""亭""亳"獻疑》,《出土文獻》第 5 輯,中西書局 2014 年,第 148—162 頁;《古文字與古文獻論集續編》,上海古籍出版社 2015 年,第 138—160 頁。

郭永秉:《談談戰國楚地簡册文字與秦文字值得注意的相合相應現象》,《"戰國文字研究的回顧與展望國際學術研討會"論文集》,復旦大學 2015 年 12 月 12 日—13 日。

郭永秉、鄔可晶:《説"索""刹"》,《出土文獻》第 3 輯,中西書局 2012 年,第 99—118 頁;《古文字與古文獻論集續編》,上海古籍出版社 2015 年,第 60—84 頁。

郭永秉:《從戰國文字所見的類"倉"形"寒"字論古文獻中表"寒"義的"滄/凔"是轉寫誤釋的産物》,《出土文獻與古文字研究》2015 年第 6 輯,第 379—397 頁;《古文字與古文獻論集續編》,上海古籍出版社 2015 年,第 115—137 頁。

郭永秉:《關於"兆""涉"疑問的解釋》,《古文字研究》第 30 輯,中華書局 2014 年,第 485—492 頁;《古文字與古文獻論集續編》,上海古籍出版社 2015 年,第 103—114 頁。

郭永秉:《論清華簡〈厚父〉應爲〈夏書〉之一篇》,《出土文獻》第 7 輯,中西書局 2015 年,第 118—132 頁。

郭永秉:《清華簡〈繫年〉"幬"字別解》,《古文字與古文獻論集續編》,上海古籍出版社 2015 年,第 245—247 頁。

郭永秉:《清華簡〈耆夜〉詩試解二則》,《楚簡楚文化與先秦歷史文化國際學術研討會論文集》,湖北教育出版社 2013 年,第 333—338 頁;《古文字與古文獻論集續編》,上海古籍出版社 2015 年,第 254—261 頁。

郭永秉:《清華簡〈尹至〉"'綠'至在湯"解》,《古文字與古文獻論集續編》,上海古籍出版社 2015 年,第 248—253 頁。

郭永秉:《續說戰國文字的"夌"和从"夌"之字》,《饒宗頤國學院院刊》第 2 期,中華書局(香港)有限公司 2015,第 79－97 頁;《古文字與古文獻論集續編》,上海古籍出版社 2015 年,第 85－102 頁。

郭永秉:《清華簡〈繫年〉抄寫時代之估測——兼從文字形體角度看戰國楚文字區域性特徵形成的複雜過程》,《文史》2016 年第 3 期,第 5－42 頁;《清華簡〈繫年〉與古史新探》,中西書局 2016 年,第 272－328 頁。

郭永秉:《春秋晉國兩子犯——讀清華簡隨札之一》,《文匯報·文匯學人》2017 年 2 月 3 日;《中國古代文明研究論集》,科學出版社 2018 年,第 165－171 頁。

郭永秉:《從出土實物看中國古代簡帛書籍文化》,《中國典籍與文化》第 12 輯,國家圖書館出版社 2019 年,第 183－215 頁。

郭永琴:《百年來晉國史研究的回顧與展望》,《山西師大學報(社會科學版)》2017 年第 2 期,第 65－71 頁。

H

韓高年:《喪禮臨終之儀與周代遺訓遺言——以〈尚書·顧命〉、春秋"遺訓"及清華簡〈保訓〉爲中心》,《西北師大學報(社會科學版)》2015 年第 5 期,第 31－37 頁。

韓高年:《〈詩〉〈騷〉"求女"意象探源——從清華簡〈楚居〉説開來》,《學術論壇》2017 年第 1 期,第 17－24 頁。

韓高年:《清華簡〈楚居〉所見"求女"發微——兼及〈漢廣〉〈蒹葭〉二詩的主題》,《詩經研究叢刊》2018 年第 1 期,第 253－262 頁。

韓高年:《子產生平辭令及思想新探——以清華簡〈子產〉〈良臣〉等爲中心》,《中原文化研究》2019 年第 3 期,第 58－64 頁。

韓慧英:《試析清華簡〈筮法〉中的卦氣思想》,《周易研究》2015 年第 3 期,第 36－46 頁。

韓立秋:《清華簡〈繫年〉新興凝固結構研究》,《古籍整理研究學刊》2014 年第 4 期,第 34－36 頁。

韓興波:《清華簡〈繫年〉"女(焉)"字類釋》,《嶺南師範學院學報》2015 年第 5 期,第 99－101 頁。

韓宇嬌:《清華簡〈皇門〉篇研究現狀》,《管子學刊》2013 年第 4 期,第 113－117 頁。

韓宇嬌:《清華簡〈良臣〉的性質與時代辨析》,《中國高校社會科學》2013

年第3期,第90—93頁。

韓宇嬌:《清華簡〈祝辭〉補釋》,《"首屆中國古代文明研究前沿論壇"論文集》,深圳大學2016年12月10日—12日。

韓宇嬌:《清華簡〈祝辭〉淺釋》,《中國古代文明研究論集》,科學出版社2018年,第199—204頁。

郝蘇彤:《從清華簡與傳世文獻對比談〈説命〉早期流傳》,《江南大學學報(人文社會科學版)》2017年第5期,第38—44頁。

何家興:《也説〈保訓〉中的"遣"》,簡帛網2009年8月19日。

何家興:《從清華簡〈子儀〉談春秋秦樂》,《中國文學研究》2018年第2期,第99—103頁。

何家興:《清華簡〈越公其事〉"徧"字補説》,《中國簡帛學刊》第2輯,齊魯書社2018年,第43—45頁。

何景成:《古文獻新證二則》,《"出土文獻與先秦經史國際學術研討會"論文集》,香港大學2015年10月16日—17日;《中國文字研究》第26輯,上海書店出版社2017年,第44—49頁。

何昆益:《清華簡(六)〈子儀〉析論》,《"世界漢字學會第四屆年會"論文集》,韓國釜山慶星大學2015年6月24日—28日。

何蘭芳:《清華簡的研究尚在起步階段》,《中國社會科學報》2009年7月1日第7版。

何豔傑:《試論清華簡"中"·禹會祭祀臺基遺址·河圖洛書》,《中原文化研究》2015年第6期,第120—126頁。

何豔傑:《清華簡、禹會祭祀遺址與河圖的關係初探》,《清華簡與儒家經典國際學術研討會論文集》,上海古籍出版社2017年,第217—228頁。

何有祖:《清華簡〈程寤〉補札》,簡帛網2010年5月31日。

何有祖:《清華大學藏簡〈金縢〉補釋一則》,簡帛網2011年1月5日。

何有祖:《清華大學藏簡讀札(一)》,簡帛網2011年1月8日。

何有祖:《讀〈清華大學藏戰國竹簡(貳)〉札記》,簡帛網2011年12月20日。

何有祖:《讀〈清華大學藏戰國竹簡(伍)〉札記》,簡帛網2015年4月12日。

何有祖:《利用出土戰國語類文獻考釋戰國楚金文、秦簡牘文字(二則)》,《簡帛文獻與古代史——第二屆出土文獻青年學者國際論壇論文集》,中西書局2015年,第73—77頁。

何有祖:《讀清華六短札(三則)》,簡帛網2016年4月19日。

何有祖:《2015年戰國出土文獻研究概述》,《簡帛》第12輯,上海古籍出版社2016年,第275—291、293頁。

何有祖:《讀清華簡六札記(二則)》,《出土文獻》第10輯,中西書局2017年,第119—123頁。

何有祖、朱忠恒:《2016年戰國出土文獻研究概述》,《簡帛》第14輯,上海古籍出版社2017年,第257—277、279頁。

何有祖:《〈越公其事〉補釋(四則)》,《文字·文獻·文明》,上海古籍出版社2019年,第124—127頁。

洪德榮:《談簡帛中從"网"之字的構形及考釋》,《"第二屆古文字與出土文獻語言研究學術研討會"論文集》,西南大學2017年10月27日—30日。

洪樹華:《近十年來清華簡文學研究述論》,《中國簡帛學刊》第3輯,社會科學文獻出版社2019年,第221—242頁。

洪颺:《清華簡七〈晉文公入於晉〉釋讀一則》,《"中國文字學會第十屆學術年會"論文集》,鄭州大學2019年10月11日—14日。

侯建科:《清華簡五〈封許之命〉篇集釋》,復旦大學出土文獻與古文字研究中心網站2015年7月3日。

侯建科:《讀〈清華簡(叁)〉札記二則》,復旦大學出土文獻與古文字研究中心網2016年8月23日。

侯乃峰:《楚竹書〈周易〉釋"溢"之字申說》,《周易研究》2009年第1期,第22—26頁;《逐狐東山——先秦兩漢出土文獻與古文字論集》,上海古籍出版社2020年,第12—19頁。

侯乃峰:《〈保訓〉讀札》,簡帛網2010年4月5日。

侯乃峰:《清華簡(三)所見"倒山行"之字構形臆說》,簡帛網2013年1月14日。

侯乃峰:《讀清華簡(三)〈說命〉脞錄》,簡帛網2013年1月16日;又以《讀清華簡〈說命〉脞錄》爲題,發表於《中國文字》新40期,藝文印書館2014年,第11—18頁;《逐狐東山——先秦兩漢出土文獻與古文字論集》,上海古籍出版社2020年,第64—71頁。

侯乃峰:《〈赤鵠之集湯之屋〉的"赤鵠"或當是"赤鳩"》,《出土文獻》第6輯,中西書局2015年,第195—197頁;《逐狐東山——先秦兩漢出土文獻與古文字論集》,上海古籍出版社2020年,第84—87頁。

侯乃峰:《清華簡〈保訓〉篇"命未有所次"解義》,《古籍研究》2015年第1

期,第176－179頁;《逐狐東山——先秦兩漢出土文獻與古文字論集》,上海古籍出版社2020年,第203－208頁。

侯乃峰:《釋清華簡〈筮法〉的幾處文字與卦爻取象》,《周易研究》2015年第2期,第19－22頁。

侯乃峰:《也説清華簡〈赤鳩之集湯之屋〉篇的"洇"》,《中國文字研究》第24輯,上海書店出版社2016年,第64－67頁;《逐狐東山——先秦兩漢出土文獻與古文字論集》,上海古籍出版社2020年,第125－130頁。

侯乃峰:《戰國文字中的"皁"》,《貴州師範大學學報(社會科學版)》,2017年1期,第120－125頁;《逐狐東山——先秦兩漢出土文獻與古文字論集》,上海古籍出版社2020年,第131－142頁。

侯乃峰:《讀清華簡(伍)雜志》,《中國文字》新43期,藝文印書館2017年,第75－88頁;《逐狐東山——先秦兩漢出土文獻與古文字論集》,上海古籍出版社2020年,第226－238頁。

侯乃峰:《清華簡(三)〈祝辭〉集解通釋》,《"第二屆古文字與出土文獻語言研究學術研討會"論文集》,西南大學2017年10月27日－30日;《出土文獻綜合研究集刊》2018年第2期,第209－219頁。

侯乃峰:《據清華簡〈繫年〉辨正〈左傳〉杜注二例》,《古籍整理研究學刊》2017第3期,第19－21頁。

侯乃峰:《釋清華簡(伍)〈命訓〉篇的"耒"字》,《戰國文字研究的回顧與展望》,中西書局2017年,第217－222頁。

侯乃峰:《讀清華簡(七)零札》,《中國文字學報》第9輯,商務印書館2018年,第90－97頁。

侯乃峰:《清華簡七〈趙簡子〉篇从"黽"之字試釋》,《古文字研究》第32輯,中華書局2018年,第366－371頁。

侯乃峰:《讀清華簡(八)脞錄》,《"中國文字學會第十屆學術年會"論文集》,鄭州大學2019年10月11日－14日。

侯瑞華:《〈清華七·越公其事〉"厤"字補釋》,復旦大學出土文獻與古文字研究中心網2017年7月25日。

侯瑞華:《〈清華簡六·子産〉補釋(四則)》,簡帛網2018年5月15日。

侯瑞華:《試説〈清華簡八·心是謂中〉的兩個比喻》,簡帛網2018年11月18日。

侯瑞華:《清華簡〈鄭武夫人規孺子〉二題》,《殷都學刊》2020年第1期,第

41—45頁。

　　侯文學、李明麗:《清華簡〈繫年〉的敘事體例、核心與理念》,《華夏文化論壇》2012年第2期,第286—295頁。

　　侯文學、宋美霖:《〈左傳〉與清華簡〈繫年〉關於夏姬的不同叙述》,《吉林師範大學學報(人文社會科學版)》2015年第4期,第36—41頁。

　　胡敕瑞:《讀〈清華大學藏戰國竹簡(三)〉札記之一》,清華大學出土文獻研究與保護中心網2013年1月5日。

　　胡敕瑞:《讀〈清華大學藏戰國竹簡(三)〉札記之二》,清華大學出土文獻研究與保護中心網2013年1月5日。

　　胡敕瑞:《讀〈清華大學藏戰國竹簡(三)〉札記之三》,清華大學出土文獻研究與保護中心網2013年1月7日。

　　胡敕瑞:《讀〈清華大學藏戰國竹簡(三)〉札記之四》,清華大學出土文獻研究與保護中心網2013年1月7日。

　　胡敕瑞:《〈殷高宗問於三壽〉札記一則》,清華大學出土文獻研究與保護中心網2015年4月16日。

　　胡敕瑞:《"太甬""大同"究竟是誰?》,復旦大學出土文獻與古文字研究中心網2017年4月26日。

　　胡敕瑞:《試釋清華簡及金文中的"剉"——兼釋"朋執"之"執"》,《源遠流長:漢字國際學術研討會暨AEARU第三屆漢字文化研討會論文集》,北京大學出版社2017年,第97—110頁。

　　胡敕瑞:《〈清華大學藏戰國竹簡(柒)·越公其事〉札記三則》,清華大學出土文獻研究與保護中心網2017年4月29日。

　　胡敕瑞:《"箸占"與"占著"》,《漢語史學報》2017年第1期,第178—185頁。

　　胡敕瑞:《〈清華大學藏戰國竹簡(柒)·越公其事〉札記》,《出土文獻》第12輯,中西書局2018年,第164—170頁。

　　胡敕瑞:《讀〈清華大學藏戰國竹簡(捌)〉札記》,《出土文獻》第14輯,中西書局2019年,第156—165頁。

　　胡凱、陳民鎮:《從清華簡〈繫年〉看晉國的邦交——以晉楚、晉秦關係為中心》,《邯鄲學院學報》2012年第2期,第58—66頁。

　　胡凱、陳民鎮:《清華簡〈保訓〉集釋》,復旦大學出土文獻與古文字研究中心網2011年9月19日。

　　胡凱:《清華簡〈祭公之顧命〉集釋》,復旦大學出土文獻與古文字研究中心網2011年9月23日。

胡寧:《清華簡〈祝辭〉弓名和射姿考論》,《古代文明》2014年第2期,第37—40、113頁。

胡寧:《論清華簡〈攝命〉中"攝"的職位與職責——以傳世文獻、金文文獻爲參照》,《清華簡〈攝命〉研究高端論壇論文集》,上海大學2019年5月31日—6月2日。

胡寧:《也談清華簡〈繫年〉的體例和史學價值》,《"第一屆出土文獻與中國古代史學術論壇暨青年學者工作坊"論文集》,復旦大學2019年11月2日—4日。

華東師範大學中文系戰國簡讀書小組:《讀〈清華大學藏戰國竹簡(貳)·繫年〉書後(一)》,簡帛網2011年12月29日。

華東師範大學中文系戰國簡讀書小組:《讀〈清華大學藏戰國竹簡(貳)·繫年〉書後(二)》,簡帛網2011年12月30日。

華東師範大學中文系戰國簡讀書小組:《讀〈清華大學藏戰國竹簡(貳)·繫年〉書後(三)》,簡帛網2012年1月1日。

華東師範大學中文系出土文獻研究工作室:《讀〈清華大學藏戰國竹簡(伍)〉書後(一)》,簡帛網2015年4月12日。

華東師範大學中文系出土文獻研究工作室:《讀〈清華大學藏戰國竹簡(伍)〉書後(二)》,簡帛網2015年4月13日。

華東師範大學中文系出土文獻研究工作室:《讀〈清華大學藏戰國竹簡(伍)〉書後(三)》,簡帛網2015年4月17日。

華東師範大學中文系出土文獻研究工作室:《讀〈清華大學藏戰國竹簡(陸)·鄭文公問太伯〉書後(一)》,簡帛網2016年4月20日。

華東師範大學中文系出土文獻研究工作室:《讀〈清華大學藏戰國竹簡(陸)·子產〉書後(一)》,簡帛網2016年4月25日。

華東師範大學中文系出土文獻研究工作室:《清華八札記(一)》,簡帛網2018年11月22日。

華學誠:《〈方言〉"攜、詹、戾"釋"至"考》,《"紀念清華簡入藏暨清華大學出土文獻研究與保護中心成立十周年國際學術研討會"論文集》,清華大學2018年11月17日—18日;《辭書研究》2019年第5期,第1—12頁。

黃愛梅:《讀清華簡〈越公其事〉札記》,《"第二屆出土文獻與先秦史研究工作坊"論文集》,華東師範大學2017年11月18日。

黃愛梅:《清華簡〈繫年〉中的楚吳關係及其書寫特徵》,《史林》2019年第1期,第25—30頁。

黃德寬、徐在國:《郭店楚簡文字續考》,《江漢考古》1999年第2期,第75—77頁;《新出楚簡文字考》,安徽大學出版社2007年,第17—24頁。

黃德寬:《在首批清華簡出版新聞發布會上的講話——略説清華簡的重大學術價值》,《出土文獻》第2輯,中西書局2011年,第5—7頁。

黃德寬:《清華簡〈赤鵠之集湯之屋〉與先秦"小説"——略説清華簡對先秦文學研究的價值》,《復旦學報(社會科學版)》2013第4期,第81—86頁。

黃德寬:《從出土文獻資料看漢語字詞關係的複雜性》,《歷史語言學研究》第7輯,商務印書館2014年,第84—90頁。

黃德寬:《新出戰國楚簡〈詩經〉異文二題》,《中原文化研究》2017年第5期,第5—9頁。

黃德寬:《在清華簡〈算表〉吉尼斯世界紀録認證儀式暨〈清華簡(柒)〉成果發布會上的講話》,《出土文獻》第11輯,中西書局2017年,第3—5頁。

黃德寬:《釋甲骨文"叕(茁)"字》,《"紀念中國古文字研究會成立四十周年國際學術研討會"論文集》,吉林大學2018年10月9日—11日;《中國語文》2018年第6期,第712—720頁。

黃德寬:《從出土文獻看字詞關係的歷時調整——以"襲"及相關字詞爲例》,《"中國語言學會歷史語言學分會首屆學術研討會"論文集》,首都師範大學2018年10月20日—21日。

黃德寬:《釋新出戰國楚簡中的"湛"字》,《中山大學學報(社會科學版)》2018年第1期,第49—52頁。

黃德寬:《漢語史研究運用出土文獻資料的幾個問題》,《語言科學》2018年第3期,第235—248頁。

黃德寬:《用字習慣與出土文獻的釋讀——再説楚簡文獻中的"湛(沈)"字》,《"第五屆文獻語言學國際學術論壇暨第二屆文獻語言學青年論壇"論文集》,内蒙古師範大學2019年6月28日。

黃德寬:《清華簡新見"湛(沈)"字説》,《清華大學學報(哲學社會科學版)》2020年第1期,第35—38頁。

黃冠雲:《從清華簡〈别卦〉看介豫會通》,《"清華簡與儒家經典專題國際學術研討會"論文集》,煙臺大學2014年12月4日—7日。

黃冠雲:《周公、〈金縢〉與〈鴟鴞〉》,《清華簡研究》第2輯,中西書局2015

年,第 231—237 頁。

黄冠雲:《〈湯在啻門〉〈管仲〉〈畯五行〉——談談先秦文獻的"以數爲紀"》,《"清華簡國際研討會"論文集》,香港浸會大學、澳門大學 2017 年 10 月 26 日—28 日。

黄冠雲:《從清華簡〈芮良夫毖〉一處互文談〈莊子〉的"天倪"》,《"第七屆出土文獻研究視野與方法學術研討會"論文集》,臺灣政治大學 2019 年 10 月 5 日。

黄冠雲:《説〈湯在啻門〉論"氣"一節文字》,《清華簡研究》第 3 輯,中西書局 2019 年,第 159—170 頁。

黄國輝:《清華簡〈厚父〉補釋》,復旦大學出土文獻與古文字研究中心網 2015 年 4 月 27 日。

黄國輝:《清華簡〈厚父〉補釋一則》,簡帛網 2015 年 4 月 30 日。

黄國輝:《清華簡〈厚父〉新探——兼談用字和書寫之於古書成篇與流傳的重要性》,《清華大學學報(哲學社會科學版)》2016 年第 3 期,第 61—71 頁。

黄懷信:《清華簡〈保訓〉篇的性質、時代及真僞》,《歷史文獻研究》第 29 輯,華東師範大學出版社 2010 年,第 133—136 頁。

黄懷信:《清華簡〈程寤〉解讀》,《魯東大學學報(哲學社會科學版)》2011 年第 4 期,第 53—55 頁。

黄懷信:《清華簡〈皇門〉校讀》,簡帛網 2011 年 3 月 14 日。

黄懷信:《清華簡〈尹至〉補釋》,簡帛網 2011 年 3 月 17 日。

黄懷信:《清華簡〈金縢〉校讀》,《古籍整理研究學刊》2011 年第 3 期,第 25—28 頁。

黄懷信:《清華簡〈耆夜〉句解》,《文物》2012 年第 1 期,第 77—79 頁。

黄懷信:《由清華簡〈尹誥〉看〈古文尚書〉》,《魯東大學學報(哲學社會科學版)》2012 年第 6 期,第 66—69 頁。

黄懷信:《清華簡〈保訓〉補釋》,《考古與文物》2013 年第 2 期,第 102—105 頁。

黄懷信:《清華簡〈蟋蟀〉與今本〈蟋蟀〉对比研究》,《詩經研究叢刊》2013 年第 1 期,第 242—251 頁。

黄懷信:《〈説命〉對讀》,《叩問三代文明:中國出土文獻與上古史國際學術研討會論文集》,中國社會科學出版社 2014 年,第 382—386 頁。

黄懷信:《從清華簡看〈書〉——兼説關於古史資料的可信性問題》,《出土文獻與古書成書問題研究——"古史史料學研究的新視野研討會"論文集》,中西書局 2015 年,第 141—146 頁。

黃懷信:《由〈越公其事〉與〈國語〉看越王勾踐滅吳》,《"紀念清華簡入藏暨清華大學出土文獻研究與保護中心成立十周年國際學術研討會"論文集》,清華大學 2018 年 11 月 17 日—18 日。

黃濟:《從〈保訓〉看"中和"》,《博覽群書》2010 第 3 期,第 41—42 頁。
黃傑:《初讀清華簡釋文筆記》,簡帛網 2011 年 1 月 7 日。
黃傑:《讀清華簡筆記(二)》,簡帛網 2011 年 1 月 9 日。
黃傑:《清華簡〈程寤〉筆記一則》,簡帛網 2011 年 1 月 12 日。
黃傑:《據清華簡〈繫年〉釋讀楚簡二則》,簡帛網 2011 年 12 月 27 日。
黃傑:《初讀清華簡(三)〈周公之琴舞〉筆記》,簡帛網 2013 年 1 月 5 日。
黃傑:《初讀清華簡(叄)〈芮良夫毖〉筆記》,簡帛網 2013 年 1 月 6 日。
黃傑:《讀清華簡(叄)〈說命〉筆記》,簡帛網 2013 年 1 月 9 日。
黃傑:《初讀清華簡(叄)〈赤鵠之集湯之屋〉筆記》,簡帛網 2013 年 1 月 10 日。
黃傑:《再讀清華簡(叄)〈周公之琴舞〉筆記》,簡帛網 2013 年 1 月 14 日。
黃傑:《初讀清華簡(叄)〈良臣〉〈祝辭〉筆記》,簡帛網 2013 年 1 月 7 日。
黃傑:《再讀清華簡(叄)〈芮良夫毖〉筆記》,簡帛網 2013 年 1 月 16 日。
黃傑:《清華簡〈赤鳩之集湯之屋〉及〈詩經〉"甘心"考兼論"痰"字》,簡帛網"簡帛論壇"2014 年 6 月 5 日。

黃傑:《再議清華簡〈皇門〉"耆門"及相關問題》,《中國文字研究》第 19 輯,上海書店 2014 年,第 74—77 頁。

黃傑:《清華簡〈芮良夫毖〉補釋》,《簡帛研究二〇一五(秋冬卷)》,廣西師範大學出版社 2015 年,第 1—24 頁。

黃傑:《說楚簡中的兩個"區"字》,《簡帛》第 13 輯,上海古籍出版社 2016 年,第 11—14 頁。

黃傑:《釋古文字中的一些"沐"字》,《中國文字》新 43 期,藝文印書館 2017 年,第 107—128 頁。

黃傑:《清華簡〈筮法〉補釋》,《周易研究》2017 年第 2 期,第 16—23 頁。
黃傑:《〈尚書·康誥〉考釋四則》,《文史》2017 年第 3 輯,第 35—50 頁。
黃傑:《據楚簡說金文及〈酒誥〉"盩"字》,《青銅器與金文》第 1 輯,上海古籍出版社 2017 年,第 585—590 頁。

黃傑:《說〈尚書·多方〉"叨懫日欽"》,《"出土文獻與〈尚書〉學研究國際學術研討會"論文集》,上海大學 2018 年 9 月 21 日—23 日。

黃傑、鄡士華:《〈周易〉"大人虎變""君子豹變"異文疏解——兼論〈尚書〉

中的兩個"辯"字》,《周易研究》2019年第3期,第44—49頁。

黃傑:《清華簡〈攝命〉簡7—10的斷句與釋讀》,《"清華簡〈攝命〉研究高端論壇"論文集》,上海大學2019年5月31日—6月2日。

黃傑:《清華簡〈攝命〉簡17—21的斷句、釋讀與結構探析》,《"古文字與出土文獻青年學者論壇"論文集》,吉林大學2019年9月20日—24日。

黃可佳、李彥平:《清華簡〈繫年〉"千畝"的記載與商周上帝觀念轉變》,《蘭臺世界》2015年第11期,第149—150頁。

黃麗娟:《清華簡〈尹誥〉疑難字詞考釋》,《國文學報》2012年第8期,第33—58頁。

黃麗娟:《關於〈清華(伍)·厚父〉與〈逸周書〉的一些蠡測——以開篇方式、難句釋讀與文獻來源擬測爲觀察重點》,《"出土文獻與經學、古史國際學術研討會暨研究生論壇"論文集》,華東師範大學2018年11月3日—4日。

黃靈庚:《清華戰國竹簡〈楚居〉箋疏》,《中華文史論叢》2012年第1期,第53—106頁。

黃靈庚:《〈易經〉筮法與屈賦占卜》,《中國楚辭学》第25輯,學苑出版社2015年,第445—457頁。

黃靈庚:《〈楚居〉與〈楚辭〉互證五事》,《清華簡與先秦經學文獻研究》,生活·讀書·新知三聯書店2016年,第275—304頁。

黃鳴:《清華簡〈楚居〉一至四簡的歷史地理考察》,簡帛網2011年7月20日。

黃鳴:《從〈楚居〉的"聶耳"傳說看商周之際的楚國地理與史實》,簡帛網2011年12月22日。

黃人二:《清華大學藏戰國竹簡〈保訓〉校讀》,《考古與文物》2009年第6期,第73—79頁。

黃人二、趙思木:《讀〈清華大學藏戰國竹簡〉書後(一)》,簡帛網2011年1月7日。

黃人二、趙思木:《讀〈清華大學藏戰國竹簡(壹)〉書後(二)》,簡帛網2011年1月8日。

黃人二、趙思木:《讀〈清華大學藏戰國竹簡(壹)〉書後(三)》,簡帛網2011年1月9日。

黃人二、趙思木:《清華簡〈尹至〉補釋》,簡帛網2011年1月11日。

黃人二、趙思木:《清華簡〈尹至〉餘釋》,簡帛網2011年1月12日。

黃人二、趙思木:《讀〈清華大學藏戰國竹簡(壹)〉書後(四)》,簡帛網2011

年2月17日。

黃人二:《戰國簡〈保訓〉通解——兼談其在中國經學史上"道統説"建立之重要性》,《中國哲學史》2010年第3期,第17—26頁;《先秦文本及思想之形成、發展與轉化》,臺灣大學出版中心2013年,第117—142頁。

黃人二:《讀〈詩·騶虞〉書後——兼論經今古文學》,《清華簡研究》第2輯,中西書局2015年,第260—268頁。

黃人二:《上博簡〈李頌〉、清華簡〈殷高宗問於三壽〉與〈荀子·賦篇〉研究——兼談先秦辭賦體裁的發展》,《"楚文化與長江中游早期開發國際學術研討會"論文集》,武漢大學2018年9月15日—16日。

黃儒宣:《清華簡〈繫年〉成書背景及相關問題考察》,《史學月刊》2016第8期,第21—29頁。

黃尚明:《楚簡筮數易卦再探》,《楚文化研究論集》第11集,上海古籍出版社2015年,第408—418頁。

黃聖松、黃庭頎:《〈清華六·鄭文公問太伯〉札記》,簡帛網2016年9月7日。

黃聖松、黃庭頎:《〈清華六·鄭文公問太伯〉札記(二)》,簡帛網2016年9月14日。

黃聖松:《〈繫年〉見於典籍之動詞芻議》,《"第一屆出土文獻與中國古代史學術論壇暨青年學者工作坊"論文集》,復旦大學2019年11月2日—4日。

黃甜甜:《〈繫年〉第三章"成王屎伐商邑"之"屎"字補論》,《深圳大學學報(人文社會科學版)》2012年第2期,第53—56頁。

黃甜甜:《〈周公之琴舞〉札記三則》,孔子2000網2013年1月5日。

黃甜甜:《〈周公之琴舞〉初探》,《深圳大學學報(人文社會科學版)》2013年第6期,第75—78頁。

黃甜甜:《試論清華簡〈周公之琴舞〉與〈詩經〉之關係》,《中原文化研究》2015年第2期,第52—58頁。

黃甜甜:《清華簡〈芮良夫毖〉補釋四則》,《中國文字》新42期,藝文印書館2016年,第165—174頁。

黃甜甜:《清華簡〈周公之琴舞〉"不易"新釋》,《古文字研究》第31輯,中華書局2016年,第341—345頁。

黃甜甜:《由清華簡三篇論〈逸周書〉在後世的改動》,《中華文史論叢》2016年第2期,第229—244頁。

黃甜甜:《聞一多〈周易義證類纂〉新證平議——以出土文獻爲參照的考

察》,《簡帛語言文字研究》第 9 輯,巴蜀書社 2017 年,第 203—214 頁。

黄甜甜:《〈詩〉〈書〉"天命不易"考》,《"出土文獻與〈尚書〉學研究國際學術研討會"論文集》,上海大學 2018 年 9 月 21 日—23 日。

黄庭頎:《清華大學藏戰國竹簡〈尹至〉探析》,《有鳳初鳴年刊》2012 年第 8 期,第 485—503 頁。

黄錫全:《楚武王"郟"都初探——讀清華簡〈楚居〉札記之一》,復旦大學出土文獻與古文字研究中心網 2011 年 5 月 31 日。

黄錫全:《"朋郕"新探——讀清華簡〈楚居〉札記》,《江漢考古》2012 年第 2 期,第 105—107 頁。

黄錫全:《清華簡〈繫年〉"閔"字簡議》,《簡帛》第 7 輯,上海古籍出版社 2012 年,第 53—55 頁。

黄錫全:《清華簡〈繫年〉"厥貉"字形補議》,《出土文獻與中國古代文明——李學勤先生八十壽誕紀念論文集》,中西書局 2016 年,第 99—101 頁。

黄錫全:《清華〈繫年〉簡所見"閔方城""造於方城"等名稱小議》,《清華簡〈繫年〉與古史新探》,中西書局 2016 年,第 372—377 頁。

黄錫全:《清華簡〈楚居〉"巫爲賅其胷以楚"再議》,《"紀念清華簡入藏暨清華大學出土文獻研究與保護中心成立十周年國際學術研討會"論文集》,清華大學 2018 年 11 月 17 日—18 日。

黄錫全:《由清華簡〈繫年〉的"廉"字説到金文的"薆廉"》,《"紀念徐中舒先生誕辰 120 周年國際學術研討會"論文集》,四川大學 2018 年 10 月 19 日—22 日。

黄錫全:《談談楚國"淰郢"問題》,《出土文獻》2020 年第 1 期,第 56—66 頁。

黄一村、侯瑞華:《〈越公其事〉零拾》,《出土文獻》2020 年第 2 期,第 73—78 頁。

黄澤鈞:《清華簡〈尹誥〉研究四題》,《思辨集》2012 年第 15 期,第 165—190 頁。

黄澤鈞:《出土文獻"書類文獻"判别方式討論》,《"出土文獻與〈尚書〉學研究國際學術研討會"論文集》,上海大學 2018 年 9 月 21 日—23 日。

黄澤鈞:《清華三〈傅説之命〉字詞補議》,《"第八届中國文字學年會"論文集》,中國人民大學 2015 年 8 月 22 日—23 日。

黄梓勇:《論清華簡〈繫年〉的性質》,《清華簡研究》第 2 輯,中西書局 2015 年,第 238—251 頁。

J

季寥:《清華簡〈越公其事〉"鏐"字臆解》,簡帛網 2017 年 4 月 24 日。

季旭昇:《從戰國楚簡談"息"字》,《中國文字》新 38 期,藝文印書館 2012 年,第 1—22 頁。

季旭昇:《〈清華簡(壹)·耆夜〉研究》,《古文字與古代史》第 3 輯,"中研院"歷史語言研究所 2012 年,第 301—327 頁。

季旭昇:《清華一疑難字考評》,《"第二十四屆中國文字學國際學術研討會"論文集》,臺灣中正大學 2013 年 5 月 3 日—4 日。

季旭昇、王瑜楨:《〈清華大學藏戰國竹簡(三)·芮良夫毖〉釋讀(簡版)》,《"清華簡與〈詩經〉研究國際會議"論文集》,香港浸會大學 2013 年 11 月 1 日—3 日。

季旭昇:《〈清華三·周公之琴舞·成王敬毖〉第五篇研究》,《中國文字》新 40 期,藝文印書館 2014 年,第 1—9 頁。

季旭昇:《〈清華肆·筮法〉"昭穆"淺議》,復旦大學出土文獻與古文字研究中心網站 2014 年 5 月 2 日。

季旭昇:《〈清華三·周公之琴舞·成王敬毖〉第四篇研究》,《古文字研究》第 30 輯,中華書局 2014 年,第 392—395 頁。

季旭昇:《〈清華三·周公之琴舞·成王敬毖〉第八篇研究》,《"第二十五屆中國文字學國際學術研討會"論文集》,臺灣中國文化大學 2014 年 5 月 16 日—17 日。

季旭昇:《〈毛詩·周頌·敬之〉與〈清華三·周公之琴舞·成王作敬毖〉首篇對比研究》,《古文字與古代史》第 4 輯,"中研院"歷史語言研究所 2015 年,第 369—402 頁。

季旭昇:《〈清華四〉芻議:聞問,凡是(徵),昭穆》,《出土文獻與古文字研究》第 6 輯,上海古籍出版社 2015 年,第 283—289 頁。

季旭昇:《談戰國楚簡中的"殹"字》,《"出土文獻與先秦經史國際學術研討會"論文集》,香港大學 2015 年 10 月 16 日—17 日。

季旭昇:《〈清華伍·殷高宗問於三壽〉先王之遺訓"音"字考》,《"戰國文字研究的回顧與展望國際學術研討會"論文集》,復旦大學 2015 年 12 月 12 日—13 日。

季旭昇:《〈周公之琴舞〉"周公作多士儆毖"小考》,《清華簡研究》第 2 輯,中西書局 2015 年,第 15—27 頁。

季旭昇:《〈清華三·周公之琴舞·成王敬毖〉第七篇研究》,《中國文字》新42期,藝文印書館2016年,第1—12頁。

季旭昇:《〈清華六·子儀〉"鳥飛之歌"試解》,簡帛網2016年4月27日。

季旭昇:《從〈清華貳·繫年〉談金文的"蔑曆(廉)"》,《清華簡〈繫年〉與古史新探》,中西書局2016年,第378—389頁。

季旭昇:《〈清華柒·越公其事〉第四章"不稱貸""無好"句考釋》,《"上古音與古文字研究的整合國際研討會"論文集》,澳門大學、香港浸會大學2017年7月15日—17日。

季旭昇:《談清華肆〈筮法〉第二十六節〈祟〉篇中的"厽(竈)"字》,《"第三屆出土文獻與上古漢語研究(簡帛專題)學術研討會暨2017中國社會科學院社會科學論壇"論文集》,中國社會科學院2017年8月14日—16日。

季旭昇:《清華簡"流××""領御"試讀》,《出土文獻與傳世典籍的詮釋》,中西書局2019年,第128—135頁。

季旭昇:《從〈清華壹·蟋蟀〉的流傳反思〈毛詩序〉的性質》,《古文字與古代史》第5輯,"中研院"歷史語言研究所2017年,第239—260頁。

季旭昇:《從〈筮法〉與〈周禮〉談占筮"三十三命"》,《清華簡與儒家經典國際學術研討會論文集》,上海古籍出版社2017年,第47—55頁。

季旭昇:《清華肆〈筮法〉考釋八則》,《中國文字》新43期,藝文印書館2017年,第1—12頁。

季旭昇:《〈清華肆·別卦〉"泰卦""渙卦"卦名研究》,《"紀念清華簡入藏暨清華大學出土文獻研究與保護中心成立十周年國際學術研討會論文集"論文集》,清華大學2018年11月17日—18日。

季旭昇:《釋金文、〈詩·行露〉、楚簡一種特殊用法的"足"字》,《古文字研究》第32輯,中華書局2018年,第477—482頁。

季旭昇:《談〈洪範〉"皇極"與〈命訓〉"六極"——兼談〈逸周書·命訓〉的著成時代》,《出土文獻與中國古典學》,中西書局2018年,第135—152頁。

季旭昇:《從清華肆談〈周易〉"坤"卦卦名》,《"李學勤先生學術成就與學術思想國際研討會"論文集》,清華大學2019年12月7日—8日。

季旭昇:《試論〈說文〉"羍"字的來源》,《漢字漢語研究》2019年第2期,第7—18頁。

家在珠江(網名):《也説〈保訓〉篇的"咸順不擾"》,復旦大學出土文獻與古文字研究中心網2009年8月13日。

賈連翔:《清華簡九篇書法現象研究》,《書法叢刊》2011年第4期,第18—36頁。

賈連翔:《清華簡壹一叁輯字形校補札記》,《出土文獻》第4輯,中西書局2013年,第97—104頁。

賈連翔:《出土數字卦材料研究綜述》,《中國史研究動態》2014年第4期,第39—43頁。

賈連翔:《從清華簡〈筮法〉看〈説卦〉中〈連山〉〈歸藏〉的遺説》,《出土文獻》第5輯,中西書局2014年,第140—144頁。

賈連翔:《清華簡〈筮法〉與楚地數字卦演算方法的推求》,《深圳大學學報(人文社會科學版)》2014年第3期,第57—60頁。

賈連翔:《試論出土數字卦材料的用數體系》,《周易研究》2014年第6期,第29—32頁。

賈連翔:《談清華簡文字的基本筆畫及其書寫順序》,《出土文獻研究》第13輯,中西書局2014年,第77—89頁。

賈連翔:《反印墨迹與竹書編連的再認識》,《出土文獻》第6輯,中西書局2015年,第229—245頁。

賈連翔:《清華簡〈筮法〉與楚地數字卦實占筮例分析》,《簡帛研究二〇一五(春夏卷)》,廣西師範大學出版社2015年,第30—36頁。

賈連翔:《談清華簡所見書手字迹和文字修改現象》,《簡帛研究二〇一五(秋冬卷)》,廣西師範大學出版社2015年,第38—52頁。

賈連翔:《戰國竹書文字布局小識》,《出土文獻》第7輯,中西書局2015年,第187—192頁。

賈連翔:《清華簡〈筮法〉〈雠〉節補釋》,《"首屆中國古代文明研究前沿論壇"論文集》,深圳大學2016年12月10日—12日。

賈連翔:《實物所見:一部兩千多年前的長篇史書》,《光明日報》2015年12月10日第16版。

賈連翔:《釋〈厚父〉中的"我"字》,《古文字研究》第31輯,中華書局2016年,第370—373頁。

賈連翔:《新釋〈左傳〉一則筮例兼談戰國楚地筮占的來源》,《中國史研究》2016年第1期,第29—34頁。

賈連翔:《戰國竹書尺度新探》,《清華簡〈繫年〉與古史新探》,中西書局2016年,第341—362頁。

賈連翔:《戰國竹書收卷方式探微》,《裝飾》2016 年第 2 期,第 94—95 頁。

賈連翔:《談數字卦的名稱概念與數字卦中的易學思維》,《清華簡與儒家經典國際學術研討會論文集》,上海古籍出版社 2017 年,第 130—133 頁。

賈連翔:《"攝命"即〈書序〉"䊫命""冏命"説》,《清華大學學報(哲學社會科學版)》2018 年第 5 期,第 49—53 頁。

賈連翔:《清華簡〈鄭武夫人規孺子〉篇的再編連與復原》,《文獻》2018 年第 3 期,第 54—59 頁。

賈連翔:《試析戰國竹簡中的"䇷"及相關諸字》,《"文字、文獻與文明——第七届出土文獻青年學者論壇暨國際學術研討會"論文集》,中山大學 2018 年 8 月 17 日—20 日。

賈連翔:《清華簡〈成人〉及有關先秦法律制度》,《文物》2019 年第 9 期,第 50—55 頁。

賈連翔:《從〈治邦之道〉〈治政之道〉看戰國竹書"同篇異制"現象》,《清華大學學報(哲學社會科學版)》2020 年第 1 期,第 43—47 頁。

賈連翔:《淺談竹書形制現象對文字識讀的影響——以清華簡幾處文字補釋爲例》,《出土文獻》2020 年第 1 期,第 82—90 頁。

賈曉燕:《清華簡中發現周代詩篇》,《北京日報》2011 年 1 月 6 日第 9 版。

賈旭東:《讀清華簡札記三則》,《中國文字研究》第 28 輯,上海書店出版社 2018 年,第 53—57 頁。

賈旭東:《〈國語·吴語〉"紹享"新釋》,《語言研究》2019 年第 4 期,第 109—110 頁。

江林昌:《解讀清華簡》,《光明日報》2009 年 8 月 3 日第 12 版。

江林昌:《淺議清華簡〈保訓〉篇"中"的觀念》,《出土文獻》第 1 輯,中西書局 2010 年,第 76—77 頁。

江林昌、孫進:《由清華簡論"頌"即"容"及其文化學意義》,《中國高校社會科學》2013 年 3 期,第 97—114 頁。

江林昌:《清華簡與先秦詩樂舞傳統》,《文藝研究》2013 年第 8 期,第 43—47 頁;《清華簡與先秦經學文獻研究》,生活·讀書·新知三聯書店 2016 年,第 170—184 頁。

江林昌:《由先秦歷史文化的承傳論清華簡〈保訓〉有關問題》,《紹興文理學院學報(哲學社會科學版)》2014 年第 1 期,第 7—12 頁。

江林昌:《清華簡〈祝辭〉與先秦巫術咒語詩》,《深圳大學學報(人文社會科學版)》2014 年第 2 期,第 54－58 頁;《清華簡研究》第 2 輯,中西書局 2015 年,第 217－226 頁。

江秋貞:《清華簡七〈越公其事〉簡 3"釳鎗"一詞考釋》,《中國文字》新 45 期,藝文印書館 2019 年,第 161－184 頁。

姜廣輝:《〈保訓〉十疑》,《光明日報》2009 年 5 月 4 日第 12 版。

姜廣輝:《"清華簡"鑒定可能要經歷一個長期過程——再談對〈保訓〉篇的疑問》,《光明日報》第 12 版 2009 年 6 月 8 日。

姜廣輝:《〈保訓〉疑僞新證五則》,《中國哲學史》2010 年第 3 期,第 30－34 頁。

姜廣輝:《"郘夜"疑爲"郘卒"之誤寫》,《光明日報》2010 年 7 月 12 日第 12 版。

姜廣輝、付贊、邱夢燕:《清華簡〈耆夜〉爲僞作考》,《故宫博物院院刊》2013 年第 4 期,第 86－94 頁。

姜廣輝、付贊:《清華簡〈尹誥〉獻疑》,《湖南大學學報(社會科學版)》2014 年第 3 期,第 109－114 頁。

蔣陳唯:《清華八〈邦家之政〉札記兩則》,復旦大學出土文獻與古文字研究中心網 2019 年 3 月 24 日。

蔣魯敬:《清華簡〈説命上〉發微》,《楚文化研究論集》第 11 集,上海古籍出版社 2015 年,第 426－435 頁。

蔣魯敬:《清華簡〈説命上〉札記》,《中國出土資料研究》第 19 號,日本株式會社 2015 年,第 205－211 頁。

蔣魯敬:《讀簡瑣議》,《楚學論叢》第 5 輯,湖北人民出版社 2016 年,第 41－47 頁。

蔣瓊傑:《試説清華六〈子産〉中的"砥"》,《出土文獻》第 11 輯,中西書局 2017 年,第 219－224 頁。

蔣瓊傑:《〈繫年〉簡 56"貉"字的文字學解釋》,《出土文獻》第 12 輯,中西書局 2018 年,第 113－118 頁。

蔣偉男:《簡牘"毀"字補説》,簡帛網 2016 年 4 月 23 日。

蔣偉男:《利用安大簡補説清華九〈成人〉一則》,《漢字漢語研究》2020 年第 1 期,第 26－31 頁。

蔣玉斌、周忠兵:《據清華簡釋讀西周金文一例——説"沈子""沈孫"》,復旦大學出土文獻與古文字研究中心網 2010 年 6 月 7 日。

蔣玉斌:《説與戰國"沐"字有關的殷商金文字形》,《戰國文字研究的回顧與展望》,中西書局 2017 年,第 46－49 頁。

蔣玉斌：《清華簡與甲金文合證二則》，《"先秦兩漢文獻國際學術研討會暨中國文化研究所五十周年慶典"論文集》，香港中文大學 2017 年 12 月 14 日－15 日。

蔣玉斌：《釋甲骨金文的"蠢"兼論相關問題》，《復旦學報（社會科學版）》2018 年第 5 期，第 118－130 頁。

焦帛：《説〈殷高宗問於三壽〉的"聾狂"》，復旦大學出土文獻與古文字研究中心網 2015 年 4 月 14 日。

［日］金城未來：《清華簡〈説命〉的文獻特質——以天的思想爲中心》，《簡帛文獻與古代史——第二屆出土文獻青年學者國際論壇論文集》，中西書局 2015 年，第 44－51 頁。

金耀民：《〈韶〉樂形制考》，《古籍整理研究學刊》2014 年第 2 期，第 91－93 頁。

金宇祥：《〈清華壹·楚居〉楚武王之名淺議》，簡帛網 2013 年 7 月 12 日。

金宇祥：《從〈繫年〉的"沫"字談到〈左傳〉的"氾"地和〈楚居〉的"湫郢"》，《"第二十六屆中國文字學國際學術研討會"論文集》，臺灣逢甲大學 2015 年 5 月 29 日－30 日。

金宇祥：《〈清華五·封許之命〉"鄪"字芻議》，復旦大學出土文獻與古文字研究中心網 2015 年 8 月 5 日。

金宇祥：《據清華伍釋讀楚文字二則》，《"第二十七屆中國文字學國際學術研討會"論文集》，臺中教育大學 2016 年 5 月 13 日－14 日。

金宇祥：《清華簡〈繫年〉"頯之師"相關問題初探》，《簡帛》第 13 輯，上海古籍出版社 2016 年，第 91－105 頁。

金宇祥：《談清華伍〈命訓〉與左塚漆棋局的耕字》，復旦大學出土文獻與古文字研究中心網 2016 年 1 月 16 日。

金宇祥：《談楚簡中特殊的"齊"字》，《"第二十八屆中國文字學國際學術研討會"論文集》，臺灣大學 2017 年 5 月 12 日－13 日。

金宇祥：《〈清華柒·晉文公入於晉〉札記二則：愆責毋有塞、命蒐修先君之乘》，簡帛網 2017 年 10 月 17 日。

金卓：《清華簡〈越公其事〉文獻形成初探——兼論其簡序問題》，簡帛網 2019 年 3 月 19 日。

靳寶：《簡帛文獻與中國早期史學史研究》，《中國史研究動態》2019 年第 5 期，第 36－43 頁。

荆鈴鈴：《先秦時期伊尹形象的演變》，《出土文獻》第 11 輯，中西書局 2017 年，第 184－193 頁。

K

康少峰:《讀簡札記兩則》,《河南社會科學》2011年第6期,第172—174頁。

康小燕:《清華戰國竹簡〈繫年〉第十一章箋疏》,《語文學刊》2013年第8期,第30—31、66頁。

柯鶴立:《清華簡〈保訓〉中的"訓"及古代傳播"訓"的方式》,《清華簡研究》第1輯,中西書局2012年,第74—83頁。

柯鶴立:《試論〈周公之琴舞〉中"九成"奏樂模式的意義》,《清華簡研究》第2輯,中西書局2015年,第52—56頁。

柯鶴立:《試用清華簡〈筮法〉解讀包山占卜記録中卦義》,《"出土文獻與先秦經史國際學術研討會"論文集》,香港大學2015年10月16日—17日。

柯鶴立:《巽之祟》,《文史哲》2015年第6期,第68—72頁;又以《巽之祟——〈筮法〉中的陰卦與女性角色》爲題,收入《清華簡與儒家經典國際學術研討會論文集》,上海古籍出版社2017年,第37—46頁。

柯鶴立:《詩歌作爲一種教育方法:試論節奏在〈周公之琴舞〉誡"小子"文本中的作用》,《出土文獻與中國古代文明——李學勤先生八十壽誕紀念論文集》,中西書局2016年,第515—526頁。

柯鶴立:《清華簡"筮法"與北大簡"荆訣"的比較研究:從兩種占筮文書看楚國文化》,《"楚文化與長江中游早期開發國際學術研討會"論文集》,武漢大學2018年9月15日—16日。

柯鶴立:《占卜文書中的楚文化因素——基於清華簡〈筮法〉和北大簡〈荆決〉的比較研究》,《"紀念清華簡入藏暨清華大學出土文獻研究與保護中心成立十周年國際學術研討會"論文集》,清華大學2018年11月17日—18日。

柯佩君:《論楚國卜筮竹簡中幾個問題》,《北商學報》2011年第20期,第137—157頁。

孔華、杜勇:《清華簡〈皇門〉與五門三朝考異》,《天津師範大學學報(社會科學版)》2015年第2期,第48—54頁。

L

來國龍:《清華簡〈楚居〉所見楚國的公族與世系——兼論〈楚居〉文本的性質》,簡帛網2011年12月3日。

來國龍:《釋謹與慎——兼説楚簡"丨"字的古韻歸部及古文字中同義字孳乳的一種特殊構形方式》,《漢語言文字研究》第1輯,上海古籍出版社2015年,第156—172頁。

來國龍:《"辵"字補釋——兼論通假字韻部"通轉"的謬誤和連綿詞"從容"的來源與本義》,《饒宗頤國學院院刊》第3期,中華書局(香港)有限公司2016年,第17－46頁。

來國龍:《釋列與歺——兼論兩種不同的古文字考釋方法》,《"清華簡國際研討會"論文集》,香港浸會大學、澳門大學2017年10月26日－28日。

來國龍:《從楚簡中"兔"和"鼠"字的混淆談古楚語與雅言的接觸和影響》,《古文字與漢語歷史比較音韻學》,復旦大學出版社2017年,第179－192頁。

來國龍:《儒家"慎獨"探源》,《饒宗頤國學院院刊》第5期,中華書局(香港)有限公司2018年,第27－46頁。

來國龍:《釋楚簡中的"亞"字及其上古音歸部問題——兼說上古音的"長程構擬"與"短程音變"》,《"紀念清華簡入藏暨清華大學出土文獻研究與保護中心成立十周年國際學術研討會"論文集》,清華大學2018年11月17日－18日。

賴少偉:《戰國楚簡數字卦與筮法》,《出土文獻與古書成書問題研究——"古史史料學研究的新視野研討會"論文集》,中西書局2015年,第214－232頁。

賴怡璇:《〈清華壹·程寤〉與文、武王受命研究》,《"臺灣地區第二十六屆中國文字學國際學術研討會"論文集》,臺灣逢甲大學2015年5月29日－30日。

蘭碧仙、葉玉英:《據清華簡再談"行李"之"李"》,《中國文字研究》第28輯,上海書店2018年,第128－132頁。

勞曉森:《清華簡〈越公其事〉殘字補釋一則》,復旦大學出土文獻與古文字研究中心網2017年5月1日。

雷鵠宇:《從清華簡〈趙簡子〉論春秋貴族家族中的"師保傅母"》,《邯鄲學院學報》2018年第2期,第38－41頁。

雷曉鵬:《清華簡〈繫年〉與周宣王"不籍千畝"新研》,《中國農史》2014年第4期,第56－63頁。

李炳海:《清華簡〈耆夜〉與〈詩經〉相關詞語的考釋——兼論〈詩經〉科學闡釋體系的建立》,《文史哲》2014年第1期,第75－86頁;《清華簡與先秦經學文獻研究》,生活·讀書·新知三聯書店2016年,第102－129頁。

李春利:《〈清華大學藏戰國竹簡·祝辭〉研究》,《中國國家博物館館刊》2017年第5期,第61－69頁。

李春桃:《説砢簋銘文中的"亂"字》,復旦大學出土文獻與古文字研究中心網2010年12月17日。

李春桃:《"臺"字補釋》,《出土文獻研究》第13輯,中西書局2014年,第

318—324頁。

李春桃：《楚文字中从"炅"之字補説——兼釋"熾""震"字古文》，《簡帛》第9輯，上海古籍出版社2014年，第11—18頁。

李春桃：《釋"紳""毃"——從楚帛書"紳"字考釋談起》，《簡帛研究二〇一五（春夏卷）》，廣西師範大學出版社2015年，第15—21頁。

李春桃：《清華簡與〈尚書〉對讀二題》，《"第二届簡帛學的理論與實踐學術研討會"論文集》，首都師範大學2016年11月4日—6日。

李春桃、李飛：《古文與東周文字合證兩篇》，《簡帛》第14輯，上海古籍出版社2017年，第1—6頁。

李春桃：《古文字中"閒"字解詁——從清華簡〈子犯子餘〉篇談起》，《出土文獻研究》第16輯，中西書局2017年，第37—43頁。

李存山：《試評清華簡〈保訓〉篇中的"陰陽"》，《中國哲學史》2010年第3期，第35—38頁。

李峰：《清華簡〈耆夜〉初讀及其相關問題》，《第四届國際漢學會議論文集——出土材料與新視野》，"中研院"歷史語言研究所2013年，第461—491頁。

李剛：《清華簡〈繫年〉與〈荀子〉"安"字用法研究》，《古文字研究》第32輯，中華書局2018年，第372—377頁。

李玉潔：《〈清華簡·楚居〉記載的夏商之際楚人活動地域》，《鄭州大學學報（哲學社會科學版）》2013年第5期，第164—167頁。

李桂森、劉洪濤：《釋"華"及相關諸字》，《出土文獻》第5輯，中西書局2014年，第163—172頁。

李洪財：《説"桼"與"七"及相關字》，《"第二届古文字與出土文獻語言研究學術研討會"論文集》，西南大學2017年10月27日—30日；《古文字研究》第32輯，中華書局2018年，第617—622頁。

李輝：《周代歌詩"樂本"形態探論》，《清華大學學報（哲學社會科學版）》2020年第3期，第112—122頁。

李紀言：《清華簡〈攝命〉補議——以虛詞爲中心的討論》，《中國文字》2019年第2期，第233—248頁。

李家浩：《讀〈郭店楚墓竹簡〉瑣議》，《中國哲學》第20輯，遼寧教育科學出版社1999年，第339—358頁。

李家浩：《楚墓竹簡中的"昆"字及从"昆"之字》，《中國文字》新25期，藝文印書館1999年，第139—148頁；《著名中年語言學家自選集·李家浩卷》，安徽教育出版社 2002 年,第 306—317 頁。

李家浩:《釋上博戰國竹簡〈緇衣〉中的"𥄔"合文——兼釋兆域圖"遜"和屬羌鐘"䨴"等字》,《康樂集——曾憲通教授七十壽慶論文集》,中山大學出版社 2006 年,第 21—26 頁。

李家浩:《談清華戰國竹簡〈楚居〉的"夷屯"及其他——兼談包山楚簡的"𡎺人"等》,《出土文獻》第 2 輯,中西書局 2011 年,第 55—66 頁。

李家浩:《清華竹簡〈耆夜〉的飲至禮》,《出土文獻》第 4 輯,中西書局 2013 年,第 19—31 頁。

李家浩:《戰國文字中的"宧"字》,《出土文獻與古文字研究》第 6 輯,上海古籍出版社 2015 年,第 245—276 頁。

李家浩:《楚簡文字中的"枕"字——兼談戰國文字中幾個從"臼"之字》,《出土文獻》第 9 輯,中西書局 2016 年,第 117—126 頁。

李家浩:《關於郭店竹書〈六德〉"仁類𦯔而速"一段文字的釋讀》,《出土文獻研究》第 10 輯,中西書局 2011 年,第 42—55 頁。

李家浩:《甲骨文北方神名"勹"與戰國文字從"勹"之字——談古文字"勹"有讀如"宛"的音》,《文史》2012 年第 3 輯,第 29—73 頁。

李江濤:《"清華簡"驚人發現,可窺堯舜"秘史"》,《新華每日電訊》2009 年 4 月 27 日第 7 版。

李江濤:《研究者認爲清華簡〈算表〉是"九九"表的拓展與延伸》,《陝西教育(高教)》2014 年第 4 期,第 32 頁。

李晶:《清華簡〈繫年〉體裁考論——以〈春秋〉義例爲視角》,《"紀念〈劍橋中國上古史〉出版二十周年學術研討會"論文集》,北京 2019 年 9 月 11 日—12 日。

李晶:《清華簡〈金縢〉與〈尚書〉鄭注文本考——兼論〈史記〉述〈金縢〉的今古文問題》,《古代文明》2016 年第 3 期,第 39—47 頁。

李均明:《周文王遺囑之中道觀》,《光明日報》2009 年 4 月 20 日第 12 版。

李均明:《〈耆夜〉所見辛公甲與作册逸》,《光明日報》2009 年 8 月 17 日第 12 版;又以《清華簡所見辛公甲與作册逸》爲題,收入《耕耘錄——簡牘研究叢稿》,人民美術出版社 2013 年,第 1—3 頁。

李均明:《〈保訓〉與周文王的治國理念》,《中國史研究》2009 年第 3 期,第 9—12 頁。

李均明:《説清華簡"假中于河"》,《中國文物報》2009 年 7 月 17 日第 7 版。

李均明、劉軍:《戰國簡所見舜之形象——中道先驅》,《出土文獻研究》第

9輯,中華書局2010年,第11—16頁。

　　李均明:《清華簡〈殷高宗問於三壽〉概述》,《文物》2014年第12期,第85—88頁。

　　李均明:《讀清華簡札記——中道之實踐與權變》,《第一屆中日學者中國古代史論壇文集》,中國社會科學出版社2010年,第65—70頁;《耕耘録:簡牘研究叢稿》,人民美術出版社2013年,第9—13頁。

　　李均明:《戰國數字》,《出土文獻》第1輯,中西書局2010年,第198—210頁;又以《戰國數字——從清華簡的一組序碼談起》爲題,收入《耕耘録:簡牘研究叢稿》,人民美術出版社2013年,第39—48頁。

　　李均明:《清華簡〈皇門〉之君臣觀》,《中國史研究》2011年第1期,第59—66頁;人大複印資料《先秦、秦漢史》2011年第4期,第38—42頁;《耕耘録:簡牘研究叢稿》,人民美術出版社2013年,第14—20頁。

　　李均明:《周書〈皇門〉校讀記》,《出土文獻研究》第10輯,中華書局2011年,第2—13頁;《耕耘録:簡牘研究叢稿》,人民美術出版社2013年,第21—30頁。

　　李均明、趙桂芳:《清華簡文本復原——以〈清華大學藏戰國竹簡〉第一、二輯爲例》,《出土文獻》第3輯,中西書局2012年,第61—69頁;又以《清華簡文本復原——以〈清華大學藏戰國竹簡〉一、二集爲例》爲題,收入《耕耘録:簡牘研究叢稿》,人民美術出版社2013年,第49—55頁。

　　李均明:《清華簡首集簡册文本解析》,《清華簡研究》第1輯,中西書局2012年,第373—383頁。

　　李均明、馮立昇:《清華簡〈算表〉概述》,《文物》2013年第8期,第73—75頁。

　　李均明:《〈蟋蟀〉詩主旨辨——由清華簡"不喜不樂"談起》,《出土文獻》第4輯,中西書局2013年,第32—37頁。

　　李均明:《清華簡〈算表〉的文本形態與復原依據》,《出土文獻研究》第12輯,中西書局2013年,第16—32頁。

　　李均明:《伍員與柏舉之戰——從清華戰國簡〈繫年〉談起》,《楚簡楚文化與先秦歷史文化國際學術研討會論文集》,湖北教育出版社2013年,第81—89頁;《耕耘録:簡牘研究叢稿》,人民美術出版社2013年,第31—38頁。

　　李均明、馮立昇:《清華簡〈算表〉的形制特徵與運算方法》,《自然科學史研究》2014年第1期,第1—17頁。

　　李均明:《清華簡〈算表〉的运算範圍》,清華大學出土文獻研究與保護中心網2014年3月5日。

李均明:《清華簡〈算表〉的运算範圍(續)》,清華大學出土文獻研究與保護中心網 2014 年 3 月 19 日。

李均明:《揆中水衡——清華簡〈殷高宗問於三壽〉之中道觀》,《出土文獻》第 7 輯,中西書局 2015 年,第 137－144 頁。

李均明:《清華簡〈三壽〉音説解析——與〈荀子·樂論〉的比較》,《出土文獻》第 6 輯,中西書局 2015 年,第 201－206 頁。

李均明:《清華簡〈殷高宗問於三壽〉"利"説解析——與荀子義利觀的比較》,《"出土文獻與中國古代文明學術研討會"論文集》,中國人民大學 2015 年 6 月 6 日－7 日;《國學學刊》2015 年第 4 期,第 8－12 頁。

李均明:《清華簡〈殷高宗問於三壽〉與荀子思想的比較》,《"出土文獻與先秦經史國際學術研討會"論文集》,香港大學 2015 年 10 月 16 日－17 日。

李均明:《〈補資治通鑒長編稿系列〉之簡牘史料長編》,香港浸會大學饒宗頤國學院《饒宗頤學術研究論文集》,中華書局(香港)有限公司 2015 年,第 81－102 頁。

李均明:《清華簡〈殷高宗問於三壽〉思想理念六則》,《"第二屆簡帛學的理論與實踐學術研討會"論文集》,首都師範大學 2016 年 11 月 4 日－6 日。

李均明:《清華簡〈殷高宗問於三壽〉所反映的憂患意識》,《中國史研究》2016 年第 1 期,第 5－10 頁。

李均明:《伍子胥的軍事謀略與運動戰理論——從清華簡〈繫年〉及張家山漢簡〈蓋廬〉談起》,《出土文獻與中國古代文明——李學勤先生八十壽誕紀念論文集》,中西書局 2016 年,第 319－327 頁。

李均明:《清華簡〈殷高宗問於三壽〉"祥"説解析》,《甘肅省第三屆簡牘學國際學術研討會論文集》,上海辭書出版社 2017 年,第 544－549 頁。

李均明:《清華簡〈殷高宗問於三壽〉所反映的社會思潮》,《古文字與古代史》第 5 輯,"中研院"歷史語言研究所 2017 年,第 217－238 頁。

李均明:《伍子胥人生結局解析》,《"清華簡國際研討會"論文集》,香港浸會大學、澳門大學 2017 年 10 月 26 日－28 日。

李均明:《清華簡〈邦家之政〉的爲政觀》,《清華大學學報(哲學社會科學版)》2018 年第 6 期,第 168－172 頁。

李均明:《清華簡〈邦家之政〉所反映的儒墨交融》,《"紀念清華簡入藏暨清華大學出土文獻研究與保護中心成立十周年國際學術研討會"論文集》,清華大學 2018 年 11 月 17 日－18 日;《中國哲學史》2019 年第 3 期,第 25－29 頁。

李均明、陳民鎮:《簡牘學研究 70 年》,《中國文化研究》2019 年第 3 期,第 1—25 頁;人大複印資料《先秦、秦漢史》2019 年第 6 期。

李均明、趙桂芳:《李學勤先生與簡牘保護》,《中國史研究動態》2019 年第 5 期,第 60—62 頁。

李均明:《清華簡〈成人〉篇之尚"五"觀》,《"第九届出土文獻與法律史研究國際學術研討會"論文集》,華東政法大學 2019 年 10 月 11 日—13 日;《出土文獻與法律史研究》第 9 輯,法律出版社 2020 年,第 68—75 頁。

李均明:《清華簡〈殷高宗問於三壽〉"信"説解析》,《清華簡研究》第 3 輯,中西書局 2019 年,第 328—336 頁。

李軍政:《〈保訓〉之"中"應訓爲"常"》,《中國哲學史》2013 年第 1 期,第 41—44 頁。

李俊楠:《淺談清華簡〈金縢〉篇相關問題》,《"第六届出土文獻研究與比較文字學全國博士生學術論壇"論文集》,西南大學 2016 年 10 月 25 日—28 日。

李力:《從法制史角度解讀清華簡(六)〈子産〉篇》,《簡帛》第 17 輯,上海古籍出版社 2018 年,第 37—54 頁。

李零:《讀清華簡〈保訓〉釋文》,《中國文物報》2009 年 8 月 21 日第 7 版;《待兔軒文存·説文卷》,廣西師範大學出版社 2015 年,第 397—403 頁。

李零:《説清華楚簡〈保訓〉篇的"中"字》,《中國文物報》2009 年 5 月 20 日第 7 版;《待兔軒文存·説文卷》,廣西師範大學出版社 2015 年,第 392—396 頁。

李零:《詩與酒——從清華楚簡〈耆夜〉和北大秦簡〈酒令〉想起的》,《湖南大學學報(社會科學版)》2015 年第 3 期,第 5—7 頁。

李零:《讀簡筆記:清華楚簡〈繫年〉第一至四章》,《吉林大學社會科學學報》2016 年第 4 期,第 168—176 頁;《清華簡〈繫年〉與古史新探》,中西書局 2016 年,第 38—54 頁。

李隆獻:《先秦敍史文獻"敍事"與"體式"隅論——以晉"欒氏之滅"爲例》,《臺大文史哲學報》2014 年第 80 期,第 1—41 頁。

李美辰:《清華簡〈説命(上)〉"伐失仲"句試解》,《出土文獻綜合研究集刊》第 5 輯,巴蜀書社 2017 年,第 7—14 頁。

李美辰:《〈殷高宗問於三壽〉"娃=先反"句補説》,《古文字論壇》第 3 輯,中西書局 2018 年,第 377—380 頁。

李美辰:《清華簡新見用字現象舉隅》,《中國文字》新 44 期,藝文印書館 2019 年,第 219—234 頁。

李美辰:《清華簡新見專造字釋例》,《"首屆漢語字詞關係學術研討會"論文集》,浙江杭州 2019 年 10 月 26 日－27 日。

李美辰:《清華簡書手抄寫用字習慣探研》,《漢語史學報》2020 年第 2 期,第 150－157 頁。

李美妍:《論清華簡〈繫年〉中承接關係詞"乃"和"焉"》,《出土文獻》第 11 輯,中西書局 2017 年,第 156－164 頁。

李明麗:《以力統禮——試論清華簡〈繫年〉的深層叙事結構》,《古籍整理研究學刊》2016 年第 2 期,第 83－88 頁。

李鳴:《發現和解讀〈黄帝内經〉生氣通天八卦五行圖》,《中華中醫藥雜志》2016 年第 11 期,第 4420－4423 頁。

李培:《戰國竹簡發現周文王遺書——專家解讀真本"古文尚書"》,《南方日報》2009 年 4 月 30 日第 B8 版。

李鵬輝:《〈清華簡(陸)〉筆記二則》,《中國文字學報》第 8 輯,商務印書館 2017 年,第 125－128 頁。

李麒、劉文靜、孫麗蓉:《清華簡〈楚居〉季連形象研究綜述》,《科教文匯》2019 年第 2 期,第 149－150 頁。

李如冰:《清華簡〈赤鵠〉篇巫鳥形象探析》,《中國簡帛學刊》第 3 輯,社會科學文獻出版社 2019 年,第 187－197 頁。

李鋭:《清華楚簡〈保訓〉試讀》,孔子 2000 網 2009 年 4 月 14 日。

李鋭:《〈保訓〉"假中于河"試解》,孔子 2000 網 2009 年 4 月 16 日。

李鋭:《讀〈保訓〉札記》,孔子 2000 網 2009 年 6 月 17 日。

李鋭:《上甲微之"中"再論》,孔子 2000 網 2009 年 6 月 24 日。

李鋭:《〈程寤〉試讀》,簡帛網 2011 年 3 月 30 日。

李鋭:《〈金縢〉初探》,《史學史研究》2011 年第 2 期,第 116－123 頁。

李鋭:《讀〈繫年〉札記(修訂)》,孔子 2000 網"清華大學簡帛研究"專欄 2011 年 12 月 22 日。

李鋭:《讀〈繫年〉札記(二)》,孔子 2000 網"清華大學簡帛研究"專欄 2011 年 12 月 25 日。

李鋭:《清華簡〈保訓〉與中國古代"中"的思想》,《孔子研究》2011 年第 2 期,第 46－53 頁。

李鋭:《讀清華簡札記(五則)》,《簡帛研究二〇一二》,廣西師範大學出版社 2013 年,第 1－7 頁。

李鋭:《讀清華簡〈保訓〉札記(三則)》,《古文研究》第 29 輯,中華書局 2012 年,第 557－561 頁。

李鋭:《"陰陽"與"中"》,《深圳大學學報(人文社會科學版)》2012 年第 3 期,第 54－57 頁。

李鋭:《讀清華簡 3 札記(一)》,孔子 2000 網 2013 年 1 月 4 日。

李鋭:《讀清華簡 3 札記(二)》,孔子 2000 網 2013 年 1 月 6 日。

李鋭:《讀清華簡 3 札記(三)》,孔子 2000 網 2013 年 1 月 14 日。

李鋭:《清華簡〈傅說之命〉研究》,《深圳大學學報(人文社會科學版)》2013 年第 6 期,第 68－72 頁;《同文與族本——新出簡帛與古書形成研究》,中西書局 2017 年,第 205－214 頁。

李鋭:《由清華簡〈繫年〉談戰國初楚史年代的問題》,《史學史研究》2013 年第 2 期,第 100－104 頁;《簡帛文獻與古代史——第二屆出土文獻青年學者國際論壇論文集》,中西書局 2015 年,第 68－72 頁。

李鋭:《戰國竹書形近字互別現象初探——兼論古書的傳抄》,《古文字研究》第 30 輯,中華書局 2014 年,第 508－513 頁。

李鋭:《清華簡〈耆夜〉續探》,《中原文化研究》2014 年第 2 期,第 55－62 頁。

李鋭:《〈楚辭·天問〉上甲微事迹新釋》,《史學史研究》2015 年第 3 期,第 1－6 頁。

李鋭:《從出土文獻談古書形成過程中的"族本"》,《出土文獻與古書成書問題研究——"古史史料學研究的新視野研討會"論文集》,中西書局 2015 年,第 107－120 頁。

李鋭:《清華簡〈耆夜〉再探》,《清華簡研究》第 2 輯,中西書局 2015 年,第 118－131 頁。

李鋭:《由清華簡〈保訓〉論〈天問〉上甲微事迹》,《"第三屆簡帛學國際學術研討會暨謝桂華先生〈漢晉簡牘論叢〉出版座談會"論文集》,桂林 2015 年 11 月 5 日－8 日。

李鋭:《由清華簡〈金縢〉談武王在位四年説》,《學術交流》2015 年第 7 期,第 214－218 頁。

李鋭:《〈繫年〉零札》,《清華簡〈繫年〉與古史新探》,中西書局 2016 年,第 211－214 頁。

李鋭:《讀清華簡〈筮法〉札記》,《出土文獻研究》第 15 輯,中西書局 2016 年,第 89－92 頁。

李鋭:《清華簡〈金縢〉初研》,《同文與族本——新出簡帛與古書形成研究》,中西書局 2017 年,第 174－187 頁。

李鋭:《清華簡〈管仲〉初探》,《出土文獻》第 13 輯,中西書局 2018 年,第 111－115 頁。

李鋭:《清華簡〈繫年〉與葛陵簡楚史問題考》,《"楚文化與長江中游早期開發國際學術研討會"論文集》,武漢大學 2018 年 9 月 15 日－16 日。

李鋭:《由清華簡〈繫年〉補論"民可使由之不可使知之"》,《"紀念清華簡入藏暨清華大學出土文獻研究與保護中心成立十周年國際學術研討會"論文集》,清華大學 2018 年 11 月 17 日－18 日。

李鋭:《清華簡〈攝命〉與〈尚書〉學相關問題小議》,《"清華簡〈攝命〉研究高端論壇"論文集》,上海大學 2019 年 5 月 31 日－6 月 2 日。

李尚信:《論清華簡〈筮法〉的筮數系統及其相關問題》,《周易研究》2013 年第 6 期,第 5－10 頁。

李尚信:《關於清華簡〈筮法〉的幾處困惑》,《中國文化論衡》2016 年第 1 期,第 130－141 頁。

李尚信:《清華簡〈筮法〉筮例並非實占例》,《深圳大學學報(人文社會科學版)》2016 年第 2 期,第 55－58 頁。

李世佳:《清華簡〈攝命〉"伯攝"身份綜論》,《"清華簡〈攝命〉研究高端論壇"論文集》,上海大學 2019 年 5 月 31 日－6 月 2 日。

李守奎:《〈保訓〉二題》,《出土文獻》第 1 輯,中西書局 2010 年,第 78－86 頁;《古文字與古史考——清華簡整理研究》,中西書局 2015 年,第 26－39 頁。

李守奎:《〈楚居〉中的楚先祖與楚族姓氏》,《出土文獻研究》第 10 輯,中華書局 2011 年,第 14－22 頁;《古文字與古史考——清華簡整理研究》,中西書局 2015 年,第 74－86 頁。

李守奎:《〈楚居〉中的樊字及出土楚文獻中與樊相關文例的釋讀》,《文物》2011 年第 3 期,第 75－78 頁;《古文字與古史考——清華簡整理研究》,中西書局 2015 年,第 40－48 頁。

李守奎:《根據〈楚居〉解讀史書中熊渠至熊延世序之混亂》,《中國史研究》2011 年第 1 期,第 79－86 頁;《古文字與古史考——清華簡整理研究》,中西書局 2015 年,第 63－73 頁。

李守奎:《論〈楚居〉中季連與鬻熊事迹的傳説特徵》,《清華大學學報(哲學社會科學版)》2011 年第 4 期,第 33－39 頁;《古文字與古史考——清華簡整理研究》,中西書局 2015 年,第 49－62 頁。

李守奎:《清華簡〈繫年〉與吴人入郢新探》,《中國社會科學報》2011 年 11 月 24 日第 A07 版。

李守奎、張峰:《説楚文字中的"桀"與"傑"》,《簡帛》第 7 輯,上海古籍出版社 2012 年,第 79－86 頁。

李守奎、劉波:《續論陸字構形與陸聲字的音義》,《古文字研究》第 29 輯,中華書局 2012 年,第 654－660 頁。

李守奎、肖攀:《清華簡〈繫年〉中的"自"字及"自"之構形》,《華夏文化論壇》第 8 輯,吉林文史出版社 2012 年,第 275－285 頁。

李守奎:《〈周公之琴舞〉補釋》,《出土文獻研究》第 11 輯,中西書局 2012 年,第 5－23 頁;《古文字與古史考——清華簡整理研究》,中西書局 2015 年,第 311－334 頁。

李守奎:《清華簡〈周公之琴舞〉與周頌》,《文物》2012 年第 8 期,第 72－76 頁;《古文字與古史考——清華簡整理研究》,中西書局 2015 年,第 283－293 頁。

李守奎:《出土文獻中"遷"字的使用習慣與何尊"遷宅"補説》,《出土文獻》第 4 輯,中西書局 2013 年,第 121－129 頁;《古文字與古史考——清華簡整理研究》,中西書局 2015 年,第 185－196 頁。

李守奎:《清華簡〈繫年〉所記楚昭王時期吴晉聯合伐楚解析》,《楚簡楚文化與先秦歷史文化國際學術研討會論文集》,湖北教育出版社 2013 年,第 90－97 頁;《古文字與古史考——清華簡整理研究》,中西書局 2015 年,第 122－134 頁。

李守奎:《清華簡〈繫年〉中的"☒"字與陳氏》,《中國文字研究》第 18 輯,上海書店出版社 2013 年,第 22－26 頁;《古文字與古史考——清華簡整理研究》,中西書局 2015 年,第 146－154 頁。

李守奎:《清華簡中的詩與〈詩〉學新視野》,《中國高校社會科學》2013 年第 6 期,第 85－90 頁;《古文字與古史考——清華簡整理研究》,中西書局 2015 年,第 272－282 頁。

李守奎:《據清華簡〈繫年〉"克反邑商"釋讀小臣單觶的"反"與包山簡中的"鈑"》,《簡帛》第 9 輯,上海古籍出版社 2014 年,第 129－136 頁;《古文字與古史考——清華簡整理研究》,中西書局 2015 年,第 197－206 頁。

李守奎:《清華簡〈繫年〉"莫囂昜爲"考論》,《中原文化研究》2014 年第 2

期,第 50—54 頁;《古文字與古史考——清華簡整理研究》,中西書局 2015 年,第 135—145 頁。

李守奎:《清華簡〈繫年〉"也"字用法與攻吾王光劍、欒書缶的釋讀》,《古文字研究》第 30 輯,中華書局 2014 年,第 374—380 頁;《古文字與古史考——清華簡整理研究》,中西書局 2015 年,第 207—218 頁。

李守奎:《清華簡〈繫年〉中的"繡"字與西申》,《歷史語言學研究》第 7 輯,商務印書館 2014 年,第 168—177 頁;《古文字與古史考——清華簡整理研究》,中西書局 2015 年,第 155—171 頁。

李守奎:《清華簡〈筮法〉文字與文本特點略説》,《深圳大學學報(人文社會科學版)》2014 年第 1 期,第 58—62 頁;《古文字與古史考——清華簡整理研究》,中西書局 2015 年,第 335—345 頁。

李守奎:《説清華簡〈繫年〉中的裝飾性筆畫"一"——兼談漢字演變中求美動力與漢字構形中的飾符》,《出土文獻研究》第 13 輯,中西書局 2014 年,第 34—46 頁;《漢字學論稿》,人民美術出版社 2016 年,第 110—118 頁。

李守奎:《先秦文獻中的琴瑟與〈周公之琴舞〉的成文時代》,《吉林大學社會科學學報》2014 年第 1 期,第 11—19 頁;《古文字與古史考——清華簡整理研究》,中西書局 2015 年,第 294—310 頁。

李守奎:《"屎"與"徙之古文"考》,《出土文獻》第 6 輯,中西書局 2015 年,第 154—162 頁;《古文字與古史考——清華簡整理研究》,中西書局 2015 年,第 172—184 頁。

李守奎:《楚文獻中的教育與清華簡〈繫年〉性質初探》,《出土文獻與古文字研究》第 6 輯,上海古籍出版社 2015 年,第 291—302 頁;《古文字與古史考——清華簡整理研究》,中西書局 2015 年,第 99—115 頁。

李守奎:《楚文字研究與"楚文字學"的構建》,《"戰國文字研究的回顧與展望國際學術研討會"論文集》,復旦大學 2015 年 12 月 12 日—13 日;《漢字學論稿》,人民美術出版社 2016 年,第 173—182 頁。

李守奎:《漢代伊尹文獻的分類與清華簡中伊尹諸篇的性質》,《深圳大學學報(人文社會科學版)》,2015 年第 3 期,第 41—49 頁;又以《漢代伊尹文獻的分類與清華簡中的伊尹諸篇的性質》爲題,收入《古文字與古史考——清華簡整理研究》,中西書局 2015 年,第 346—368 頁。

李守奎:《系統釋字法與古文字考釋——以"厂""石"構形功能的分析爲例》,《吉林大學社會科學學報》2015 年第 4 期,第 225—241 頁;《漢字學論稿》，人民美術出版社 2016 年，第 122－140 頁。

李守奎:《異源字的楚化過程與外來文本的流傳》，《"第八屆中國文字學年會"論文集》，中國人民大學 2015 年 8 月 22 日－23 日。

李守奎:《〈越公其事〉與〈國語〉》，《"紀念于省吾先生誕辰 120 周年、姚孝遂先生誕辰 90 周年學術研討會"論文集》，吉林大學 2016 年 7 月 10 日－11 日。

李守奎:《〈鄭武夫人規孺子〉中的喪禮用語與相關的禮制問題》，《中國史研究》2016 年第 1 期，第 11－18 頁。

李守奎:《釋楚簡中的"規"——兼説"支"亦"規"之表意初文》，《復旦學報（社會科學版）》2016 年第 3 期，第 80－86 頁;《漢字學論稿》，人民美術出版社 2016 年，第 49－58 頁。

李守奎:《一部古史探新知——清華簡〈繫年〉的價值和意義》，《清華簡〈繫年〉與古史新探》，中西書局 2016 年，第 517－521 頁。

李守奎、白顯鳳:《楚文字的歷史發展與地域文字系統的形成》，《吉林大學社會科學學報》2017 年第 1 期，第 158－174 頁。

李守奎:《〈越公其事〉與句踐滅吴的歷史事實及故事流傳》，《文物》2017 年第 6 期，第 75－80 頁。

李守奎:《古音研究中應當注意的幾個文字問題》，《"上古音與古文字研究國際研討會"論文集》，澳門大學、香港浸會大學 2017 年 7 月 15 日－17 日。

李守奎:《清華簡中的伍之雞與歷史上的雞父之戰》，《中國高校社會科學》2017 年第 2 期。第 107－115 頁。

李守奎:《釋"仍"》，《甘肅省第三屆簡牘學國際學術研討會論文集》，上海辭書出版社 2017 年，第 550－554 頁。

李守奎:《"俞"字的闡釋及考釋:〈説文〉以來的漢字闡釋》，《新語文學與早期中國研究》，上海人民出版社 2018 年，第 260－278 頁。

李守奎:《〈國語〉故訓與古文字》，《漢字漢語研究》2018 年第 2 期，第 92－102 頁。

李守奎:《清華簡〈治政之道〉的治政理念與文本的幾個問題》，《文物》2019 年第 9 期，第 44－49 頁。

李松儒:《清華簡書法風格淺析》，《出土文獻研究》第 13 輯，中西書局 2014 年，第 27－33 頁。

李松儒:《〈清華大學藏戰國竹簡〉（陸）之〈管仲〉字迹研究》，《書法研究》2016 年第 4 期，第 34－45 頁。

李松儒:《清華簡殘泐字辨析三則》,《古文字研究》第 31 輯,中華書局 2016 年,第 397—400 頁。

李松儒:《清華五字迹研究》,《簡帛》第 13 輯,上海古籍出版社 2016 年,第 79—89 頁。

李松儒:《試析〈繫年〉中的一詞多形現象》,《清華簡〈繫年〉與古史新探》,中西書局 2016 年,第 455—486 頁。

李松儒:《清華六〈鄭武夫人規孺子〉等四篇字迹研究》,《"紀念于省吾先生誕辰 120 周年、姚孝遂先生誕辰 90 周年學術研討會"論文集》,吉林大學 2016 年 7 月 10—11 日。

李松儒:《再論〈祭公〉與〈尹至〉等篇的字迹》,《戰國文字研究的回顧與展望》,中西書局 2017 年,第 252—260 頁。

李松儒:《清華柒〈越公其事〉中的一詞多形現象》,《出土文獻研究》第 17 輯),中西書局 2018 年,第 73—96 頁。

李松儒:《清華簡〈算表〉字迹研究》,《出土文獻研究》第 18 輯,中西書局 2019 年,第 96—104 頁。

李松儒:《清華簡〈良臣〉〈祝辭〉的形制與書寫》,《漢字漢語研究》2020 年第 1 期,第 32—38 頁。

李松儒:《清華簡〈筮法〉與〈子產〉字迹研究》,《簡帛》第 21 輯,上海古籍出版社 2020 年,第 29—61 頁。

李天虹:《由清華簡〈皇門〉"耆門"談上博簡〈姑城家父〉的"強門"》,《古文字研究》第 30 輯,中華書局 2014 年,第 365—368 頁。

李天虹:《由嚴倉楚簡看戰國文字資料中"才""圣"兩字的釋讀》,《簡帛》第 9 輯,上海古籍出版社 2014 年,第 23—32 頁。

李天虹:《小議〈繫年〉"先建"》,《出土文獻與中國古代文明——李學勤先生八十壽誕紀念論文集》,中西書局 2016 年,第 264—266 頁。

李宛庭:《〈清華簡(肆)·筮法〉占筮用詞》,《"第二十六屆中國文字學國際學術研討會"論文集》,臺灣逢甲大學 2015 年 5 月 29 日—30 日。

李秀亮:《由清華簡〈繫年〉再論"國人暴動"的性質》,《魯東大學學報(哲學社會科學版)》2016 年第 6 期,第 60—62 頁;《清華簡與儒家經典國際學術研討會論文集》,上海古籍出版社 2017 年,第 200—204 頁。

李秀強:《清華簡〈楚居〉與"風馬牛不相及"之"及"》,《中華讀書報》2018 年 11 月 21 日第 15 版。

李學勤：《初識清華簡》，《光明日報》2008年12月1日第12版；《當代名家學術思想文庫·李學勤卷》，北方聯合出版傳媒（集團）股份有限公司，第301－306頁；《通嚮文明之路》，商務印書館2010年，第240－248頁；《初識清華簡》，中西書局2013年，第1－8頁。

李學勤、劉國忠：《清華簡：先秦歷史懸疑有待揭開》，《社會科學報》2009年6月11日第6版。

李學勤、劉國忠：《清華簡與中國古代文明研究》，《國學學刊》2009年第3期。

李學勤：《從"絕學"到"顯學"——中國古文字學的繁榮發展》，《人民日報》2009年8月14日；《三代文明研究》，商務印書館2011年，第218－222頁。

李學勤：《近年出土文獻與中國文明的早期發展》，《光明日報》2009年11月5日第11版。

李學勤：《論清華簡〈保訓〉的幾個問題》，《文物》2009年第6期，第76－78頁；《三代文明研究》，商務印書館2011年，第141－144頁；《初識清華簡》，中西書局2013年，第9－14頁。

李學勤：《清華簡〈耆夜〉》，《光明日報》2009年8月3日第12版。

李學勤：《清華簡〈保訓〉釋讀補正》，《中國史研究》2009年第3期，第5－8頁；《三代文明研究》，商務印書館2011年，第152－155頁；《初識清華簡》，中西書局2013年，第24－28頁。

李學勤：《清華簡整理工作的第一年》，《清華大學學報（哲學社會科學版）》2009年第5期，5－6頁；《三代文明研究》，商務印書館2011年，第156－159頁；《初識清華簡》，中西書局2013年，第29－32頁。

李學勤：《周文王遺言》，《光明日報》2009年4月13日第12版。

李學勤：《論清華簡〈保訓〉的幾個問題》，《文物》2009年第6期，第76－78頁。

李學勤、劉國忠：《清華簡與中國古代文明研究》，孔子2000網2010年3月24日。

李學勤：《從清華簡談到周代黎國》，《出土文獻》第1輯，中西書局2010年，第1－5頁；《初識清華簡》，中西書局2013年，第61－66頁。

李學勤：《清華簡九篇綜述》，《文物》2010年第5期，第51－57頁；《三代文明研究》，商務印書館2011年，第171－181頁；《初識清華簡》，中西書局2013年，第48－60頁。

李學勤：《〈程寤〉〈保訓〉"日不足"等語的讀釋》，《清華大學學報（哲學社會科學版）》2011年第2期，第51－53頁；《三代文明研究》，商務印書館2011

年,第182—186頁;《初識清華簡》,中西書局2013年,第70—75頁。

李學勤:《〈繫年〉出版的重要意義》,《邯鄲學院學報》2011年第4期,第5—6頁;《邯鄲學院學報》2013年增刊,第15—16頁;《初識清華簡》,中西書局2013年,第157—159頁;《夏商周文明研究》,商務印書館2015年,第219—221頁。

李學勤:《簡介清華簡〈耆夜〉》,《三代文明研究》,商務印書館2011年,第148—151頁。

李學勤:《劉國忠〈走近清華簡〉序》,《三代文明研究》,商務印書館2011年,第334—335頁;《初識清華簡》,中西書局2013年,第76—77頁。

李學勤:《論清華簡〈楚居〉中的古史傳說》,《中國史研究》2011年第1期,第53—58頁;《三代文明研究》,商務印書館2011年,第187—193頁;《初識清華簡》,中西書局2013年,第78—86頁。

李學勤:《論清華簡〈耆夜〉的〈蟋蟀〉詩》,《中國文化》2011年第1期,第7—10頁;《初識清華簡》,中西書局2013年,第127—134頁;《夏商周文明研究》,商務印書館2015年,第209—215頁。

李學勤:《清華簡〈楚居〉與楚徙郢郢》,《江漢考古》2011年第2期,第108—109頁;《初識清華簡》,中西書局2013年,第123—126頁;《夏商周文明研究》,商務印書館2015年,第197—199頁。

李學勤:《清華簡〈繫年〉"奴叡之戎"試考》,《社會科學戰綫》2011年第12期,第27—28頁;《初識清華簡》,中西書局2013年,第153—156頁;《夏商周文明研究》,商務印書館2015年,第19—21頁。

李學勤:《清華簡〈繫年〉及有關古史問題》,《文物》2011年第3期,第70—74頁;《三代文明研究》,商務印書館2011年,第196—206頁;《初識清華簡》,中西書局2013年,第89—98頁。

李學勤:《清華簡關於秦人始源的重要發現》,《光明日報》2011年9月8日第11版;《初識清華簡》,中西書局2013年,第140—144頁;《夏商周文明研究》,商務印書館2015年,第11—14頁;《中西學術名篇精讀·李學勤卷》,中西書局2017年,第126—130頁。

李學勤:《清華簡與〈尚書〉〈逸周書〉的研究》,《史學史研究》2011年第2期,第104—109頁;《初識清華簡》,中西書局2013年,第99—109頁;《夏商周文明研究》,商務印書館2015年,第200—208頁。

李學勤:《清華簡中的周文王遺言〈保訓〉》,《三代文明研究》,商務印書館

2011年,第145—147頁;《初識清華簡》,中西書局2013年,第15—18頁。

李學勤:《釋"釾"爲四分之一》,《三代文明研究》,商務印書館2011年,第136—140頁;《初識清華簡》,中西書局2013年,第67—69頁。

李學勤:《釋清華簡〈金縢〉通假爲"穧"之字》,《出土文獻研究》第10輯,中華書局2011年,第1頁;《三代文明研究》,商務印書館2011年,第194—195頁;《初識清華簡》,中西書局2013年,第87—88頁。

李學勤:《談秦人初居"邾虗"的地理位置》,《出土文獻》第2輯,中西書局2011年,第1—4頁;《初識清華簡》,中西書局2013年,第148—152頁;《夏商周文明研究》,商務印書館2015年,第15—18頁。

李學勤:《由清華簡〈金縢〉看周初史事》,《中國經學》第8輯,廣西師範大學出版社2011年,第1—6頁;《初識清華簡》,中西書局2013年,第115—122頁;《夏商周文明研究》,商務印書館2015年,第5—10頁。

李學勤:《紂子武庚祿父與大保簋》,《甲骨文與殷商史》新2輯,上海古籍出版社2011年,第1—4頁;《初識清華簡》,中西書局2013年,第110—114頁。

李學勤:《從〈繫年〉看〈紀年〉》,《光明日報》2012年2月27日第15版;《初識清華簡》,中西書局2013年,第160—162頁;《夏商周文明研究》,商務印書館2015年,第277—279頁。

李學勤:《讀清華簡〈周公之琴舞〉"疐天之不易"》,《出土文獻研究》第11輯,中西書局2012年,第1—4頁;《初識清華簡》,中西書局2013年,第198—201頁;《夏商周文明研究》,商務印書館2015年,第243—246頁。

李學勤:《論清華簡〈説命〉中的卜辭》,《華夏文化論壇》2012年第2期,第273—274頁;《初識清華簡》,中西書局,第195—197頁;《夏商周文明研究》,商務印書館2015年,第240—242頁。

李學勤:《清華簡〈繫年〉解答封衛疑謎》,《文史知識》2012年第3期,第13—15頁;《初識清華簡》,中西書局2013年,第163—166頁;《夏商周文明研究》,商務印書館2015年,第28—30頁。

李學勤:《清華簡的整理研究工作簡介》,《李學勤講演錄》,長春出版社2012年,第162—168頁;《清華簡及古代文明》,江西教育出版社2017年,第220—228頁。

李學勤:《清華簡對學術史研究的貢獻》,《中國社會科學報》2012年1月9日;《初識清華簡》,中西書局2013年,第145—147頁;《夏商周文明研究》,商務印書館2015年,第216—218頁。

李學勤:《新整理清華簡六種概述》,《文物》2012 年 8 期,第 66－71 頁;《初識清華簡》,中西書局 2013 年,第 172－185 頁;《夏商周文明研究》,商務印書館 2015 年,第 222－234 頁。

李學勤:《由清華簡〈繫年〉論〈紀年〉的體例》,《深圳大學學報(人文社會科學版)》2012 年第 2 期,第 42－44 頁;《初識清華簡》,中西書局 2013 年,第 167－171 頁;《夏商周文明研究》,商務印書館 2015 年,第 280－286 頁。

李學勤:《"國學熱"中談清華簡》,《三代文明研究》,商務印書館 2011 年,第 160－170 頁;《初識清華簡》,中西書局 2013 年,第 33－47 頁。

李學勤:《"九絥"與"九律"——兼釋商末"己酉方彝"》,《初識清華簡》,中西書局 2013 年,第 207－210 頁;《夏商周文明研究》,商務印書館 2015 年,第 169－172 頁。

李學勤:《讀〈繫年〉第三章及相關銘文札記》,《出土文獻》第 4 輯,中西書局 2013 年,第 56－58 頁;《夏商周文明研究》,商務印書館 2015 年,第 261－263 頁。

李學勤:《關於清華簡中的"丁"字》,《初識清華簡》,中西書局 2013 年,第 186－188 頁;《夏商周文明研究》,商務印書館 2015 年,第 187－188 頁。

李學勤:《論清華簡〈周公之琴舞〉的結構》,《初識清華簡》,中西書局 2013 年,第 202－206;《夏商周文明研究》,商務印書館 2015 年,第 247－250 頁。

李學勤:《清華簡〈祭公〉與師詢簋銘》,《初識清華簡》,中西書局 2013 年,第 135－139 頁。

李學勤:《清華簡〈筮法〉與數字卦問題》,《文物》2013 年第 8 期,第 66－69 頁;《夏商周文明研究》,商務印書館 2015 年,第 251－257 頁。

李學勤:《清華簡專題研究——論清華簡〈周公之琴舞〉的結構》,《深圳大學學報(人文社會科學版)》2013 年第 1 期,第 58－59 頁;又以《論清華簡〈周公之琴舞〉的結構》爲題,收入《初識清華簡》,中西書局 2013 年,第 202－206 頁。

李學勤:《由清華簡〈繫年〉論〈文侯之命〉》,《揚州大學學報(人文社會科學版)》2013 年第 2 期,第 49－51 頁;《初識清華簡》,中西書局 2013 年,第 189－194 頁;《夏商周文明研究》,商務印書館 2015 年,第 235－239 頁。

李學勤:《由清華簡〈繫年〉重釋沬司徒疑簋》,《中國高校社會科學》2013 年第 3 期,第 83－85 頁;《夏商周文明研究》,商務印書館 2015 年,第 177－180 頁。

李學勤:《周武王、周公的飲至詩歌》,《初識清華簡》,中西書局 2013 年,第

19—23 頁。

李學勤：《〈歸藏〉與清華簡〈筮法〉〈別卦〉》，《吉林大學社會科學學報》2014年第 1 期，第 5—7 頁；《夏商周文明研究》，商務印書館 2015 年，第 270—276 頁。

李學勤：《〈筮法〉〈別卦〉與〈算表〉》，《中國文化報》第 8 版 2014 年 1 月 14 日。

李學勤：《楚文字研究的過去與現在》，《歷史語言學研究》第 7 輯，商務印書館 2014 年，第 1—4 頁。

李學勤：《再讀清華簡〈周公之琴舞〉》，《紹興文理學院學報（哲學社會科學版）》2014 年第 1 期，第 1—2 頁；《夏商周文明研究》，商務印書館 2015 年，第 267—269 頁。

李學勤：《重說〈保訓〉》，《深圳大學學報（人文社會科學版）》，2014 年第 1 期，第 53—54 頁；《夏商周文明研究》，商務印書館 2015 年，第 264—266 頁。

李學勤：《〈初識清華簡〉後記》，《夏商周文明研究》，商務印書館 2015 年，第 414 頁。

李學勤：《讀〈周公之琴舞〉小記》，《清華簡研究》第 2 輯，中西書局 2015 年，第 1—3 頁。

李學勤：《清華簡〈厚父〉與〈孟子〉引〈書〉》，《深圳大學學報（人文社會科學版）》2015 年第 3 期，第 33—34 頁；《清華簡及古代文明》，江西教育出版社 2017 年，第 280—284 頁。

李學勤：《清華簡的文獻特色與學術價值》，《夏商周文明研究》，商務印書館 2015 年，第 51—54 頁；《清華簡與先秦經學文獻研究》，生活·讀書·新知三聯書店 2016 年，第 1—6 頁。

李學勤：《試論〈繫年〉第一章的思想內涵》，《夏商周文明研究》，商務印書館 2015 年，第 258—260 頁。

李學勤：《關於清華簡〈筮法〉的五點認識和五個問題——在清華簡與儒家經典專題國際學術研討會上的演講》，《濟南大學學報（社會科學版）》2016 年第 3 期，第 5—9 頁；《清華簡及古代文明》，江西教育出版社 2017 年，第 271—279 頁；《清華簡與儒家經典國際學術研討會論文集》，上海古籍出版社 2017 年，第 3—8 頁。

李學勤：《有關春秋史事的清華簡五種綜述》，《文物》2016 年第 3 期，第 79—83 頁；《清華簡及古代文明》，江西教育出版社 2017 年，第 285—298 頁。

李學勤：《"清華簡〈算表〉學術研討會"上的致辭》，《清華簡及古代文明》，江西教育出版社 2017 年，第 257—258 頁。

李學勤:《〈清華簡《繫年》與古史新探研究叢書〉序》,《清華簡及古代文明》,江西教育出版社2017年,第471—473頁。

李學勤:《〈竹簡上的經典——清華簡文獻展〉前言》,《清華簡及古代文明》,江西教育出版社2017年,第498—500頁。

李學勤:《劉光勝〈清華大學藏戰國竹簡(壹)整理研究〉、劉成群〈清華簡與古史甄微〉序》,《清華簡及古代文明》,江西教育出版社2017年,第493—494頁。

李學勤:《清華簡與古代文獻》,《清華簡及古代文明》,江西教育出版社2017年,第229—249頁。

李學勤:《清華簡與先秦思想文化》,《清華簡及古代文明》,江西教育出版社2017年,第212—219頁。

李學勤:《清華簡再現〈尚書〉佚篇》,《清華簡及古代文明》,江西教育出版社2017年,第264—267頁。

李學勤:《我與清華簡的初步整理與研究》,《清華簡及古代文明》,江西教育出版社2017年,第250—256頁。

李學勤:《由〈繫年〉第二章論鄭國初年史事》,《清華簡及古代文明》,江西教育出版社2017年,第259—263頁。

李學勤:《在〈清華大學藏戰國竹簡(柒)〉成果發布會上的講話》,《出土文獻》第11輯,中西書局2017年,第1—2頁;《清華簡及古代文明》,江西教育出版社2017年,第298—300頁。

李學勤:《在清華簡〈繫年〉與古史新探學術研討會暨叢書發布會上的致辭》,《清華簡及古代文明》,江西教育出版社2017年,第480—481頁。

李學勤:《在清華簡德國研討會上的致辭》,《清華簡及古代文明》,江西教育出版社2017年,第503—504頁。

李學勤:《〈子儀〉首段別釋》,《"紀念清華簡入藏暨清華大學出土文獻研究與保護中心成立十周年國際學術研討會"論文集》,清華大學2018年11月17日—18日。

李學勤:《清華簡〈攝命〉篇"粦"字質疑》,《文物》2018年第9期,第50—52頁。

李學勤:《談清華簡〈攝命〉篇體例》,《清華大學學報(哲學社會科學版)》2018年第5期,第48—49頁。

李燁:《〈清華簡(壹)〉"厥"和"其"的用法及其時代性初探》,《簡帛語言文字研究》第6輯,巴蜀書社2012年,第223—238頁。

李迎莉:《〈清華簡(壹)〉複音詞研究》,《簡帛語言文字研究》第6輯,巴蜀書社 2012 年,第 257—274 頁。

李穎:《清華簡〈周公之琴舞〉與楚辭"九體"》,《中國詩歌研究》第 10 輯,社會科學文獻出版社 2014 年,第 19—29 頁;《清華簡與先秦經學文獻研究》,生活·讀書·新知三聯書店 2016 年,第 130—145 頁。

李永娜:《二重證據視野下的先秦經學文獻研究——〈清華大學藏戰國竹簡〉與先秦經學文獻國際學術研討會綜述》,《文藝研究》2013 年第 6 期,第 170—172 頁。

李玉潔:《從〈清華簡·尹至〉質疑"商族源於西方説"》,《中原文化研究》2017 年第 1 期,第 8—12 頁。

李祖敏:《從清華簡〈繫年〉看祭祀權於武王克商的重要性》,《牡丹江大學學報》2014 年第 6 期,第 18—20 頁。

連佳鵬:《釋古文字中的"聶"字》,《簡帛》第 12 輯,上海古籍出版社 2016 年,第 1—8 頁。

連佳鵬:《試論武王踐阼的杖銘》,《"第三届出土文獻與上古漢語研究(簡帛專題)學術研討會暨 2017 中國社會科學院社會科學論壇"論文集》,中國社會科學院 2017 年 8 月 14 日—16 日。

連劭名:《戰國竹簡〈保訓〉與古代思想》,《中國哲學史》2010 年第 3 期,第 14—16 頁。

連劭名:《戰國楚簡新證》,《文物春秋》2017 年第 4 期,第 10—20 頁。

連劭名:《楚簡〈芮良夫毖〉新證》,《中原文物》2018 年第 4 期,第 116—124 頁。

連劭名:《清華大學藏楚簡〈高宗〉考述》,《殷都學刊》2019 年第 1 期,第 44—52 頁。

連劭名:《楚簡〈皇門〉新證》,《文物春秋》2019 年第 4 期,第 23—30 頁。

梁鶴:《戰國楚系簡帛通假字研究綜述》,《"第六届出土文獻研究與比較文字學全國博士生學術論壇"論文集》,西南大學 2016 年 10 月 25 日—28 日。

梁立勇:《〈保訓〉的"中"與"中庸"》,《中國哲學史》2010 年第 3 期,第 27—29 頁。

梁立勇:《清華簡〈保訓〉試詁(五則)》,孔子 2000 網 2010 年 9 月 30 日。

梁立勇:《試解〈保訓〉"逌"及〈尚書·金縢〉"兹攸俟"》,《孔子研究》2011 年第 3 期,第 25—28 頁。

梁立勇:《讀〈繫年〉札記》,《深圳大學學報(人文社會科學版)》2012 年第 3 期,第 58—59 頁;《清華簡〈繫年〉與古史新探》,中西書局 2016 年,第 206—

210 頁。

梁立勇:《試論出土文獻中"乍""亡""世"的混用——兼釋屬羌鐘的"迋"》,《"紀念清華簡入藏暨清華大學出土文獻研究與保護中心成立十周年國際學術研討會"論文集》,清華大學 2018 年 11 月 17 日—18 日。

梁濤:《清華簡〈保訓〉的"中"爲中道説》,《孔子學刊》第 2 輯,上海古籍出版社 2011 年,第 168—177 頁;《清華簡研究》第 1 輯,中西書局 2012 年,第 99—109 頁。

梁濤:《清華簡〈保訓〉與儒家道統説再檢討——兼論荀子在道統中的地位問題》,《北大中國文化研究》第 2 輯,社會和學文獻出版社 2012 年,第 99—127 頁。

梁濤:《清華簡〈保訓〉與儒家道統説——兼論荀子在道統中的地位問題》,《邯鄲學院學報》2013 年第 1 期,第 86—105 頁。

梁濤:《清華簡〈厚父〉與中國古代"民主"説》,《"紀念清華簡入藏暨清華大學出土文獻研究與保護中心成立十周年國際學術研討會"論文集》,清華大學 2018 年 11 月 17 日—18 日;《哲學研究》2018 年第 11 期,第 40—50 頁。

梁韋弦:《有關清華簡〈筮法〉的幾個問題》,《周易研究》2014 年第 4 期,第 15—23 頁。

梁韋弦:《數字卦的變卦規則及占筮記爻方法的相關問題》,《周易研究》2016 年第 1 期,第 5—12 頁。

梁月娥:《説〈清華(叁)·赤鵠之集湯之屋〉之"洇"》,簡帛網 2013 年 1 月 8 日。

梁月娥:《據新出竹簡考釋甲骨文裏幾個表示"執"的字形和辭例》,《簡帛》第 11 輯,上海古籍出版社 2015 年,第 1—22 頁。

廖名春:《〈保訓〉簡"陰陽之物"試説》,孔子 2000 網 2009 年 6 月 29 日。

廖名春:《〈清華大學藏戰國竹簡《保訓》釋文〉初讀續》,孔子 2000 網 2009 年 6 月 20 日。

廖名春:《〈清華大學藏戰國竹簡《保訓》釋文〉初讀再續》,孔子 2000 網 2009 年 6 月 21 日。

廖名春:《〈清華大學藏戰國竹簡《保訓》釋文〉初讀續補》,孔子 2000 網 2009 年 6 月 22 日。

廖名春、陳慧:《清華簡〈保訓〉篇解讀》,《中國哲學史》2010 年第 3 期,第 5—13 頁。

廖名春:《〈清華大學藏戰國竹簡《保訓》釋文〉初讀》,《出土文獻》第 1 輯,中西書局 2010 年,第 63－75 頁。

廖名春:《清華簡與〈尚書〉研究》,《文史哲》2010 年第 6 期,第 120－125 頁。

廖名春:《清華簡〈保訓〉篇"中"字釋義及其他》,《孔子研究》2011 第 2 期,第 30－39 頁。

廖名春:《清華簡〈金縢〉篇補釋》,《清華大學學報(哲學社會科學版)》2011 年第 4 期,第 24－28 頁。

廖名春:《清華簡〈尹誥〉篇補釋》,孔子 2000 網 2011 年 1 月 5 日。

廖名春:《清華簡〈尹誥〉研究》,《史學史研究》2011 年第 2 期,第 110－115 頁。

廖名春:《清華簡專題研究(續)——清華簡〈繫年〉管窺》,《深圳大學學報(人文社會科學版)》2012 年第 3 期,第 51－54 頁。

廖名春:《清華簡〈尹誥〉篇的内容與思想》,《清華簡研究》第 1 輯,中西書局 2012 年,第 40－47 頁。

廖名春、趙晶:《清華簡〈説命(上)〉考釋》,《史學史研究》2013 年第 2 期,第 91－99 頁。

廖名春:《清華簡〈傅説之説命上〉新讀》,孔子 2000 網 2013 年 1 月 4 日。

廖名春:《清華簡〈傅説之命中〉新讀》,孔子 2000 網 2013 年 1 月 5 日。

廖名春:《清華簡〈筮法〉篇與〈説卦傳〉》,《文物》2013 年第 8 期,第 70－72 頁。

廖名春:《清華簡〈周公之琴舞〉與〈周頌·敬之〉篇對比研究》,《深圳大學學報(人文社會科學版)》2013 年第 6 期,第 64－68 頁;《清華簡與先秦經學文獻研究》,生活·讀書·新知三聯書店 2016 年,第 146－160 頁。

廖名春:《清華簡〈説命中〉的内容與命名》,《揚州大學學報(人文社會科學版)》2014 年第 4 期,第 84－86 頁。

廖名春:《〈孟子〉與出土文獻兩則》,《湖南大學學報(社會科學版)》2018 年第 5 期,第 20－24 頁。

廖名春:《〈尚書〉"孺子"考及其他》,《文獻》2019 年第 5 期,第 76－89 頁。

林東梅:《清華簡研究述評》,《黑龍江史志》2018 年第 2 期,第 10－19 頁;《廣東開放大學學報》2018 年第 1 期,第 57－63 頁。

林宏佳:《談"覓"及其相關字形》,《出土文獻研究視野與方法》第 5 輯,臺灣政治大學 2014 年,第 37－72 頁。

林宏明:《清華簡〈厚父〉小議》,《出土文獻與中國經學、古史研究國際學術研討會論文集》,高文出版社 2019 年,第 267－276 頁。

林清源:《楚簡"陶"字考釋》,《戰國文字研究的回顧與展望》,中西書局 2017 年,第 223—233 頁

林少平:《試説"越公其事"》,復旦大學出土文獻與古文字研究中心網 2017 年 4 月 27 日。

林少平:《清華簡所見成湯"網開三面"典故》,復旦大學出土文獻與古文字研究中心網 2017 年 5 月 3 日。

林少平:《也説清華簡〈趙簡子〉从電字》,復旦大學出土文獻與古文字研究中心網 2017 年 5 月 10 日。

林少平:《清華簡柒〈越公其事〉"大歷越民"試解》,復旦大學出土文獻與古文字研究中心網 2017 年 9 月 25 日。

林少平:《讀清華簡八札記》,復旦大學出土文獻與古文字研究中心網 2018 年 11 月 22 日。

林少平:《讀清華簡捌札記(二)》,復旦大學出土文獻與古文字研究中心網 2018 年 11 月 27 日。

林少平:《讀清華簡捌札記(三)》,復旦大學出土文獻與古文字研究中心網 2018 年 12 月 8 日。

林淑娟:《清華簡〈繫年〉與秦早期史事考》,"紀念容庚教授誕辰 120 周年學術研討會暨中國古文字研究會第 20 屆年會"會議論文》,中山大學 2014 年 10 月 10 日—12 日。

林素清:《清華簡文字考釋二則》,《清華簡研究》第 2 輯,中西書局 2015 年,第 212—216 頁。

林文華:《〈清華大學藏戰國竹簡(壹)〉文字考釋五則》,《美和學報》2013 年第 1 期,第 13—25 頁。

林引:《讀清華簡(捌)〈天下之道〉零札》,復旦大學出土文獻與古文字研究中心網 2018 年 11 月 20 日。

林志鵬:《清華大學所藏楚竹書〈保訓〉管窺——兼論儒家"中"之内涵》,簡帛網 2009 年 4 月 21 日。

林志鵬:《清華簡〈保訓〉"自演水"補釋》,簡帛網 2009 年 10 月 20 日。

林志鵬:《清華大學藏戰國竹書〈保訓〉校釋》,簡帛網 2010 年 4 月 9 日。

林志鵬:《清華簡〈保訓〉集釋》,簡帛網 2010 年 10 月 8 日。

林志鵬:《清華大學藏戰國竹書〈保訓〉校釋》,《出土文獻文字與語法研讀論文集》第 1 輯,萬卷樓圖書股份有限公司 2013 年,第 61—74 頁。

林志鵬：《清華竹簡〈心是謂中〉札記五則》，簡帛網 2019 年 4 月 10 日。

林志強：《加強對戰國文字變例現象的理論研究》，《華學》第 12 輯，中山大學出版社 2017 年，第 190－193 頁。

林忠軍：《清華簡〈筮法〉筮占法探微》，《周易研究》2014 年第 2 期，第 5－11 頁；《清華簡與儒家經典國際學術研討會論文集》，上海古籍出版社 2017 年，第 29－36 頁。

林竹：《戜篤"㞢"字及相關諸字新釋》，《漢字漢語研究》2019 年第 4 期，第 71－77 頁。

劉寶俊：《楚國出土文獻異形文字形義關係研究》，《語言研究》2015 年第 3 期，第 83－91 頁。

劉寶俊：《論戰國楚簡特形字"念"和"惢"》，《語言研究》2019 年第 3 期，第 104－108 頁。

劉彬：《清華簡〈筮法〉筮數的三種可能演算》，《周易研究》2014 年第 4 期，第 24－28 頁；《清華簡與儒家經典國際學術研討會論文集》，上海古籍出版社 2017 年，第 101－107 頁。

劉波：《清華簡〈尹至〉"僅亡典"補說》，復旦大學出土文獻與古文字研究中心網 2011 年 3 月 4 日。

劉波：《由出土楚文獻中的音轉現象看古人的"一聲之轉"》，《古文字與漢語歷史比較音韻學》，復旦大學出版社 2017 年，第 53－68 頁。

劉成群：《清華簡〈樂詩〉與"西伯戡黎"再探討》，《史林》2009 年第 4 期，第 140－145、161 頁。

劉成群：《清華簡〈耆夜〉〈蟋蟀〉詩獻疑》，《學術論壇》2010 年第 6 期，第 146－149。

劉成群：《清華簡〈耆夜〉與尊隆文、武、周公——兼論戰國楚地之〈詩〉學》，《東嶽論叢》2010 年第 6 期，第 57－62 頁。

劉成群：《清華簡〈封許之命〉"侯于許"初探》，《中原文化研究》2016 年第 5 期，第 102－107 頁。

劉成群：《清華簡〈筮法〉與先秦易學陰陽思想的融入》，《周易研究》2016 年第 3 期，第 12－19 頁。

劉成群：《清華簡與墨學管窺》，《清華大學學報（哲學社會科學版）》，2017 年第 3 期，第 131－138 頁。

劉成群:《清華簡〈越公其事〉中的"私睦"與"徵"》,《"第二届古文字與出土文獻語言研究學術研討會"論文集》,西南大學 2017 年 10 月 27 日－30 日。

劉成群:《清華簡〈厚父〉研讀札記》,《"第七届出土文獻與法律史研究學術研討會"論文集》,湖南大學 2017 年 11 月 10 日－12 日。

劉成群:《清華簡〈殷高宗問於三壽〉"揆中"思想與戰國時代的政治化儒學》,《史學月刊》2017 年第 7 期,第 24－31 頁。

劉成群:《清華簡〈越公其事〉與句踐時代的經濟制度變革》,《"紀念徐中舒先生誕辰 120 周年國際學術研討會"論文集》,四川大學 2018 年 10 月 19 日－22 日。

劉成群:《清華簡〈繫年〉與"不藉千畝"問題再探討》,《"第二届商周青銅器與先秦史研究青年論壇"論文集》,西南大學 2018 年 11 月 23 日－26 日。

劉楚煜:《清華簡〈繫年〉簡八九、九〇考》,簡帛網 2018 年 5 月 1 日。

劉傳賓:《讀簡札記三則》,《中國文字研究》第 22 輯,上海書店出版社 2015 年,第 70－72 頁。

劉傳賓:《清華伍〈殷高宗問於三壽〉簡 1－8 淺析》,《古文字研究》第 31 輯,中華書局 2016 年,第 391－396 頁。

劉傳賓:《楚系簡帛文獻"女""安"二形與"安"{焉}二詞對應關係研究》,《出土文獻》第 11 輯,中西書局 2017 年,第 147－155 頁。

劉春萍:《出土戰國文獻中的虚詞"唯(隹)"》,《語言科學》2019 年第 3 期,第 315－329 頁。

劉大鈞:《讀清華簡〈筮法〉》,《周易研究》2015 年第 2 期,第 5－9 頁;《清華簡與儒家經典國際學術研討會論文集》,上海古籍出版社 2017 年,第 17－22 頁。

劉剛:《清華叁〈良臣〉爲具有晉系文字風格的抄本補證》,復旦大學出土文獻與古文字研究中心網 2013 年 1 月 17 日;《中國文字學報》第 5 輯,商務印書館 2014 年,第 99－107 頁。

劉剛:《讀〈清華簡四〉札記》,復旦大學出土文獻與古文字研究中心網 2014 年 1 月 8 日。

劉剛:《從清華簡談〈老子〉的"萬物將自賓"》,《文史》2014 年第 4 期,第 271－274 頁。

劉剛:《據清華簡考釋新蔡簡二則》,《古文字研究》第 30 輯,中華書局 2014 年,第 419－421 頁。

劉剛:《試説〈清華柒·越公其事〉中的"歷"字》,復旦大學出土文獻與古文字研究中心網 2017 年 4 月 26 日。

劉剛:《釋"染"》,《中國文字學報》第 8 輯,商務印書館 2017 年,第 102—109 頁。

劉剛:《楚文字"同形字"舉隅》,《古文字研究》第 32 輯,中華書局 2018 年,第 343—346 頁。

劉光:《清華簡〈皇門〉版本考析》,《内蒙古農業大學學報(社會科學版)》2016 年第 5 期,第 135—141 頁。

劉光:《清華簡〈繫年〉"南懷之行"考論——兼説楚靈王時期的吳楚關係》,《三峽大學學報(人文社會科學版)》2016 年第 5 期,第 111—114 頁。

劉光:《清華簡〈鄭文公問太伯〉所見鄭國初年史事研究》,《山西檔案》2016 年第 6 期,第 31—34 頁。

劉光:《春秋末期吳楚"雞父之戰"考析》,《煙臺大學學報(哲學社會科學版)》2017 年第 1 期,第 90—95 頁。

劉光:《清華簡〈繫年〉所見伍子胥職官考》,《管子學刊》2017 年第 3 期,第 112—118 頁。

劉光:《清華簡〈繫年〉第二十章所見晉、趙紀年新識》,《出土文獻》第 11 輯,中西書局 2017 年,第 177—183 頁。

劉光:《清華簡〈繫年〉"南瀺之行"考析》,《史學集刊》2018 第 3 期,第 110—117 頁。

劉光勝:《〈保訓〉之"中"何解——兼談清華簡〈保訓〉與〈易經〉的形成》,《光明日報》2009 年 5 月 18 日第 12 版。

劉光勝:《清華簡〈保訓〉與〈易經〉的形成》,《文史知識》2009 年第 7 期,第 83 頁。

劉光勝:《由清華簡談文王、周公的兩個問題》,《東嶽論叢》2010 年第 5 期,第 97—101 頁。

劉光勝、李亞光:《清華簡〈耆夜〉與周公酒政的思想意蘊》,《社會科學戰綫》2011 年第 12 期,第 33—38 頁。

劉光勝:《清華簡〈耆夜〉考論》,《中州學刊》2011 第 1 期,第 164—170 頁;《中華文化論壇》2011 第 1 期,第 127—136 頁。

劉光勝:《清華簡與先秦〈書〉經傳流》,《史學集刊》2012 年第 1 期,第 76—85 頁。

劉光勝:《真實的歷史,還是不斷衍生的傳説——對清華簡文王受命的再考察》,《社會科學輯刊》2012年第5期,第172—177頁。

劉光勝:《禮與刑:〈保訓〉文王傳"中"的兩個維度》,《江漢論壇》2013年第1期,第79—85頁。

劉光勝:《從清華簡〈筮法〉看早期易學轉進》,《歷史研究》2015年第5期,第76—91頁。

劉光勝:《清華簡〈耆夜〉禮制解疑》,《陝西師範大學學報(哲學社會科學版)》2015年第5期,第28—35頁。

劉光勝:《清華簡〈繫年〉與"周公東征"相關問題考》,《中原文化研究》2016年第2期,第70—79頁;《清華簡〈繫年〉與古史新探》,中西書局2016年,第185—205頁。

劉光勝:《清華簡〈厚父〉研讀札記》,《"第二届出土文獻與先秦史研究工作坊"論文集》,華東師範大學2017年11月18日。

劉光勝:《清華簡〈筮法〉與〈周易〉卦畫之謎》,《清華簡與儒家經典國際學術研討會論文集》,上海古籍出版社2017年,第74—81頁。

劉光勝:《同源異途:清華簡〈書〉類文獻與儒家〈尚書〉系統的學術分野》,《中國高校社會科學》2017年第2期,第126—128頁。

劉光勝:《德刑分途:春秋時期破解禮崩樂壞困局的不同路徑——以清華簡〈子產〉爲中心的考察》,《"紀念清華簡入藏暨清華大學出土文獻研究與保護中心成立十周年國際學術研討會"論文集》,清華大學2018年11月17日—18日;《出土文獻與法律史研究》第9輯,法律出版社2020年,第76—89頁。

劉光勝:《清華簡〈傅說之命〉與傅聖生平事迹新探》,《古代文明》2018年第4期,第35—42頁。

劉光勝:《孺子資政:清華簡〈厚父〉"時王爲成王"説》,《"紀念徐中舒先生誕辰120周年國際學術研討會"論文集》,四川大學2018年10月19日—22日。

劉光勝:《"康丘之封"與西周封建方式的轉進——以清華簡〈繫年〉爲中心的考察》,《史學月刊》2019年第2期,第5—16頁。

劉光勝:《從清華簡看商周時期命書體例》,《"清華簡〈攝命〉研究高端論壇"論文集》,上海大學2019年5月31日—6月2日。

劉光勝:《清華簡〈繫年〉與共伯和"干王位"考》,《中國史研究》2019年第4期,第5—20頁。

劉光勝:《清華簡〈書〉類文獻界定原則新探》,《"出土文獻與商周社會學術研討會"論文集》,華東政法大學2019年10月18日—20日;《簡帛》第21輯,上海古籍出版社 2020 年,第 63－72 頁。

　　劉國忠:《〈保訓〉與周文王稱王》,《光明日報》2009 年 4 月 27 日第 12 版。

　　劉國忠、陳穎飛:《清華簡〈保訓〉座談會紀要》,《光明日報》2009 年 6 月 29 日第 12 版。

　　劉國忠、劉小鷗:《周年再話"清華簡"》,《人民日報(海外版)》2009 年 8 月 11 日第 7 版。

　　劉國忠:《清華簡〈保訓〉與周文王事商》,《清華大學學報(哲學社會科學版)》2009 年第 5 期,第 7－11 頁。

　　劉國忠:《清華簡保護及研究情況綜述》,《中國史研究動態》,2009 年第 9 期,第 21－27 頁。

　　劉國忠:《清華簡的入藏及其重要價值》,《清華大學學報(哲學社會科學版)》2009 年第 3 期,第 161、163 頁。

　　劉國忠:《周文王稱王史事辨》,《中國史研究》2009 年第 3 期,第 25－30 頁。

　　劉國忠:《清華簡〈金縢〉與周公居東的真相》,《出土文獻》第 1 輯,中西書局 2010 年,第 31－42 頁。

　　劉國忠:《清華簡整理初步有成》,《社會科學報》2010 年 3 月 11 日第 6 版。

　　劉國忠:《〈尚書·酒誥〉"惟天降命肇我民惟元祀"解》,《中國史研究》2011 年第 1 期,第 87－92 頁。

　　劉國忠:《從清華簡〈金縢〉看傳世本〈金縢〉的文本問題》,《清華大學學報(哲學社會科學版)》2011 年第 4 期,第 40－43 頁。

　　劉國忠:《從清華簡〈程寤〉看〈大誥〉篇的一處標點》,《社會科學戰綫》2011 年第 12 期,第 29－31 頁。

　　劉國忠:《清華簡與古代文史研究》,《文史知識》2012 年第 3 期,第 5－12 頁。

　　劉國忠:《試析清華簡〈金縢〉篇名中的稱謂問題》,《清華簡研究》第 1 輯,中西書局 2012 年,第 175－178 頁。

　　劉國忠:《從清華簡〈繫年〉看周平王東遷的相關史實》,《簡帛·經典·古史》,上海古籍出版社 2013 年,第 173－180 頁。

　　劉國忠:《清華簡〈赤鵠之集湯之屋〉與伊尹間夏》,《深圳大學學報(人文社會科學版)》2013 年第 1 期,第 64－67 頁;《清華簡研究》第 2 輯,中西書局 2015 年,第 172－177 頁。

　　劉國忠:《新公布的清華簡樂詩——〈周公之琴舞〉》,《中華詩詞》2013 年第 2 期,第 77－78 頁。

劉國忠：《清華簡〈傅説之命〉夢境試析》，《出土文獻》第 6 輯，中西書局 2015 年，第 176－183 頁。

劉國忠：《清華簡〈管仲〉初探》，《文物》2016 年第 3 期，第 88－91 頁；《中國出土資料研究》，日本株式會社 2017 年，第 88－93 頁。

劉國忠：《清華簡〈命訓〉中的命論補正》，《中國史研究》2016 年第 1 期，第 25－28 頁。

劉國忠：《清華簡與〈逸周書〉研究》，《"第二屆簡帛學的理論與實踐學術研討會"論文集》，首都師範大學 2016 年 11 月 4 日－6 日。

劉國忠：《〈清華簡關於秦人始源的重要發現〉導讀》，《中西學術名篇精讀・李學勤卷》，中西書局 2017 年，第 131－140 頁。

劉國忠：《清華簡〈命訓〉初探》，《深圳大學學報（人文社會科學版）》2015 年第 3 期，第 37－41 頁；《清華簡與儒家經典國際學術研討會論文集》，上海古籍出版社 2017 年，第 175－180 頁。

劉國忠：《清華簡〈命訓〉與先秦兩漢時期的三命之説》，《"清華簡國際研討會"論文集》，香港浸會大學、澳門大學 2017 年 10 月 26 日－28 日。

劉國忠：《清華簡〈金縢〉的篇題及相關問題》，《"出土文獻與〈尚書〉學研究國際學術研討會"論文集》，上海大學 2018 年 9 月 21 日－23 日。

劉國忠：《清華簡〈治邦之道〉初探》，《文物》2018 年第 9 期，第 41－45 頁。

劉國忠：《釋疏數》，《"紀念中國古文字研究會成立四十周年國際學術研討會"論文集》，吉林大學 2018 年 10 月 9 日－11 日。

劉國忠：《清華簡〈命訓〉研究》，《清華簡研究》第 3 輯，中西書局 2019 年，第 1－28 頁。

劉國忠：《清華簡的整理與研究》，《中國典籍與文化》第 12 輯，國家圖書館出版社 2019 年，第 149－182 頁。

劉洪濤：《清華簡補釋四則》，復旦大學出土文獻與古文字研究中心網 2011 年 4 月 27 日。

劉洪濤：《談古文字中用作"察、淺、竊"之字的考釋》，《古文字研究》第 30 輯，中華書局 2014 年，第 315－319 頁。

劉洪濤：《讀清華大學藏戰國竹簡第五册散札》，《"第二屆古文字學青年論壇"論文集》，"中研院"歷史語言研究所 2016 年 1 月 28 日－29 日。

劉洪濤：《〈釋"蠅"及相關諸字〉補證》，復旦大學出土文獻與古文字研究中心網 2016 年 5 月 22 日。

劉洪濤:《說"爭""靜"是"耕"的本字——兼說甲骨文"爭"表現的是犁耕》,《中國文字學報》第 8 輯,商務印書館 2017 年,第 116－121 頁。

劉洪濤:《釋勴——兼談"虘"字的不同來源》,《"中研院"歷史語言研究所集刊》第 89 本第 2 分,"中研院"歷史語言研究所 2018 年,第 247－277 頁。

劉洪濤:《讀〈清華大學藏戰國竹簡〉第五冊散札》,《出土文獻》第 12 輯,中西書局 2018 年,第 135－141 頁。

劉洪濤:《清華簡"斸"與甲骨文"𪓐"合證》,《語言研究》2019 年第 3 期,第 109－112 頁。

劉洪濤:《釋"𪓐""竃"》,《"古文字與上古音研究青年學者論壇"論文集》,廈門大學 2019 年 11 月 8 日－11 日。

劉卉子:《〈左傳〉〈國語〉筮例中所見"八"再討論》,《長江大學學報(社科版)》2016 年第 2 期,第 34－36 頁。

劉建明:《〈繫年〉的史料價值和學術價值》,《綿陽師範學院學報》2012 年第 10 期,第 111－114 頁。

劉建明:《清華簡〈繫年〉第七章試解》,孔子 2000 網"清華大學簡帛研究"專欄 2012 年 12 月 17 日。

劉建明:《清華簡〈繫年〉釋讀辨疑》,孔子 2000 網"清華大學簡帛研究"專欄 2012 年 12 月 26 日。

劉建明:《清華簡〈繫年〉周年研究綜述》,《安徽廣播電視大學學報》2013 年第 1 期,第 105－108 頁。

劉嬌:《清華簡〈赤鵠之集湯之屋〉"是始爲坤"與"桀作瓦屋"傳說》,《古文字研究》第 32 輯,中華書局 2018 年,第 378－383 頁。

劉娟:《再論清華簡〈周公之琴舞〉與"孔子刪詩"——歷時性與共時性雙重視域下的〈詩〉本生成》,《嶺南師範學院學報》2017 年第 4 期,第 68－75 頁。

劉俊男:《從楚夒(蔦、遠)氏淵源及清華簡〈楚居〉等再論商末周初楚文化源頭》,《叩問三代文明:中國出土文獻與上古史國際學術研討會論文集》,中國社會科學出版社 2014 年,第 366－381 頁。

劉麗:《重耳流亡路綫考》,《深圳大學學報(人文社會科學版)》2012 年第 2 期,第 61－63 頁。

劉麗:《清華簡〈保訓〉篇釋讀》,《深圳大學學報(人文社會科學版)》2014 年第 1 期,第 54－58 頁。

劉麗:《出土傳世文獻所見鄭國婚姻關係探討》,《出土文獻》第 6 輯,中西書局 2015 年,第 31—54 頁。

劉麗文:《清華簡〈周公之琴舞〉與孔子删〈詩〉説》,《文學遺産》2014 年第 5 期,第 37—43 頁。

劉麗文、段露航:《清華簡〈周公之琴舞〉對〈詩經〉流傳與編定的啓示》,《清華簡研究》第 2 輯,中西書局 2015 年,第 77—88 頁。

劉凌:《連詞與文獻的相互選擇:戰國楚簡連詞文獻分布調查》,《"世界漢字學會第四届年會"論文集》,韓國釜山慶星大學 2015 年 6 月 24 日—28 日。

劉全志:《清華簡〈保訓〉"假中于河"新論》,《北京師範大學學報(社會科學版)》2012 年第 2 期,第 37—43 頁。

劉全志:《論清華簡〈繫年〉的性質》,《中原文物》2013 年第 6 期,第 43—50 頁。

劉全志:《清華簡〈繫年〉"王子定"及相關史事》,《文史知識》2013 年第 6 期,第 24—30 頁。

劉紹剛:《雜體書與戰國竹書文字的用筆——戰國美術體研究之一》,《出土文獻研究》第 13 輯,中西書局 2014 年,第 1—26 頁。

劉濤:《清華簡〈楚居〉中所見巫風考》,《船山學刊》2012 年第 2 期,第 76—79 頁。

劉天倫:《清華簡〈繫年〉所記會盟的歷史叙事特點》,《白城師範學院學報》2017 第 6 期,第 28—32 頁。

劉偉:《清華簡〈繫年〉與千畝之戰結局再考察》,《"出土文獻與商周社會學術研討會"論文集》,華東師範大學 2019 年 10 月 18 日—20 日。

劉偉浠:《清華大學藏戰國竹簡(五)疑難字詞集釋》,復旦大學出土文獻與古文字研究中心網 2016 年 5 月 10 日。

劉偉浠:《傳抄古文疏證十二則》,《中國文字》新 45 期,藝文印書館 2019 年,第 185—192 頁。

劉信芳:《清華藏簡(壹)試讀》,復旦大學出土文獻與古文字研究中心網 2011 年 9 月 9 日。

劉信芳:《竹書〈楚居〉"問期""脅出""熊達"的釋讀與史實》,《江漢考古》2013 年第 1 期,第 123—126 頁。

劉信芳:《清華藏楚簡〈繫年〉"奚"字考》,《"戰國文字研究的回顧與展望國際學術研討會"論文集》,復旦大學 2015 年 12 月 12 日—13 日。

劉信芳:《〈周公之琴舞〉補説》,《"紀念清華簡入藏暨清華大學出土文獻研究與保護中心成立十周年國際學術研討會"論文集》,清華大學 2018 年 11 月

17日—18日。

　　劉信芳:《清華藏八〈邦家處位〉章句(一)》,簡帛網2018年11月23日。

　　劉信芳:《清華藏八〈邦家處位〉章句一則》,簡帛網2018年11月24日。

　　劉信芳:《清華藏八〈邦家處位〉章句(二)》,復旦大學出土文獻與古文字研究中心網2018年11月27日。

　　劉信芳、陳治軍:《竹書〈莊王既成〉與〈邦家處位〉對讀》,簡帛網2018年12月2日。

　　劉信芳:《清華藏八〈邦家處位〉章句(三)》,復旦大學出土文獻與古文字研究中心網2018年12月3日。

　　劉信芳:《清華藏八〈邦家處位〉章句(四)》,簡帛網2018年12月6日。

　　劉信芳:《清華藏竹書〈攝命〉章句(一)》,簡帛網2018年12月17日。

　　劉信芳:《清華藏竹書〈攝命〉章句(二)》,復旦大學出土文獻與古文字研究中心網2018年12月26日。

　　劉信芳:《清華藏竹書〈攝命〉章句(三)》,簡帛網2018年12月28日。

　　劉信芳:《清華藏竹書〈攝命〉章句(四)》,復旦大學出土文獻與古文字研究中心網2019年1月2日。

　　劉信芳:《清華藏竹書〈攝命〉章句(五)》,簡帛網2019年1月6日。

　　劉信芳:《清華藏竹書〈攝命〉釋讀》,復旦大學出土文獻與古文字研究中心網2019年2月2日;《"清華簡〈攝命〉研究"高端論壇論文集》,上海大學2019年5月31日—6月2日。

　　劉信芳:《清華簡柒〈越公其事〉第四章釋讀》,《"中國文字學會第十屆學術年會"論文集》,鄭州大學2019年10月11日—14日。

　　劉信芳:《清華(八)〈治邦之道〉試說》,簡帛網2020年1月23日。

　　劉信芳:《清華簡"牢鼠不能同穴"試解》,《文博》2020年第2期,第66—68頁。

　　劉亞男:《子產思想來源及特徵探析》,《中原文化研究》2019年第6期,第122—127頁。

　　劉洋:《〈保訓〉之"中"與儒家中道觀再認識》,《德州學院學報》2010年第5期,第60—64頁。

　　劉褘汀:《從清華簡〈金縢〉與傳世本〈金縢〉的對讀試探〈尚書〉的傳流》,《"出土文獻與先秦經史國際學術研討會"論文集》,香港大學2015年10月16日—17日。

　　劉宇:《〈清華簡·繫年〉與"秦人東出"說》,《吉首大學學報(社會科學版)》

2016年12月,第111—114頁。

劉玉堂:《清華簡〈楚居〉季連、穴酓擇尻解》,《"楚文化與長江中游早期開發國際學術研討會"論文集》,武漢大學2018年9月15日—16日。

劉樂賢:《讀清華簡札記》,簡帛網2011年1月11日。

劉樂賢:《清華簡〈金縢〉"犰"字臆解》,《清華簡研究》第1輯,中西書局2012年,第171—174頁。

劉樂賢:《釋〈赤鵠之集湯之屋〉的"俶"字》,清華大學出土文獻研究與保護中心網2013年1月5日。

劉樂賢:《也談清華簡〈芮良夫毖〉跟"繩準"有關的一段話》,《清華簡研究》第2輯,中西書局2015年,第137—142頁。

劉樂賢:《談秦封泥中的"奴盧"》,《出土文獻與中國古代文明——李學勤先生八十壽誕紀念論文集》,中西書局2016年,第459—463頁。

劉樂賢:《睡虎地漢墓出土伍子胥復仇故事殘簡與〈越絕書〉》,《古文字與古代史》第5輯,"中研院"歷史語言研究所2017年,第373—400頁。

劉雲:《釋"鷸"及相關諸字》,復旦大學出土文獻與古文字研究中心網2010年5月12日。

劉雲:《説清華簡〈皇門〉中的"賏"聲字》,復旦大學出土文獻與古文字研究中心網2011年1月23日。

劉雲:《清華簡文字考釋四則》,復旦大學出土文獻與古文字研究中心網2011年6月10日;《考古與文物》2016年第1期,第85—88頁。

劉雲:《釋清華簡〈筮法〉中的"正"字》,復旦大學出土文獻與古文字研究中心網2014年1月21日。

劉雲:《楚簡文字釋讀二則》,《古文字研究》第30輯,中華書局2014年,第320—325頁。

劉雲:《戰國文字考釋三則》,《戰國文字研究的回顧與展望》,中西書局2017年,第142—149頁。

劉雲、袁瑩:《釋清華簡〈越公其事〉之"憂"字》,《漢字漢語研究》2018年第1期,第36—38頁。

劉釗:《從楚簡用詞看〈山海經〉"山經"的創作時地》,《"首屆文獻語言學國際學術論壇"論文集》,北京語言大學2015年11月28日—29日。

劉釗:《利用清華簡(柒)校正古書一則》,復旦大學出土文獻與古文字研究中心網2017年5月1日。

劉釗:《讀簡帛散札》,《"第三屆出土文獻與上古漢語研究(簡帛專題)學術研討會暨 2017 中國社會科學院社會科學論壇"論文集》,中國社會科學院 2017 年 8 月 14 日—16 日。

劉釗:《當前出土文獻與文學研究的幾點思考》,《濟南大學學報(社會科學版)》2019 年第 4 期,第 69—72 頁。

劉釗:《關於〈吳越春秋〉一段疑難文意的解釋》,《文獻》2020 年第 1 期,第 9—19 頁。

劉釗:《清華簡研究成果的一次集中展示——寫在"清華簡〈繫年〉與古史新探研究叢書"出版之際》,《清華簡〈繫年〉與古史新探》,中西書局 2016 年,第 512—516 頁;《書馨集續編——出土文獻與古文字論叢》,中西書局 2018 年,第 441—445 頁。

劉釗:《也談清華簡〈保訓〉篇的"中"字》,《"紀念清華簡入藏暨清華大學出土文獻研究與保護中心成立十周年國際學術研討會"論文集》,清華大學 2018 年 11 月 17 日—18 日。

劉震:《清華簡〈筮法〉中的"象""數"與西漢易學傳承》,《周易研究》2014 年第 3 期,第 77—82 頁。

劉震:《清華簡〈筮法〉與〈左傳〉〈國語〉筮例比較研究》,《周易研究》2015 年第 3 期,第 47—54 頁。

劉志基:《楚簡文字缺邊現象芻議》,《古文字研究》第 31 輯,中華書局 2016 年,第 404—410 頁。

劉子珍:《清華簡〈赤鵠之集湯之屋〉所見古代巫術傳統淺說》,《唐山文學》2015 年第 5 期,第 152—155 頁。

劉子珍、王向華:《"變雅"及清華簡〈芮良夫毖〉所見怨刺精神探源》,《宜春學院學報》2016 年第 8 期,第 98—101 頁。

柳洋、廖丹妮:《試論戰國文字中"射"字構形依據及演變過程——兼及"奴"字與"夬"字訛混現象分析》,《中國文字》2019 年冬季號,總第 2 期,第 221—232 頁。

柳洋:《從三晉璽印字形看〈越公其事〉底本及書手問題探究》,《古文字論壇》第 3 輯,中西書局 2018 年,第 369—376 頁。

龍國富、李晶:《出土戰國楚方言簡帛銘文中的度量衡單位詞研究》,《語文研究》2019 年第 3 期,第 27—33 頁。

樓蘭:《戰國秦楚簡文特異構件整理研究》,《中國文字研究》第 27 輯,上海書店出版社 2018 年,第 69—74 頁。

盧川:《從清華簡〈楚居〉看楚人早期遷徙與城市發展》,《荊楚學刊》2016 年第 2 期,都 16—18 頁。

盧中陽:《從清華簡〈楚居〉篇多郢看先秦時期的異地同名現象》,《簡帛語言文字研究》第 6 輯,巴蜀書社 2012 年,第 194—204 頁。

魯普平:《清華簡〈尹誥〉篇名擬定之商榷》,《哈爾濱學院學報》2014 年第 2 期,第 72—74 頁。

陸離:《清華簡〈別卦〉讀"解"之字試説》,復旦大學出土文獻與古文字研究中心網 2014 年 1 月 8 日。

禄書果:《從清華簡〈詩〉類文獻看先秦楚地〈詩〉教特徵》,《武漢大學學報(哲學社會科學版)》2018 年第 5 期,第 123—129 頁。

禄書果:《清華簡〈書〉類文獻文本組合的三種形態》,《中州學刊》2018 年第 9 期,第 127—133 頁。

路懿菡:《"录子聖"與"王子禄父"》,復旦大學出土文獻與古文字研究中心網 2012 年 5 月 25 日。

路懿菡:《從清華簡〈繫年〉看周初的"三監"》,《遼寧師範大學學報(社會科學版)》2013 第 6 期,第 924—928 頁。

路懿菡:《從清華簡〈繫年〉看康叔的始封》,《西北大學學報(哲學社會科學版)》2013 年第 4 期,第 136—141 頁。

路懿菡:《從清華簡〈繫年〉看"武庚之亂"》,《齊魯學刊》2013 年第 5 期,第 51—54 頁。

路懿菡:《清華簡〈繫年〉與周宣王"不籍千畝"原因蠡測》,《遼寧師範大學學報(社會科學版)》2018 第 5 期,第 121—127 頁。

路懿菡:《清華簡〈繫年〉與"西虢東遷"相關問題考論》,《文博》2019 年第 6 期,第 69—76、106 頁。

羅凡晸:《"楚簡帛字典(清華篇)"網站的設計與建置——從嚴式隸定的角度切入》,《"第二屆古文字學青年論壇"論文集》,"中研院"歷史語言研究所 2016 年 1 月 28 日—29 日。

羅恭:《從清華簡〈繫年〉看齊長城的修建》,《文史知識》2012 年第 7 期,第 104—107 頁。

羅琨:《〈保訓〉"追中于河"解》,《出土文獻》第 1 輯,中西書局 2010 年,第 43—48 頁。

羅琨:《〈楚居〉"栾必夜"與商代的"夕"祭》,《出土文獻》第 4 輯,中西書局 2013 年,第 38－48 頁。

羅琨:《〈說命〉"生二牡豕"解——兼說"失仲"故事的可信性》,《出土文獻》第 6 輯,中西書局 2015 年,第 169－175 頁。

羅琨:《清華簡"湯處於湯丘"諸說獻疑》(提要),《"紀念清華簡入藏暨清華大學出土文獻研究與保護中心成立十周年國際學術研討會"論文集》,清華大學 2018 年 11 月 17 日－18 日。

羅强:《從〈清華簡·繫年〉看中原文化對楚文化的影響》,《中州大學學報》2015 年第 1 期,第 74－76 頁。

羅濤:《清華簡捌〈治邦之道〉"臘假"試解》,簡帛網 2018 年 11 月 17 日。

羅濤:《〈清華大學藏戰國竹簡(柒)〉釋讀拾遺》,《漢字漢語研究》2019 年第 4 期,第 78－87、126－127 頁。

羅濤:《清華簡六〈鄭武夫人規孺子〉札記》,《中國文字學報》第 10 輯,商務印書館 2020 年,第 79－89 頁。

羅濤:《〈清華大學藏戰國竹簡(捌)〉拾遺》,《出土文獻綜合研究集刊》第 12 輯,巴蜀書社 2020 年,第 73－78 頁。

羅衛東:《〈封許之命〉"周匚"補證》,《"紀念清華簡入藏暨清華大學出土文獻研究與保護中心成立十周年國際學術研討會"論文集》,清華大學 2018 年 11 月 17 日－18 日;《民俗典籍文字研究》2020 年第 1 期,第 188－195 頁。

羅小華:《試論清華簡〈楚居〉中的"比隹"》,《簡帛研究二〇一五(秋冬卷)》,廣西師範大學出版社 2015 年,第 53－56 頁。

羅小華:《試論清華簡〈繫年〉中的"晉柬公"和"晉敬公"》,《"第三届簡帛學國際學術研討會暨謝桂華先生〈漢晉簡牘論叢〉出版座談會"論文集》,桂林 2015 年 11 月 6 日－7 日。

羅小華:《試論清華簡〈良臣〉中的"子剌"》,《出土文獻》第 6 輯,中西書局 2015 年,第 198－200 頁。

羅小華:《釋"关"》,《"第八届中國文字學年會"論文集》,中國人民大學 2015 年 8 月 22 日－23 日。

羅小華:《試論清華簡中的幾個人名》,簡帛網 2016 年 4 月 8 日。

羅小華:《試論清華簡〈繫年〉中的幾個多字謚》,《簡帛研究二〇一六(秋冬卷)》,廣西師範大學出版社 2016 年,第 15－20 頁。

羅小華:《試論清華簡〈良臣〉中的"鼙人"》,《出土文獻》第 8 輯,中西書局

2016年,第121—125頁。

羅小華:《試論清華簡〈良臣〉中的"咎犯"》,《古文字研究》第31輯,中華書局2016年,第363—365頁。

羅小華:《説枓》,《簡帛研究二〇一七(春夏卷)》,廣西師範大學出版社2017年,第8—14頁。

羅小華:《戰國簡册中的旗幟》,簡帛網2017年3月17日。

羅小華:《清華簡〈封許之命〉簡6中的"攸彖"》,《出土文獻綜合研究集刊》第6輯,巴蜀書社2017年,第107—111頁。

羅小華:《清華簡〈良臣〉中的"女和"》,《考古與文物》2018年第2期,第115—117頁。

羅小華:《清華簡〈越公其事〉簡3"挾翌秉彙"臆説——兼論从"彗"諸字》,《中國簡帛學刊》第2輯,齊魯書社2018年,第45—52頁。

羅小華:《試論清華簡中的幾個人名——兼論"卞"字的産生》,《出土文獻》第12輯,中西書局2018年,第119—122頁。

羅新慧:《讀〈清華大學藏戰國竹簡(壹)〉》,《中國史研究動態》2011年第5期,第87—89頁。

羅新慧:《清華簡〈程寤〉篇與文王受命再探》,《"〈清華大學藏戰國竹簡(壹)〉國際學術研討會"論文集》,北京2011年6月28日—29日。

羅新慧:《〈尚書·金縢〉篇芻議》,《叩問三代文明:中國出土文獻與上古史國際學術研討會論文集》,中國社會科學出版社2014年,第438—444頁。

羅新慧:《試説清華簡〈繫年〉第一章及其他篇章中的"帝"》,《清華簡〈繫年〉與古史新探》,中西書局2016年,第91—106頁。

羅雲君:《清華簡〈越公其事〉文本性質探析——以越國"行成於吴"相關問題的文本考察爲中心》,《"出土文獻與經學、古史國際學術研討會暨研究生論壇"論文集》,華東師範大學2018年11月3日—4日。

羅運環、丁妮:《清華簡〈子儀〉篇發微》,《出土文獻》第12輯,中西書局2018年,第148—155頁。

羅運環:《關於季連糾葛問題的探討》,《清華簡研究》第1輯,中西書局2012年,第288—294頁。

羅運環:《〈繫年〉秦史發微》(摘要),《"中國出土文獻與上古史國際學術研討會"論文集》,天津師範大學2013年9月26日—27日。

羅運環:《清華簡(壹—叁)字體分類研究》,《出土文獻研究》第13輯,中西書局 2014 年,第 62—76 頁。

　　羅運環:《清華簡〈繫年〉前四章發微》,《出土文獻》第 7 輯,中西書局 2015 年,第 90—97 頁。

　　羅運環:《清華簡〈繫年〉體裁及相關問題新探》,《湖北社會科學》2015 年第 3 期,第 193—198 頁。

　　羅運環:《清華簡〈繫年〉體例及相關問題發微》,《出土文獻與古書成書問題研究——"古史史料學研究的新視野研討會"論文集》,中西書局 2015 年,第 147—160 頁。

　　羅運環:《清華簡〈繫年〉的字體特點》,《清華簡〈繫年〉與古史新探》,中西書局 2016 年,第 412—420 頁。

　　羅運環:《清華簡〈繫年〉"彪"字考》,《古文字研究》第 31 輯,中華書局 2016 年,第 327—329 頁。

　　羅運環:《清華簡〈繫年〉楚文王史事考論》,《出土文獻與中國古代文明——李學勤先生八十壽誕紀念論文集》,中西書局 2016 年,第 221—227 頁。

　　羅運環:《清華簡〈子儀〉篇研讀》,《"清華簡國際研討會"論文集》,香港浸會大學、澳門大學 2017 年 10 月 26 日—28 日。

　　羅運環:《清華簡〈繫年〉楚齊關係解讀》,《管子學刊》2018 年第 1 期,第 85—88 頁。

　　羅運環:《清華簡(5—7)字體分類研究》,《"紀念清華簡入藏暨清華大學出土文獻研究與保護中心成立十周年國際學術研討會"論文集》,清華大學 2018 年 11 月 17 日—18 日。

　　羅運環:《李學勤先生與楚文化研究》,《出土文獻》2020 年第 2 期,第 139—149 頁。

　　駱珍伊:《說"旰日"》,簡帛網 2014 年 1 月 11 日。

　　駱珍伊:《試說〈封許之命〉的"武王司明型"》,復旦大學出土文獻與古文字研究中心網 2015 年 7 月 10 日。

　　駱珍伊:《〈清華陸·管仲〉札記七則》,簡帛網 2016 年 4 月 23 日。

　　駱珍伊:《讀〈清華伍·殷高宗問於三壽〉劄記四則》,《中國文字》新 42 期,藝文印書館 2016 年,第 249—262 頁。

　　駱珍伊:《談楚簡中的"彝"(暴)字》,《"第二十八屆中國文字學國際學術研討會"論文集》,臺灣大學 2017 年 5 月 12 日—13 日。

　　駱珍伊:《〈清華柒·越公其事〉補釋》,《"第二十九屆中國文字學國際學術研討會"論文集》,國立中央大學 2018 年 5 月 18 日—19 日。

駱珍伊:《談〈清華陸·鄭武夫人規孺子〉的"付"字》,《中國文字》新 44 期,藝文印書館 2019 年,第 153—176 頁。

吕廟軍:《清華簡〈程寤〉與文王占夢、解夢研究》,《叩問三代文明:中國出土文獻與上古史國際學術研討會論文集》,中國社會科學出版社 2014 年,第 336—352 頁。

吕廟軍:《清華簡〈説命上〉篇失仲探微》,復旦大學出土文獻與古文字研究中心網 2015 年 2 月 5 日。

吕廟軍、孫英:《清華簡〈繫年〉與趙盾史事新識——兼談〈繫年〉版本源流問題》,《邯鄲學院學報》2015 第 3 期,第 25—29 頁。

吕廟軍:《泰山學術論壇:"清華簡與儒家經典專題"國際學術研討會綜述》,《高校社科動態》2015 年第 3 期,第 1—4 頁。

吕廟軍:《清華簡〈金縢〉與武王克殷在位年數研究》,《中原文化研究》2015 年第 3 期,第 91—98 頁;《清華簡與儒家經典國際學術研討會論文集》,上海古籍出版社 2017 年,第 236—246 頁。

吕廟軍:《清華簡〈金縢〉與傳世本語法比較研究》,《出土文獻綜合研究集刊》第 4 輯,巴蜀書社 2016 年,第 127—153 頁。

吕佩珊:《〈清華簡〉從食字例初探》,《"世界漢字學會第四屆年會"論文集》,韓國釜山慶星大學 2015 年 6 月 24 日—28 日。

吕佩珊:《清華簡飲食觀初探》,《"第八屆中國文字學年會"論文集》,中國人民大學 2015 年 8 月 22 日—23 日。

吕佩珊:《論〈清華簡·湯丘〉"絶飭旨以餀"》,《"首屆古文字與出土文獻語言研究國際學術研討會"論文集》,華南師範大學 2016 年 12 月 16 日—19 日。

M

馬芳:《從清華簡〈周公之琴舞〉〈芮良夫毖〉看"毖"詩的兩種範式及其演變軌迹》,《學術研究》2015 年第 2 期,第 138—143 頁。

馬芳:《從清華簡〈芮良夫毖〉看"毖"詩及其體式特點》,《江海學刊》2015 年第 4 期,第 190—195 頁。

馬芳:《也談〈清華簡·周公之琴舞〉與"孔子删詩"問題——兼與謝炳軍博士商榷》,《中州學刊》2016 年第 7 期,第 145—150 頁。

馬驥:《〈清華簡〉標點符號初探》,《簡帛語言文字研究》第 8 輯,巴蜀書社 2016 年,第 264—279 頁。

馬楠:《清華簡〈耆夜〉禮制小札》,《清華大學學報(哲學社會科學版)》2009年第5期,第13—15頁。

馬楠:《西周"五門三朝"芻議》,《出土文獻》第1輯,中西書局2010年,第140—144頁。

馬楠:《清華簡第一册補釋四則》,《中國史研究》2011年第1期,第93—98頁。

馬楠:《〈金縢〉篇末析疑》,《清華大學學報(哲學社會科學版)》2011年第2期,第65—67頁。

馬楠:《〈清華簡・説命〉補釋三則》,《出土文獻》第3輯,中西書局2012年,第51—53頁。

馬楠:《據〈清華簡〉釋讀金文、〈尚書〉兩則》,《深圳大學學報(人文社會科學版)》2012年第2期,第59—61頁。

馬楠:《清華簡〈良臣〉所見三晉〈書〉學》,《中國高校社會科學》2013年第6期,第93—96頁。

馬楠:《〈芮良夫毖〉與文獻相類文句分析及補釋》,《深圳大學學報(人文社會科學版)》2013年第1期,第76—78頁。

馬楠:《試說〈周公之琴舞〉"右帝在路"》,《出土文獻》第4輯,中西書局2013年,第94—96頁。

馬楠:《清華簡〈筮法〉二題》,《深圳大學學報(人文社會科學版)》2014年第1期,第64—65頁。

馬楠:《〈説文〉引〈詩〉〈書〉考》,《清華簡研究》第2輯,中西書局2015年,第269—284頁。

馬楠:《〈繫年〉第七章與城濮之戰史事補證》,《簡帛研究二〇一五(秋冬卷)》,廣西師範大學出版社2015年,第25—28頁。

馬楠:《傳世經部文獻所見脱簡錯簡現象再討論》,《出土文獻》第7輯,中西書局2015年,第305—318頁。

馬楠:《清華簡第五册補釋六則》,《出土文獻》第6輯,中西書局2015年,第224—228頁。

馬楠:《談"由"訓作"用"的若干實例》,《"出土文獻與上古漢語研究學術研討會"論文集》,北京2015年11月21日—22日;《古文字研究》第31輯,中華書局2016年,第580—583頁。

馬楠:《關於〈清華大學藏戰國竹簡(陸)的一則説明〉》,《出土文獻》第9輯,中西書局2016年,第286頁。

馬楠:《清華簡〈鄭文公問太伯〉與鄭國早期史事》,《文物》2016 年第 3 期,第 84－87 頁。

馬楠:《〈晉文公入於晉〉述略》,《文物》2017 年第 3 期,第 90－92 頁。

馬楠:《清華簡〈邦家處位〉所見鄉貢制度》,《出土文獻研究》第 17 輯,中西書局 2018 年,第 97－101 頁。

馬楠:《清華簡〈攝命〉初讀》,《文物》2018 年第 9 期,第 46－49 頁。

馬楠:《釋"粦明"與"有㝬"》,《古文字研究》第 32 輯,中華書局 2018 年,第 469－471 頁。

馬楠:《清華簡〈子儀〉相關史事與簡文編連釋讀》,《簡帛》第 20 輯,上海古籍出版社 2020 年,第 31－38 頁。

馬騰:《論清華簡〈治邦之道〉的墨家思想》,《廈門大學學報(哲學社會科學版)》2019 年第 5 期,第 63－73 頁。

馬衛東:《清華簡〈繫年〉項子牛之禍考》,《華夏文化論壇》第 9 輯,吉林文史出版社 2013 年,第 163－166 頁。

馬衛東:《文獻校釋中的周代多字謚省稱問題》,《古代文明》2013 年第 3 期,第 59－63 頁。

馬衛東、王政冬:《清華簡〈繫年〉三晉伐齊考》,《晉陽學刊》2014 年第 1 期,第 16－22 頁。

馬衛東:《"周公居東"與〈金縢〉疑義辨析》,《史學月刊》2015 年第 2 期,第 5－12 頁。

馬衛東:《清華簡〈繫年〉與鄭子陽之難新探》,《古代文明》2014 年第 2 期,第 31－36 頁。

馬衛東:《〈繫年〉與召公北征封燕考》,"清華簡〈繫年〉與古史新探學術研討會暨叢書發布會"論文集,清華大學 2015 年 10 月 29 日－31 日。

馬文增:《清華簡〈保訓〉新釋新解》,《古籍整理研究學刊》2014 年第 2 期,第 28－31 頁。

馬文增:《清華簡〈厚父〉爲"太甲"與"伊尹"之對話實錄》,簡帛網 2015 年 5 月 9 日。

馬文增:《清華簡〈厚父〉新釋、簡注、白話譯文》,簡帛網 2015 年 5 月 12 日。

馬文增:《清華簡〈湯處於湯丘〉新釋、注譯、析辯》,簡帛網 2015 年 5 月 19 日。

馬文增:《清華簡〈湯在啻門〉新釋、簡注、白話譯文》,簡帛網 2015 年 5 月 27 日。

馬文增:《清華簡〈殷高宗問於三壽〉新釋、簡注、白話譯文》,簡帛網2015年5月30日。

馬文增:《清華簡〈尹至〉新釋、注解、白話譯文》,簡帛網2015年6月1日。

馬文增:《據"清華簡"看關於伊尹的訛傳與誤解》,簡帛網2015年6月4日。

馬文增:《清華簡〈尹誥〉新釋、簡注、白話譯文》,簡帛網2015年6月8日。

馬文增:《〈保訓〉九題》,《古籍整理研究學刊》2017年第4期,第1－7頁。

馬文增:《清華簡〈繫年〉首章新研——兼及"國人暴動""共和行政"問題》,《殷都學刊》2018第2期,第26－29頁。

馬文增:《清華簡〈殷高宗問於三壽(上)〉新研》,《殷都學刊》2019年第1期,第40－43頁。

馬文增:《清華簡〈赤鳩之集於湯之屋〉九題》,《殷都學刊》2020年第1期,第34－40頁。

馬曉臨:《清華簡〈繫年〉與春秋中山地理方位考》,簡帛網2013年1月9日。

馬曉穩:《"憑"字源流考》,《出土文獻》第15輯,中西書局2019年,第125－130頁。

馬曉穩:《讀清華簡〈治政之道〉札記(六則)》,《清華大學學報(哲學社會科學版)》2020年第1期,第52－56頁。

馬銀琴:《再議孔子刪〈詩〉》,《文學遺產》2014年5期,第29－36頁。

馬銀琴:《〈周公之琴舞〉與〈周頌·敬之〉的關係——兼論周代儀式樂歌的製作方式》,《清華大學學報(哲學社會科學版)》2019年第2期,第47－55頁。

馬智全:《論清華簡〈程寤〉周文王"受商命"思想》,《甘肅省第二屆簡牘學國際學術研討會論文集》,上海古籍出版社2012年,第631－637頁。

馬智全:《清華簡〈尹至〉商克夏史事考》,《西北成人教育學報》2012年第1期,第24－26頁。

馬智全:《清華簡〈尹至〉字體散論》,《簡帛語言文字研究》第6輯,巴蜀書社2012年,第117－131頁。

馬智全:《從清華簡〈保訓〉看"訓"文體特徵》,《魯東大學學報(哲學社會科學版)》2014年第4期,第60－63頁。

馬智全:《清華簡〈繫年〉秦人起源章與早期秦人隴上的活動》,《早期絲綢之路暨早期秦文化國際學術研討會論文集》,文物出版社2014年,第97－108頁。

馬智全:《清華簡〈程寤〉與〈書〉類文獻"寤"體略探》,《魯東大學學報(哲學社會科學版)》2015年第1期,第51－54頁。

麥笛:《"書"類的傳統與文本重構:"金縢"與"周武王有疾"之重估》,《"第十三屆北京論壇出土文獻與中國古代文明分論壇"論文集》,北京大學 2016 年 11 月 4 日－6 日。

麥笛:《格式化的意義——對清華簡〈湯在啻門〉和它關於中國早期思想生產告訴了我們什麼》,《"清華簡國際研討會"論文集》,香港浸會大學、澳門大學 2017 年 10 月 26 日－28 日。

梅道芬:《〈周公之琴舞〉的文本結構和哲學思考》,《"清華簡與〈詩經〉研究國際會議"論文集》,香港浸會大學 2013 年 11 月 1 日－3 日。

孟蓬生:《〈保訓〉釋文商補》,復旦大學出土文獻與古文字研究中心網 2009 年 6 月 23 日;《華學》第 11 輯,中山大學出版社 2014 年,第 58－64 頁。

孟蓬生:《〈保訓〉"疾甚"試解》,復旦大學出土文獻與古文字研究中心網 2009 年 7 月 10 日。

孟蓬生:《〈楚居〉所見楚武王名臆解》,簡帛網 2011 年 1 月 12 日。

孟蓬生:《〈楚居〉所見楚王"宵囂"之名音釋》,復旦大學出土文獻與古文字研究中心網 2011 年 5 月 21 日。

孟蓬生:《清華簡〈繫年〉初札(二則)》,復旦大學出土文獻與古文字研究中心網 2011 年 12 月 21 日。

孟蓬生:《上博簡"臧罪"音釋——談魚通轉例說之六》,復旦大學出土文獻與古文字研究中心網 2012 年 10 月 4 日。

孟蓬生:《清華簡(三)"屋"字補釋》,簡帛網 2013 年 1 月 6 日。

孟蓬生:《清華簡(叁)"屋"字補釋——兼說戰國文字中的"虎"字異構》,《簡帛》第 9 輯,上海古籍出版社 2014 年,第 137－146、531 頁。

孟蓬生:《"咸"字音釋——侵脂通轉例說之二》,《出土文獻與古文字研究》第 6 輯,上海古籍出版社 2015 年,第 729－754 頁。

孟蓬生:《清華簡"翌"字試釋——談歌通轉例說之一》,《漢語言文字研究》第 1 輯,上海古籍出版社 2015 年,第 149－155 頁。

孟蓬生:《釋清華簡〈封許之命〉的"彖"字——兼論"彖"字的古韻歸部》,復旦大學出土文獻與古文字研究中心網 2015 年 4 月 21 日。

孟蓬生:《釋"齋"——歌支通轉例說之一》,《清華簡〈繫年〉與古史新探》,中西書局 2016 年,第 421－432 頁。

孟蓬生:《楚簡從"黽"之字音釋》,《"第三屆出土文獻與上古漢語研究(簡帛專題)學術研討會暨 2017 中國社會科學院社會科學論壇"論文集》,中國社會科學院 2017 年 8 月 14 日－16 日。

孟蓬生:《〈清華七〉釋詞(一)》,《"出土文獻與傳世典籍的詮釋國際學術研討會"論文集》,復旦大學 2017 年 10 月 14 日－15 日。

孟蓬生:《〈尚書·盤庚〉"亂越"新證》,《語文研究》2017 年第 3 期,第 22－28 頁。

孟蓬生:《〈説文〉"者"讀若"耿"疏證——談支通轉例説之一》,《古文字與漢語歷史比較音韻學》,復旦大學出版社 2017 年,第 205－223 頁。

孟蓬生:《清華簡(三)所謂"泰"字試釋》,《源遠流長:漢字國際學術研討會暨 AEARU 第三屆漢字文化研討會論文集》,北京大學出版社 2017 年,第 195－202 頁。

孟蓬生:《清華簡〈厚父〉"者魯"試釋》,《古文字研究》第 32 輯,中華書局 2018 年,第 384－389 頁。

孟蓬生:《"彖"字三探》,《中國文字》2019 年第 1 期,第 107－113 頁。

孟蓬生:《〈清華七·越公其事〉字義拾瀋》,《出土文獻綜合研究集刊》第 8 輯,巴蜀書社 2019 年,第 196－201 頁。

孟躍龍:《清華簡"伊閲"即"伊闕"説》,簡帛網 2016 年 4 月 18 日。

孟躍龍:《清華簡〈命訓〉"少命＝身"的讀法——兼論古代抄本文獻中重文符號的特殊用法》,《簡帛》第 13 輯,上海古籍出版社 2016 年,第 71－77 頁。

孟躍龍:《〈清華七〉"栿(桎)"字試釋》,復旦大學出土文獻與古文字研究中心網 2017 年 5 月 11 日;《"第三屆出土文獻與上古漢語研究(簡帛專題)學術研討會暨 2017 中國社會科學院社會科學論壇"論文集》,中國社會科學院 2017 年 8 月 14 日－16 日。

米歐敏:《清華大學藏戰國竹簡〈繫年〉譯釋》,《古代中國》第 39 輯,2016 年。

米雁:《清華簡〈耆夜〉〈金縢〉研讀四則》,簡帛網 2011 年 1 月 10 日。

米雁:《清華簡〈金縢〉"礻壬"字試詁》,復旦大學出土文獻與古文字研究中心網 2011 年 1 月 12 日。

苗江磊:《由清華簡〈赤鵠〉〈耆夜〉看戰國叙事散文中的擬托創作》,《華僑大學學報(哲學社會科學版)》2018 年第 5 期,第 134－143 頁。

[日]名和敏光:《"采入其阻"考》,《清華簡研究》第 2 輯,中西書局 2015 年,第 285－287 頁。

N

南郭子(網名):《清華簡〈筮法〉全文注解(附〈別卦〉)》,易學網 2014 年 10

月5日。

南郭子(網名):《清華簡〈筮法〉數字卦解密》,易學網2014年10月14日。

南郭子(網名):《清華簡〈別卦〉詳解》,易學網2014年10月26日。

倪木蘭:《清華楚簡〈保訓〉篇新解——兼論"中"之含義》,復旦大學出土文獻與古文字研究中心網2009年11月4日。

寧鎮疆:《清華簡〈厚父〉"天降下民"句的觀念源流與豳公盨銘文再釋——兼説先秦"民本"思想的起源問題》,《出土文獻》第7輯,中西書局2015年,第103—117頁。

寧鎮疆:《説清華簡〈厚父〉"天降下民"句的關聯文獻問題》,清華大學出土文獻與保護中心網2015年5月25日。

寧鎮疆:《由清華簡〈繫年〉"帝攼"申論周代"籍田""籍禮"的相關問題——兼説商代無"籍田"及"籍禮"》,《清華簡〈繫年〉與古史新探》,中西書局2016年,第160—184頁。

寧鎮疆:《説清華簡〈芮良夫毖〉之"五相"兼申"尚賢"古義》,《"出土文獻與傳世典籍的詮釋"國際學術研討會論文集》,復旦大學2017年10月14日—15日,第244—259頁。

寧鎮疆:《早期"官人"之術的文獻源流與清華簡〈芮良夫毖〉相關文句的釋讀問題》,《"紀念徐中舒先生誕辰120周年國際學術研討會"論文集》,四川大學2018年10月19日—22日;《出土文獻》第13輯,中西書局2018年,第97—110頁。

寧鎮疆:《由清華簡〈芮良夫毖〉之"五相"論西周亦"尚賢"及"尚賢"古義》,《學術月刊》2018年第6期,第121—132頁。

寧鎮疆:《由清華簡〈子儀〉説到秦文化之"文"》,《中州學刊》2018年第4期,第136—141頁。

寧鎮疆:《由出土文獻説〈尚書·君奭〉"有若"的理解問題》,《"紀念清華簡入藏暨清華大學出土文獻研究與保護中心成立十周年國際學術研討會"論文集》,清華大學2018年11月17日—18日。

寧鎮疆:《清華簡〈攝命〉"亡承朕鄉"句解——兼説師詢簋相關文句的斷讀及理解問題》,《中華文化論壇》2019年第2期,第50—55頁。

寧鎮疆:《説清華簡〈攝命〉的"奔告"——兼申毛公鼎銘文之"楚賦"當爲職官》,《清華簡〈攝命〉研究高端論壇論文集》,上海大學2019年5月31日—6月2日。

寧鎮疆:《由帛書〈易傳·繆和〉解〈謙〉卦申論清華簡〈保訓〉的"三降之德"》,《中原文化研究》2019年第5期,第95—101頁。

寧鎮疆:《由它簋盖銘文説清華簡〈周公之琴舞〉"差寺王聰明"句的解讀——兼申"成王作"中確有非成王語氣〈詩〉》,《出土文獻》2020年第4期,第53—63頁。

牛鵬濤:《清華簡〈繫年〉與銅器銘文互證二則》,《深圳大學學報(人文社會科學版)》2012年第2期,第47—49頁。

牛鵬濤:《清華簡〈楚居〉與"遷郢於鄀"》,《深圳大學學報(人文社會科學報)》2013年第6期,第72—75頁。

牛鵬濤:《清華簡〈楚居〉的記史特徵》,《古籍整理研究學刊》2014年第4期,第30—33頁。

牛鵬濤:《清華簡〈楚居〉武王、文王徙郢考》,《楚文化研究論集》第11集,上海古籍出版社2015年,第318—324頁。

牛鵬濤:《清華簡〈繫年〉與"吴人入郢"背景新考》,《"清華簡〈繫年〉與古史新探學術研討會暨叢書發布會"論文集》,清華大學2015年10月29日—31日。

牛鵬濤:《清華簡〈保訓〉新證二則》,《"首屆中國古代文明研究前沿論壇"論文集》,深圳大學2016年12月10日—12日。

牛鵬濤:《清華簡〈保訓〉"假中歸中"問題再議》,《"紀念清華簡入藏暨清華大學出土文獻研究與保護中心成立十周年國際學術研討會"論文集》,清華大學2018年11月17日—18日。

牛鵬濤:《清華簡〈楚居〉與楚都丹陽》,《文史知識》2013年第6期,第20—23頁;《中國古代文明研究論集》,科學出版社2018年,第211—216頁。

牛清波:《清華簡〈耆夜〉研究述論》,《文藝評論》2017年第1期,第51—60頁。

牛新房:《釋楚文字中的幾個役字》,《古文字研究》第32輯,中華書局2018年,第464—468頁。

O

歐陽禎人:《從〈周易〉的角度看〈保訓〉〈中庸〉的"中"》,《深圳大學學報(人文社會科學版)》2013年第3期,第25—30頁。

P

潘潤:《從清華簡〈繫年〉看戴氏取宋的開始時間及其歷史意義》,孔子2000網"清華大學簡帛研究"專欄2012年12月18日;簡帛網2014年12月6日。

龐壯城:《上博、清華簡考釋札記(六則)》,《雲漢學刊》2014年第29期,第

138—153 頁。

龐壯城:《〈清華簡(陸)〉考釋零箋》,簡帛網 2016 年 4 月 27 日。

彭邦本:《近年出土文獻中的先秦禪讓傳説》,《"首届中國古代文明研究前沿論壇"論文集》,深圳大學 2016 年 12 月 10 日—12 日。

彭裕商:《〈尚書〉金縢新研》,《歷史研究》2012 年第 6 期,第 153—162 頁。

彭裕商:《清華簡〈繫年〉札記二則》,《出土文獻》第 3 輯,中西書局 2012 年,第 31—34 頁。

彭裕商:《清華簡〈説命〉與〈禮記·緇衣〉》,《出土文獻》第 4 輯,中西書局 2013 年,第 59—61 頁。

彭裕商:《"夜爵"小議》,《漢語言文字研究》第 1 輯,上海古籍出版社 2015 年,第 134—135 頁。

鵬宇:《清華簡〈封許之命〉"荐彝"與商周觶形器再探討》,《"〈清華大學藏戰國竹簡〉與儒家經典專題國際學術研討會"論文集》,煙臺大學 2014 年 12 月 4 日—8 日。

鵬宇:《〈清華大學藏戰國竹簡(伍)〉文字訓釋三則》,《管子學刊》2015 年第 2 期,第 106—107 頁。

鵬宇:《知微亦知彰精深而宏富——〈初識清華簡〉評述》,《出土文獻》第 7 輯,中西書局 2015 年,第 319—322 頁。

Q

亓民帥:《讀清華簡〈耆夜〉札記二則》,《"第六届出土文獻研究與比較文字學全國博士生學術論壇"論文集》,西南大學 2016 年 10 月 25 日—28 日。

黔之菜(網名):《釋清華簡(陸)〈管仲〉篇之"堅緻"》,簡帛網 2016 年 4 月 16 日。

黔之菜(網名):《清華簡(陸)〈管仲〉篇之"界務"試解》,復旦大學出土文獻與古文字研究中心網 2016 年 4 月 20 日。

黔之菜(網名):《清華簡(陸)〈子產〉小札一則》,復旦大學出土文獻與古文字研究中心網 2016 年 4 月 20 日。

黔之菜(網名):《清華簡(陸)〈子產〉篇之"勛勉"或可讀爲"毗勉"》,復旦大學出土文獻與古文字研究中心網 2016 年 5 月 12 日。

黔之菜(網名):《清華簡柒〈越公其事〉篇之"閔冒"試解》,簡帛網 2017 年 5 月 11 日。

黔之菜(網名):《讀清華簡捌〈虞夏殷周之制〉札記一則》,復旦大學出土文獻與古文字研究中心網 2018 年 10 月 21 日。

喬松林:《對清華簡〈保訓〉篇思想的三層釋讀——由〈保訓〉篇"中"的含義説起》,《船山學刊》2012 年第 3 期,第 75－81 頁。

秦雲霞:《再析兩〈蟋蟀〉之比較研究——清華簡〈耆夜〉所引〈蟋蟀〉與〈毛詩正義〉本〈唐風·蟋蟀〉》,《現代語文(學術綜合版)》2016 年 4 月,第 4－5 頁。

清華大學出土文獻讀書會:《〈清華大學藏戰國竹簡〉(貳)研讀札記(一)》,復旦大學出土文獻與古文字研究中心網 2011 年 12 月 22 日。

清華大學出土文獻讀書會:《〈清華大學藏戰國竹簡〉(貳)研讀札記(二)》,復旦大學出土文獻與古文字研究中心網 2011 年 12 月 31 日。

清華大學出土文獻讀書會:《清華簡第五册整理報告補正》,清華大學出土文獻研究與保護中心網 2015 年 4 月 8 日。

清華大學出土文獻讀書會:《清華六整理報告補正》,清華大學出土文獻與保護中心網 2016 年 4 月 16 日。

清華大學出土文獻讀書會:《清華七整理報告補正》,清華大學出土文獻研究與保護中心網 2017 年 4 月 23 日。

清華大學出土文獻研究與保護中心:《清華大學藏戰國竹簡〈保訓〉釋文》,《文物》2009 年第 6 期,第 73－75 頁。

邱德修:《〈周公之琴舞〉簡"亂曰"新證》,《清華簡研究》第 2 輯,中西書局 2015 年,第 4－14 頁。

裘錫圭:《説"夜爵"》,《出土文獻》第 2 輯,中西書局 2011 年,第 17－21 頁;《裘錫圭學術文集·簡牘帛書卷》,復旦大學出版社 2012 年,第 535－539 頁。

裘錫圭:《説清華簡〈程寤〉篇的"敓"》,《出土文獻與古文字研究》第 4 輯,上海古籍出版社 2011 年,第 139－144 頁;《裘錫圭學術文集·簡牘帛書卷》,復旦大學出版社 2012 年,第 540－545 頁。

裘錫圭:《説從"𡿨"聲的從"貝"與從"辵"之字》,《文史》2012 年第 3 期,第 9－27 頁。

裘錫圭:《出土文獻與古典學重建》,《出土文獻》第 4 輯,中西書局 2013 年,第 1－18 頁;《光明日報》2013 年 11 月 14 日第 11 版。

裘錫圭:《説侯馬盟書"變改助及奐俾不守二宫"》,《清華簡〈繫年〉與古史新探》,中西書局 2016 年,第 6－18 頁。

屈會濤、張昌林:《清華簡〈繫年〉與墨子囚宋新探》,《濟寧學院學報》2017 年第 4 期,第 21－27 頁。

S

散宜凌:《清華簡〈湯處於湯丘〉補說》,清華大學出土文獻與保護中心網 2015 年 4 月 13 日。

單曉偉:《清華簡〈繫年〉"厥劃"考釋》,《"中國文字學會第十屆學術年會"論文集》,鄭州大學 2019 年 10 月 12 日－13 日。

單育辰:《佔畢隨録之十一》,復旦大學出土文獻與古文字研究中心網 2009 年 8 月 3 日。

單育辰:《佔畢隨録之十三》,復旦大學出土文獻與古文字研究中心網 2011 年 1 月 8 日。

單育辰:《戰國簡帛文字雜識(十一則)》,《簡帛》第 7 輯,上海古籍出版社 2012 年,第 87－93 頁。

單育辰:《由清華簡釋解古文字一例》,《史學集刊》2012 年第 3 期,第 96－98 頁。

單育辰:《清華三〈詩〉〈書〉類文獻合考》,《清華簡研究》第 2 輯,中西書局 2015 年,第 227－230 頁。

單育辰:《佔畢隨録之十八》,簡帛網 2015 年 4 月 22 日。

單育辰:《釋甲骨文"甾"字》,《清華簡〈繫年〉與古史新探》,中西書局 2016 年,第 497－511 頁。

單育辰:《由清華四〈別卦〉談上博四〈柬大王泊旱〉的"庱"字》,《古文字研究》第 31 輯,中華書局 2016 年,第 312－335 頁。

單育辰,《〈清華大學藏戰國竹簡(伍)〉釋文訂補》,《戰國文字研究的回顧與展望》,中西書局 2017 年,第 204－210 頁。

單育辰:《清華六〈鄭文公問太伯〉釋文商榷》,《語言研究集刊》第 18 輯,上海辭書出版社 2017 年,第 308－313 頁。

單育辰:《清華六〈子產〉釋文商榷》,《出土文獻》第 11 輯,中西書局 2017 年,第 210－218 頁。

單育辰:《清華六〈子儀〉釋文商榷》,《出土文獻研究》第 16 輯,中西書局 2017 年,第 30－36 頁。

單育辰:《〈清華大學藏戰國竹簡(捌)〉釋文校訂》,《出土文獻》第 14 輯,中西書局 2019 年,第 166－173 頁。

單育辰:《清華六〈鄭武夫人規孺子〉釋文商榷》,《出土文獻與傳世典籍的詮釋》,中西書局 2019 年,第 124－127 頁。

單育辰:《〈清華簡陸·管仲〉釋文商榷》,《古文字研究》第 33 輯,中華書局 2020 年,第 495—498 頁。

單育辰:《〈清華大學藏戰國竹簡(柒)〉釋文訂補》,《出土文獻》2020 年第 2 期,第 64—72 頁。

單周堯:《清華簡〈説命上〉箋識》,《揚州大學學報(人文社會科學版)》2014 年第 2 期,第 54—59 頁。

單周堯:《讀清華簡〈説命上〉小識(二)》,《清華簡研究》第 2 輯,中西書局 2015 年,第 201—211 頁。

單周堯:《〈清華簡·繫年〉與重耳出亡路綫之研究》(題目),《"紀念清華簡入藏暨清華大學出土文獻研究與保護中心成立十周年國際學術研討會"論文集》,清華大學 2018 年 11 月 17 日—18 日。

尚賢:《談談清華簡用爲"五行相勝"的"勝"字》,復旦大學出土文獻與古文字研究中心網 2010 年 12 月 24 日。

邵蓓:《〈封許之命〉與西周外服體系》,《歷史研究》2019 年第 2 期,第 17—31 頁。

申超:《清華簡〈保訓〉的"中"爲兵書説》,簡帛網 2012 年 4 月 19 日。

申超:《清華簡〈尹誥〉"我克協我友,今惟民遠邦歸志"試説》,簡帛網 2012 年 4 月 20 日。

申超:《清華簡〈皇門〉小識》,復旦大學出土文獻與古文字研究中心網 2012 年 5 月 12 日。

申超:《讀清華簡〈程寤〉札記》,簡帛網 2012 年 5 月 21 日。

申超:《清華簡〈程寤〉主旨試探》,《管子學刊》2013 年第 1 期,第 96—100 頁。

申超:《清華簡〈皇門〉句義商兑》,《西北大學學報(哲學社會科學版)》2013 年第 3 期,第 52—55 頁。

申超:《清華簡〈尹誥〉字句試説》,《學行堂語言文字論叢》第 4 輯,科學出版社 2013 年,第 127—135 頁。

申超:《清華簡〈金縢〉與周公居東問題新探》,《出土文獻綜合研究集刊》第 3 輯,巴蜀書社 2016 年,第 182—191 頁。

申超:《清華簡〈鄭武夫人規孺子〉與鄭國政治傳統試探》,《"第六届出土文獻研究與比較文字學全國博士生學術論壇"論文集》,西南大學 2016 年 10 月 25 日—28 日;又以《清華簡〈鄭武夫人規孺子〉與鄭國政治傳統考釋》爲名,刊於《楚學論叢》第 7 輯,湖北人民出版社 2018 年,第 157—170 頁。

沈寶春:《由重疊形式談〈清華簡(壹)·祭公〉"愍=厚顏忍恥"》,《"出土文獻與先秦經史國際學術研討會"論文集》,香港大學 2015 年 10 月 16 日—17 日;《沈寶春學術論文集(古文字卷)》,萬卷樓圖書股份有限公司 2018 年,第 329—342 頁。

沈寶春:《論清華簡〈程寤〉篇太姒夢占五木的象徵意涵》,《東海中文學報》2011 年第 23 期,第 141—156 頁;《沈寶春學術論文集(古文字卷)》,萬卷樓圖書股份有限公司 2018 年,第 287—312 頁。

沈建華:《〈保訓〉所見王亥史迹傳説》,《光明日報》2009 年 4 月 20 日第 12 版。

沈建華:《釋〈保訓〉簡"測陰陽之物"》,《中國史研究》2009 年第 3 期,第 13—18 頁。

沈建華:《殷周時期的河宗》,《出土文獻》第 1 輯,中西書局 2010 年,第 91—96 頁。

沈建華:《清華戰國楚簡〈保訓〉所見商代先祖史迹傳説》,《古文字研究》第 28 輯,中華書局 2010 年,第 475—481 頁。

沈建華:《清華楚簡"武王八年伐䣪"芻議》,《考古與文物》2010 年第 2 期,第 102—104 頁。

沈建華:《清華楚簡〈祭公之顧命〉中的三公與西周世卿制度》,《中華文史論叢》2010 年第 4 期,第 379—389、404 頁。

沈建華:《清華楚簡〈尹至〉釋文試解》,《中國史研究》2011 年第 1 期,第 67—72 頁。

沈建華:《清華簡〈祭公之顧命〉與〈逸周書〉校記》,《出土文獻研究》第 10 輯,中華書局 2011 年,第 23—37 頁。

沈建華:《〈楚居〉郙人與商代若族新探》,《古代簡牘保護與整理研究》,中西書局 2012 年,第 213—219 頁。

沈建華:《楚簡秦人西遷"朱圄"原因及有關地理》,《古文字研究》第 29 輯,中華書局 2012 年,第 570—574 頁。

沈建華:《試説清華〈繫年〉楚簡與〈春秋左傳〉成書》,《簡帛·經典·古史》,上海古籍出版社 2013 年,第 165—172 頁;《叩問三代文明:中國出土文獻與上古史國際學術研討會論文集》,中國社會科學出版社 2014 年,第 397—405 頁。

沈建華:《楚簡"唐丘"與晉南夏商遺迹考》,《出土文獻》第 6 輯,中西書局 2015 年,第 207—214 頁。

沈建華:《讀清華簡〈湯處於唐丘〉中的"設九事之人"》,《出土文獻》第 7 輯,中西書局 2015 年,第 133－136 頁。

沈建華:《清華大學楚簡所見甲骨遺迹舉例——釋卜辭(協)字》,《"出土文獻與上古漢語研究學術研討會"論文集》,北京 2015 年 11 月 21 日－22 日。

沈建華:《清華簡〈唐(湯)處於唐丘〉與〈墨子·貴義〉文本》,《中國史研究》2016 年第 1 期,第 19－23 頁。

沈建華:《〈繫年〉"御奴虘之戎"與卜辭"四封方"相關地理》,《清華簡〈繫年〉與古史新探》,中西書局 2016 年,第 64－71 頁。

沈建華:《關於清華簡〈鄭文公問太伯〉戰事中的若干問題》,《高明先生九秩華誕慶壽論文集》,科學出版社 2016 年,第 238－244 頁。

沈建華:《清華簡〈筮法〉果占與商代占卜淵源》,《出土文獻》第 10 輯,中西書局 2017 年,第 19－24 頁;《清華簡與儒家經典國際學術研討會論文集》,上海古籍出版社 2017 年,第 23－28 頁。

沈建華:《初讀清華簡〈心是謂中〉》,《出土文獻》第 13 輯,中西書局 2018 年,第 136－141 頁。

沈建華:《〈湯處於湯丘〉新釋文、注釋、白話譯文》,《清華簡研究》第 3 輯,中西書局 2019 年,第 90－99 頁。

沈建華:《清華簡〈湯處於湯丘〉校讀記》,《清華簡研究》第 3 輯,中西書局 2019 年,第 100－107 頁。

沈培:《清華簡〈保訓〉釋字一則》,《出土文獻》第 1 輯,中西書局 2010 年,第 87－90 頁。

沈培:《清華簡字詞考釋二則》,復旦大學出土文獻與古文字研究中心網 2011 年 1 月 9 日。

沈培:《關於古文字材料中所見古人祭祀用尸的考察》,《古文字與古代史》第 3 輯,"中研院"歷史語言研究所 2012 年,第 1－53 頁。

沈培:《再說兩個楚墓竹簡中讀爲"一"的用例》,《承繼與拓新:漢語語言文字學研究(上)》,商務印書館(香港)有限公司 2014 年,第 318－349 頁。

沈培:《談談清華簡〈傅說之命〉和傳世文獻相互對照的幾個"若"字句》,《簡帛》第 10 輯,上海古籍出版社 2015 年,第 51－66 頁。

沈培:《〈詩·周頌·敬之〉與清華簡〈周公之琴舞〉對應頌詩對讀》,《出土文獻與古文字研究》第 6 輯,上海古籍出版社 2015 年,第 327－357 頁。

沈培:《從清華簡〈子儀〉看崤之戰後秦國的處境》,《"第十三屆北京論壇出土文獻與中國古代文明分論壇"論文集》,北京大學 2016 年 11 月 4 日－6 日。

沈培:《試說清華簡〈芮良夫毖〉跟"绳準"有關的一段話》,《出土文獻與中國古代文明——李學勤先生八十壽誕紀念論文集》,中西書局 2016 年,第 177－189 頁。

沈培:《從清華簡和上博簡看"就"字的早期用法》,《源遠流長:漢字國際學術研討會暨 AEARU 第三屆漢字文化研討會論文集》,北京大學出版社 2017 年,第 203－211 頁。

沈培:《清華簡〈鄭武夫人規孺子〉"乃爲之毀圖所賢者"釋義》,《"單周堯教授七秩華誕國際學術研討會"論文集》,饒宗頤文化館 2017 年 12 月 9 日。

沈培:《清華簡〈鄭武夫人規孺子〉校讀五則》,《漢字漢語研究》2018 年第 4 期,第 38－55 頁。

沈培:《〈左傳〉中的趙旃爲何"弢席於軍門之外"——從清華簡〈繫年〉"于楚軍之門"的釋讀談起》,《"第一屆出土文獻與中國古代史學術論壇暨青年學者工作坊"論文集》,復旦大學 2019 年 11 月 2 日－4 日。

沈培:《從釋讀清華簡的一個實例談談在校讀古文獻中重視古人思想觀念的效用》,《出土文獻與傳世典籍的詮釋》,中西書局 2019 年,第 113－123 頁。

沈亞丹、王雲飛:《清華簡〈尹至〉〈尹誥〉集釋》,簡帛網 2011 年 9 月 27 日。

沈載勳:《對傳世文獻的新挑戰:清華簡〈繫年〉所記周東遷史事考》,《清華簡〈繫年〉與古史新探》,中西書局 2016 年,第 128－159 頁。

沈之傑:《讀清華簡〈祭公之顧命〉札記一則》,復旦大學出土文獻與古文字研究中心網 2011 年 1 月 9 日。

沈之傑、李冬鴿:《干、盾補說》,《"先秦兩漢訛字學術研討會"論文集》,清華大學 2018 年 7 月 14－15 日。

施謝捷:《〈繫年〉人名釋讀零札》,《"清華簡〈繫年〉與古史新探學術研討會暨叢書發布會"論文集》,清華大學 2015 年 10 月 29 日－31 日。

石光澤:《〈清華大學藏戰國竹簡(柒)·越公其事〉"昆奴"補說》,《"第二屆出土文獻與先秦史研究工作坊"論文集》,華東師範大學 2017 年 11 月 18 日。

石帥帥:《清華簡札記兩則》,《中國文字》新 42 期,藝文印書館 2016 年,第 283－290 頁。

石偉傑:《郭永秉談清華簡的整理與研究》,《東方早報》2015 年 12 月 20 日第 B2－B3 版。

石小力:《利用楚簡考釋金文字詞兩則》,《古文字研究》第 30 輯,中華書局

2014年,第273—278頁。

石小力:《清華簡(伍)〈封許之命〉"鉤、膺"補説》,簡帛網2015年4月12日。

石小力:《清華簡(伍)〈封許之命〉所載"朱旃"考》,簡帛網2015年4月12日。

石小力:《清華簡〈周公之琴舞〉"文非易市"解》,《出土文獻》第7輯,中西書局2015年,第98—102頁。

石小力:《清華簡(伍)〈封許之命〉名物補釋二則》,《古文字論壇》第2輯,中西書局2016年,第218—221頁。

石小力:《從出土文獻資料看"將"的來源及演變》,"第十三届全國古代漢語"學術研討會,河北師範大學2016年8月11日—14日。

石小力:《談談清華簡第五輯中的訛字》,《出土文獻》第8輯,中西書局2016年,第126—130頁。

石小力:《清華簡第六輯中的訛字研究》,《出土文獻》第9輯,中西書局2016年,第190—197頁;《"甘肅省第三届簡牘學國際學術研討會"論文集》,上海辭書出版社2017年,第555—561頁。

石小力:《據清華簡(柒)補證舊説四則》,清華大學出土文獻研究與保護中心網2017年4月23日;《簡帛語言文字研究》第9輯,巴蜀書社2017年,第12—24頁。

石小力:《清華簡第六册字詞補釋》,《華學》第12輯,中山大學出版社2017年,第186—189頁。

石小力:《清華簡第七册字詞釋讀札記》,《出土文獻》第11輯,中西書局2017年,第242—247頁。

石小力:《上古漢語"兹"用爲"使"説》,《語言科學》2017年第6期,第658—663頁。

石小力:《據清華簡考證侯馬盟書的"趙尼"——兼説侯馬盟書的時代》,《中山大學學報(社會科學版)》2018年第1期,第59—64頁。

石小力:《清華簡〈越公其事〉與〈國語〉合證》,《文獻》2018年第3期,第60—65頁。

石小力:《清華簡〈虞夏殷周之治〉與上古禮樂制度》,《清華大學學報(哲學社會科學版)》2018年第5期,第58—60頁。

石小力:《清華簡第八輯字詞補釋》,清華大學出土文獻研究與保護中心網2018年11月17日。

石小力:《清華簡〈尹誥〉"㥾"字新釋》,《考古與文物》2019年第1期,第

110—113 頁。

石小力:《清華簡〈攝命〉與西周金文合證》,《"清華簡〈攝命〉研究"高端論壇文集》,上海大學 2019 年 5 月 31 日—6 月 2 日;《中國文字》2020 年冬季號,總第 2 期,第 201—218 頁。

石小力:《釋戰國楚文字中的"軋"》,《"首屆漢語字詞關係學術研討會"論文集》,浙江大學 2019 年 10 月 26 日—27 日。

石小力:《戰國文字"![]"形的來源、混同與辨析》,《"第一屆出土文獻與中國古代史學術論壇暨青年學者工作坊"論文集》,復旦大學 2019 年 11 月 2 日—4 日。

時兵:《清華簡(一)"懋"字解詁》,簡帛網 2013 年 12 月 6 日。

史大豐、王寧:《清華簡八〈攝命〉"通罘寡罘"及相關問題》,《濟南大學學報(社會科學版)》2019 年第 4 期,第 79—86、159 頁。

史大豐、王寧:《釋清華簡〈攝命〉中从宀咸聲之字——兼釋"湛圂"相關諸詞》,《中國文字研究》第 30 輯,社會科學文獻出版社 2019 年,第 74—77 頁。

史黨社:《清華簡〈繫年〉與秦人早期歷史》,《"出土文獻與中國古代文明學術研討會"論文集》,中國人民大學 2015 年 6 月 6 日—7 日。

史黨社:《清華簡"奴盧之戎"試考》,《中國文化論壇》2020 年第 1 期,第 13—20 頁。

史傑鵬:《從古文字字形談〈楚辭·天問〉的"屏號"及相關問題》,《戰國文字研究的回顧與展望》,中西書局 2017 年,第 369—381 頁。

史亞當:《從象數角度解釋〈筮法〉死生篇第一個卦例和第二個卦例》,《"清華簡國際研討會"論文集》,香港浸會大學、澳門大學 2017 年 10 月 26 日—28 日。

史楨英:《也説〈清華大學藏戰國竹簡(七)〉寫手問題》,簡帛網 2018 年 6 月 15 日。

守彬:《從清華簡〈楚居〉談"×郢"》,簡帛網 2011 年 1 月 9 日。

守彬:《讀清華簡〈楚居〉季連故事》,簡帛網 2011 年 1 月 10 日。

[日]水野卓:《清華簡〈繫年〉より見た春秋時代の新君即位》,《中國出土資料研究》第 21 號,日本株式會社 2017 年,第 1—21 頁。

宋華強:《清華簡〈金縢〉校讀》,簡帛網 2011 年 1 月 8 日。

宋華強:《清華簡校讀散札》,簡帛網 2011 年 1 月 10 日。

宋華強:《清華簡〈程寤〉"卑霝名凶"試解》,簡帛網 2011 年 1 月 14 日。

宋華強:《清華簡〈金縢〉讀爲"穫"之字解説》,簡帛網 2011 年 1 月 14 日。

宋華强：《清華簡〈楚居〉1－2號釋讀》，簡帛網2011年1月15日。
宋華强：《清華簡〈楚居〉"比隹"小議》，簡帛網2011年1月20日。
宋華强：《清華簡〈皇門〉札記一則》，簡帛網2011年2月2日。
宋華强：《清華簡與吴起、鐸椒》，簡帛網2011年2月14日。
宋華强：《〈清華簡《皇門》札記一則〉補正》，簡帛網2011年2月28日。
宋華强：《清華簡〈繫年〉"篡伐"之"篡"》，簡帛網2011年12月21日。
宋華强：《清華簡〈繫年〉奚齊之"奚"的字形》，簡帛網2011年12月21日。
宋華强：《清華簡〈繫年〉93號讀爲"隨"之字》，簡帛網2011年12月23日。
宋華强：《清華簡〈皇門〉"醫""舭"二字考釋》，《中國文字》新37期，藝文印書館2011年，第55－66頁。
宋華强：《戰國楚文字从"甸"从"甘"之字新考》，《簡帛》第13輯，上海古籍出版社2016年，第1－9頁。
宋雨婷：《清華簡〈繫年〉考校七則》，《文教資料》2014第29期，第68－69頁。
宋鎮豪：《談談清華簡〈繫年〉的古史編纂體裁》，《清華簡〈繫年〉與古史新探》，中西書局2016年，第227－235頁。
藪敏裕：《清華簡〈耆夜〉所見蟋蟀篇的解釋》，《"世界漢字學會第四屆年會"論文集》，韓國釜山慶星大學2015年6月24日－28日。
蘇輝：《由清華簡〈封許之命〉釋春秋金文中的"天命""大命"》，《"紀念清華簡入藏暨清華大學出土文獻研究與保護中心成立十周年國際學術研討會"論文集》，清華大學2018年11月17日－18日。
蘇建洲：《〈保訓〉字詞考釋二則》，復旦大學出土文獻與古文字研究中心網2009年7月15日。
蘇建洲：《〈清華簡九篇綜述〉封二所刊〈皇門〉簡簡釋》，復旦大學出土文獻與古文字研究中心網2010年5月30日。
蘇建洲：《〈清華簡〉考釋四則》，復旦大學出土文獻與古文字研究中心網2011年1月9日。
蘇建洲：《〈楚居〉簡7楚武王之名補議》，復旦大學出土文獻與古文字研究中心網2011年1月13日。
蘇建洲：《楚簡"刏"字及相關諸字考釋》，《楚文字論集》，萬卷樓圖書股份有限公司2011年，第1－20頁。
蘇建洲：《楚竹書文字考釋五則》，《楚文字論集》，萬卷樓圖書股份有限公司2011年，第21－56頁。

蘇建洲:《〈清華簡(壹)〉考釋十一則》,《楚文字論集》,萬卷樓圖書公司 2011 年,第 343—396 頁。

蘇建洲:《利用〈清華簡(貳)〉考釋金文一則》,復旦大學出土文獻與古文字研究中心網 2012 年 1 月 1 日。

蘇建洲:《讀〈繫年〉札記》,復旦大學出土文獻與古文字研究中心網 2012 年 12 月 8 日。

蘇建洲:《〈清華大學藏戰國竹簡(貳)·繫年〉考釋四則》,《簡帛》第 7 輯,上海古籍出版社 2012 年,第 65—78 頁;《清華二〈繫年〉集解·附錄三》,萬卷樓圖書股份有限公司 2013 年,第 47—65 頁。

蘇建洲:《據清華簡〈祭公〉校讀〈逸周書·祭公解〉札記》,《中國文字》新 38 期,藝文印書館 2012 年,第 61—72 頁。

蘇建洲:《〈楚居〉簡 9 "皇"字及相關諸字考釋》,《楚文字論集》,萬卷樓圖書股份有限公司 2011 年,第 321—342 頁。

蘇建洲:《利用〈清華簡(壹)〉字形考釋楚簡疑難字》,《楚文字論集》,萬卷樓圖書股份有限公司 2011 年,第 397—438 頁。

蘇建洲:《楚文字"大""文"二字訛混現象補議》,《楚文字論集》,萬卷樓圖書股份有限公司 2011 年,第 475—482 頁。

蘇建洲:《釋〈赤鵠之集湯之屋〉的"巽"字》,復旦大學出土文獻與古文字研究中心網 2013 年 1 月 16 日。

蘇建洲:《初讀清華三〈周公之琴舞〉〈良臣〉札記》,簡帛網 2013 年 1 月 18 日。

蘇建洲:《清華三〈周公之琴舞〉〈良臣〉〈祝辭〉研讀札記》,《中國文字》新 39 期,藝文印書館 2013 年,第 69—76 頁。

蘇建洲:《清華大學藏戰國竹簡(貳)·繫年〉考釋七則》,《"中國文字學會第七屆學術年會"論文集》,吉林大學 2013 年 9 月 21 日—22 日;《中國文字研究》2014 年第 1 期,第 65—73 頁。

蘇建洲:《讀〈繫年〉第十一章札記三則》,《出土文獻文字與語法研讀論文集》第 1 輯,萬卷樓圖書股份有限公司 2013 年,第 33—42 頁。

蘇建洲:《〈清華三·芮良夫毖〉研讀劄記》,《中國文字》新 40 期,藝文印書館 2014 年,第 41—50 頁。

蘇建洲:《釋戰國時期的幾個"蔑"字》,《古文字研究》第 30 輯,中華書局 2014 年,第 290—295 頁。

蘇建洲:《也論清華簡〈繫年〉"莫囂易爲"》,《中原文化研究》2014 年第 5

期,第115—121頁。

蘇建洲:《〈封許之命〉研讀札記(一)》,復旦大學出土文獻與古文字研究中心網2015年4月18日。

蘇建洲:《釋與"沙"有關的幾個古文字》,《"出土文獻與先秦經史國際學術研討會"論文集》,香港大學2015年10月16日—17日;《出土文獻》第9輯,中西書局2016年,第127—144頁。

蘇建洲:《〈清華二·繫年〉中的"申"及相關問題討論》,《古文字與古代史》第4輯,"中研院"歷史語言研究所2015年,第449—490頁。

蘇建洲:《清華簡第五册字詞考釋》,《出土文獻》第7輯,中西書局2015年,第145—158頁。

蘇建洲:《清華三〈赤鵠之集湯之屋〉考釋兩篇》,《清華簡研究》第2輯,中西書局2015年,第178—200頁。

蘇建洲:《〈繫年〉文字詮解三則》,《清華簡〈繫年〉與古史新探》,中西書局2016年,第433—446頁。

蘇建洲:《〈清華六〉文字補釋》,簡帛網2016年4月20日。

蘇建洲:《〈清華六·鄭文公問大伯〉"饋而不二"補説》,簡帛網2016年4月26日。

蘇建洲:《談談〈封許之命〉的幾個錯别字》,《古文字研究》第31輯,中華書局2016年,第374—377頁。

蘇建洲:《據楚簡"愧"訛變爲"思"的現象考釋古文字》,《戰國文字研究的回顧與展望》,中西書局2017年,第234—239頁。

蘇建洲:《清華(六)零釋》,《中國文字》新43期,藝文印書館2017年,第23—30頁。

蘇建洲:《試論"卣"字源流及其相關問題》,《古文字與古代史》第5輯,"中研院"歷史語言研究所2017年,第545—573頁。

蘇建洲:《清華簡(八)〈天下之道〉考釋兩則》,復旦大學出土文獻與古文字研究中心網2018年11月26日。

蘇建洲:《清華六〈子産〉拾遺》,《"清華簡國際研討會"論文集》,《饒宗頤國學院院刊》第5期,中華書局2018年,第113—137頁。

蘇建洲:《談清華簡七〈越公其事〉簡3的幾個字》,《古文字研究》第32輯,中華書局2018年,第390—394頁。

蘇建洲:《〈清華大學藏戰國竹簡(捌)〉字詞考釋十則》,《中國文字》2019

年冬季號,總第 2 期,第 25－38 頁。

蘇建洲:《〈清華五·封許之命〉簡 6"匿"字考》,《出土文獻》第 14 輯,中西書局 2019 年,第 119－129 頁。

蘇建洲:《説〈芮良夫毖〉及"柏室門器"的"管"》,《"第一届出土文獻與中國古代史學術論壇暨青年學者工作坊"論文集》,復旦大學 2019 年 11 月 2 日－4 日。

孫飛燕:《〈蟋蟀〉試讀》,《清華大學學報(哲學社會科學版)》2009 年第 5 期,第 11－13 頁。

孫飛燕:《讀〈保訓〉札記》,孔子 2000 網 2009 年 6 月 17 日。

孫飛燕:《〈保訓〉釋文兩則》,《社會科學報》2010 年 3 月 11 日第 6 版。

孫飛燕:《試論〈尹至〉的"至在湯"與〈尹誥〉的"及湯"》,復旦大學出土文獻與古文字研究中心網 2011 年 1 月 10 日。

孫飛燕:《讀〈尹至〉〈尹誥〉札記》,《出土文獻研究》第 10 輯,中華書局 2011 年,第 38－41 頁。

孫飛燕:《清華簡〈皇門〉管窺》,《清華大學學報(哲學社會科學版)》2011 年第 2 期,第 53－57 頁;《古代簡牘保護與整理研究》,中西書局 2012 年,第 156－161 頁。

孫飛燕:《清華大學舉行"清華簡國際學術研討會"》,《光明日報》2011 年 7 月 18 日第 15 版。

孫飛燕:《讀〈繫年〉札記三則》,復旦大學出土文獻與古文字研究中心網 2012 年 3 月 9 日。

孫飛燕:《據清華簡〈繫年〉探討城濮之戰的參戰國家》,《"簡牘與早期中國學術研討會暨第一届出土文獻青年學者論壇"論文集》,北京大學 2012 年 10 月 27 日－28 日。

孫飛燕:《試談〈繫年〉中厥貉之會與晉吴伐楚的紀年》,復旦大學出土文獻與古文字研究中心網 2012 年 3 月 31 日。

孫飛燕:《也談清華簡〈尹誥〉的"惟尹既及湯,咸有一德"》,《清華簡研究》第 1 輯,中西書局 2012 年,第 57－61 頁;《古代簡牘保護與整理研究》,中西書局 2012 年,第 98－102 頁。

孫飛燕:《清華簡〈周公之琴舞〉與〈詩經·周頌〉的性質新論》,《簡帛研究二〇一四》,廣西師範大學出版社 2014 年,第 5－11 頁。

孫飛燕:《論清華簡〈繫年〉的思想及性質》,《古代中國研究青年學者研習會(七)》,廈門大學 2016 年 6 月 5 日。

孫飛燕:《論清華簡〈赤鳩之集湯之屋〉的性質》,《簡帛》第 16 輯,上海古籍出版社 2018 年,第 31—41 頁。

孫飛燕:《論清華簡〈厚父〉的思想》,《"紀念清華簡入藏暨清華大學出土文獻研究與保護中心成立十周年國際學術研討會"論文集》,清華大學 2018 年 11 月 17 日—18 日。

孫飛燕:《清華簡〈周公之琴舞〉補釋》,《考古與文物》2018 年第 6 期,第 112—117 頁。

孫剛:《説"喜(鼓)"——兼談"嘉""垂"的形體流變》,《戰國文字研究的回顧與展望》,中西書局 2017 年,第 291—312 頁。

孫剛、李瑶:《試説戰國齊、楚兩系文字中的"達"》,《江漢考古》2018 年第 6 期,第 122—125 頁。

孫合肥:《清華簡〈保訓〉"適"字補説》,簡帛網 2009 年 8 月 22 日。

孫合肥:《讀〈清華大學藏戰國竹簡(叁)〉札記》,簡帛網 2013 年 1 月 9 日。

孫合肥:《清華簡〈筮法〉札記一則》,復旦大學出土文獻與古文字研究中心網 2014 年 1 月 25 日。

孫合肥:《讀清華簡札記七則》,《"出土文獻與學術新知學術研討會暨出土文獻青年學者論壇"論文集》,吉林大學 2015 年 8 月 21 日—22 日。

孫合肥:《清華簡"滿"字補説》,《簡帛》第 12 輯,上海古籍出版社 2016 年,第 43—47 頁。

孫合肥:《清華簡〈子産〉簡 19—23 校讀》,《"出土文獻與中國古代文明再認識青年學術論壇"論文集》,河南大學 2016 年 10 月 29—30 日;《淮南師範學院學報》2017 年第 1 期,第 1—3 頁。

孫合肥:《清華七〈越公其事〉札記一則》,簡帛網 2017 年 4 月 25 日。

孫合肥:《清華柒〈趙簡子〉札記一則》,簡帛網 2017 年 4 月 25 日。

孫合肥:《清華七〈越公其事〉札記二則》,簡帛網 2017 年 4 月 26 日。

孫合肥:《清華簡"夏"字補説》,《簡帛研究二〇一七(秋冬卷)》,廣西師範大學出版社 2017 年,第 27—34 頁。

孫合肥:《戰國文字"注音形聲字"聲符語音關係探析》,《"紀念清華簡入藏暨清華大學出土文獻研究與保護中心成立十周年國際學術研討會"論文集》,清華大學 2018 年 11 月 17 日—18 日。

孫合肥:《説出土文獻中"新"的字詞關係》,《"首届漢語字詞關係學術研討會"論文集》,浙江杭州 2019 年 10 月 26 日—27 日。

孫敬明、吉樹春:《清華竹簡及齊史偶札》,《清華簡與儒家經典國際學術研討會論文集》,上海古籍出版社 2017 年,第 181—187 頁。

孫振興:《清華簡〈繫年〉標點質疑一則》,復旦大學出土文獻與古文字研究中心網 2012 年 12 月 31 日。

T

譚生力、張峰:《楚文字中的龜與从龜之字》,《華夏考古》2017 年第 1 期,第 140—147 頁。

譚生力:《由清華簡〈赤鵠之集湯之屋〉看伊尹傳説——兼論該篇傳説的文化内涵》,《文藝評論》2013 年第 10 期,第 4—6 頁。

[日]湯淺邦弘:《清華簡〈管仲〉的政治思想》,《"楚文化與長江中游早期開發國際學術研討會"論文集》,武漢大學 2018 年 9 月 15 日—16 日。

湯漳平:《也談〈清華簡·楚居〉與楚族之淵源》,《中州學刊》2014 年第 6 期,第 151—156 頁;《清華簡與先秦經學文獻研究》,生活·讀書·新知三聯書店 2016 年,第 305—322 頁。

唐洪志:《清華簡〈皇門〉"舩舟"試釋》,復旦大學出土文獻與古文字研究中心網 2011 年 1 月 10 日。

唐旭東:《論"清華簡"〈説命〉的文體類型及其意義》,《中國簡帛學刊》第 3 輯,社會科學文獻出版社 2019 年,第 198—210 頁。

陶金:《由〈繫年〉談衛文公事迹》,復旦大學出土文獻與古文字研究中心網 2011 年 12 月 27 日。

陶金:《由清華簡〈繫年〉談洹子孟姜壺相關問題》,復旦大學出土文獻與古文字研究中心網 2012 年 2 月 14 日。

陶金:《清華簡七〈子犯子餘〉"人面"試解》,簡帛網 2017 年 5 月 26 日。

陶興華:《從清華簡〈繫年〉看"共和"與"共和行政"》,《古代文明》2013 年第 2 期,第 57—62 頁。

陶磊:《清華簡〈筮法〉三題》,《"李學勤先生學術成就與學術思想國際研討紀念會"論文集》,清華大學 2019 年 12 月 7 日—8 日。

滕勝霖:《〈晉文公入於晉〉"冕"字續考》,復旦大學出土文獻與古文字研究中心網 2017 年 9 月 24 日。

滕勝霖:《清華簡〈越公其事〉"幽荒""幽塗"考》,簡帛網 2018 年 5 月 29 日。

滕勝霖:《再議"幽"字結構及相關諸字》,《"紀念徐中舒先生誕辰 120 周年國際學術研討會"論文集》,四川大學 2018 年 10 月 19 日－22 日。

滕勝霖:《清華九補釋三則》,《中國文字》2020 年冬季號,總第 4 期,萬卷樓圖書股份有限公司 2020 年,第 317－328 頁。

［日］藤田勝久:《〈史記·楚世家〉的春秋史——〈左傳〉與清華簡〈楚居〉〈繫年〉》,《"楚文化與長江中游早期開發國際學術研討會"論文集》,武漢大學 2018 年 9 月 15 日－16 日。

騰興建:《清華簡與〈書序〉研究》,《孔子研究》2017 年第 4 期,第 37－43 頁。

天蠁(網名):《釋〈清華六·管仲〉的"塵"》,復旦大學出土文獻與古文字研究中心網 2016 年 4 月 16 日。

田佳鷺、李燁:《"清華簡(壹)"中的"厥"和"其"》,簡帛網 2011 年 6 月 17 日。

田天:《清華簡〈繫年〉的體裁——針對文本與結構的討論》,《"出土文獻的語境國際學術研討會暨第三屆出土文獻青年學者論壇"論文集》,臺灣清華大學 2014 年 8 月 27 日－29 日。

田煒:《說"同生""同產"》,《中國語文》2017 年第 4 期,第 487－495 頁。

田旭東:《清華簡〈繫年〉與秦人西遷新探》,《秦漢研究》第 6 輯,陝西人民出版社 2012 年,第 36－41 頁。

田旭東:《清華簡〈耆夜〉中的禮樂實踐》,《考古與文物》2012 年第 1 期,第 89－92 頁。

田旭東:《尹摯與伊尹學派——以出土文獻爲考察中心》,《清華簡研究》第 1 輯,中西書局 2012 年,第 31－39 頁。

田旭東、路懿菡:《〈繫年〉所記"錄子聖"與周初"武庚之亂"》,《古文字研究》第 31 輯,中華書局 2016 年,第 330－336 頁。

田樂:《清華簡的整理研究與學術價值——訪李學勤先生》,《中國史研究動態》2016 年第 4 期,第 81－90 頁。

田志忠:《從"疑古"論爭之教訓看〈保訓〉篇的時代之爭》,《哲學與文化》2014 年第 12 期,第 153－164 頁。

W

萬德良:《清華簡〈繫年〉"繒人乃降西戎"小札》,《清華簡與儒家經典國際學術研討會論文集》,上海古籍出版社 2017 年,第 214－216 頁。

汪亞洲、陳民鎮:《清華簡研究論著目錄簡編》,復旦大學出土文獻與古文字研究中心網 2011 年 9 月 12 日。

汪亞洲:《再論清華簡〈保訓〉之"中"》,復旦大學出土文獻與古文字研究中心網 2011 年 6 月 12 日。

汪亞洲:《清華簡〈尹至〉"亡典"説》,復旦大學出土文獻與古文字研究中心網 2011 年 6 月 17 日。

汪亞洲:《清華簡〈皇門〉集釋》,復旦大學出土文獻與古文字研究中心網 2011 年 9 月 23 日。

汪穎:《〈清華簡(壹)〉名詞研究》,《簡帛語言文字研究》第 6 輯,巴蜀書社 2012 年,第 239—256 頁。

王彪:《從清華簡〈繫年〉看兩周之際王權與諸侯霸權之爭》,《江西社會科學》2014 年第 10 期,第 137—141 頁。

王長華:《關於新出土文獻進入文學史叙述的思考——以清華簡〈周公之琴舞〉爲例》,《河北師範大學學報(哲學社會科學版)》2014 年第 2 期,第 14—17 頁。

王恩來:《"中庸"的文脈傳承》,《理論界》2009 年第 7 期,140—141 頁。

王恩田:《清華簡"湯丘"與"湯社"》,復旦大學出土文獻與古文字研究網 2015 年 3 月 5 日。

王恩田:《清華簡〈繫年〉第一、二章校讀(十則)》,《古籍研究》2016 年第 2 期,第 177—180 頁。

王芳:《〈楚居〉地名初探》,《語文學刊》2012 年第 7 期,第 81—82 頁。

王洪軍:《清華簡〈繫年〉與少暤"西遷"之謎》,《北方論叢》2013 年第 1 期,第 57—62 頁。

王紅亮:《也説清華簡〈繫年〉的"周亡王九年"》,復旦大學出土文獻與古文字研究中心網 2012 年 1 月 12 日。

王紅亮:《讀清華簡〈繫年〉札記(一)》,簡帛網 2012 年 3 月 26 日。

王紅亮:《清華簡〈繫年〉中周平王東遷的相關年代考》,《史學史研究》2012 年第 4 期,第 101—109 頁。

王紅亮:《據清華簡〈繫年〉證〈左傳〉一則》,復旦大學出土文獻與古文字研究中心網 2013 年 4 月 23 日。

王紅亮:《清華簡〈繫年〉第十二章及相關史事考》,《文史》2013 年第 4 輯,第 217—222、92 頁。

王紅亮:《由清華簡〈繫年〉論兩周之際的歷史變遷》,《史學月刊》2015 年第 2 期,第 13—21 頁。

王紅亮:《清華簡〈繫年〉與〈左傳〉互證二則》,《文史》2015 年第 4 期,第

261—269頁。

王紅亮:《清華簡(六)〈鄭武公夫人規孺子〉有關歷史問題解說》,復旦大學出土文獻與古文字研究中心網 2016 年 4 月 17 日。

王紅亮:《由清華簡〈繫年〉論"共和行政"的相關問題》,《史學史研究》2016 年第 3 期,第 91—99 頁。

王紅亮:《清華簡與晉文公重耳出亡繫年及史事新探》,《史學月刊》2019 年第 11 期,第 5—20 頁。

王紅星:《楚郢都探索的新綫索》,《江漢考古》2011 年第 3 期,第 88—95 頁。

王化平:《讀清華簡〈筮法〉隨札》,《周易研究》2014 年第 3 期,第 71—76 頁。

王化平:《清華簡〈筮法〉與〈周易〉卦名釋義》,孔子 2000 網 2014 年 12 月 18 日。

王化平:《〈金縢〉篇中的禱辭及相關文字的釋讀》,《醫療社會史研究》第 2 輯,中國社會科學出版社 2017 年,第 228—243 頁。

王化平:《清華簡〈尹誥〉與古文〈咸有一德〉之關係考辨》,《"貴州師範大學出土文獻及近代文書研究中心成立大會暨首屆中國出土文獻及近代文書學術研討會"論文集》,貴州師範大學 2019 年 5 月 24 日—26 日。

王化平:《墨子思想與清華簡(捌)部分字詞的訓釋》,《"第十一屆黃河學高層論壇暨古文字與出土文獻語言研究國際學術研討會"論文集》,河南大學 2019 年 6 月 21 日—24 日。

王暉:《清華簡〈保訓〉"中"字釋義及其主題思想》,《清華簡研究》第 1 輯,中西書局 2012 年,第 84—91 頁。

王暉:《春秋早期周王室王位世繫變局考異——兼說清華簡〈繫年〉"周无王九年"》,《人文雜志》2013 年第 5 期,第 75—81 頁。

王暉:《論清華簡〈筮法〉筮卦的特點與性質》,《"清華簡國際研討會"論文集》,香港浸會大學、澳門大學 2017 年 10 月 26 日—28 日。

王暉:《清華簡〈厚父〉屬性及時代背景新認識——從"之匿王乃渴失其命"的斷句釋讀說起》,《史學集刊》2019 年第 4 期,第 71—77 頁。

王輝:《清華楚簡〈保訓〉"惟王五十年"解》,《考古與文物》2009 年第 6 期,第 65—72、85 頁。

王輝:《讀清華楚簡〈保訓〉札記(四則)》,《出土文獻》第 1 輯,中西書局 2010 年,第 49—57 頁。

王輝:《也說清華楚簡〈保訓〉的"中"字》,《古文字研究》第 28 輯,中華書局

2010年,第471—474頁。

王輝:《一粟居讀簡記(三)》,《簡帛·經典·古史》,上海古籍出版社 2013年,第67—72頁。

王輝:《一粟居讀簡記(五)》,《叩問三代文明:中國出土文獻與上古史國際學術研討會論文集》,中國社會科學出版社 2014年,第419—428頁;《清華簡研究》第2輯,中西書局 2015年,第193—200頁。

王輝:《一粟居讀簡記(六)》,《古文字研究》第30輯,中華書局 2014年,第358—364頁。

王輝:《楚簡字詞釋讀瑣記五則》,《古文字論壇》第1輯,中山大學出版社 2015年,第177—183頁。

王輝:《一粟居讀簡記(七)》,《出土文獻與古文字研究》第6輯,上海古籍出版社 2015年,第233—243頁。

王輝:《也談清華簡〈繫年〉"降西戎"的釋讀——兼説"降""隆"訛混的條件及"升""呈"之別》,《清華簡〈繫年〉與古史新探》,中西書局 2016年,第487—493頁。

王輝:《一粟居讀簡記(八)》,《古文字研究》第31輯,中華書局 2016年10月,第355—362頁;《甘肅省第三屆簡牘學國際學術研討會論文集》,上海辭書出版社 2017年,第562—579頁。

王輝:《説"越公其事"非篇題及其釋讀》,《出土文獻》第11輯,中西書局 2017年,第239—241頁。

王輝:《一粟居讀簡記(九)》,《陝西歷史博物館館刊》2016年第3輯,第148—153頁;《華學》第12輯,中山大學出版社 2017年,第159—164頁。

王輝:《古文字所見人物名號四考》,《中山大學學報(社會科學版)》2018年第1期,第53—58頁。

王輝:《一粟居讀簡記(十)》,《"紀念清華簡入藏暨清華大學出土文獻研究與保護中心成立十周年國際學術研討會"論文集》,清華大學 2018年11月17日—18日。

王佳慧:《讀〈清華大學藏戰國竹簡(捌)〉札記五則》,簡帛網 2019年2月14日。

王捷:《何爲"刑書"——清華簡"子產"篇讀記》,《"第六屆出土文獻與法律史研究學術研討會"論文集》,華東政法大學 2016年11月11日—13日。

王捷:《清華簡〈子產〉篇與"刑書"新析》,《上海師範大學學報(哲學社會科學版）》2017 年第 4 期，第 53－59 頁。

王傑：《清華簡"周亡王九年"新釋》，《殷都學刊》2020 年第 1 期，第 46－51、77 頁。

王進鋒：《清華簡〈保訓〉詞句再箋（三則）》，簡帛網 2011 年 4 月 9 日。

王進鋒、[美]甘鳳（Foong J. Kam）、餘佳：《清華簡〈保訓〉集釋》，簡帛網 2011 年 4 月 10 日。

王進鋒：《周代的縣與越縣——由清華簡〈越公其事〉中的相關內容引發的討論》，《"清華簡國際研討會"論文集》，香港浸會大學、澳門大學 2017 年 10 月 26－28 日。

王進鋒：《清華簡（伍）〈殷高宗問於三壽〉〈湯處於湯丘〉〈湯在啻門〉三篇集釋》，《清華簡研究》第 3 輯，中西書局 2019 年，第 392－497 頁。

王靜：《清華簡〈周公之琴舞〉研究綜述》，《長江叢刊》2018 年第 29 期，第 3－4 頁。

王凱博：《楚簡字詞零識（三則）》，《簡帛研究二〇一四》，廣西師範大學出版社 2014 年，第 19－24 頁。

王凱博：《讀清華簡第五冊札記》，《簡帛語言文字研究》第 8 輯，巴蜀書社 2016 年，第 1－9 頁。

王凱博：《清華簡〈越公其事〉補釋三則》，《出土文獻》第 13 輯，中西書局 2018 年，第 131－135 頁。

王克家：《清華簡〈敬之〉篇與〈周頌·敬之〉的比較研究》，《中國詩歌研究》第 10 輯，北京社會科學出版社 2014 年，第 30－36 頁；《清華簡與先秦經學文獻研究》，生活·讀書·新知三聯書店 2016 年，第 161－169 頁。

王坤鵬：《〈繫年〉第一章句讀商榷》，復旦大學出土文獻與古文字研究中心網 2012 年 5 月 29 日。

王坤鵬：《清華簡〈芮良夫毖〉篇箋釋》，簡帛網 2013 年 2 月 26 日。

王坤鵬：《簡論清華簡〈厚父〉的相關問題（一）》，復旦大學出土文獻與古文字研究中心網 2015 年 6 月 26 日。

王坤鵬：《清華簡〈繫年〉相關春秋霸政史三考——兼説〈左傳〉"豔而富"》，《殷都學刊》2015 年第 3 期，第 36－41 頁。

王坤鵬：《從竹書〈金縢〉看戰國時期的古史述作》，《史學月刊》2017 年第 3 期，第 86－94 頁。

王坤鵬：《論清華簡〈厚父〉的思想意蘊與文獻性質》，《史學集刊》2017 年第 2 期,第 38—45 頁。

王坤鵬:《清華簡〈芮良夫毖〉學術價值新論》,《孔子研究》2017 年第 4 期,第 44—54 頁。

王磊:《清華七〈越公其事·第一章〉札記一則》,簡帛網 2017 年 5 月 14 日。

王磊:《清華七〈趙簡子〉札記一則》,簡帛網 2017 年 5 月 14 日。

王磊:《清華七〈越公其事〉札記六則》,簡帛網 2017 年 5 月 17 日。

王磊:《楚帛書"渴"字考》,《戰國文字研究》第 1 輯,安徽大學出版社 2019 年,第 179—186 頁。

王立增:《清華簡〈周公之琴舞〉〈耆夜〉中的音樂信息》,《交響(西安音樂學院學報)》2015 年第 3 期,第 48—52 頁。

王連成:《清華簡〈保訓〉釋譯》,簡帛網 2010 年 4 月 26 日。

王連成:《淺議清華簡〈繫年〉之編聯與"周亡王九年"的理解問題》,簡帛研究網 2012 年 7 月 8 日。

王連成:《〈清華簡(三)〉"丁(釘)"字句解》,簡帛研究網 2013 年 2 月 22 日。

王連龍:《〈保訓〉與〈逸周書〉》,簡帛網 2009 年 5 月 5 日。

王連龍:《對〈〈保訓〉"十疑"〉一文的幾點釋疑》,《光明日報》2009 年 5 月 25 日第 12 版;又以《對姜廣輝先生〈〈保訓〉"十疑"〉一文的幾點釋疑》爲題,收入《〈逸周書〉研究》,社會科學文獻出版社 2010 年,第 299—306 頁。

王連龍:《〈保訓〉與〈逸周書〉多有關聯》,《中國社會科學報》2010 年 3 月 11 日第 6 版。

王連龍:《談清華簡〈保訓〉篇的"中"》,《古籍整理研究學刊》2010 年第 2 期,第 58—61 頁;《〈逸周書〉研究》,社會科學文獻出版社 2010 年,第 314—320 頁。

王連龍:《再談姜廣輝先生對〈保訓〉篇的疑問》,《〈逸周書〉研究》,社會科學文獻出版社 2010 年,第 307—313 頁。

王連龍:《清華簡〈保訓〉篇真偽討論中的文獻辨偽方法論問題——以姜廣輝先生〈〈保訓〉疑偽新證五則〉爲例》,《古代文明》2011 年第 2 期,第 56—61、113 頁。

王連龍:《清華簡〈皇門〉篇"惟正[月]庚午,公翏(格)才(在)耆門"芻議——兼談周公訓誥的時間及場所問題》,《孔子研究》2011 年第 3 期,第 20—24 頁。

王連龍:《清華簡〈皇門〉篇"耆門"解》,《考古與文物》2012 年第 4 期,第

104—105頁。

王連龍:《談汲冢"〈周書〉"與〈逸周書〉——從出土文獻研究看古書形成和流傳問題》,《中原文化研究》2014年第4期,第104—111頁;《出土文獻與古書成書問題研究——"古史史料學研究的新視野研討會"論文集》,中西書局2015年,第24—37頁。

王寧:《再說清華簡〈保訓〉的缺文問題》,簡帛網2009年10月27日。

王寧:《清華簡〈郘(耆)夜〉中的"郘"和"夜"》,簡帛研究網2009年10月29日。

王寧:《清華簡〈尹至〉〈尹誥〉中"西邑"和"西邑夏"的問題》,簡帛研究網2011年1月19日。

王寧:《讀清華簡〈程寤〉偶記一則》,復旦大學出土文獻與古文字研究中心網2011年1月28日。

王寧:《清華簡〈尹至〉〈尹誥〉中的"衆"和"民"》,復旦大學出土文獻與古文字研究中心網2011年2月4日。

王寧:《說清華簡〈皇門〉中的"鞫"字》,簡帛網2011年2月10日。

王寧:《清華簡〈尹至〉釋證四例》,簡帛網2011年2月21日。

王寧:《申說清華簡〈皇門〉中的"爾"》,簡帛研究網2011年3月7日。

王寧:《由楚簡"叐"說石經古文"厥"》,簡帛網2011年12月30日。

王寧:《清華簡〈尹至〉"勞"字臆解》,簡帛網2012年7月31日。

王寧:《清華簡三〈芮良夫毖〉初讀》,復旦大學出土文獻與古文字研究中心網2012年9月24日。

王寧:《清華簡〈祭公之顧命〉中的"井利"辨析》,簡帛網2012年12月24日。

王寧:《讀清華叁〈說命〉散札》,簡帛網2013年1月8日。

王寧:《〈清華(叁)〉〈赤鵠之集湯之屋〉初讀》,簡帛網2013年1月9日。

王寧:《讀清華簡三〈赤鵠之集湯之屋〉散札》,簡帛網2013年1月15日。

王寧:《楚簡中的"靈"與"天靈"補說》,復旦大學出土文獻與古文字研究中心網2013年1月27日。

王寧:《清華簡三〈祝辭〉中的"句兹"》,清華大學出土文獻研究與保護中心網2013年4月10日。

王寧:《清華簡〈尹至〉〈赤鳩之集湯之屋〉對讀一則》,復旦大學出土文獻與古文字研究中心網2013年11月28日。

王寧:《釋清華簡〈別卦〉中的"泰"》,復旦大學出土文獻與古文字研究中心網站 2014 年 1 月 27 日。

王寧:《讀〈清華簡(肆)〉札記二則》,簡帛網 2014 年 2 月 22 日。

王寧:《"录子聖"之名臆解》,復旦大學出土文獻與古文字研究中心網 2014 年 6 月 4 日。

王寧:《〈清華簡《尹誥》獻疑〉之疑》,復旦大學出土文獻與古文字研究中心網 2014 年 6 月 23 日。

王寧:《清華簡〈厚父〉句詁》,復旦大學出土文獻與古文字研究中心網 2015 年 1 月 28 日。

王寧:《清華簡"湯丘"爲"商丘"説》,復旦大學出土文獻與古文字研究中心網 2015 年 2 月 22 日。

王寧:《釋〈清華簡(伍)〉的"傺"》,復旦大學出土文獻與古文字研究中心網 2015 年 4 月 14 日。

王寧:《釋清華簡五〈湯在啻門〉的"孕"》,復旦大學出土文獻與古文字研究中心網 2015 年 4 月 18 日。

王寧:《讀清華簡〈湯處於湯丘〉散札》,復旦大學出土文獻與古文字研究中心網 2015 年 4 月 21 日。

王寧:《釋清華簡五〈湯在啻門〉的"渝"》,簡帛網 2015 年 4 月 23 日。

王寧:《讀〈封許之命〉散札》,復旦大學出土文獻與古文字研究中心網 2015 年 4 月 28 日。

王寧:《讀〈殷高宗問於三壽〉散札》,復旦大學出土文獻與古文字研究中心網 2015 年 5 月 17 日。

王寧:《再説〈封許之命〉的"吕丁"與〈世俘〉的"吕他"》,簡帛網 2015 年 5 月 21 日。

王寧:《清華簡湯與伊尹故事五篇的性質問題》,清華大學出土文獻與保護中心網 2015 年 6 月 1 日。

王寧:《清華簡〈説命〉補釋五則》,簡帛網 2016 年 2 月 19 日。

王寧:《由清華簡六二篇説鄭的立國時間問題》,復旦大學出土文獻與古文字研究中心網 2016 年 4 月 20 日。

王寧:《清華簡六〈鄭武夫人規孺子〉寬式文本校讀》,復旦大學出土文獻與古文字研究中心網 2016 年 5 月 1 日。

王寧:《清華簡六〈鄭文公問太伯〉之"太伯"爲"洩伯"説》,簡帛網 2016 年 5 月 8 日。

王寧:《清華簡六〈鄭文公問太伯〉的"縈軛""遺陰"解》,復旦大學出土文獻與古文字研究中心網 2016 年 5 月 16 日。

王寧:《清華簡六〈鄭文公問太伯〉"函""訾"別解》,復旦大學出土文獻與古文字研究中心網 2016 年 5 月 20 日。

王寧:《清華簡六〈鄭文公問太伯〉(甲本)釋文校讀》,復旦大學出土文獻與古文字研究中心網 2016 年 5 月 30 日。

王寧:《清華簡六〈子儀〉釋文校讀》,復旦大學出土文獻與古文字研究中心網 2016 年 6 月 9 日。

王寧:《釋清華簡六〈子產〉中的"完"字》,簡帛網 2016 年 6 月 14 日。

王寧:《清華簡六〈子產〉釋文校讀》,復旦大學出土文獻與古文字研究中心網 2016 年 7 月 4 日。

王寧:《釋楚簡文字中讀爲"上"的"訾"》,復旦大學出土文獻與古文字研究中心網 2017 年 4 月 27 日。

王寧:《清華簡七〈子犯子餘〉文字釋讀二則》,簡帛網 2017 年 5 月 3 日。

王寧:《釋清華簡七〈子犯子餘〉中的"愕籥"》,復旦大學出土文獻與古文字研究中心網 2017 年 5 月 4 日。

王寧:《史說清華簡七〈趙簡子〉中的"上將軍"》,復旦大學出土文獻與古文字研究中心網 2017 年 5 月 10 日。

王寧:《清華簡七〈越公其事〉讀札一則》,簡帛網 2017 年 5 月 22 日。

王寧:《釋清華簡一〈程寤〉的"何畏非厲"》,簡帛網 2017 年 9 月 12 日。

王寧:《清華簡〈保訓〉載舜事簡文再讀》,復旦大學出土文獻與古文字研究中心網 2017 年 12 月 1 日。

王寧:《〈耆夜〉〈詩經〉之〈蟋蟀〉對讀合議》,復旦大學出土文獻與古文字研究中心網 2018 年 5 月 10 日。

王寧:《清華簡〈程寤〉釋字三則》,復旦大學出土文獻與古文字研究中心網 2018 年 5 月 18 日。

王寧:《由清華簡〈越公其事〉的"役"釋甲骨文的"斬"與"漸"》,復旦大學出土文獻與古文字研究中心網 2018 年 6 月 29 日。

王寧:《清華簡〈皇門〉相關"皇門""閟門""胡門"合議》,《"出土文獻與〈尚書〉學研究國際學術研討會"論文集》,上海大學 2018 年 9 月 21 日—23 日。

王寧:《清華簡八〈攝命〉之"攝"別議》,復旦大學出土文獻與古文字研究中心網 2018 年 9 月 24 日。

王寧:《清華簡八〈虞夏殷周之制〉財用觀念淺議》,復旦大學出土文獻與古文字研究中心網 2018 年 9 月 26 日。

王寧:《清華簡〈攝命〉讀札》,復旦大學出土文獻與古文字研究中心網 2018 年 11 月 27 日。

王寧:《清華簡八〈邦家之政〉讀札》,復旦大學出土文獻與古文字研究中心網 2018 年 11 月 29 日。

王寧:《由清華八〈攝命〉釋〈書序・冏命〉的"太僕正"》,復旦大學出土文獻與古文字研究中心網 2018 年 12 月 6 日。

王寧:《清華簡八〈攝命〉中的所謂"啓"字別議——兼説"開"的相關問題》,復旦大學出土文獻與古文字研究中心網 2018 年 12 月 19 日。

王寧:《清華簡〈程寤〉再校讀》,《出土文獻綜合研究集刊》第 9 輯,巴蜀書社 2019 年,第 191－205 頁。

王沛:《刑名學與中國古代法典的形成——以清華簡、〈黃帝書〉資料爲綫索》,《歷史研究》2013 年第 4 期,第 16－31 頁。

王鵬程:《"清華簡"武王所戡之"黎"應爲"黎陽"》,《史林》2009 年第 4 期,第 146－150、190 頁。

王鵬程:《"清華簡"〈耆夜・樂詩〉管窺》,《中國文物報》2010 年 4 月 30 日。

王青:《椎與終葵:説清華簡〈説命〉篇的傅説形象》,《中國古代文明研究論集》,科學出版社 2018 年,第 172－176 頁。

王青:《從〈越公其事〉"男女備"的釋讀説到古字通假的一問題》,《"商周國家與社會國際學術研討會"論文集》,北京師範大學 2019 年 10 月 11 日－14 日。

王青:《清華簡〈越公其事〉補釋》,《"出土文獻與商周社會學術研討會"論文集》,華東師範大學 2019 年 10 月 18 日－20 日。

王瑞雪:《清華簡"保訓"之"中"的思想含義與價值取嚮論析》,《西南農業大學學報(社會科學版)》2011 年第 4 期,第 63－66 頁。

王少林:《清華簡〈耆夜〉所見飲至禮新探》,《鄭州大學學報(哲學社會科學版)》2015 年第 6 期,第 131－135 頁。

王少林:《册命金文、作册職官與〈攝命〉史事的年代問題》,《"清華簡〈攝命〉研究高端論壇"論文集》,上海大學 2019 年 5 月 31 日－6 月 2 日。

王挺斌:《清華簡〈尹诰〉"遠邦归志"考》,復旦大學出土文獻與古文字研究中心網 2013 年 6 月 30 日。

王挺斌:《讀清華簡(伍)〈殷高宗問於三壽〉小札》,簡帛網 2015 年 4 月 13 日。

王挺斌:《論清華簡〈良臣〉篇的"大同"》,《"第五屆出土文獻研究與比較文字學全國博士生學術論壇"論文集》,西南大學 2015 年 10 月 21 日—22 日。

王挺斌:《〈子產〉篇短札二則》,清華大學出土文獻與保護中心網 2016 年 4 月 20 日。

王挺斌:《清華簡第六輯研讀札記》,《出土文獻》第 9 輯,中西書局 2016 年,第 198—204 頁。

王挺斌:《〈晉文公入於晉〉的"冕"字小考》,清華大學出土文獻研究與保護中心網 2017 年 4 月 24 日。

王挺斌:《談談清華簡〈子產〉第 18 號簡的"是"字》,《"第三屆出土文獻與上古漢語研究(簡帛專題)學術研討會暨 2017 中國社會科學院社會科學論壇"論文集》,中國社會科學院 2017 年 8 月 14 日—16 日。

王挺斌:《清華簡〈殷高宗問於三壽〉補釋(二則)》,《中國文字》新 43 期,藝文印書館 2017 年,第 203—208 頁。

王偉:《清華簡〈楚居〉地名札記(二則)》,復旦大學出土文獻與古文字研究中心網 2011 年 4 月 28 日。

王偉:《清華簡〈楚居〉札記——楚人女性祖先和古史傳説》,復旦大學出土文獻與古文字研究中心網 2011 年 6 月 9 日。

王偉:《由清華簡〈楚居〉"秦溪之上"説起》,復旦大學出土文獻與古文字研究中心網 2011 年 7 月 8 日。

王偉:《清華簡〈繫年〉"奴虜之戎"再考》,《出土文獻》第 3 輯,中西書局 2012 年,第 35—40 頁。

王偉:《〈左氏春秋〉"齊人來歸衛俘"袪疑——利用清華簡〈繫年〉校讀古書一例》,《"中國文字學會第七屆學術年會"論文集》,吉林大學 2013 年 9 月 21 日—22 日;又以《〈左氏春秋〉"齊人來歸衛俘"袪疑——〈左氏春秋〉爲古文經的新證據?》爲題,刊於《勵耘語言學刊》2014 年第 2 期,第 223—229 頁。

王偉:《清華簡〈繫年〉"周亡王九年"及其相關問題研究》,《中原文化研究》2015 年第 6 期,第 111—119 頁。

王向輝:《清華簡〈皇門〉篇主旨新讀》,《寶雞文理學院學報(社會科學版)》,2012 年第 5 期,第 32—36 頁。

王新春:《清華簡〈筮法〉的學術史意義》,《周易研究》2014 年第 6 期,第 5—16 頁。

王學偉:《中庸政治思想解讀:基於"位""功"的視角》,《中山大學學報(社會科學版)》2014年第6期,第112—120頁。

王屹堃:《出土簡帛史料價值芻議——以清華簡〈繫年〉爲例》,《常熟理工學院學報》2014年第1期,第113—116頁。

王逸清:《清華簡〈命訓〉中的"勅"字》,《出土文獻》第8輯,中西書局2016年,第131—138頁。

王永:《〈清華大學藏戰國竹簡〉與〈古文尚書〉〈説命〉篇文體比較》,《古籍整理研究學刊》2015年第2期,第19—21頁;《清華簡與先秦經學文獻研究》,生活·讀書·新知三聯書店2016年,第255—262頁。

王永昌:《清華簡〈厚父〉篇的文獻性質研究》,《魯東大學學報(哲學社會科學版)》2016年第4期,第67—69頁。

王永昌:《讀戰國簡札記兩則》,《文物春秋》2019年第6期,第73—76頁。

王瑜楨:《〈清華三·芮良夫毖〉札記》,復旦大學出土文獻與古文字研究中心網2012年9月21日。

王瑜楨:《從〈清華三〉談敓與敗的字形訛混》,《中國文字》新38期,藝文印書館2012年,第189—196頁。

王瑜楨:《〈清華大學藏戰國竹簡(叁)·芮良夫毖〉釋譯》,《出土文獻》第6輯,中西書局2015年,第184—194頁。

王瑜楨:《〈清華三·芮良夫毖〉"頪"字考——兼釋"盩和庶民"》,《彰化師大國文學志》第30期,2015年6月。

王瑜楨:《釋〈清華三·赤鳩之集湯之屋〉有關疾病的"瘥疾"》,《"第二届古文字學青年論壇"論文集》,"中研院"歷史語言研究所2016年1月28日—29日。

王瑜楨:《〈清華五·封許之命〉"軓"字補説》,《"第八届出土文獻青年學者國際論壇——古代中國研究青年學者研習會"論文集》,臺灣中興大學2019年8月14日—17日。

王玉蛟:《淺論〈清華簡(一)〉中的"于"和"於"》,簡帛網2011年11月3日。

王玉蛟:《〈清華大學藏戰國竹簡(壹)〉人稱代詞研究》,《簡帛語言文字研究》第6輯,巴蜀書社2012年,第205—222頁。

王澤文:《重論晉公盞年代和曆日——兼説晉公盤》,《"紀念清華簡入藏暨清華大學出土文獻研究與保護中心成立十周年國際學術研討會"論文集》,清華大學2018年11月17日—18日。

王占奎:《清華簡〈耆夜〉名義解析》,簡帛網2012年4月8日。

王占奎:《清華簡〈繫年〉隨札——文侯仇殺攜王與平王、攜王紀年》,簡帛網 2016 年 11 月 23 日。

王政冬:《由清華簡〈繫年〉訂正趙國世繫》,復旦大學出土文獻與古文字研究中心網 2014 年 4 月 3 日。

王志平:《清華簡〈保訓〉"叚中"臆解》,《孔子研究》2011 年第 2 期,第 40－45 頁。

王志平:《清華簡〈耆夜〉中與音樂有關的術語"終"》,《楚簡楚文化與先秦歷史文化國際學術研討會論文集》,湖北教育出版社 2013 年,第 339－349 頁。

王志平:《清華簡〈周公之琴舞〉樂制探微》,《出土文獻》第 4 輯,中西書局 2013 年,第 65－79 頁。

王志平:《清華簡〈説命〉中的幾個地名》,《簡帛》第 9 輯,上海古籍出版社 2014 年,第 147－156 頁。

王志平:《"飛廉"的音讀及其他》,《清華簡〈繫年〉與古史新探》,中西書局 2016 年,第 390－411 頁。

王志平:《清華簡〈筮法〉"勞"卦即"坎"卦説解》,《"第三屆出土文獻與上古漢語研究(簡帛專題)學術研討會暨 2017 中國社會科學院社會科學論壇"論文集》,中國社會科學院 2017 年 8 月 14 日－16 日。

王志平:《清華簡〈程寤〉中太姒所夢"六木"的象徵寓意》,《"清華簡國際研討會"論文集》,香港浸會大學、澳門大學 2017 年 10 月 26 日－28 日。

王志平:《説"昏"與相關字》,《"紀念清華簡入藏暨清華大學出土文獻研究與保護中心成立十周年國際學術研討會"論文集》,清華大學 2018 年 11 月 17 日－18 日。

王志平:《〈攝命〉稱謂與宗法制度》,《"清華簡〈攝命〉研究高端論壇"論文集》,上海大學 2019 年 5 月 31 日－6 月 2 日。

王子楊:《關於〈別卦〉簡 7 一個卦名的一點意見》,復旦大學出土文獻與古文字研究中心網 2014 年 1 月 9 日。

韋婷:《清華簡〈程寤〉篇研讀零札》,《管子學刊》2017 年第 3 期,第 109－111 頁。

偉盈:《〈繫年〉簡 49 "亂"字結構小考》,復旦大學出土文獻與古文字研究中心網 2015 年 3 月 27 日。

尉侯凱:《〈清華簡(陸)·子儀〉編連小議》,簡帛網 2016 年 5 月 23 日。

尉侯凱:《清華簡六〈鄭武夫人規孺子〉編連獻疑》,簡帛網 2016 年 6 月 9 日。

尉侯凱:《讀清華簡六札記(五則)》,《出土文獻》第 10 輯,中西書局 2017

年,第 124—129 頁。

尉侯凱:《釋"遾"與相關諸字》,《"第二屆跨文化漢字國際研討會"論文集》2019 年 11 月 15 日—18 日。

魏慈德:《清華簡〈楚居〉中楚先祖相關問題試論——附論楚簡中的"蚰"符》,《出土文獻研究視野與方法》第 3 輯,臺灣書房出版有限公司 2012 年,第 131—152 頁。

魏慈德:《〈清華簡〈繫年〉與〈左傳〉中的楚史異同〉》,《東華漢學》2013 年 17 期,第 1—47 頁。

魏慈德:《從出土的〈清華簡·皇門〉來看清人對〈逸周書·皇門〉篇的校注》,《出土文獻》第 7 輯,中西書局 2015 年,第 63—89 頁。

魏慈德:《〈繫年〉的簡背形制探究及其記事觀點與〈左傳〉異同例舉》,《清華簡〈繫年〉與古史新探》,中西書局 2016 年,第 329—340 頁。

魏慈德:《談〈別卦〉的卦序與卦名及其與〈筮法〉的關係》,《清華簡與儒家經典國際學術研討會論文集》,上海古籍出版社 2017 年,第 56—61 頁。

魏慈德:《關於楚先熊麗之前的楚世系及神話探析》,《"楚文化與長江中游早期開發國際學術研討會"論文集》,武漢大學 2018 年 9 月 15 日—16 日。

魏慈德:《從傳本〈命訓〉與清華簡〈命訓〉的對讀來看清人校注的幾個問題》,《出土文獻與傳世典籍的詮釋》,中西書局 2019 年,第 327—334 頁。

魏慈德:《從先秦時期商紂事迹的演變來看戰國楚簡中紂惡的記載》,《"第一屆出土文獻與中國古代史學術論壇暨青年學者工作坊"論文集》,復旦大學 2019 年 11 月 2 日—4 日。

魏棟:《清華簡〈繫年〉"周亡王九年"及相關問題新探》,復旦大學出土文獻與古文字研究中心網 2012 年 7 月 3 日。

魏棟:《清華簡〈繫年〉與攜王之謎》,《文史知識》2013 年第 6 期,第 31—35 頁。

魏棟:《清華簡〈繫年〉與許遷容城事發微》,《出土文獻》第 8 輯,中西書局 2016 年,第 90—96 頁。

魏棟:《讀清華簡〈越公其事〉札記(一)》,清華大學出土文獻研究與保護中心網 2017 年 4 月 25 日。

魏棟:《論清華簡"湯丘"及其與商湯伐葛前之亳的關係》,《中華文史論叢》2017 年第 1 期,第 333—354、404—405 頁。

魏棟:《清華簡〈說命〉補說》,《清華簡與儒家經典國際學術研討會論文集》,上海古籍出版社 2017 年,第 256—260 頁。

魏棟:《清華簡〈越公其事〉合文"八千"芻議》,《殷都學刊》2017 年第 3 期,第 37－41 頁;《中國古代文明研究論集》,科學出版社 2018 年,第 217－224 頁。

魏棟:《新出竹簡與〈左傳〉"爲簡之師"正義》,《出土文獻》第 11 輯,中西書局 2017 年,第 172－176 頁。

魏棟:《清華簡〈越公其事〉"夷訐蠻吳"及相關問題試析》,《"第三屆出土文獻與上古漢語研究(簡帛專題)學術研討會暨 2017 中國社會科學院社會科學論壇"論文集》,中國社會科學院 2017 年 8 月 14 日－16 日。

魏棟:《清華捌〈天下之道〉篇獻芹》,《"紀念清華簡入藏暨清華大學出土文獻研究與保護中心成立十周年國際學術研討會"論文集》,清華大學 2018 年 11 月 17 日－18 日。

魏棟:《清華簡〈楚居〉闕文試補》,《文獻》2018 年第 3 期,第 42－47 頁。

魏棟:《清華簡〈繫年〉"楚文王以啓於漢陽"析論》,《饒宗頤國學院院刊》第 5 期,中華書局 2018 年,第 87－112 頁。

魏棟:《清華簡〈治邦之道〉篇補釋》,《清華大學學報(哲學社會科學版)》,2018 年第 6 期,第 180－183 頁。

魏曉立、錢宗範:《清華簡〈保訓〉"中"字再辨》,《古籍整理研究學刊》2015 年第 5 期,第 8－12 頁。

魏衍華:《清華簡〈保訓〉的材料來源與性質》,《華夏文化》2011 年第 3 期,第 14－15 頁。

魏宜輝:《釋清華簡〈繫年〉簡 93 之"遂"字》,復旦大學出土文獻與古文字研究中心網 2011 年 12 月 22 日。

魏宜輝:《讀〈清華大學藏戰國竹簡(柒)〉札記》,《古典文獻研究》2017 年第 2 期,第 259－266 頁。

翁倩:《清華簡(柒)〈子犯子餘〉篇札記一則》,簡帛網 2017 年 5 月 20 日。

翁倩:《釋清華簡〈越公其事〉的"遊民"》,復旦大學出土文獻與古文字研究中心網 2018 年 8 月 6 日。

巫雪如:《楚國簡帛中的"囟/思""使"問題新探》,《臺大文史哲學報》2011 年第 75 期,第 1－34 頁。

巫雪如:《從若干字詞的用法談清華簡〈繫年〉的成書及作者》,《"出土文獻的語境國際學術研討會暨第三屆出土文獻青年學者論壇"論文集》,臺灣清華大學 2014 年 8 月 27 日－29 日。

鄔可晶:《釋上博楚簡中的所謂"逐"字》,《簡帛研究二〇一二》,廣西師大出版社 2013 年,第 20—33 頁。

鄔可晶:《讀清華簡〈芮良夫毖〉札記三則》,《古文字研究》第 30 輯,中華書局 2014 年,第 408—414 頁。

鄔可晶:《"咸有一德"探微》,《"第二屆古文字學青年論壇"論文集》,"中研院"歷史語言研究所 2016 年 1 月 28 日—29 日。

鄔可晶:《〈尹至〉"惟哉虐德暴疆亡典"句試解》,《出土文獻》第 9 輯,中西書局 2016 年,第 166—172 頁。

鄔可晶:《清華簡〈說命下〉的"觀"與賈誼〈新書·禮〉的"睚"》,《古文字與漢語歷史比較音韻學》,復旦大學出版社 2017 年,第 242—251 頁。

鄔可晶、郭永秉:《從楚文字"原"的異體談到三晉的原地與原姓》,《出土文獻》第 11 輯,中西書局 2017 年,第 225—238 頁。

鄔可晶:《談談清華簡〈程寤〉的"望承"》,《出土文獻》第 10 輯,中西書局 2017 年,第 110—118 頁。

鄔可晶:《說古文字裏舊釋"陶"之字》,《文史》2018 年第 3 期,第 5—20 頁。

鄔可晶:《戰國時代寫法特殊的"曷"的字形分析,並說"散"及其相關問題》,《出土文獻與古文字研究》第 7 輯,上海古籍出版社 2018 年,第 170—197 頁。

鄔可晶:《試釋清華簡〈攝命〉的"敻"字》,復旦大學出土文獻與古文字研究中心網 2018 年 11 月 17 日。

鄔可晶:《〈清華(柒)·子犯子餘〉子犯答秦穆公問有關簡文補說》,《簡帛研究二〇一八(秋冬卷)》,廣西師範大學出版社 2019 年,第 41—48 頁。

鄔文玲:《出土簡帛記述的古代中國》,《中國典籍與文化》第 12 輯,國家圖書館出版社 2019 年,第 57—114 頁。

吳國武:《〈保訓〉"中"字及相關問題的再思考》,《揚州大學學報(人文社會科學版)》2015 年第 6 期,第 90—96 頁。

吳紀寧:《清華簡〈子犯子餘〉篇"庶子"解》,《楚學論叢》第 7 輯,湖北人民出版社 2018 年,第 47—52 頁。

吳良寶:《清華簡〈繫年〉"武陽"考》,《吉林大學古籍研究所建所三十周年紀念論文集》,上海古籍出版社 2014 年,第 69—72 頁。

吳良寶:《戰國文字資料中的"同地異名"與"同名異地"現象考察》,《出土文獻》第 5 輯,中西書局 2014 年,第 59—74 頁。

吳良寶:《清華簡〈繫年〉"河灘"考》,《"清華簡〈繫年〉與古史新探學術研討會暨叢書發布會"論文集》,清華大學 2015 年 10 月 29 日—31 日。

吳良寶：《再論清華簡〈書〉類文獻〈郘夜〉》，《揚州大學學報（人文社會科學版）》2015年第2期，第69－74頁。

吳良寶：《䣄羌鐘銘"楚京"研究評議》，《清華簡〈繫年〉與古史新探》，中西書局2016年，第116－127頁。

吳良寶：《清華簡地名"鄩、邨"小考》，《出土文獻》第9輯，中西書局2016年，第178－182頁。

吳良寶：《出土文獻與〈國語·鄭語〉"鄔""丹"的校訂》，《甘肅省第三屆簡牘學國際學術研討會論文集》，上海辭書出版社2017年，第570－574頁。

吳良寶：《清華簡〈鄭文公問太伯〉"鄧"國補考》，《簡帛》第14輯，上海古籍出版社2017年，第17－20頁。

吳良寶：《説清華簡〈繫年〉"女陽"及相關問題》，《歷史地理》第34輯，上海人民出版社2017年，第44－48頁。

吳良寶：《戰國楚簡"河灘""兩棠"新考》，《文史》2017年第1期，第283－287頁；《中國簡帛學刊》第2輯，齊魯書社2018年，第1－8頁。

吳良寶：《戰國地名"膚施""慮虒"及相關問題》，《文史》2017年第2期，第281－288頁。

吳琳：《清華簡（伍）〈厚父〉篇集釋》，復旦大學出土文獻與古文字研究中心網2015年7月26日。

吳祺、白於藍：《清華陸〈管仲〉校釋三則》，《簡帛》第16輯，上海古籍出版社2018年，第11－18頁。

吳祺：《清華簡〈管仲〉〈越公其事〉校釋三則》，《出土文獻》第12輯，中西書局2018年，第177－183頁。

吳祺：《戰國竹書訓詁札記四則》，《中國文字研究》第27輯，上海古籍出版社2018年，第64－68頁。

吳萬鍾：《〈清華簡·周公之琴舞〉之啓示》，《中國詩歌研究》第10輯，北京社會科學出版社2014年，第37－46頁；《清華簡與先秦經學文獻研究》，生活·讀書·新知三聯書店2016年，第19－34頁。

吳文文：《古本〈老子〉與清華簡〈心是謂中〉等戰國楚簡材料在釋讀上的互證》，《"中國文字學會第十屆學術年會"論文集》，鄭州大學2019年10月12日－13日。

吳文軒：《清華簡〈晉文公入於晉〉拾遺》，《"吉林大學出土文獻與中國古代文明研究協同創新中心2018年春季研究生交流班"論文集》，吉林大學2018

年5月8日—11日。

吳霞:《"二雅"及清華簡〈耆夜〉所見宴飨詩酒意象研究》,《大慶師範學院學報》2014年第5期,第52—57頁。

吳曉欣:《楚卜筮簡中的數字卦及清華簡〈筮法〉的解卦原理》,《深圳大學學報(人文社會科學版)》2016年第3期,第58—63頁。

吳雪飛:《清華簡(三)〈周公之琴舞〉補釋》,簡帛研究網2013年1月17日。

吳雪飛:《也談清華簡(三)〈赤鵠之集湯之屋〉之"洇"》,簡帛研究網2013年1月16日。

吳雪飛:《清華簡(五)〈封許之命〉"戚章爾慮"句詁》,簡帛網2015年4月17日。

吳雪飛:《清華簡(三)〈周公之琴舞〉"龔畏在上,敬顯在下"句解》,《中國文字》新41期,藝文印書館2015年,第183—188頁。

吳雪飛:《說清華簡中的"堵敔"》,《出土文獻》第12輯,中西書局2018年,第106—112頁。

吳洋:《從〈周頌·敬之〉看〈周公之琴舞〉的性質》,《出土文獻研究》第12輯,中西書局2013年,第40—46頁。

吳毅強:《讀〈清華簡〉雜志(一)》,《"第二屆商周青銅器與先秦史研究青年論壇"論文集》,西南大學2018年11月23日—26日。

吳毅強:《清華簡〈厚父〉補論》,《古文字研究》第32輯,中華書局2018年,第395—400頁。

吳毅強:《清華簡〈攝命〉字詞補論》,《"清華簡〈攝命〉研究高端論壇"論文集》,上海大學2019年5月31日—6月2日。

吳毅強:《清華簡〈攝命〉撰作時代及相關問題探微》,《"古文字與出土文獻青年學者論壇"論文集》,吉林大學2019年9月20日—24日。

吳勇:《清華簡〈筮法〉兩點疑問》,《華中學術》2014年第2期,第95—103頁。

吳振武:《試說平山戰國中山王墓銅器銘文中的"旆"字》,《中國文字學報》第1輯,商務印書館2006年,第73—76頁。

吳振武:《談齊"左掌客亭"陶璽——從構形上解釋戰國文字中舊釋爲"亳"的字應是"亭"字》,《社會科學戰綫》2012年第12期,第200—204頁。

吳振武:《在〈清華大學藏戰國竹簡(陸)〉發布會上的致辭》,《出土文獻》第9輯,中西書局2016年,第1—2頁。

無語(網名):《釋〈周公之琴舞〉中的"彝"字》,簡帛網2013年1月16日。

武家璧:《舜帝的"求中"與"得中"——讀清華簡〈保訓〉(之一)》,簡帛網 2009 年 5 月 5 日。

武家璧:《上甲微的"砌中"與"歸中"——讀清華簡〈保訓〉(之二)》,簡帛網 2009 年 5 月 7 日。

武家璧:《文王遺言建中國——讀清華簡〈保訓〉(之三)》,簡帛網 2009 年 5 月 12 日。

武家璧:《清華簡〈繫年〉"嬋幕"》,簡帛網 2012 年 1 月 2 日。

武致知:《清華簡(柒)所見故事分段研究》,《"清華簡國際研討會"論文集》,香港浸會大學、澳門大學 2017 年 10 月 26 日—28 日。

X

喜貞(網名):《楚簡釋讀練習——〈保訓〉》,簡帛研究網 2009 年 6 月 28 日。

夏大兆、黄德寬:《關於清華簡〈尹至〉〈尹誥〉的形成和性質——從伊尹傳説在先秦傳世和出土文獻中的流變考察》,《文史》2014 年第 3 期,第 213—239 頁。

夏德安:《飲酒與古代中國遊戲文化——從社會學的角度讀清華大學藏戰國竹簡〈耆(黎)舍〉(提要)》,《清華簡研究》第 1 輯,中西書局 2012 年,第 128—129 頁。

[美]夏含夷撰、孫夏夏譯,蔣文校:《出土文獻與〈詩經〉口頭和書寫性質問題的爭議》,《文史哲》2020 年第 2 期,第 21—38、165 頁。

[美]夏含夷:《先秦時代"書"之傳授——以清華簡〈祭公之顧命〉爲例》,《清華簡研究》第 1 輯,中西書局 2012 年,第 217—227 頁。

[美]夏含夷:《紀年形式與史書之起源》,《簡帛·經典·古史》,上海古籍出版社 2013 年,第 39—46 頁。

[美]夏含夷:《〈詩〉之祝誦——三論"思"字的副詞作用》,《清華簡研究》第 2 輯,中西書局 2015 年,第 41—51 頁。

[美]夏含夷:《是筮法還是釋法——由清華簡〈筮法〉重新考慮〈左傳〉筮例》,《周易研究》2015 年第 3 期,第 29—35 頁;《清華簡與儒家經典國際學術研討會論文集》,上海古籍出版社 2017 年,第 9—16 頁。

[美]夏含夷:《清華五〈命訓〉簡傳本異文考》,《古文字研究》第 31 輯,中華書局 2016 年,第 378—387 頁。

[美]夏含夷:《〈鄭文公問太伯〉與中國古代文獻抄寫的問題》,《簡帛》第 14 輯,上海古籍出版社 2017 年,第 11—15 頁。

[美]夏含夷:《説杍:清華簡〈程寤〉篇與最早的中國夢》,《出土文獻》第 13

輯,中西書局2018年,第84—90頁。

［美］夏含夷:《清華簡〈攝命〉與牧簋、冉盨對讀》,《青銅器與金文》第5輯,上海古籍出版社2020年,第1—5頁。

夏麥陵:《初讀清華簡〈楚居〉的古史傳說——對有關〈楚居〉古史傳說研究的一點思考》,《中國國家博物館館刊》2013年第11期,第48—55頁。

肖鋒:《再看〈春秋〉筆法——以清華簡〈繫年〉與〈春秋〉經傳對國君死亡事件的記録為視角》,《西南交通大學學報(社會科學版)》2014年第6期,第78—84頁;又以《從清華簡〈繫年〉與〈春秋〉經傳記録國君死亡事件看"〈春秋〉筆法"》,《清華簡與先秦經學文獻研究》,生活・讀書・新知三聯書店2016年,第323—338頁。

肖攀:《清華簡〈繫年〉中的訛書問題》,《出土文獻》第6輯,中西書局2015年,第163—168頁。

肖攀:《楚文字中的數字及其特點管窺》,《古文字研究》第31輯,中華書局2016年,第417—421頁。

肖曉暉:《清華簡〈保訓〉筆札》,復旦大學出土文獻與古文字研究中心網2009年9月14日。

肖曉暉:《清華簡七〈越公其事〉"豕鬭、闂冒"解》,《古文字研究》第32輯,中華書局2018年,第401—411頁。

肖芸曉:《試論清華竹書伊尹三篇的關聯》,《簡帛》第8輯,上海古籍出版社出版2013年,第471—476、579頁。

肖芸曉:《清華簡〈算表〉首簡簡序及收卷形式小議》,《簡帛》第10輯,上海古籍出版社2015年,第67—78頁。

肖芸曉:《清華簡收捲研究舉例》,《出土文獻》第7輯,中西書局2015年,第172—186頁。

肖芸曉:《古代中國書籍的進化——以清華簡為例》,《"簡牘形制與物質文化——古代中國研究青年學者研習會"論文集》,"中研院"歷史語言研究所2016年4月22日。

蕭聖中:《〈周易〉師卦"在師中"與〈保訓〉幾個"中"字的解讀》,《古文字研究》第32輯,中華書局2018年,第472—476頁。

蕭旭:《清華竹簡〈金縢〉校補》,復旦大學出土文獻與古文字研究中心網2011年1月8日。

蕭旭:《清華竹簡〈皇門〉校補》,復旦大學出土文獻與古文字研究中心網

2011年1月10日。

　　蕭旭:《清華竹簡〈祭公之顧命〉校補》,復旦大學出土文獻與古文字研究中心網 2011 年 1 月 11 日。

　　蕭旭:《清華竹簡〈程寤〉校補》,復旦大學出土文獻與古文字研究中心網 2011 年 1 月 13 日。

　　蕭旭:《清華簡〈芮良夫毖〉"富而無況"補證》,復旦大學出土文獻與古文字研究中心網 2013 年 3 月 9 日。

　　蕭旭:《清華簡(七)〈子犯子餘〉"弱寺"解詁》,復旦大學出土文獻與古文字研究中心網 2017 年 5 月 23 日。

　　蕭旭:《清華簡(七)校補(一)》,復旦大學出土文獻與古文字研究中心網年 2017 年 5 月 27 日。

　　蕭旭:《清華簡(七)校補(二)》,復旦大學出土文獻與古文字研究中心網 2017 年 6 月 5 日。

　　蕭旭:《清華簡(八)〈邦家之政〉校補》,復旦大學出土文獻與古文字研究中心網 2018 年 11 月 21 日。

　　蕭旭:《清華簡(八)〈邦家處位〉校補》,復旦大學出土文獻與古文字研究中心網 2018 年 11 月 22 日。

　　蕭旭:《清華簡(八)〈治邦之道〉校補》,復旦大學出土文獻與古文字研究中心網 2018 年 11 月 26 日。

　　蕭旭:《清華簡(八)〈心是謂中〉等三篇校補》,復旦大學出土文獻與古文字研究中心網 2018 年 11 月 27 日。

　　蕭旭:《清華簡(八)〈攝命〉校補》,復旦大學出土文獻與古文字研究中心網 2018 年 12 月 7 日。

　　蕭旭:《清華簡〈攝命〉詞語考釋》,《"清華簡〈攝命〉研究高端論壇"論文集》,上海大學 2019 年 5 月 31 日—6 月 2 日。

　　小狐(網名):《也談〈保訓〉之"中"》,復旦大學出土文獻與古文字研究中心網 2009 年 6 月 21 日。

　　小狐(網名):《〈保訓〉"演水"臆解》,復旦大學出土文獻與古文字研究中心網 2010 年 3 月 15 日。

　　小狐(網名):《〈保訓〉讀札》,簡帛網 2010 年 4 月 5 日。

　　小狐(網名):《讀〈繫年〉臆札》,復旦大學出土文獻與古文字研究中心網 2012 年 1 月 3 日。

〔日〕小寺敦:《關於清華簡〈繫年〉的女性》,《"第十三屆北京論壇出土文獻與中國古代文明分論壇"論文集》,北京 2016 年 11 月 4 日—6 日。

〔日〕小寺敦:《關於清華簡〈鄭武夫人規孺子〉中所描繪謙遜的君主形象》,《"楚文化與長江中游早期開發國際學術研討會"論文集》,武漢大學 2018 年 9 月 15—16 日。

〔日〕小寺敦:《關於清華簡〈晉文公入於晉〉中的理想君主像》,《"商周國家與社會國際學術研討會"論文集》,北京師範大學 2019 年 10 月 12—13 日。

〔日〕小寺敦:《清華簡"繫年"を中心としてみた楚地域の歷史觀》,《"東北亞青銅文化比較研究國際學術研討會"論文集》,日本岩手大學 2019 年 12 月 14 日—15 日。

謝炳軍:《清華簡〈筮法〉理論性與體系性新探》,《理論月刊》2015 年第 6 期,第 52—56 頁。

謝炳軍:《再議"孔子删〈詩〉"說與清華簡〈周公之琴舞〉——與徐正英、劉麗文、馬銀琴商榷》,《學術界》2015 年第 6 期,第 102—109 頁。

謝科峰:《從清華簡〈金縢〉看"書"類文獻的若干問題》,《"紀念徐中舒先生誕辰 120 周年國際學術研討會"論文集》,四川大學 2018 年 10 月 19 日—22 日。

謝明文:《〈封許之命〉"璁玩"補釋》,《"首屆古文字與出土文獻語言研究國際學術研討會"論文集》,華南師範大學 2016 年 12 月 16 日—19 日。

謝明文:《讀〈清華簡(叁)〉札記二則》,《簡帛》第 12 輯,上海古籍出版社 2016 年,第 35—41、294 頁。

謝明文:《說"𠙹"及相關之字》,《饒宗頤國學院院刊》第 3 期,中華書局(香港)有限公司 2016 年,第 1—16 頁。

謝明文:《清華簡說字零札(二則)》,《出土文獻》第 13 輯,中西書局 2018 年,第 116—123 頁。

謝乃和、付瑞珣:《從清華簡〈繫年〉看"千畝之戰"及相關問題》,《學術交流》2015 第 7 期,第 208—213 頁。

謝乃和:《從新出楚簡看〈詩經·雨無正〉的詩旨——兼論東周時期的"周亡"與"周衰"觀念》,《史學集刊》2017 年第 4 期,第 24—32 頁。

謝乃和、付瑞珣:《由新出楚簡論〈詩經·節南山〉的詩旨——兼說兩周之際天命彝倫觀念的變遷》,《杭州師範大學學報(社會科學版)》2018 年第 2 期,第 110—116、136 頁。

謝能宗:《〈尚書·金縢〉篇武王避諱問題補論》,《中國史研究》2017 年第 3

期,第 206－208 頁。

謝維揚:《〈楚居〉中季連年代問題小議》,《社會科學》2013 年第 4 期,第 146－149 頁。

謝維揚:《古書成書的複雜情況與傳說時期史料的品質》,《出土文獻與古書成書問題研究——"古史史料學研究的新視野研討會"論文集》,中西書局 2015 年,第 121－140 頁。

謝維揚:《由清華簡〈繫年〉簡論周初諸侯國地位的特點》,《濟南大學學報(社會科學版)》2016 年第 5 期,第 60－63 頁;以《由清華簡〈繫年〉小議周初諸侯國地位的特點》爲題,收入《清華簡〈繫年〉與古史新探》,中西書局 2016 年,第 19－26 頁。

謝維揚:《由清華簡〈説命〉三篇論古書成書與文本形成二三事》,《上海大學學報(社會科學版)》2016 年第 6 期,24－32 頁。

謝偉峰:《清華簡〈保訓〉發微》,《榆林學院學報》2017 年第 3 期,第 108－111 頁。

謝耀亭:《清華簡〈趙簡子〉拾零——兼論其文獻學價值》,《邯鄲學院學報》2018 年第 2 期,第 32－37 頁。

邢文:《清華簡〈保訓〉研讀講義》,簡帛網 2010 年 3 月 19 日。

邢文:《清華簡〈程寤〉釋文所見祭禮問題》,簡帛網 2011 年 1 月 9 日。

邢文:《談清華簡〈尹至〉的"動亡典,夏有祥"》,簡帛網 2011 年 3 月 25 日。

邢文:《〈保訓〉之"中"與天數"五"》,《清華大學學報(哲學社會科學版)》2011 年第 2 期,第 57－64 頁;《古代簡牘保護與整理研究》,中西書局 2012 年,第 113－125 頁。

邢文:《試釋清華簡〈尹至〉的"一勿遺"》,《清華簡研究》第 1 輯,中華書局 2012 年,第 1－8 頁。

邢文:《清華簡〈金縢〉與"三監"》,《深圳大學學報(人文社會科學版)》2013 年第 1 期,第 68－71 頁。

邢文:《清華簡與國家精神》,《管子學刊》2015 第 1 期,第 113－115、128 頁;《清華簡與儒家經典國際學術研討會論文集》,上海古籍出版社 2017 年,第 149－153 頁。

邢文:《清華簡〈算表〉的分形認知(提要)》,《"紀念清華簡入藏暨清華大學出土文獻研究與保護中心成立十周年國際學術研討會"論文集》,清華大學 2018 年 11 月 17 日－18 日。

熊賢品：《論清華簡〈繫年〉與戰國楚、宋年代問題》，《簡帛研究二〇一三》，廣西師範大學出版社 2013 年，第 9－21 頁。

熊賢品：《清華簡〈繫年〉"陳渂"即〈呂氏春秋〉"鴞子"補論》，《中原文物》2015 第 1 期，第 72－74 頁。

熊賢品：《清華簡〈繫年〉與墨子行年問題試論》，《管子學刊》2015 第 1 期，第 116－122 頁。

熊賢品：《據清華簡〈繫年〉釋讀〈論語〉〈孟子〉兩則》，《古籍研究》2015 第 2 期，第 187－192 頁。

熊賢品：《從清華簡〈繫年〉看常州武進淹城非奄族南遷所建》，《常州大學學報（社會科學版）》2015 年第 3 期，第 64－68 頁。

熊賢品：《清華簡六〈鄭文公問太伯〉與〈左傳〉"鄭伯克段於鄢"新識》，《簡帛研究二〇一六（秋冬卷）》，廣西師範大學出版社 2016 年，第 21－30 頁。

熊賢品：《清華簡（伍）"湯丘"即〈繫年〉"康丘"說》，《歷史地理》第 34 輯，上海人民出版社 2016 年，第 49－58 頁。

熊賢品：《論清華簡柒〈越公其事〉吳越爭霸故事》，《東吳學術》2018 年第 1 期，第 86－98 頁。

熊賢品：《古地名蠡測二則》，《文物春秋》2019 年第 5 期，第 33－37 頁。

熊賢品：《清華簡七〈越公其事〉"人有私畦"解》，《出土文獻綜合研究集刊》第 9 輯，巴蜀書社 2019 年，第 226－235 頁。

熊益亮、沈藝、陳鋒、趙希睿、張其成：《清華戰國竹簡八卦人體圖"坎離"探秘》，《中華中醫藥雜志》2017 年第 3 期，第 932－934 頁。

徐伯鴻：《說"微刌中于河"句中的"刌"字》，復旦大學出土文獻與古文字研究中心網論壇 2009 年 7 月 5 日。

徐富昌：《清華簡詩類文獻與〈詩經〉之編删——二重證據下的新視野（提要）》，《"紀念清華簡入藏暨清華大學出土文獻研究與保護中心成立十周年國際學術研討會"論文集》，清華大學 2018 年 11 月 17 日－18 日。

徐錦博、徐日輝：《朱圉山與秦人始出地考略》，《歷史教學問題》2017 年第 2 期，第 35－40、138 頁。

徐俊剛：《釋清華簡〈說命中〉的"弔"字》，復旦大學出土文獻與古文字研究中心網 2013 年 3 月 29 日。

徐少華：《季連早期居地及相關問題考析》，《清華簡研究》第 1 輯，中西書局 2012 年，第 277－287 頁。

徐少華：《"平王走(奔)西申"及相關史地考論》，《歷史研究》2015第2期，第143—155頁。

徐少華：《從〈楚居〉析楚先族南遷的時間與路綫》，《楚文化研究論集》第11集，上海古籍出版社2015年，第310—317頁。

徐少華：《清華簡〈繫年〉"周亡(無)王九年"淺議》，《吉林大學社會科學學報》2016年第4期，第183—187頁；《清華簡〈繫年〉與古史新探》，中西書局2016年，第55—63頁。

徐少華：《清華簡〈繫年〉第十九章補説——兼論楚縣唐、縣蔡的有關問題》，《出土文獻與中國古代文明——李學勤先生八十壽誕紀念論文集》，中西書局2016年，第199—204頁。

徐少華：《從〈楚居〉析陸終娶鬼方氏妹女嬇之傳説》，《江漢考古》2017年第4期，第58—63頁。

徐文武：《論楚簡中儒家文獻的價值理念》，《荆楚文物》第3輯，科學出版社2018年，第293—299頁。

徐義華：《清華簡〈保訓〉"假中于河"解》，《古文字研究》第28輯，中華書局2010年，第482—491頁。

徐義華：《商周更替之際的微子與宋國》，《南方文物》2019年第3期，第188—194頁。

徐淵：《清華六〈鄭武夫人規孺子〉中涉禮字詞考釋》，《"第四屆禮學國際學術研討會"論文集》，清華大學2018年8月25日—26日；《中國經學》2020年第2期，第147—154頁。

徐在國：《説楚簡"叚"兼及相關字》，《簡帛語言文字研究》第5輯，巴蜀書社2010年，第8—17頁。

徐在國：《利用清華簡考釋楚璽一則》，《歷史語言學研究》第7輯，商務印書館2014年，第178—181頁。

徐在國、李鵬輝：《談清華簡〈別卦〉中的"泰"字》，《周易研究》2015年第5期，第42—45頁。

徐在國：《清華伍〈命訓〉"㞢"字試析》，《清華簡〈繫年〉與古史新探》，中西書局2016年，第494—496頁。

徐在國：《談清華簡楚居中的"畬朔"》，《中國文字學報》第7輯，商務印書館2016年，第115—118頁。

徐在國:《〈詩·周南·葛覃〉"是刈是濩"解》,《安徽大學學報(哲學社會科學版)》2017年第5期,第83—86頁。

徐在國:《清華六〈鄭文公問太伯〉札記一則》,《中國文字學報》第8輯,商務印書館2017年,第122—124頁。

徐在國:《談楚文字中的"兕"》,《中原文化研究》2017年第5期,第10—12頁。

徐在國、管樹强:《楚帛書"傾"字補說》,《語言科學》2018年第3期,第244—249頁。

徐在國:《試說古文字中的"矛"及從"矛"的一些字》,《簡帛》第17輯,上海古籍出版社2018年,第1—6頁。

徐在國:《談清華簡中"埶"字的一個異體》,《出土文獻研究》第18輯,中西書局2019年,第91—95頁。

徐在國:《談清華四〈別卦〉中的"臨"》,《中國文字》2019年夏季號,總第1期,萬卷樓圖書股份有限公司2019年,第149—152頁。

徐在國:《談清華六〈子產〉中的三個字》,《中國文字學報》第10輯,商務印書館2020年,第63—67頁。

徐正英、馬芳:《清華簡〈周公之琴舞〉組詩的身份確認及其詩學史意義》,《復旦學報(社會科學版)》2014年第1期,第76—87頁;《中國文學年鑒》2015年第1期,第844—845頁;《清華簡與先秦經學文獻研究》,生活·讀書·新知三聯書店2016年,第59—87頁。

徐正英:《清華簡〈周公之琴舞〉組詩對〈詩經〉原始形態的保存及被楚辭形式的接受》,《文學評論》2014年第4期,第51—61頁。

徐正英:《清華簡〈周公之琴舞〉與孔子刪〈詩〉相關問題》,《文學遺產》2014年第5期,第19—28頁;《詩經研究叢刊》2015年第1期,第270—296頁。

徐子黎:《清華簡〈金縢〉與今傳本對讀比較》,《安徽文學》2011年第11期,第151—152頁。

許可:《略論楚簡文字中的常見類化符號""》,《出土文獻》第7輯,中西書局2015年,第159—171頁。

許可:《清華簡〈繫年〉第五章與楚頓關係新證》,《管子學刊》2015年第2期,第108—112頁。

許可:《試談清華簡〈繫年〉改讀一例》,《"2016古文字學與音韻學研究工作坊"論文集》,華東師範大學2016年10月15日—16日。

許可:《清華簡〈命訓〉校釋一則》,《中國古代文明研究論集》,科學出版社

2018年,第205—210頁。

許可:《試論清華簡第五輯中的"彝"字及"夷吾"氏的由來》,《出土文獻》第12輯,中西書局2018年,第142—147頁。

許文獻:《清華七〈趙簡子〉從黽二例釋讀小議》,簡帛網2017年5月8日。

許文獻:《清華〈鄭武夫人規孺子〉簡"訣"字釋讀芻議》,《"第二十八屆中國文字學國際學術研討會"論文集》,臺灣大學2017年5月12日—13日。

許文獻:《清華〈封許之命〉簡2从臺之疑例續説》,復旦大學出土文獻與古文字研究中心網2017年5月25日。

許文獻:《清華七〈越公其事〉簡21"象(从門)"字補説》,簡帛網2017年6月6日。

許文獻:《清華簡六〈鄭武夫人規孺子〉"娛"字釋讀疑義淺説》,簡帛網2017年11月7日。

許文獻:《關於清華〈鄭武夫人規孺子〉簡7之"訣"字》,簡帛網2018年3月16日。

許文獻:《重讀清華〈厚父〉簡釋字懸想一則》,復旦大學出土文獻與古文字研究中心網2018年8月30日。

許文獻:《關於清華八〈攝命〉簡中幾個"難"字之釋讀》,復旦大學出土文獻與古文字研究中心網2018年11月28日。

許文獻:《清華簡八〈攝命〉簡3"篚"字試説》,復旦大學出土文獻與古文字研究中心網2018年12月14日。

許學仁:《〈清華五·封許之命〉所載賞賜名物札記》,《"中國文字學會第八屆學術年會"論文集》,中國人民大學2015年8月22日—23日。

許兆昌、齊丹丹:《試論清華簡〈繫年〉的編纂特點》,《古代文明》2012年第2期,第60—66、113頁。

許兆昌:《從清華簡〈繫年〉看紀事本末體的早期發展》,《叩問三代文明:中國出土文獻與上古史國際學術研討會論文集》,中國社會科學出版社2014年,第406—418頁。

許兆昌:《試論清華簡〈繫年〉的人文史觀》,《吉林師範大學學報(人文社會科學版)》2014年第6期,第28—34頁。

許兆昌、姜軍:《試論〈春秋〉歷史叙事的成就——兼論清華簡〈繫年〉的史料來源問題》,《史學月刊》2019第1期,第111—121頁。

許兆昌、史寧寧:《從〈周禮·太僕〉看清華簡〈攝命〉》,《古代文明》2019年第 4 期,第 41－48 頁。

許兆昌:《清華簡〈攝命〉考辨二則》,《貴州社會科學》2020 年第 7 期,第 63－73 頁。

宣柳:《清華簡〈攝命〉第六段讀箋》,簡帛網 2019 年 5 月 17 日。

禤健聰:《清華藏簡異文釋讀二題》,《江漢考古》2013 年第 2 期,第 117－121 頁。

禤健聰:《楚簡用字習慣與文獻校讀舉例》,《簡帛研究二〇一六(春夏卷)》,廣西師範大學出版社 2016 年,第 1－11 頁。

禤健聰:《〈周易〉咸卦卦名及爻辭新詮》,《"第二屆古文字與出土文獻語言研究學術研討會"論文集》,西南大學 2017 年 10 月 27 日－30 日;《簡帛研究二〇一八春夏卷》,廣西師範大學出版社 2018 年,第 42－49 頁。

禤健聰:《據古文字用字習慣説〈周易〉大壯卦"壯"的訓釋》,《華學》第 12 輯,中山大學出版社 2017 年,第 194－198 頁。

禤健聰:《説"夗"》,《"首屆漢語字詞關係學術研討會"論文集》,浙江杭州 2019 年 10 月 26 日－27 日。

薛培武:《〈繫年〉中一處"之"的特殊用法獻疑》,簡帛網 2016 年 5 月 20 日。

薛元澤:《〈詩經·唐風·蟋蟀〉詩義探討——兼論清華簡"武王八年勘耆(黎)"之疑》,簡帛網 2011 年 3 月 14 日。

雪苗青:《清華簡〈筮法〉諸例卦皆數字卦么? 發現反例——與李學勤、廖名春等先生商榷》,《懷化學院學報》2016 年第 1 期,第 69－71 頁。

雪苗青:《清華簡〈筮法〉的高級性:元符卦和示數卦——與李學勤等先生商榷》,《中州學刊》2017 年第 6 期,第 113－119 頁。

Y

[美]亞當·施沃慈:《從象數角度解釋〈筮法〉"死生"篇的一些内容》,《出土文獻》第 12 輯,中西書局 2018 年,第 123－129 頁。

閆現霞、鍾雲端:《〈保訓〉篇"中"思想觀念研究》,《皖西學院學報》2016 年第 1 期,第 135－138 頁。

顔世鉉:《説清華竹書〈繫年〉中的兩個"保"字》,簡帛網 2012 年 1 月 4 日。
顔世鉉:《清華竹書〈繫年〉"射于楚軍之門"試解》,簡帛網 2012 年 1 月 6 日。
顔世鉉:《清華竹書〈繫年〉札記二則》,《簡帛》第 7 輯,上海古籍出版社 2012 年,第 57－64 頁。

顔世鉉:《清華簡(叁)札記一則》,《"清華簡與〈詩經〉研究國際會議"論文集》,香港浸會大學 2013 年 11 月 1 日—3 日。

顔世鉉:《再論是"翦伐"還是"撲伐"》,《古文字與古代史》第 4 輯,"中研院"歷史語言研究所 2015 年,第 563—582 頁。

顔世鉉:《説清華簡〈周公之琴舞〉"甬啓"——兼釋兩則與"庸"音義相關的釋讀》,《出土文獻》第 8 輯,中西書局 2016 年,第 108—120 頁。

顔偉明、陳民鎮:《清華簡〈耆夜〉集釋》,復旦大學出土文獻與古文字研究中心網 2011 年 9 月 20 日。

嚴明:《也説上甲微的"假中"與"追中"》,簡帛網 2009 年 11 月 20 日。

嚴明:《讀〈清華簡《保訓》釋讀補正〉札記》,簡帛網 2009 年 12 月 4 日。

嚴明:《〈保訓〉第二簡缺文"至於[豐]"擬補及武王返豐路綫商榷》,簡帛網 2009 年 12 月 31 日。

嚴明:《清華簡〈保訓〉篇題補釋》,簡帛網 2010 年 3 月 1 日。

嚴明:《説清華簡〈保訓〉所見"抵"字——兼校〈尚書〉及西周金文摹本中幾個可能的訛字》,簡帛網 2011 年 1 月 24 日。

晏昌貴、廉超:《簡帛數術的發現與研究:1949—2019》,《華中師範大學學報(人文社會科學版)》2019 年第 3 期,第 128—141 頁。

晏昌貴:《〈楚居〉逸簡》,《簡帛》第 17 輯,上海古籍出版社 2018 年,第 23—27 頁。

楊安:《"助"字補説》,復旦大學出土文獻與古文字研究中心網 2011 年 4 月 26 日。

楊博:《論楚竹書與〈荀子〉思想的互攝——以古史人物活動事迹爲切入點》,《出土文獻》第 5 輯,中西書局 2014 年,第 180—189 頁。

楊博:《清華簡〈繫年〉簡文"京師"解》,《簡帛》第 12 輯,上海古籍出版社 2016 年,第 49—61 頁。

楊博:《裁繁禦簡:〈繫年〉所見戰國史書的編纂》,《歷史研究》2017 年第 3 期,第 4—22、189 頁。

楊博:《新出文獻與戰國文本差異叙述》,《"出土文獻與諸子學研究新境——第四届諸子學學術研討會"論文集》,上海大學 2017 年 4 月 22 日—23 日;《中國社會科學院研究生院學報》2018 年第 5 期,第 136—144 頁。

楊博:《清華簡〈繫年〉所記戰國早期戰事之勾勒》,《寧波大學學報(人文科學版)》2018 年第 3 期,第 58—61 頁。

楊博:《由楚竹書再談戰國中期以前的"世系"類文獻》,《"出土文獻與商周社會學術研討會"論文集》,華東師範大學 2019 年 10 月 18 日—20 日。

楊博:《清華竹書〈繫年〉的紀時》,《"第一届出土文獻與中國古代史學術論壇暨青年學者工作坊"論文集》,復旦大學 2019 年 11 月 2 日—4 日。

楊朝明:《"清華簡"〈保訓〉與"文武之政"》,《管子學刊》2012 年第 2 期,第 99—104 頁。

楊棟:《清華簡〈厚父〉所見夏代傳説》,《民俗研究》2020 年第 1 期,第 78—82 頁。

楊桂青:《清華簡再次挑戰史上學術公案》,《中國教育報》2011 年 2 月 20 日第 4 版。

楊海文:《清華簡〈保訓〉的學術價值》,《雲夢學刊》2009 年第 4 期,第 34—38 頁。

楊華:《楚人"夜禱"補説》,《簡帛》第 10 輯,上海古籍出版社 2015 年,第 79—84 頁。

楊懷源:《〈鄭武夫人規孺子〉簡一、二零札》,《"第二届古文字與出土文獻語言研究學術研討會"論文集》,西南大學 2017 年 10 月 27 日—30 日。

楊家剛:《〈祭公〉校札(一)》,復旦大學出土文獻與古文字研究中心網 2012 年 10 月 29 日。

楊家剛:《追述先王與夏殷之鑒——清華竹簡〈厚父〉與〈尚書〉篇目之比較稿》,復旦大學出土文獻與古文字研究中心網 2015 年 1 月 5 日。

楊家剛:《清華簡〈保訓〉論札》,《"第六届出土文獻研究與比較文字學全國博士生學術論壇"論文集》,西南大學 2016 年 10 月 25 日—28 日。

楊家剛、田旭東:《誡子之訓——清華簡〈保訓〉及北大漢簡〈周馴〉訓體釋例與先秦訓誡及傳保制度》,《"紀念清華簡入藏暨清華大學出土文獻研究與保護中心成立十周年國際學術研討會"論文集》,清華大學 2018 年 11 月 17 日—18 日。

楊家剛:《重構道統,回歸中道:清華簡〈保訓〉中道傳承雙重維度與統合孟荀》,《邯鄲學院學報》2019 年第 1 期,第 26—33 頁。

楊雋:《戰國楚簡與周代"中"德教化意義考述》,《古籍整理研究學刊》2014 年第 4 期,第 37—40 頁。

楊坤:《〈保訓〉上甲微"叚中于河"平議》,簡帛網 2009 年 7 月 15 日。

楊坤:《清華大學竹書〈金縢〉跋》,簡帛網 2011 年 2 月 25 日。

楊坤:《〈保訓〉的撰作年代——兼談〈保訓〉"復"字》,復旦大學出土文獻與古文字研究中心網 2011 年 4 月 27 日。

楊坤:《竹書〈繫年〉所見秦人始源記載管見》,簡帛網 2011 年 9 月 12 日。

楊坤:《由清華竹書〈繫年〉反思子犯編鐘"西之六師"》,簡帛網 2012 年 1 月 4 日。

楊坤:《清華竹書〈耆夜〉跋》,簡帛網 2012 年 1 月 20 日。

楊坤:《清華竹書〈耆夜〉再跋》,簡帛網 2012 年 2 月 9 日。

楊坤:《清華竹書〈繫年〉"録子"附麗》,簡帛網 2012 年 3 月 6 日。

楊坤:《再議清華竹書〈繫年〉"西遷商盍之民于邾圉"》,簡帛網 2012 年 4 月 7 日。

楊坤:《跋清華竹書所見"也"字》,簡帛網 2013 年 1 月 15 日。

楊坤:《清華竹書〈良臣〉跋》,簡帛網 2013 年 3 月 18 日。

楊坤:《跋清華竹書〈尹至〉》,簡帛網 2013 年 9 月 16 日。

楊坤:《説清華竹書所見从爾、重貝之字》,簡帛網 2013 年 10 月 8 日。

楊坤:《跋清華竹書〈周公之琴舞〉》,簡帛網 2014 年 1 月 8 日。

楊坤:《跋清華竹書〈厚父〉》,簡帛網 2015 年 4 月 10 日。

楊坤:《論孟子言勇》,簡帛網 2015 年 5 月 11 日。

楊坤:《再説〈梁惠王下〉孟子引〈書〉出處》,2015 年 5 月 28 日。

楊坤:《竹書所見楚地之"夢"舉例》,簡帛網 2015 年 6 月 6 日。

楊坤:《説清華竹書〈尹至〉"白彔"》,簡帛網 2015 年 12 月 28 日。

楊蒙生:《清華簡〈良臣〉篇性質蠡測》,清華大學出土文獻研究與保護中心網 2013 年 1 月 5 日。

楊蒙生:《清華簡〈説命上〉校補》,清華大學出土文獻研究與保護中心網 2013 年 1 月 7 日。

楊蒙生:《楚惠王居"宛郊"試釋——兼談古文字中的幾個相關字》,《深圳大學學報(人文社會科學版)》2013 年第 1 期,第 79—84 頁。

楊蒙生:《清華簡〈祭公之顧命〉"康孜之,保懷之,朕毋夕要"句解》,《出土文獻研究》第 12 輯,中西書局 2013 年,第 33—39 頁。

楊蒙生:《清華簡(叁)〈良臣〉篇管見》,《深圳大學學報(人文社會科學版)》2014 年第 2 期,第 59—61 頁。

楊蒙生:《説"隼"兼及相關字》,《出土文獻》第 5 輯,中西書局 2014 年,第 173—179 頁。

楊蒙生:《清華六〈子儀〉篇簡文校讀記》,清華大學出土文獻研究與保護中心網 2016 年 4 月 16 日。

楊蒙生:《學字小記二札》,《出土文獻研究》第 15 輯,中西書局 2016 年,第 93－98 頁。

楊蒙生:《讀清華六〈子儀〉筆記五則——附〈鄭文公問太伯〉筆記一則》,清華大學出土文獻研究與保護中心網 2016 年 4 月 16 日。

楊蒙生:《讀清華簡〈赤鵠之集湯之屋〉筆記》,《出土文獻與中國古代文明——李學勤先生八十壽誕紀念論文集》,中西書局 2016 年,第 379－387 頁。

楊蒙生:《讀簡叢札》,《"第二屆古文字與出土文獻語言研究學術研討會"論文集》,西南大學 2017 年 10 月 27 日－30 日。

楊蒙生:《讀清華簡第八輯〈治邦之道〉叢札》,《"紀念清華簡入藏暨清華大學出土文獻研究與保護中心成立十周年國際學術研討會"論文集》,清華大學 2018 年 11 月 17 日－18 日。

楊蒙生:《清華簡〈筮法〉篇"焉"字補說——兼談平山中山王器銘中的一個相關字》,《安徽大學學報(哲學社會科學版)》2018 年第 3 期,第 87－91 頁。

楊蒙生:《利用清華簡等出土文獻校正〈左傳〉一例兼及相關問題》,《清華大學學報(哲學社會科學版)》2018 年第 6 期,第 184－186 頁。

楊蒙生:《趙氏人物史迹考辨二題——以清華簡爲中心》,《邯鄲學院學報》2018 年第 2 期,第 5－7 頁。

楊蒙生:《清華六〈子儀〉篇初讀》,《"曾侯乙編鐘出土 40 周年學術研討會"論文集》,湖北省博物館 2018 年 9 月 19 日－20 日。

楊蒙生:《再談古文字中的幾個从子之形兼及相關問題》,《出土文獻綜合研究集刊》第 9 輯,巴蜀書社 2019 年,第 77－87 頁。

楊蒙生:《三晉伐齊所見魏氏將領及相關問題考辨二題——以清華簡〈繫年〉爲中心》,《石家莊學院學報》2019 年第 2 期,第 82－85 頁。

楊蒙生:《清華簡第九輯"助"字補說》,《"李學勤先生學術成就與學術思想國際研討紀念會"論文集》,清華大學 2019 年 12 月 7 日－8 日。

楊蒙生:《讀清華大學藏戰國竹簡叢札》,《戰國文字研究》第 1 輯,安徽大學出版社 2019 年,第 49－55 頁。

楊蒙生:《三晉伐齊前後齊國一方人物史迹初考——以清華簡〈繫年〉爲中心》,《文獻》2020 年第 1 期,第 33－48 頁。

楊蒙生:《清華三〈説命(上)〉校補》,《中國文字學報》第 10 輯,商務印書館 2020 年,第 68－74 頁。

楊蒙生:《讀清華簡第八輯〈治邦之道〉叢札》,《中國文字研究》第 31 輯,華東師範大學出版社 2020 年,第 78－82 頁。

楊鵬樺:《清華伍〈殷高宗問於三壽〉"若小人之聾盲"試解》,簡帛網 2015 年 4 月 11 日。

楊鵬樺:《清華簡(叁)斷讀獻疑三則》,《簡帛研究二〇一五(秋冬卷)》,廣西師範大學出版社 2015 年,第 29－37 頁。

楊鵬樺:《讀楚簡詩賦類文獻札記》,《中國文字》新 42 期,藝文印書館 2014 年,第 237－244 頁。

楊鵬樺:《讀清華簡(陸)札記五則》,《中國文字》新 45 期,藝文印書館 2019 年,第 193－204 頁。

楊鵬樺:《讀戰國竹書散札(三則)》,《出土文獻》第 14 輯,中西書局 2019 年,第 235－242 頁。

楊清虎:《論中國古代的"小兒"觀念》,《太原師範學院學報(社會科學版)》2016 年第 4 期,第 26－31 頁。

楊秋紅:《由清華簡〈赤鵠〉篇探兔子成神淵源》,《清華簡與先秦經學文獻研究》,生活・讀書・新知三聯書店 2016 年,第 375－388 頁。

楊善群:《清華簡〈尹誥〉引發古文〈尚書〉真僞之爭——〈咸有一德〉篇名、時代與體例辨析》,《學習與探索》2012 年第 9 期,第 141－145 頁。

楊善群:《清華簡〈説命〉考論》,《淮陰師範學院學報(哲學社會科學版)》2014 年第 1 期,第 67－71、140 頁;《叩問三代文明:中國出土文獻與上古史國際學術研討會論文集》,中國社會科學出版社 2014 年,第 387－396 頁。

楊善群:《清華簡〈尹誥〉篇題辨正》,《齊魯學刊》2016 年第 5 期,第 5－9 頁。

楊燁:《清華簡〈周公之琴舞〉及其德政思想》,《長江大學學報(社會科學版)》2014 年第 6 期,第 141－143 頁。

楊永生:《試論清華簡〈繫年〉中的"周亡"及相關問題》,《古代文明》2017 年第 2 期,第 56－64、126 頁。

楊永生:《清華簡〈繫年〉"京師"及相關史地問題考》,《"出土文獻與商周社會學術研討會"論文集》,華東師範大學 2019 年 10 月 18 日－20 日。

楊澤生:《談清華簡〈厚父〉篇比較特殊的斜畫飾筆》,《戰國文字研究的回顧與展望》,中西書局 2017 年,第 240－244 頁。

楊澤生:《續説楚簡用作"迎"的"迈"字》,《華學》第 12 輯,中山大學出版社 2017 年,第 182－185 頁。

楊兆貴:《清華簡〈皇門〉篇柬釋》,《考古與文物》2016 年第 2 期,第 111－

116 頁。

楊振紅:《從清華簡〈金縢〉看〈尚書〉的傳流及周公歷史記載的演變》,《中國史研究》2012 年第 3 期,第 47－63 頁。

楊振紅:《清華簡〈鴟鴞〉〈蟋蟀〉的解讀及〈詩經〉相關問題探討》,《"出土文獻與中國古代文明學術研討會"論文集》,中國人民大學 2015 年 6 月 6 日－7 日。

楊振紅:《奄、盍(葢)考——從清華簡〈繫年〉談起》,《"清華簡國際研討會"論文集》,香港浸會大學、澳門大學 2017 年 10 月 26 日－28 日。

姚道林:《讀清華(壹)〈保訓〉篇札記一則》,《出土文獻》第 9 輯,中西書局 2016 年,第 173－177 頁。

姚道林:《清華捌〈邦家之政〉補釋一則》,《簡帛研究二〇二〇(春夏卷)》,廣西師範大學出版社 2020 年,第 35－38 頁。

姚蘇杰:《清華簡〈尹誥〉"一德"論析》,《中華文史論叢》2013 年第 2 期,第 371－382 頁。

姚小鷗、盧翮:《〈赤鵠〉篇與"后土"人格化》,《民俗研究》2013 年第 3 期,第 95－98 頁;《清華簡與先秦經學文獻研究》,生活・讀書・新知三聯書店 2016 年,第 389－397 頁。

姚小鷗、楊曉麗:《〈周公之琴舞・孝享〉篇研究》,《中州學刊》2013 年第 7 期,第 148－152 頁;《清華簡與先秦經學文獻研究》,生活・讀書・新知三聯書店 2016 年,第 88－101 頁。

姚小鷗、李文慧:《〈周公之琴舞〉諸篇釋名》,《中國詩歌研究》第 10 輯,北京社會科學出版社 2014 年,第 1－18 頁;《清華簡與先秦經學文獻研究》,生活・讀書・新知三聯書店 2016 年,第 185－210 頁。

姚小鷗、孟祥笑:《清華簡〈赤鵠之集湯之屋〉開篇"曰"字的句讀問題》,《中國文化研究》2014 年第 2 期,第 34－38 頁;《清華簡與先秦經學文獻研究》,生活・讀書・新知三聯書店 2016 年,第 366－374 頁。

姚小鷗、孟祥笑:《試論清華簡〈周公之琴舞〉的文本性質》,《文藝研究》2014 年第 6 期,第 43－54 頁;《清華簡研究》第 2 輯,中西書局 2015 年,第 57－76 頁;《清華簡與先秦經學文獻研究》,生活・讀書・新知三聯書店 2016 年,第 211－240 頁。

姚小鷗、高中華:《〈詩經〉與清華簡之"讎"命》,《光明日報》第 7 版 2015 年 2 月 26 日;又以《關於清華簡〈筮法〉"讎"命解說的若干問題》爲題, 收入《清華簡與儒家經典國際學術研討會論文集》,上海古籍出版社 2017 年,第 62－65 頁。

姚小鷗、李永娜:《〈清華大學藏戰國竹簡〉與先秦經學文獻國際學術研討會綜述》,《清華簡與先秦經學文獻研究》,生活·讀書·新知三聯書店 2016 年,第 469－476 頁。

姚小鷗:《"保訓"釋疑》,《中州學刊》2010 年第 5 期,第 157－159 頁;《清華簡與先秦經學文獻研究》,生活·讀書·新知三聯書店 2016 年,第 354－360 頁。

姚小鷗、高中華:《清華簡〈芮良夫毖〉疏證(上)》,《中國詩歌研究》2017 年第 1 期,第 1－37 頁。

姚小鷗、高中華:《清華簡〈芮良夫毖〉疏證(下)》,《中國詩歌研究》2017 年第 2 期,第 1－28 頁。

姚小鷗:《〈清華大學藏戰國竹簡〉與〈詩經〉學史的若干問題》,《文藝研究》2013 年第 8 期,第 34－36 頁;《清華簡與先秦經學文獻研究》,生活·讀書·新知三聯書店 2016 年,第 7－12 頁;《出土文獻與中國古代文明——李學勤先生八十壽誕紀念論文集》,中西書局 2016 年,第 261－263 頁。

姚小鷗:《〈清華簡·芮良夫毖·小序〉研究》,《中州學刊》2014 年第 5 期,第 145－147 頁;又以《〈清華大學藏戰國竹簡·芮良夫毖·小序〉研究》為題,收入《清華簡與先秦經學文獻研究》,生活·圖書·新知三聯書店 2016 年,第 241－249 頁。

姚小鷗:《清華簡〈赤鵠〉篇與中國早期小説的文體特征》,《文藝研究》2014 年第 2 期,第 43－58 頁;後與李永娜合撰,收入《清華簡與先秦經學文獻研究》,生活·讀書·新知三聯書店 2016 年,第 398－430 頁。

姚小鷗:《安大簡〈詩經·葛覃〉篇"穫"字的訓釋問題》,《中州學刊》2018 年第 2 期,第 136－139 頁。

姚小鷗、高中華:《〈芮良夫毖·小序〉與〈毛詩序〉的書寫體例問題》,《中州學刊》2019 年第 1 期,第 142－145 頁。

姚治中:《〈厚父〉簡的歷史價值》,《皖西學院學報》2016 第 4 期,第 7－11 頁。

葉國良:《戰國楚簡中的"曲禮"論述》,《先秦文本及思想之形成、發展與轉化》,臺灣大學出版中心 2013 年,第 25－38 頁;《簡帛》第 4 輯,上海古籍出版社 2009 年,第 239－246 頁。

葉玉英:《據秦楚用字之異考察複聲母在戰國秦楚方言中的留存》,《語言文字學》2017 年第 9 期,第 120－127 頁。

葉玉英:《楚系出土文獻所見 *n-、*l-不分現象及成因考》,《"第十一屆黄河學高層論壇暨古文字與出土文獻語言研究國際學術研討會"論文集》,河南大學 2019 年 6 月 21 日—24 日;《中國語文》2020 年第 4 期,第 481—493 頁。

葉玉英:《出土文獻所見漢語同源詞之動態考察》,《古漢語研究》2020 年第 1 期,第 64—71、127 頁。

伊諾:《清華柒〈子犯子餘〉集釋》,復旦大學出土文獻與古文字研究中心網 2018 年 1 月 18 日。

伊強:《清華簡〈繫年〉中的"復仇"考》,簡帛網 2011 年 12 月 23 日。

易泉(網名):《楚簡舊釋補證(二則)》,簡帛網"簡帛論壇"2011 年 12 月 20 日。

易泉(網名):《說〈繫年〉的"亡由"》,簡帛網"簡帛論壇"2011 年 12 月 21 日。

易泉(網名):《〈容成氏〉的"民乃賽"考釋補證》,簡帛網"簡帛論壇"2011 年 12 月 22 日。

尹弘兵:《從〈楚居〉看季連與穴熊的關係》,簡帛網 2012 年 6 月 18 日。

尹弘兵:《多維視野下的楚先祖季連居地》,《中國史研究》2017 年第 2 期,第 31—48 頁。

尹弘兵:《楚先祖的性質與世系》,《"紀念徐中舒先生誕辰 120 周年國際學術研討會"論文集》,四川大學 2018 年 10 月 19 日—22 日。

尤銳:《從〈繫年〉虛詞的用法重審其文本的可靠性——兼初探〈繫年〉原始資料的來源》,《清華簡〈繫年〉與古史新探》,中西書局 2016 年,第 236—254 頁。

于文哲:《清華簡〈楚居〉中的山與神》,《中國文化研究》2013 年第 3 期,第 65—71 頁。

于文哲:《論文學視角下的〈詩〉〈書〉關係》,《北方論叢》2014 年 5 期,第 8—15 頁。

于文哲:《清華簡〈保訓〉與"中道"的傳承》,《中國文化研究》2016 年第 4 期,第 70—76 頁。

于振波、車今花:《也談周文王的即位與稱王問題——讀清華簡〈保訓〉札記》,簡帛網 2009 年 6 月 10 日;又以《關於周文王的即位與稱王——讀清華簡〈保訓〉札記》為題,刊於《湖南大學學報(社會科學版)》2011 年第 2 期,第 12—13 頁。

俞艷庭:《權利話語與政治詩學——以清華簡〈周公之琴舞〉為中心的討論》,《濟南大學學報(社會科學版)》2017 年第 5 期,第 79—89、158 頁。

魚游春水(網名):《"止"字表俘獲》,簡帛網"簡帛論壇"2011 年 11 月 26 日。

魚游春水(網名):《清華簡〈繫年〉的秦之先人》,簡帛網"簡帛論壇"2011

年12月20日。

魚游春水(網名):《清華簡"賽賽侯"衍文?》,簡帛網"簡帛論壇"2011年12月24日。

魚游春水(網名):《〈繫年〉第十五章的"述"字》,簡帛網"簡帛論壇"2012年12月4日。

魚游春水(網名):《〈繫年〉臆説兩則》,簡帛網"簡帛論壇"2012年12月4日。

虞同:《讀〈楚居〉札記》,簡帛網2011年4月24日。

虞同:《讀〈繫年〉札記(一)》,復旦大學出土文獻與古文字研究中心網2011年12月22日。

虞萬里:《由清華簡〈尹誥〉論〈古文尚書·咸有一德〉之性質》,《史林》2012第2期,第32—45、188頁。

虞萬里:《清華簡〈説命〉"鵑肩女惟"疏解》,《文史哲》2015年第1期,第128—136、167頁。

雨無正(網名):《論〈保訓〉簡可能爲具有齊系文字特點的抄本》,復旦大學出土文獻與古文字研究中心網論壇2009年7月12日。

鬱㘽齋(網名):《讀清華簡〈治邦之道〉札記三則》,復旦大學出土文獻與古文字研究中心網2018年11月23日。

袁金平:《利用清華簡〈繫年〉校正〈國語〉韋注一例》,《社會科學戰綫》2011年第12期,第31—32頁;《古代簡牘保護與整理研究》,中西書局2012年,第223—224頁。

袁金平:《利用清華簡考證古文字二例》,《清華大學學報(哲學社會科學版)》2011年第4期,第44—45頁;《古代簡牘保護與整理研究》,中西書局2012年,第95—97頁。

袁金平:《〈左傳〉"夕室"考辨——讀清華簡〈楚居〉小札》,《深圳大學學報(人文社會科學版)》,2012年第2期,第56—57頁。

袁金平:《清華簡〈金縢〉校讀一例》,《古代文明》2012年第3期,第35—37、112—113頁。

袁金平:《清華簡〈繫年〉"徒林"考》,《楚簡楚文化與先秦歷史文化國際學術研討會論文集》,湖北教育出版社2013年,第102—108頁;《深圳大學學報(人文社會科學版)》2013年第1期,第72—75頁。

袁金平、張慧穎:《清華簡〈繫年〉"析"地辨正》,《簡帛研究二〇一三》,廣西師範大學出版社2014年,第22—26頁。

袁金平:《從〈尹至〉篇"播"字的討論談文義對文字考釋的重要性》,《出土文獻》第 5 輯,中西書局 2014 年,第 121－126 頁。

袁金平:《簡帛研究中詞語釋義的時代性問題舉例》,《簡帛》第 9 輯,上海古籍出版社 2014 年,第 19－22 頁。

袁金平:《試論利用簡帛用字現象進行相關研究需要注意的問題》,《"出土文獻與上古漢語研究學術研討會"論文集》,北京 2015 年 11 月 21 日－22 日。

袁金平、李偉偉:《清華簡〈筮法·崇〉與睡虎地秦簡〈日書甲種·詰〉對讀札記》,《周易研究》2015 年第 5 期,第 38－41 頁。

袁金平:《由清華簡〈繫年〉"子贑壽"談先秦人名冠"子"之例》,《清華簡〈繫年〉與古史新探》,中西書局 2016 年,第 215－226 頁。

袁金平:《清華簡〈越公其事〉合文"亞墨"新釋》,《"清華簡國際研討會"論文集》,香港浸會大學、澳門大學 2017 年 10 月 26 日－28 日。

袁金平、孫莉莉:《清華簡〈越公其事〉合文"亞墨"新釋》,《出土文獻》第 13 輯,中西書局 2018 年,第 124－130 頁。

袁金平:《清華簡〈繫年〉中所謂"取"之訛字再議》,《"先秦兩漢訛字學術研討會"論文集》,清華大學 2018 年 7 月 14 日－15 日。

袁金平:《清華簡〈繫年〉地名"隩"再談"鄭伯克段于鄢"的"鄢"》(題目),《"紀念清華簡入藏暨清華大學出土文獻研究與保護中心成立十周年國際學術研討會"論文集》,清華大學 2018 年 11 月 17 日－18 日。

袁金平:《清華簡〈越公其事〉"海濱江湖"臆解》,《戰國文字研究》第 1 輯,安徽大學出版社 2019 年,第 39－48 頁。

袁青:《論清華簡〈子產〉的黃老學傾嚮》,《"簡帛老子四古本與出土道家文獻學術研討會"論文集》,清華大學 2018 年 11 月 2 日－3 日。

袁瑩:《清華簡〈程寤〉校讀》,復旦大學出土文獻與古文字研究中心網 2011 年 1 月 11 日。

袁瑩:《戰國文字形體混同特點略論》,《訛字研究論集》,中西書局 2019 年,第 177－189 頁。

岳曉峰:《以楚簡校讀傳世文獻三則》,《簡帛語言文字研究》第 8 輯,巴蜀書社 2016 年,第 257－263 頁。

岳曉峰:《據清華簡校讀〈史記〉一則》,《簡帛語言文字研究》第 9 輯,巴蜀書社 2017 年,第 252－256 頁。

Z

曾浪:《試析清華簡〈楚居〉中的"髖(肋)出"與販"楚"》,《長江大學學報(社科版)》2016 年第 9 期,第 22—25 頁。

曾憲通:《楚文字釋叢(五則)》,《中山大學學報(社會科學版)》1996 年第 3 期;《古文字與出土文獻叢考》,中山大學出版社 2015 年,第 41—48 頁。

曾振宇:《清華簡〈保訓〉"測陰陽之物"新論》,《中原文化研究》2015 年第 4 期,第 21—29 頁。

章水根:《清華簡〈程寤〉"果拜不忍"新解》,《魯東大學學報(哲學社會科學版)》2014 年第 3 期,第 81—83 頁。

章水根:《清華簡〈越公其事〉札記五則》,《中國簡帛學刊》第 2 輯,齊魯書社 2018 年,第 53—62 頁。

張兵:《清華簡〈尹誥〉與〈咸有一德〉相關文獻梳理及其關係考論》,《濟南大學學報(社會科學版)》2016 年第 1 期,第 27—30 頁。

張兵:《通變、動態視角下的清華簡〈管仲〉文本考察》,《濟南大學學報(社會科學版)》2019 年第 4 期,第 73—78 頁。

張伯元:《清華簡六〈子產〉篇"法律"一詞考》,簡帛網 2016 年 5 月 10 日。

張馳:《從清華簡〈繫年〉看〈左傳〉的編纂》,《古代文明》2017 年第 4 期,第 67—75、124—125 頁。

張崇禮:《清華簡〈保訓〉解詁四則》,《山東教育學院學報》2010 年第 5 期,第 17—19 頁。

張崇禮:《釋清華簡〈尹至〉的"瓚"字》,復旦大學出土文獻與古文字研究中心網 2011 年 12 月 23 日。

張崇禮:《也說〈保訓〉"日不足,惟宿不羕"句》,復旦大學出土文獻與古文字研究中心網 2012 年 4 月 5 日。

張崇禮:《釋金文中的"閒"字》,復旦大學出土文獻與古文字研究中心網 2012 年 5 月 28 日。

張崇禮:《釋"閔"》,復旦大學出土文獻與古文字研究中心網 2013 年 1 月 27 日。

張崇禮:《清華簡〈耆夜〉字詞考釋》,復旦大學出土文獻與古文字研究中心網 2014 年 6 月 9 日。

張崇禮:《釋清華簡〈耆夜〉中的"夜"字》,復旦大學出土文獻與古文字研究中心網 2014 年 11 月 25 日。

張崇禮：《清華簡〈傅說之命〉箋釋》，復旦大學出土文獻與古文字研究中心網 2014 年 12 月 18 日。

張崇禮：《清華簡〈尹誥〉考釋》，復旦大學出土文獻與古文字研究中心網 2014 年 12 月 17 日。

張崇禮：《"麁"字解詁》，復旦大學出土文獻與古文字研究中心網 2015 年 1 月 26 日。

張崇禮：《清華簡〈周公之琴舞〉考釋》，復旦大學出土文獻與古文字研究中心網 2015 年 8 月 30 日。

張崇禮：《清華簡〈芮良夫毖〉考釋》，復旦大學出土文獻與古文字研究中心網 2016 年 2 月 4 日。

張崇禮：《清華簡〈鄭武夫人規孺子〉考釋》，《中國簡帛學刊》第 2 輯，齊魯書社 2018 年，第 27—42 頁。

張崇依：《從〈春秋左氏傳〉看清華簡〈繫年〉所用史料——以夏姬史事爲例》，《殷都學刊》2017 第 2 期，第 54—58 頁。

張傳官：《〈戰國策〉校補二則》，《出土文獻與傳世典籍的詮釋》，中西書局 2019 年，第 335—340 頁。

張春海：《海外簡帛研究進入新階段——訪美國達慕思大學教授、著名漢學家艾蘭》，《中國社會科學報》2011 年 3 月 29 日第 4 版。

張春海：《清華簡〈繫年〉或有助填補周代研究空白》，《中國社會科學報》2011 年 12 月 22 日第 A2 版。

張存良：《由清華簡〈周公之琴舞〉談先秦樂詩中的"啓"和"亂"》，《金塔居延遺址與絲綢之路歷史文化研究》，甘肅教育出版社 2014 年，第 347—351 頁。

張岱松：《清華簡〈保訓〉"中"研究綜述》，《"第三届出土文獻與上古漢語研究（簡帛專題）學術研討會暨 2017 中國社會科學院社會科學論壇"論文集》，中國社會科學院 2017 年 8 月 14 日—16 日。

張東偉：《2100 枚"清華簡"揭開面紗——專家稱，此批戰國竹簡可媲美"孔壁中書"與"竹書紀年"》，《人民日報・海外版》2008 年 11 月 17 日第 3 版。

張峰：《〈清華簡《程寤》〉中的"思"》，簡帛網 2011 年 11 月 11 日。

張峰：《清華簡〈周公之琴舞〉研究述論》，《文藝評論》2015 年第 12 期。

張峰：《說說楚簡中的"寅"和"要"》，《楚學論叢》第 5 輯，湖北人民出版社 2016 年，第 23—32 頁。

張峰、譚生力：《論古文字中戔字變體及相關諸字形音義》，《江漢考古》

2016年第4期,第113—119頁。

張峰:《楚簡標點符號與簡文釋讀例説》,《古文字研究》第31輯,中華書局2016年10月,第422—429頁。

張峰:《讀楚簡散札》,《簡帛語言文字研究》第9輯,巴蜀書社2017年,第1—11頁。

張峰:《利用戰國楚簡文字訛書校讀古籍舉例(之二)》,《"先秦兩漢訛字學術研討會"論文集》,清華大學2018年7月14日—15日。

張峰:《清華七〈子犯子餘〉所載紂之事與古書對讀二則》,《古籍整理研究學刊》2019年第1期,第1—4頁。

張富海:《清華簡〈尹至〉字詞補釋二則》,《中國文字學報》第5輯,商務印書館2014年,第143—145頁。

張富海:《説清華簡〈繫年〉之"禣"及其他》,《古文字研究》第30輯,中華書局2014年,第387—391頁。

張富海:《讀清華簡〈説命〉小識》,《簡帛文獻與古代史——第二届出土文獻青年學者國際論壇論文集》,中西書局2015年,第41—43頁。

張富海:《清華簡〈繫年〉通假柬釋》,《清華簡〈繫年〉與古史新探》,中西書局2016年,第447—454頁。

張富海:《清華簡字詞補釋三則》,《古文字研究》第31輯,中華書局2016年,第351—354頁。

張富海:《説"難"》,《戰國文字研究的回顧與展望》,中西書局2017年,第284—290頁。

張富海:《據古文字論"色""所""疋"三字的上古聲母》,《古文字與漢語歷史比較音韻學》,復旦大學出版社2017年,第193—197頁。

張富海:《讀清華簡〈越公其事〉札記一則》,《"紀念清華簡入藏暨清華大學出土文獻研究與保護中心成立十周年國際學術研討會"論文集》,清華大學2018年11月17日—18日。

張富海:《清華簡零識四則》,《古文字研究》第32輯,中華書局2018年,第412—416頁。

張富海:《釋清華簡〈湯在啻門〉的"褊急"》,《出土文獻》第12輯,中西書局2018年,第130—134頁。

張富海:《〈尚書·多方〉校讀一則》,《出土文獻與傳世典籍的詮釋》,中西書局2019年,第321—326頁。

張光裕:《又見荊楚遺珍》,《清華大學學報(哲學社會科學版)》2009 年第 5 期,第 163 頁。

張國安:《清華簡〈耆夜〉成篇問題再論》,《江蘇師範大學學報(哲學社會科學版)》2014 年第 5 期,第 28—43 頁。

張海:《清華簡〈繫年〉四則春秋戰國史事考》,《邯鄲學院學報》2018 第 2 期,第 25—31 頁。

張懷通:《"日不足,惟宿不羕"新解》,復旦大學出土文獻與古文字研究中心網 2012 年 4 月 3 日。

張懷通:《〈耆夜〉解題》,復旦大學出土文獻與古文字研究中心網 2012 年 4 月 9 日。

張懷通:《〈祭公〉與惇史》,復旦大學出土文獻與古文字研究中心網 2012 年 4 月 25 日。

張懷通:《清華簡〈祭公〉解構》,復旦大學出土文獻與古文字研究中心網 2012 年 5 月 8 日。

張懷通:《〈程寤〉佚文校讀》,復旦大學出土文獻與古文字研究中心網 2012 年 7 月 29 日。

張懷通:《螽方彝、〈祭公〉與〈厚父〉諸篇體例》,《"出土文獻與諸子學研究新境——第四屆諸子學學術研討會"論文集》,上海大學 2017 年 4 月 22 日—23 日。

張懷通:《麥器與清華簡〈攝命〉"誦"諸字試說》,《"清華簡〈攝命〉研究高端論壇"論文集》,上海大學 2019 年 5 月 31 日—6 月 2 日。

張懷通:《克鐘與清華簡〈攝命〉"伯攝"職責考論》,《"出土文獻與商周社會學術研討會"論文集》,華東師範大學 2019 年 10 月 18 日—20 日。

張卉:《清華簡〈保訓〉"中"字淺析》,《史學月刊》2010 年第 12 期,第 117—119 頁。

張卉:《清華簡〈說命上〉"說於伐睪失仲"考》,《考古與文物》2017 年第 2 期,第 118—122 頁。

張傑、石學軍:《〈保訓〉"中道"與桓公霸政》,《管子學刊》2014 年第 3 期,第 100—105 頁。

張傑、張艷麗:《論清華簡〈管仲〉篇的儒學化傾嚮》,《阜陽師範學院學報(社會科學版)》2018 年第 4 期,第 1—6 頁。

張錦少:《重讀清華簡〈繫年〉第 16 章》,《"出土文獻與傳世典籍的詮釋國際學術研討會"論文集》,復旦大學 2017 年 10 月 14 日—15 日。

張晶、張富鼎:《清華簡〈繫年〉的天命觀》,《遼寧師範大學學報(社會科學版)》2016年第1期,第74—78頁。

張俊成:《金文"溓"字釋讀再議》,《"紀念徐中舒先生誕辰120周年國際學術研討會"論文集》,四川大學2018年10月19日—22日。

張克賓:《論清華簡〈筮法〉卦位圖與四時吉凶》,《周易研究》2014年第2期,第12—18頁;《清華簡與儒家經典國際學術研討會論文集》,上海古籍出版社2017年,第66—73頁。

張立東:《〈保訓〉的周文王紀年與夏商周年代學研究》,簡帛網2009年5月12日。

張利軍:《清華簡〈厚父〉的性質與時代》,《管子學刊》2016年第3期,第103—111頁。

張利軍:《清華簡〈周公之琴舞〉與周公攝政》,《中國史研究》2018年第1期,第5—18頁。

張連航:《〈史記·楚世家〉與新出清華簡〈楚居〉篇王名校讀》,《古文字與上古漢語研究論稿》,中國社會科學出版社2014年,第113—122頁。

張連航:《清華簡〈傅說之命〉的撰述年代》,《古文字研究》第30輯,中華書局2014年,第404—407頁。

張連航:《〈逸周書〉各篇具體撰述年代考》,《"出土文獻與先秦經史國際學術研討會"論文集》,香港大學2015年10月16日—17日。

張連航:《從〈清華簡〉〈皇門〉〈傅說之命〉〈命訓〉等篇看〈逸周書〉編撰成書的過程》,《"出土文獻與先秦經史國際學術研討會"論文集》,香港大學2015年10月16日—17日。

張連航:《尋找典籍文本的年代標記——以〈清華簡〉尚書類文獻爲例》,《"第三屆出土文獻與上古漢語研究(簡帛專題)學術研討會暨2017中國社會科學院社會科學論壇"論文集》,中國社會科學院2017年8月14日—16日。

張連航:《〈清華簡·繫年〉的紀年模式及其撰寫年代的擬測》,《"楚文化與長江中游早期開發國際學術研討會"論文集》,武漢大學2018年9月15日—16日。

張連航:《再論清華簡〈命訓〉篇中的㝌字》,《古文字論壇》第3輯,中西書局2018年,第353—358頁。

張連偉:《清華簡〈管仲〉與〈管子〉》,《"出土文獻與商周社會學術研討會"論文集》,華東師範大學2019年10月18日—20日。

張璐:《釋讀竹簡〈楚居〉"季繼酓亓又鳴,從,及之盤"之句》,《文教資料》2015年第7期,第23—24頁。

張倫敦:《〈清華簡·說命〉所載傅說事迹史地鉤沉——兼論卜辭中的"雲奠河邑"》,《古代文明》2017年第3期,第61—72、126—127頁。

張曼迪:《清華簡〈子産〉篇"鄭令""野令""鄭刑""野刑"等相關史事探討》,《出土文獻研究》第16輯,中西書局2017年,第44—54頁。

張敏:《由〈邦家之政〉談出土戰國文獻學派問題》,《文物鑒定與鑒賞》2020年第1期,第39—41頁。

張朋:《再論清華簡〈筮法〉與數字卦諸問題》,《中州學刊》2016年第10期,第102—107頁。

張鵬蕊:《〈清華簡(三)·周公之琴舞〉第三篇解析及"德"思想研究》,《"出土文獻與經學、古史國際學術研討會暨研究生論壇"論文集》,華東師範大學2018年11月3日—4日。

張啓珍:《以清華簡〈繫年〉爲例論簡帛類出土文獻對歷史研究的作用》,《劍南文學(經典閱讀)》2013年第12期,第183頁。

張世超:《佔畢脞説(三、四)》,復旦大學出土文獻與古文字研究中心網2012年2月23日。

張世超:《〈繫年〉中的"京自"及相關問題》,復旦大學出土文獻與古文字研究中心網2012年4月23日。

張世超:《清華簡〈繫年〉中的"𢧐"字説》,《"中國古文字研究會第十九届學術年會"論文》,復旦大學2012年10月23日—25日。

張世超:《〈繫年〉周初記載解讀》,《清華簡〈繫年〉與古史新探》,中西書局2016年,第72—81頁。

張淑一:《出土文獻黄國史迹鉤沉》,《中原文化研究》2019年第1期,第116—121頁。

張樹國:《〈驫羌鐘〉銘與楚竹書〈繫年〉所記戰國初年史實考論》,《中華文史論叢》2016年第2期,第191—218頁。

張溯、梁洪燕:《清華簡〈繫年〉與齊長城考》,《中國國家博物館館刊》2017年第1期,第34—43頁。

張天恩:《清華簡〈繫年(三)〉與秦初史事略析》,《考古與文物》2014年第2期,第107—109頁。

張通海:《近出楚簡中的語氣詞考察》,《"首届漢語字詞關係學術研討會"

論文集》,浙江杭州 2019 年 10 月 26—27 日。

張爲:《清華簡〈程寤〉再讀》,《集美大學學報(哲社版)》2016 年第 2 期,第 85—91 頁。

張文慧:《清華簡〈繫年〉與晉吳伐楚再探討——兼論春秋時期的晉吳關係》,《濮陽職業技術學院學報》2017 第 6 期,第 25—27 頁。

張文智:《從出土文獻看京房"六十律"及"納甲"説之淵源》,《周易研究》2015 年第 5 期,第 29—37 頁;又以《從清華簡〈筮法〉等出土文獻中的相關内容看京房"六十律"及"納甲"説之淵源》爲名,收入《清華簡與儒家經典國際學術研討會論文集》,上海古籍出版社 2017 年,第 111—122 頁。

張顯成、王玉蛟:《〈清華大學藏戰國竹簡(壹)〉虚詞研究》,《出土文獻》第 2 輯,中西書局 2011 年,第 75—111 頁。

張新俊:《清華簡〈繫年〉"曾人乃降西戎"新詁》,《中國語文》2015 第 5 期,第 460—464 頁。

張新俊:《清華簡〈越公其事〉釋詞》,《"第十一屆黄河學高層論壇暨古文字與出土文獻語言研究國際學術研討會"論文集》,河南大學 2019 年 6 月 21 日—24 日;《中華文化論壇》2020 年第 1 期,第 21—28、154 頁。

張巽:《清華簡〈楚居〉篇與楚族起源研究新探》,《雲南社會主義學院學報》2014 年第 2 期,第 446—447 頁;以《清華簡〈楚居〉與楚族起源》爲題,刊於《中原文物》2014 年第 2 期,第 81—84 頁。

張毅:《論竹書筮占材料對〈左傳〉筮例研究的意義》,《孔子研究》2020 年第 1 期,第 129—139 頁。

張宇衛:《談楚簡五則有關"安(焉)"字句的解釋——兼論"安"字》,《語文學報》2011 年第 17 期,第 202—227 頁。

張宇衛:《説"兹"字及其相關字形》,《"第八屆出土文獻青年學者國際論壇——古代中國研究青年學者研習會"論文集》,臺灣中興大學 2019 年 8 月 14 日—17 日。

張雨絲、林志鵬:《從清華簡〈繫年〉看楚地鈔撮類史書源流》,《"出土文獻與經學、古史國際學術研討會暨研究生論壇"論文集》,華東師範大學 2018 年 11 月 3 日—4 日。

張玉金:《出土戰國文獻動詞"樂"研究》,《"第八屆中國文字學年會"論文集》,中國人民大學 2015 年 8 月 22 日—23 日。

張玉金:《出土戰國文獻否定副詞"不"研究》,《"第二届古文字與出土文獻語言研究學術研討會"論文集》,西南大學 2017 年 10 月 27 日—30 日。

張振林:《戰國竹簡中罕見的合音字——反切拼音的發明和文字實踐的遺迹》,《"首屆古文字與出土文獻語言研究國際學術研討會"論文集》,華南師範大學 2016 年 12 月 16 日—19 日;又以《清華大學戰國竹簡中罕見的合音字——反切拼音的發明和文字實踐的遺迹》爲題,收入《張振林學術文集》,中山大學出版社 2020 年,第 424—430 頁。

趙炳清:《〈楚居〉中季連部族活動地域探微》,《楚學論叢》第 7 輯,湖北人民出版社 2018 年,第 109—123 頁。

趙桂芳:《清華戰國竹簡〈筮法〉卷册的揭取保護》,《出土文獻》第 4 輯,中西書局 2013 年,第 311—314 頁。

趙桂芳:《清華大學入藏戰國飽水竹簡的預防性保護》,《出土文獻》第 6 輯,中西書局 2015 年,第 311—319 頁。

趙海麗:《清華〈赤鵠〉簡文與中國小説源頭元素的充實》,《中國簡帛學刊》第 3 輯,社會科學文獻出版社 2019 年,第 173—186 頁。

趙嘉仁:《讀清華簡(七)散札(草稿)》,復旦大學出土文獻與古文字研究中心網論壇 2017 年 4 月 24 日。

趙敏俐:《〈周公之琴舞〉的組成、命名及表演方式蠡測》,《文藝研究》2013 年第 8 期,第 39—41 頁;《清華簡與先秦經學文獻研究》,生活·讀書·新知三聯書店 2016 年,第 13—18 頁。

趙平安:《〈保訓〉的性質和結構》,《光明日報》2009 年 4 月 13 日第 12 版。

趙平安:《關於〈保訓〉"中"的幾點意見》,《中國史研究》2009 年第 3 期,第 19—24 頁;《新出簡帛與古文字古文獻研究續集》,商務印書館 2018 年,第 190—196 頁。

趙平安:《釋戰國文字中的"乳"字》,《金文釋讀與文明探索》,上海古籍出版社 2011 年,第 112—117 頁;《古代簡牘保護與整理研究》,中西書局 2012 年,第 219—222 頁;《中國文字學報》第 4 輯,商務印書館 2012 年,第 51—55 頁;《文字·文獻·古史——趙平安自選集》,中西書局 2017 年,第 58—62 頁。

趙平安:《試釋〈楚居〉中的一組地名》,《中國史研究》2011 年第 1 期,第 73—78 頁;《古代簡牘保護與整理研究》,中西書局 2012 年,第 172—177 頁;《新出簡帛與古文字古文獻研究續集》,商務印書館 2018 年,第 201—208 頁。

趙平安《〈楚居〉的性質、作者及寫作年代》,《清華大學學報(哲學社會科學版)》2011 年第 4 期,第 29—33 頁;《古代簡牘保護與整理研究》,中西書局

2012年,第178—184頁;《新出簡帛與古文字古文獻研究續集》,商務印書館 2018年,第209—218頁。

趙平安:《試説〈楚居〉"妣䧅羊"》,《文物》2012年第1期,第75—76頁;《新出簡帛與古文字古文獻研究續集》,商務印書館 2018年,第219—223頁。

趙平安:《清華簡〈楚居〉妣佳、妣䟆考》,《中國文化研究》2012年第1期,第130—134頁;《古代簡牘保護與整理研究》,中西書局 2012年,第185—190頁;《新出簡帛與古文字古文獻研究續集》,商務印書館 2018年,第224—232頁。

趙平安:《〈楚居〉"爲郢"考》,《中國史研究》2012年第4期,第5—10頁;《文字·文獻·古史——趙平安自選集》,中西書局 2017年,第334—341頁;《新出簡帛與古文字古文獻研究續集》,商務印書館 2018年,第233—242頁。

趙平安:《"三楚先"何以不包括季連》,《古文字與古代史》第3輯,"中研院"歷史語言研究所 2012年,第371—378頁;《古代簡牘保護與整理研究》,中西書局 2012年,第33—38頁;《文字·文獻·古史——趙平安自選集》,中西書局 2017年,第342—348頁;《新出簡帛與古文字古文獻研究續集》,商務印書館 2018年,第250—259頁。

趙平安:《京、亭考辨》,《復旦學報(社會科學版)》2013年第4期,第89—92頁;《文字·文獻·古史——趙平安自選集》,中西書局 2017年,第261—271頁;《新出簡帛與古文字古文獻研究續集》,商務印書館 2018年,第9—22頁。

趙平安:《説"盾"》,《吉林大學社會科學報學》2014年第1期,第8—10頁;《新出簡帛與古文字古文獻研究續集》,商務印書館 2018年,第40—45頁。

趙平安:《〈厚父〉的性質及其藴含的夏代歷史文化》,《文物》2014年第12期,第81—84、88頁;《文字·文獻·古史——趙平安自選集》,中西書局 2017年,第318—325頁;《新出簡帛與古文字古文獻研究續集》,商務印書館 2018年,第280—289頁。

趙平安:《戰國文字"噬"的來源及其結構分析》,《古文字研究》第30輯,中華書局 2014年,第286—289頁;《新出簡帛與古文字古文獻研究續集》,商務印書館 2018年,第23—28頁。

趙平安:《説"癸"》,《"出土文獻與上古漢語研究學術研討會"論文集》,北京 2015年11月21日—22日。

趙平安:《談談戰國文字中值得注意的一些現象——以清華簡〈厚父〉爲例》,《出土文獻與古文字研究》第6輯,上海古籍出版社 2015年,第303—310頁;《文字·文獻·古史——趙平安自選集》,中西書局 2017年,第231—238

頁;《新出簡帛與古文字古文獻研究續集》,商務印書館 2018 年,第 127－136 頁。

趙平安:《〈芮良夫毖〉初讀》,《清華簡研究》第 2 輯,中西書局 2015 年,第 132－136 頁;《文字·文獻·古史——趙平安自選集》,中西書局 2017 年,第 188－192 頁;《新出簡帛與古文字古文獻研究續集》,商務印書館 2018 年,第 260－266 頁。

趙平安:《〈墨子·貴義〉"彼苟然,然後可也"的解釋問題》,《"第八屆中國文字學年會"論文集》,中國人民大學 2015 年 8 月 22 日－23 日。

趙平安:《"地真""女真"與"真人"》,《管子學刊》2015 年第 2 期,第 104－105 頁;《清華簡研究》第 3 輯,中西書局 2019 年,第 149－158 頁。

趙平安:《清華簡〈說命〉"燮彊"考》,《古文字與古代史》第 4 輯,"中研院"歷史語言研究所 2015 年,第 441－448 頁;《新出簡帛與古文字古文獻研究續集》,商務印書館 2018 年,第 270－279 頁。

趙平安:《清華簡〈子儀〉與春秋史的幾個問題》,《"第三屆簡帛學國際學術研討會暨謝桂華先生〈漢晉簡牘論叢〉出版座談會"論文集》,2015 年 11 月 5 日－8 日。

趙平安:《釋清華簡〈命訓〉中的"耕"字》,《深圳大學學報(人文社會科學版)》2015 年第 3 期,第 34－37 頁;《源遠流長:漢字國際學術研討會暨 AEARU 第三屆漢字文化研討會論文集》,北京大學出版社 2017 年,第 318－324 頁;《新出簡帛與古文字古文獻研究續集》,商務印書館 2018 年,第 77－84 頁。

趙平安:《追尋語氣詞"卬(抑)"的踪迹》,《"〈上古漢語研究〉創刊座談會暨第二屆出土文獻與上古漢語學術研討會"論文集》,中國社會科學院 2016 年 12 月 10 日－11 日。

趙平安:《清華簡第六輯文字補釋(六則)》,《出土文獻》第 9 輯,中西書局 2016 年,第 183－189 頁;《新出簡帛與古文字古文獻研究續集》,商務印書館 2018 年,第 85－93 頁。

趙平安:《〈楚居〉"秦溪"考》,《出土文獻與中國古代文明——李學勤先生八十壽誕紀念論文集》,中西書局 2016 年,第 324－327 頁;《新出簡帛與古文字古文獻研究續集》,商務印書館 2018 年,第 243－249 頁。

趙平安、石小力:《成鱄及其與趙簡子的問對——清華簡〈趙簡子〉初探》,《文物》2017 年第 3 期,第 85－89、97、1 頁;《新出簡帛與古文字古文獻研究續集》,商務印書館 2018 年,第 311－320 頁。

趙平安:《〈竹書紀年〉"粵滑"考》,《"第三屆出土文獻與上古漢語研究(簡帛專題)學術研討會暨2017中國社會科學院社會科學論壇"論文集》,中國社會科學院2017年8月14日－16日。

趙平安:《〈子儀〉歌、隋與幾個疑難字的釋讀(初稿)——兼及〈子儀〉的文本流傳》,《戰國文字研究的回顧與展望》,中西書局2017年,第154－159頁;又以《〈子儀〉歌、隋與幾個疑難字的釋讀——兼及〈子儀〉的文本流傳》爲題,收入《新出簡帛與古文字古文獻研究續集》,商務印書館2018年,第101－108頁。

趙平安:《"達"字兩系説——兼釋甲骨文所謂"途"和齊金文中所謂"造"字》,《中國文字》新27期,藝文印書館2001年,第51－64頁;《古文字與漢語史論集》,中山大學出版社2002年,第218－225頁;《文字·文獻·古史——趙平安自選集》,中西書局2017年,第27－37頁。

趙平安:《從楚簡"娩"的釋讀談到甲骨文的"娩㜹"——附釋古文字中的"冥"》,《簡帛研究二〇〇一》,廣西師範大學出版社2001年,第55－59頁;《文字·文獻·古史——趙平安自選集》,中西書局2017年,第20－26頁。

趙平安:《戰國文字的"遊"與甲骨文"𡊅"爲一字説》,《古文字研究》第22輯,中華書局2000年,第275－277頁;《文字·文獻·古史——趙平安自選集》,中西書局2017年,第11－14頁。

趙平安:《戰國文字中的"宛"及其相關問題研究》,《第四屆國際中國古文字學研討會論文集——新世紀的古文字學與經典詮釋》,香港中文大學2003年10月;《文字·文獻·古史——趙平安自選集》,中西書局2017年,第302－311頁。

趙平安:《談談戰國文字中用爲"野"的"冶"字》,《北京論壇:"出土文獻與中國古代文明"分論壇論文及摘要集》,北京大學2016年11月4日－6日;《嶺南學報》2018年第2期,第49－55、10頁;《新出簡帛與古文字古文獻研究續集》,商務印書館2018年,第109－117頁。

趙平安:《秦穆公放歸子儀考》,《古文字與古代史》第5輯,"中研院"歷史語言研究所2017年,第287－294頁;《文字·文獻·古史——趙平安自選集》,中西書局2017年,第326－333頁;《新出簡帛與古文字古文獻研究續集》,商務印書館2018年,第295－305頁。

趙平安:《清華簡第七輯字詞補釋(五則)》,《出土文獻》第10輯,中西書局2017年,第138－142頁;《新出簡帛與古文字古文獻研究續集》,商務印書館2018年,第94－100頁。

趙平安:《關於及的形義來源》,《中國文字學報》第2輯,商務印書館2008

年,第 17—22 頁;《文字·文獻·古史——趙平安自選集》,中西書局 2017 年,第 38—44 頁。

趙平安:《試說"遹"的一種異體及其來源》,《安徽大學學報(哲學社會科學版)》2017 年第 5 期,第 87—90 頁。

趙平安:《釋"靲"及相關諸字》,《語言》第 3 輯,首都師範大學出版社 2002 年;《文字·文獻·古史——趙平安自選集》,中西書局 2017 年,第 52—57 頁。

趙平安:《釋古文字資料中的"嗇"及相關諸字——從郭店楚簡談起》,《文字·文獻·古史——趙平安自選集》,中西書局 2017 年,第 45—51 頁。

趙平安:《談談出土文獻整理過程中有關文字釋讀的幾個問題——以清華簡的整理爲例》,《文字·文獻·古史——趙平安自選集》,中西書局 2017 年,第 224—230 頁;《新出簡帛與古文字古文獻研究續集》,商務印書館 2018 年,第 118—126 頁。

趙平安:《"曼"的形、音、義》,《出土文獻》第 13 輯,中西書局 2018 年,第 159—164 頁。

趙平安:《戰國文字⿱的來源考辨》,《深圳大學學報(人文社會科學版)》2013 年第 1 期,第 60—63 頁;《新出簡帛與古文字古文獻研究續集》,商務印書館 2018 年,第 29—39 頁。

趙平安:《再論所謂倒山形的字及其用法》,《深圳大學學報(人文社會科學版)》2014 年第 2 期,第 52—53 頁;《新出簡帛與古文字古文獻研究續集》,商務印書館 2018 年,第 56—60 頁。

趙平安:《試析清華簡〈說命〉的結構》,清華大學出土文獻研究與保護中心網 2013 年 5 月 7 日;《新出簡帛與古文字古文獻研究續集》,商務印書館 2018 年,第 267—269 頁。

趙平安:《"夜筵"與"复詞"——清華簡〈耆夜〉二題》,《新出簡帛與古文字古文獻研究續集》,商務印書館 2018 年,第 197—200 頁。

趙平安:《"盈"字何以从"及"》,《出土文獻》第 6 輯,中西書局 2015 年,第 111—114 頁;《新出簡帛與古文字古文獻研究續集》,商務印書館 2018 年,第 46—50 頁。

趙平安:《"箴"字補釋》,《青銅器與金文》第 1 輯,上海古籍出版社 2017 年,第 172—175 頁;《新出簡帛與古文字古文獻研究續集》,商務印書館 2018 年,第 51—55 頁。

趙平安：《兩條新材料與一個老故事——"炮烙之刑"考》，《出土文獻與秦楚文化》第 10 號，日本出土文獻與漢字文化研究會，2017 年；《新出簡帛與古文字古文獻研究續集》，商務印書館 2018 年，第 306－310 頁。

趙平安：《補"扁"——兼説相關諸字》，《漢字漢語研究》2019 年第 1 期，第 3－6 頁。

趙平安：《從"甹"字的釋讀談到甲骨文的"巴方"》，《文獻》2019 年第 5 期，第 62－75 頁。

趙平安：《古文字中的"叠"及其用法》，《"第五屆文獻語言學國際學術論壇暨第二屆文獻語言學青年論壇"論文集》，内蒙古師範大學 2019 年 6 月 28 日－30 日。

趙平安：《説字小記（八則）》，《出土文獻》第 14 輯，中西書局 2019 年，第 112－118 頁。

趙平安：《〈成人〉篇"市"字的釋讀及其相關問題》，《清華大學學報（哲學社會科學版）》2020 年第 1 期，第 38－42 頁。

趙慶淼：《〈楚居〉"爲郢"考》，《古籍整理研究學刊》2015 年第 3 期，第 25－28 頁。

趙思木：《從清華簡〈耆夜〉談"明"字的一種特殊含義》，《古籍整理研究學刊》2016 年第 4 期，第 87－89 頁。

趙思木：《利用〈保訓〉"朕"字補釋有關金文》，《中國文字》新 43 期，藝文印書館 2017 年，第 95－106 頁。

趙彤：《利用出土古文字文獻研究上古音的方法》，《"第八屆中國文字學年會"論文集》，中國人民大學 2015 年 8 月 22 日－23 日。

趙彤：《諧聲、假借和通假的語音性質》，《古文字與漢語歷史比較音韻學》，復旦大學出版社 2017 年，第 3－14 頁。

趙雅思、陳家寧：《清華簡〈皇門〉集釋》，復旦大學出土文獻與古文字研究中心網 2011 年 8 月 24 日。

趙爭：《略論清華簡〈攝命〉記事年代問題》，《"清華簡〈攝命〉研究高端論壇"論文集》，上海大學 2019 年 5 月 31 日－6 月 2 日。

鄭邦宏：《出土文獻與古書形近訛誤字校訂》，《管子學刊》2017 年第 3 期，第 94－100 頁。

鄭邦宏：《讀清華簡（柒）札記》，《出土文獻》第 11 輯，中西書局 2017 年，第 248－255 頁。

鄭吉雄:《先秦經典"中"字字義分析——兼論〈保訓〉"中"字》,《簡帛·經典·古史》,上海古籍出版社 2013 年,第 181—208 頁。

鄭傑祥:《清華簡〈楚居〉所記楚族起源地的探討》,《中國國家博物館館刊》2015 年第 1 期,第 45—49 頁。

鄭金武:《清華簡爲戰國中期文物》,《科學時報》2009 年 4 月 27 日第 1 版。

鄭威、但昌武:《"楚文化與長江中游早期開發國際學術研討會"綜述》,《江漢考古》2019 年第 2 期,第 124—128 頁。

鄭煒明、陳玉瑩:《從清華簡〈楚居〉看中國上古外科醫學》,香港大學饒宗頤學術館 2012 年。

鄭伊凡:《再論包山簡"魯陽公以楚師後城鄭之歲"——兼談楚簡大事紀年的性質》,《江漢考古》2015 第 2 期,第 64—70 頁。

鄭伊凡:《清華簡〈繫年〉地理辨正三則》,《楚學論叢》第 5 輯,湖北人民出版社 2016 年,第 95—104 頁。

［日］中村未來:《清華簡〈芮良夫毖〉初探》,《"漢學國際學術研討會"論文集》,致理技術學院 2015 年 3 月 7 日。

［日］中村未來:《清華簡〈芮良夫毖〉の基礎的考察》,《"第七屆東亞文化交涉學會年會"論文集》,日本 2015 年 5 月 9 日—10 日。

［日］中村未來:《清華簡〈周公之琴舞考〉》,《中國出土資料研究》第 19 號,日本株式會社 2015 年,第 109—130 頁。

鐘濤、劉彩鳳:《從政治象徵到文學意象——清華簡〈程寤〉"夢見商廷惟棘"的象徵意義及其流變》,《青海師範大學學報(哲學社會科學版)》2013 年第 6 期,第 67—71 頁;又以《論清華簡〈程寤〉"夢見商廷惟棘"的象徵意義及其流變》爲題,收入《清華簡與先秦經學文獻研究》,生活·讀書·新知三聯書店 2016 年,第 263—274 頁。

鐘之順:《由清華簡〈楚居〉再論楚文化與商文化的關係——兼及對楚人始居地的思考》,《邯鄲學院學報》2012 年第 2 期,第 67—74 頁。

周寶宏、劉楊:《論清華簡〈皇門〉篇寫成時代》,《簡帛》第 13 輯,上海古籍出版社 2016 年,第 107—111 頁。

周寶宏:《評〈清華簡〈耆夜〉爲僞作考〉》,《叩問三代文明:中國出土文獻與上古史國際學術研討會論文集》,中國社會科學出版社 2014 年,第 445—453。

周寶宏:《清華簡〈耆夜〉沒有確證證明爲僞作——與姜廣輝諸先生商榷》,《中原文化研究》2014 年第 2 期,第 63—67 頁。

周寶宏:《從語言角度看清華簡〈厚父〉和〈封許之命〉的寫成時代》,"紀念清華簡入藏暨清華大學出土文獻研究與保護中心成立十周年國際學術研討會"論文集》,清華大學2018年11月17日—18日。

周波:《戰國文字中的"許"縣和"許"氏》,復旦大學出土文獻與古文字研究中心網2010年1月5日。

周波:《清華簡〈繫年〉考釋兩篇》,"簡牘與早期中國學術研討會暨第一屆出土文獻青年學者論壇"論文集》,北京大學2012年10月27日—28日。

周波:《説上博簡〈容成氏〉的"冥"及其相關諸字》,《出土文獻與中國經學、古史研究國際學術研討會論文集》,高文出版社2019年,第539—551頁。

周飛:《清華簡〈良臣〉篇札記》,清華大學出土文獻研究與保護中心網2013年1月8日。

周鳳五:《北京清華大學藏戰國竹書〈保訓〉新探》,"孔德成先生學術與薪傳研討會"論文集》,臺灣大學2009年10月28日;《朋齋學術文集(戰國竹書卷)》,臺大出版中心2016年,第435—448頁。

周鳳五:《清華簡〈保訓〉重探》,"國學前沿問題研究暨馮其庸先生從教六十周年國際學術研討會"論文集》,中國人民大學2010年10月16日。

周鳳五:《楚簡文字考釋的方法論反思——以清華簡〈保訓〉"中"字爲例》,《"機遇與挑戰:思想史視野下的出土文獻研究國際學術研討會"論文集》,中國人民大學2011年10月29日—30日。

周鳳五:《清華〈保訓〉篇文字解讀》,"出土文獻研究方法"國際學術研討會論文集》,臺灣大學2011年11月26日—27日。

周鳳五:《試讀清華簡》,"簡帛·經典·古史國際論壇"論文集》,香港浸會大學2011年11月30日—12月2日。

周鳳五:《傳統漢學經典的再生——以清華簡〈保訓〉"中"字爲例》,《漢學研究通訊》2012年第2期,第1—6頁;《朋齋學術文集(戰國竹書卷)》,臺大出版中心2016年,第55—66頁。

周鳳五:《〈清華三·説命上〉"王命厥百工像,以貨旬求説于邑人"解》,《漢語言文字研究》第1輯,上海古籍出版社2015年,第136—141頁;又以《清華三〈説命上〉"王命厥百工向,以貨徇求説于邑人"解》爲題,收入《朋齋學術文集(戰國竹書卷)》,臺大出版中心2016年,第459—466頁

周鳳五:《簡帛〈五行〉引〈詩〉小議(大綱)》,《清華簡研究》第2輯,中西書局2015年,第252—259頁。

周鳳五:《清華三〈赤鵠之集湯之屋〉新注解》,《朋齋學術文集(戰國竹書卷)》,臺大出版中心 2016 年,第 467—471 頁。

周鳳五:《說"尹既及湯咸有一德"》,《朋齋學術文集(戰國竹書卷)》,臺大出版中心 2016 年,第 449—458 頁。

周宏偉:《楚人源於關中平原新證——以清華簡〈楚居〉相關地名的考釋爲中心》,《中國歷史地理論叢》2012 年第 2 期,第 5—27 頁。

周宏偉:《〈楚居〉"京宗"新釋》,《中國史研究》2019 年第 3 期,第 190—193 頁。

周鵬:《〈清華大學藏戰國竹簡(叁)〉補説二則》,《古文字論壇》第 1 輯,中山大學出版社 2015 年,第 184—192 頁。

周鵬:《清華簡〈芮良夫毖〉"訹訛"與"柔訛"解》,《古文字論壇——中山大學古文字學研究室成立六十周年紀念專號》第 2 輯,中西書局 2016 年,第 239—243 頁。

周天雨:《清華簡〈芮良夫毖〉研究綜述》,《殷都學刊》2017 年第 2 期,第 59—61 頁。

周同科:《清華簡〈保訓〉之"中"關與婚事説》,《南京大學學報(哲學·人文科學·社會科學版)》2010 年第 6 期,第 127—134 頁。

周陽光:《清華簡(柒)〈越公其事〉篇札記一則》,《"吉林大學出土文獻與中國古代文明研究協同創新中心 2018 年春季研究生交流班"論文集》,吉林大學 2018 年 5 月 8 日—11 日。

周忠兵:《説古文字中的"戴"字及相關問題》,《出土文獻與古文字研究》第 5 輯,上海古籍出版社 2013 年,第 364—374 頁。

周忠兵:《據清華簡釋敔簋銘文中的"泰士"》,《"先秦兩漢文獻國際學術研討會暨中國文化研究所五十周年慶典"論文集》,香港中文大學 2017 年 12 月 13—15 日。

朱鳳瀚:《讀清華楚簡〈皇門〉》,《清華簡研究》第 1 輯,中西書局 2012 年第 184—204 頁。

朱鳳瀚:《清華簡〈繫年〉所記西周史事考》,《第四屆國際漢學會議論文集——出土材料與新視野》,"中研院"歷史語言研究所 2013 年,第 441—459 頁。

朱鳳瀚:《清華簡〈繫年〉"周亡王九年"再議》,《吉林大學社會科學學報》2016 年第 4 期,第 177—182 頁;又以《〈繫年〉"周亡王九年"再議》爲題,收入《清華簡〈繫年〉與古史新探》,中西書局 2016 年,第 27—37 頁。

朱君傑:《從清華簡〈心是謂中〉看戰國儒家心性觀的演變——兼論戰國諸

子思想的雜糅與交融》,《廣西社會科學》2019 年第 6 期,第 132－137 頁。

朱其智:《也説"鬴"》,《"第二届古文字與出土文獻語言研究學術研討會"論文集》,西南大學 2017 年 10 月 27 日－30 日。

朱歧祥:《由"于、於"用字評估清華簡(貳)〈繫年〉——兼談"某之某"的用法》,《古文字研究》第 30 輯,中華書局 2014 年,第 381－386 頁。

朱歧祥:《質疑〈清華簡〉的一些特殊字詞》,《亦古亦今之學——古文字與近代學術論稿》第十章,萬卷樓圖書出版有限公司 2017 年。

朱曉海:《〈尹至〉可能是百篇〈尚書〉中前所未見的一篇》,復旦大學出土文獻與古文字研究中心網 2010 年 6 月 17 日。

朱曉海:《論清華簡所謂〈繫年〉的書籍性質》,《中正漢學研究》2012 年第 20 期,第 13－44 頁。

朱曉雪:《〈楚居〉殘簡補論》,《古文字研究》第 32 輯,中華書局 2018 年,第 417－419 頁。

朱新林:《清華簡〈保訓〉"中"字解》,《簡帛研究二〇一四》,廣西師範大學出版社 2014 年,第 12－18 頁。

朱學斌:《戰國文字"祖""禩""詛""俎"考辨》,《"第二届古文字與出土文獻語言研究學術研討會"論文集》,西南大學 2017 年 10 月 27 日－30 日。

朱學斌:《清華簡〈鄭武夫人規孺子〉"吾先君而孤孺子"的謂語前置》,《"第五届文獻語言學國際學術論壇暨第二届文獻語言學青年論壇"論文集》,内蒙古師範大學 2019 年 6 月 28 日－30 日。

朱淵清:《〈耆夜〉之"飲至"》,《清華簡研究》第 2 輯,中西書局 2015 年,第 110－117 頁。

朱淵清:《"中"的思想與〈保訓〉年代》,《"紀念〈劍橋中國上古史〉出版二十周年學術研討會"論文集》,北京 2019 年 9 月 11 日－12 日。

[日]竹田健二:《劃綫小考——以北京簡〈老子〉與清華簡〈繫年〉爲中心》,《古簡新知——西漢竹書〈老子〉與道家思想研究》,上海古籍出版社 2017 年,第 372－391 頁。

[日]竹田健二:《〈越公其事〉的竹簡排列和"劃痕"》,《"楚文化與長江中游早期開發國際學術研討會"論文集》,武漢大學 2018 年 9 月 15 日－16 日。

祝秀權、曹穎:《清華簡〈周公之琴舞〉研究綜述》,《中國韻文學刊》2018 年第 3 期,第 121－124 頁。

祝秀權:《清華簡〈周公之琴舞〉釋讀》,《山東理工大學學報(社會科學版)》

2017年第4期,第65—68頁;又以《清華簡〈周公之琴舞〉釋讀管見》爲題,刊於《學術問題研究》2017年第1期,第6—10頁;又刊於《文學與文化》2018年第1期,第97—101頁。

莊乾震:《〈清華大學藏戰國竹簡(壹)〉國際學術研討會綜述》,《史林》2011年第4期,第180—183頁。

禚孝文:《清華簡〈程寤〉集釋》,復旦大學出土文獻與古文字研究中心網2011年9月17日。

子居:《清華簡〈保訓〉解析(修訂版)》,《學燈》第12期,2009年10月。

子居:《清華簡九篇九簡解析》,孔子2000網2010年6月30日。

子居:《清華簡〈楚居〉解析》,《學燈》第18期,2011年4月。

子居:《清華簡〈繫年〉1—4章解析》,孔子2000網"清華大學簡帛研究"專欄2012年1月6日。

子居:《清華簡〈繫年〉5—7章解析》,孔子2000網"清華大學簡帛研究"專欄2012年3月14日。

子居:《清華簡〈繫年〉8—11章解析》,孔子2000網"清華大學簡帛研究"專欄2012年6月27日。

子居:《清華簡〈繫年〉12—15章解析》,孔子2000網"清華大學簡帛研究"專欄2012年10月2日;簡帛研究網2012年10月9日。

子居:《清華簡〈繫年〉16—19章解析》,孔子2000網"清華大學簡帛研究"專欄2013年1月8日。

子居:《清華簡〈說命〉上篇解析》,孔子2000網2013年1月6日。

子居:《清華簡〈芮良夫毖〉簡序調整一則》,孔子2000網2013年1月12日。

子居:《清華簡〈芮良夫毖〉解析》,孔夫子2000網2013年2月24日

子居:《清華簡〈傅說之命〉中篇解析》,孔子2000網2013年4月3日。

子居:《清華簡〈傅說之命〉下篇解析》,孔子2000網2013年4月7日。

子居:《清華簡〈筮法〉解析》,孔子2000網2014年4月7日。

子居:《清華簡〈筮法〉解析(修訂稿上)》,《周易研究》2014年第6期,第17—28頁。

子居:《清華簡〈筮法〉解析(修訂稿下)》,《周易研究》2015年第1期,第60—71頁。

子居:《清華簡〈厚父〉解析》,清華大學出土文獻與保護中心網2015年4月28日。

子居:《〈清華簡〈筮法〉補釋〉若干問題小議》,中國先秦史網 2015 年 9 月 9 日。

子居:《清華簡〈子儀〉解析》,中國先秦史網 2016 年 5 月 11 日。

子居:《清華簡七〈趙簡子〉解析》,中國先秦史網 2017 年 5 月 29 日。

子居:《清華簡七〈晉文公入於晉〉解析》,中國先秦史網 2017 年 7 月 14 日。

子居:《清華簡七〈子犯子餘〉韻讀》,中國先秦史網 2017 年 10 月 28 日。

子居:《清華簡七〈越公其事〉第十、十一章解析》,中國先秦史網 2017 年 12 月 13 日。

子居:《清華簡七〈越公其事〉第一章解析》,中國先秦史網 2017 年 12 月 13 日。

子居:《清華簡七〈越公其事〉第二章解析》,中國先秦史網 2018 年 3 月 9 日。

子居:《清華簡七〈越公其事〉第三章解析》,中國先秦史網 2018 年 4 月 17 日。

子居:《清華簡七〈越公其事〉第四章解析》,中國先秦史網 2018 年 5 月 14 日。

子居:《清華簡七〈越公其事〉第五章解析》,中國先秦史網 2018 年 6 月 5 日。

子居:《清華簡七〈越公其事〉第六章解析》,中國先秦史網 2018 年 7 月 6 日。

子居:《清華簡七〈越公其事〉第七、第八章解析》,中國先秦史網 2018 年 8 月 4 日。

子居:《清華簡七〈越公其事〉第九章解析》,中國先秦史網 2018 年 9 月 2 日。

紫竹道人(網名):《清華簡〈說命中〉"用孚自通"臆解》,復旦大學出土文獻與古文字研究中心網 2013 年 5 月 17 日。

宗靜航:《〈尚書・說命〉臆說》,《簡帛・經典・古史》,上海古籍出版社 2013 年,第 411—420 頁。

宗靜航:《〈清華簡〉(壹—肆)字體分類淺議》,《"出土文獻與先秦經史國際學術研討會"論文集》,香港大學 2015 年 10 月 16 日—17 日。

宗靜航:《〈周公之琴舞〉與〈詩經〉異文和經傳解釋小識》,《清華簡研究》第 2 輯,中西書局 2015 年,第 89—96 頁。

鄒大海:《清華簡〈算表〉學術研討會在清華大學舉辦》,《中國科技史雜志》2014 年第 2 期,第 248—249 頁。

鄒大海:《出土簡牘開啓中國古代數學的大門》,《中國典籍與文化》第 12 輯,國家圖書館出版社 2019 年,第 115—148 頁。

醉馬(網名):《清華簡〈攝命〉"疊"字試釋》,復旦大學出土文獻與古文字研究中心網 2018 年 11 月 21 日。

三、學位論文

安邦:《清華簡所見晉國歷史研究》,陝師範大學碩士學位論文 2019 年。

白顯鳳:《出土楚文獻所見人名研究》,吉林大學博士學位論文 2017 年。

邊曉冰:《出土數字卦"兩系用數體系"假説研究》,曲阜師範大學碩士學位論文 2016 年。

蔡一峰:《出土文獻與上古音若干問題探研》,中山大學博士學位論文 2018 年。

曹雨楊:《〈清華大學藏戰國竹簡(壹)－(叁)〉疑難字詞集釋及釋文校注》,吉林大學碩士學位論文 2020 年。

曹振岳:《清華簡〈筮法〉研究》,曲阜師範大學碩士學位論文 2015 年。

陳晨:《簡帛〈詩〉及相關文獻整理與研究》,武漢大學博士學位論文 2019 年。

陳可紅:《〈清華大學藏戰國竹簡(陸)〉異體字、通假字彙釋》,安徽大學碩士學位論文 2018 年。

陳夢兮:《楚簡"一詞多形"現象研究》,浙江大學博士學位論文 2017 年。

陳民鎮:《清華簡〈繫年〉研究》,煙臺大學碩士學位論文 2013 年。

陳鵬宇:《清華簡中詩的套語分析及相關問題》,清華大學博士學位論文 2014 年。

陳姝羽:《〈清華大學藏戰國竹簡(捌)〉集釋》,華東師範大學碩士學位論文 2020 年。

陳曦:《清華大學藏戰國竹簡(伍)動詞匯釋》,遼寧師範大學碩士學位論文 2019 年。

程浩:《"書"類文獻先秦流傳考——以清華藏戰國竹簡爲中心》,清華大學博士學位論文 2015 年。

鄧煜婷:《〈清華簡〉(壹)－(伍)册文字同形現象研究》,福建師範大學碩士學位論文 2017 年。

丁慧萍:《〈清華大學藏戰國竹簡(陸)〉字形特點研究》,安徽大學碩士學位論文 2017 年。

丁新宇:《清華簡〈管仲〉研究》,上海師範大學碩士學位論文 2018 年。

董洪振:《清華簡〈管仲〉集注及相關問題研究》,河北師範大學碩士學位論文 2019 年。

董洪振:《〈清華大學藏戰國竹簡(陸)〉詞彙研究》,濟南大學碩士學位論文

2018年。

　　杜航:《清華簡(一～四)複音詞研究》,遼寧師範大學碩士學位論文2018年。

　　杜建婷:《清華簡第七輯文字集釋》,中山大學碩士學位論文2019年。

　　杜楊:《清華簡中的文本叙事研究》,華東師範大學碩士學位論文2018年。

　　段思靖:《清華簡〈越公其事〉集釋》,吉林大學碩士學位論文2019年。

　　段雅麗:《清華簡〈繫年〉文獻學問題研究及其史學思想探微》,西南大學碩士學位論文2019年。

　　范育均:《從出土易學文獻看〈左傳〉〈國語〉中的涉易材料》,西南大學碩士學位論文2018年。

　　方媛:《清華三〈芮良夫毖〉集釋》,安徽大學碩士學位論文2016年。

　　馮麗梅:《〈清華大學藏戰國竹簡〉(壹—肆)通假字研究》,哈爾濱師範大學碩士學位論文2015年。

　　高飛:《清華簡〈祭公〉篇研究》,天津師範大學碩士學位論文2013年。

　　高罕鈺:《先秦漢語同義詞專題研究》,浙江大學博士學位論文2020年。

　　高佳敏:《清華簡〈攝命〉集釋》,西南大學碩士學位論文2017年。

　　高奇峰:《〈繫年〉與〈左傳〉專用名詞用字對比研究》,吉林大學碩士學位論文2020年。

　　高亦:《清華大學藏戰國竹簡(三)用字研究》,河北師範大學碩士學位論文2017年。

　　高卓:《清華大學藏戰國竹簡(壹)動詞匯釋》,遼寧師範大學碩士學位論文2019年。

　　弓如月:《清華簡伍〈厚父〉集釋》,首都師範大學碩士學位論文2017年。

　　古容綺:《清華伍〈封許之命〉字詞研究》,臺中教育大學碩士學位論文2017年。

　　郭倩文:《〈清華五〉〈上博九〉集釋及新見文字現象整理與研究》,華東師範大學碩士學位論文2016年。

　　郭志華:《〈楚居〉與楚史相關問題探討》,華中師範大學碩士學位論文2012年。

　　韓金秒:《清華大學藏戰國竹簡(柒～捌)虛詞匯釋》,集美大學碩士學位論文2020年。

　　郝貝欽:《清華簡〈耆夜〉整理與研究》,天津師範大學碩士學位論文2012年。

　　郝花萍:《〈清華大學藏戰國竹簡(陸)〉鄭國三篇集釋》,西南大學碩士學位論文 2017 年。

何家歡:《清華簡柒〈越公其事〉集釋》,河北大學碩士學位論文 2018 年。

侯傳峰:《清華簡〈説命〉集釋》,曲阜師範大學碩士學位論文 2020 年。

侯建科:《清華簡(壹－陸)異體字整理與研究》,西南大學碩士學位論文 2017 年。

侯瑞華:《清華簡〈鄭武夫人規孺子〉集釋與相關問題研究》,浙江大學碩士學位論文 2018 年。

胡乃波:《清華簡〈鄭文公問太伯〉(甲本)集釋》,河北大學碩士學位論文 2018 年。

胡瑞瑶:《〈清華大學藏戰國竹簡(柒)〉文字構形研究》,陝西師範大學碩士學位論文 2019 年。

胡熊:《〈邦家處位〉〈治邦之道〉集釋》,首都師範大學碩士學位論文 2020 年。

扈曉冰:《清華簡〈金縢〉篇研究》,天津師範大學碩士學位論文 2012 年。

黄昌鵬:《〈金縢〉傳世本與清華簡本比較研究綜論》,復旦大學碩士學位論文 2020 年。

黄傑:《〈尚書〉之〈康誥〉〈酒誥〉〈梓材〉新解》,武漢大學博士學位論文 2017 年。

黄凌倩:《清華伍〈厚父〉〈封許之命〉集釋》,安徽大學碩士學位論文 2016 年。

黄甜甜:《清華簡"詩"文獻綜合研究》,清華大學博士學位論文 2014 年。

賈曉華:《先秦"夫"字的綜合研究》,北京大學碩士學位論文 2017 年。

賈旭東:《清華簡〈傅説之命〉綜合研究》,東北師範大學碩士學位論文 2016 年。

姜姗:《清華大學藏戰國竹簡(叁)動詞匯釋》,遼寧師範大學碩士學位論文 2019 年。

蔣建坤:《清華簡(壹－伍)上古音聲母材料的整理與初步研究》,吉林大學碩士學位論文 2016 年。

蔣萍:《清華大學藏戰國竹簡(壹)名詞研究》,揚州大學碩士學位論文 2014 年。

蔣瓊傑:《新蔡簡、上博簡、清華簡地名資料集釋》,吉林大學碩士學位論文 2017 年。

蔣偉男:《〈楚世家〉文獻輯證及相關問題研究》,安徽大學博士學位論文 2019 年。

蔣曉群:《清華簡文學研究》,濟南大學碩士學位論文 2017 年。
蔣媛玥:《〈清華大學藏戰國竹簡(捌)〉字形特點研究》,安徽大學碩士學位論文 2020 年。
焦勝男:《清華簡(肆)〈筮法〉集釋》,安徽大學碩士學位論文 2016 年。
金俊秀:《古文字特殊諧聲研究》,臺灣師範大學博士學位論文 2011 年。
金鑫:《清華簡〈傅說之命〉考釋及初步研究》,西北大學碩士學位論文 2016 年。
金宇祥:《戰國竹簡晉國史料研究》,臺灣師範大學博士學位論文 2019 年。
金正男:《出土戰國時代〈書〉類文獻與傳世〈尚書〉文字差異研究》,復旦大學博士學位論文 2015 年。
孔華:《清華簡〈耆夜〉的製作與史事》,天津師範大學碩士學位論文 2014 年。
李充:《清華簡〈繫年〉所見春秋戰事述略》,吉林大學碩士學位論文 2014 年。
李洪霞:《〈清華大學藏戰國竹簡(一)〉詞類研究》,河北大學碩士學位論文 2012 年。
李璟:《出土戰國秦漢簡帛病症名研究》,復旦大學博士學位論文 2017 年。
李麗紅:《清華簡〈金縢〉〈祭公之顧命〉異文研究》,河北大學碩士學位論文 2012 年。
李美辰:《清華簡字詞關係專題研究》,中山大學博士學位論文 2020 年。
李明山:《甲金及楚簡帛合文的整理與研究》,西南大學碩士學位論文 2018 年。
李殊:《清華簡所載晉國相關問題研究》,山西師範大學碩士學位論文 2020 年。
李爽:《清華簡"伊尹"五篇集釋》,吉林大學碩士學位論文 2016 年。
李宛庭:《〈清華大學藏戰國竹簡(肆)·筮法〉研究》,國立中興大學碩士學位論文 2016 年。
李薇:《基於詞彙史的〈逸周書〉三篇之傳世及出土本撰成時代考》,西南大學碩士學位論文 2018 年。
李曉梅:《上博簡與清華簡詩賦文獻校注》,西南大學碩士學位論文 2015 年。
李旭穎:《〈繫年〉與〈左傳〉所載史事比較研究》,河北師範大學碩士學位論文 2014 年。
李雨璐:《清華簡〈子產〉篇整理與研究》,東北師範大學碩士學位論文 2019 年。

李昭陽：《利用出土文獻審視清代學者校勘古書之得失——以〈逸周書〉爲例》，吉林大學碩士學位論文2018年。

李真真：《北美中國簡帛學研究——以語言文字研究爲主》，西南大學博士學位論文2019年。

梁鶴：《〈清華大學藏戰國竹簡（壹）〉〈清華大學藏戰國竹簡（貳）〉通假字整理》，吉林大學碩士學位論文2015年。

廖妙清：《清華簡（柒）語類文獻研究》，濟南大學碩士學位論文2019年。

廖穎：《〈清華大學藏戰國竹簡（壹）〉集釋與研究》，中國人民大學碩士學位論文2014年。

林軍强：《〈尹至〉〈尹誥〉和〈金縢〉集釋》，武漢大學碩士學位論文2011年。

劉光：《出土文獻與吳越史專題研究》，清華大學博士學位論文2018年。

劉建明：《清華簡〈繫年〉研究》，安徽大學碩士學位論文2014年。

劉姣：《〈清華大學藏戰國竹簡〉（一—七）偏旁整理研究》，華東師範大學碩士學位論文2019年。

劉茂偉：《〈清華大學藏戰國竹簡（叁）〉〈清華大學藏戰國楚簡（肆）〉通假字整理》，吉林大學碩士學位論文2016年。

劉萌：《清華簡〈越公其事〉叙事研究》，長春理工大學碩士學位論文2020年。

劉夢揚：《〈祭公〉研究》，河北師範大學碩士學位論文2014年。

劉如夢：《清華簡〈子犯子餘〉〈晉文公入於晉〉〈趙簡子〉研究》，山西大學碩士學位論文2019年。

劉山：《清華簡〈繫年〉與〈左傳〉比較研究》，上海師範大學碩士學位論文2018年。

劉碩敏：《清華簡副詞研究》，揚州大學碩士學位論文2013年。

劉天倫：《清華簡〈繫年〉歷史叙事的特點——以〈繫年〉與〈左傳〉若干事、語、人比較研究爲例》，吉林大學碩士學位論文2016年。

劉瀟川：《清華簡〈周公之琴舞〉研究》，濟南大學碩士學位論文2015年。

柳洋：《戰國竹簡文字與陶璽文字合證》，中山大學博士學位論文2018年。

龍騰遠：《用出土文獻檢驗王念孫〈讀書雜志〉校勘古書得失》，復旦大學碩士學位論文2019年

禄書果：《清華簡〈書〉類文獻整理與研究》，鄭州大學博士學位論文2017年。

路懿菡：《清華簡與西周若干問題研究》，西北大學博士學位論文2013年。

羅晨：《清華簡〈心是謂中〉研究》，曲阜師範大學碩士學位論文2020年。

羅雲君:《清華簡〈越公其事〉研究》,東北師範大學碩士學位論文 2018 年。
馬翠:《清華簡〈説命〉集釋》,河北大學碩士學位論文。
馬繼:《清華大學藏戰國竹簡(1-8)文字編》,華東師範大學碩士學位論文 2019 年。
馬驍:《戰國楚簡標點符號研究》,西南大學碩士學位論文 2015 年。
馬嘉賢:《清華壹〈尹至〉〈尹誥〉〈皇門〉〈祭公之顧命〉研究》,臺灣彰化師範大學博士學位論文 2015 年。
馬健偉:《清華簡〈繫年〉所涉齊魯地區古史研究》,山東師範大學碩士學位論文 2020 年。
毛玉靜:《〈清華大學藏戰國竹簡(柒)〉字用研究》,安徽大學碩士學位論文 2019 年。
牛曉榮:《〈清華簡(伍～捌)〉反義詞研究》,西北師範大學碩士學位論文 2020 年。
寧雪敏:《戰國簡帛中的史學文獻與先秦史學史》,西南大學碩士學位論文 2019 年。
亓林:《清華簡〈保訓〉研究綜述》,吉林大學碩士學位論文 2019 年。
强晨:《清華簡與西周開國史研究》,河北師範大學碩士學位論文 2012 年。
喬壯壯:《清華簡〈壹〉動詞配價及其句式研究》,楊州大學碩士學位論文 2014 年。
裘曉晨:《〈清華大學藏戰國竹簡(陸)動詞匯釋〉》,遼寧師範大學碩士學位論文 2019 年。
邵琪:《清華簡所見墨家思想研究》,西南大學碩士學位論文 2020 年。
邵正清:《清華簡〈子犯子餘〉研究》,吉林大學碩士學位論文 2019 年。
申超:《清華簡與商周若干史事考釋》,西北大學博士學位論文 2014 年。
沈奇石:《上海博物館藏戰國楚竹書(一一九)文字編》,華東師範大學碩士學位論文 2019 年。
沈雨馨:《〈清華大學藏戰國竹簡(柒)〉集釋》,首都師範大學碩士學位論文 2019 年。
史興明:《清華〈尹至〉〈尹誥〉〈程寤〉集釋》,曲阜師範大學博士學位論文 2020 年。
史玥然:《清華簡〈越公其事〉集釋及漢字教學設計》,山西大學碩士學位論文 2019 年。

宋俊文:《清華簡〈越公其事〉與〈國語〉叙事比較研究》,吉林大學碩士學位論文 2018 年。

宋亞雯:《清華簡中的非典型楚文字因素問題研究》,復旦大學碩士學位論文 2016 年。

孫超傑:《新出楚系簡帛資料對釋讀甲骨金文的重要性》,吉林大學碩士學位論文 2017 年。

孫德華:《子思學派考論》,吉林大學博士學位論文 2010 年。

孫飛燕:《清華簡〈繫年〉與〈春秋〉經傳的對比研究》,清華大學博士後出站報告 2012 年。

孫會强:《出土先秦文獻語法專題研究》,中山大學博士學位論文 2018 年。

孫永鳳:《清華簡〈周公之琴舞〉集釋》,吉林大學碩士學位論文 2015 年。

滕勝霖:《〈清華大學藏戰國竹簡(柒)〉集釋及相關問題研究》,西南大學碩士學位論文 2019 年。

譚生力:《楚文字形近、同形現象源流考》,吉林大學博士學位論文 2014 年。

汪敏清:《清華簡〈子産〉篇疏證與研究》,蘇州大學碩士學位論文 2019 年。

王波濤:《出土文獻與〈毛詩〉研究》,首都師範大學碩士學位論文 2020 年。

萬雲舒:《清華簡〈攝命〉篇研究綜覽》,首都師範大學碩士學位論文 2020 年。

王佳慧:《清華簡"書"類文獻與相應傳世文獻對讀》,西南大學碩士學位論文 2020 年。

王嘉瑋:《清華簡〈管仲〉集釋與研究》,濟南大學碩士學位論文 2018 年。

王凱博:《出土文獻資料疑義探研》,吉林大學博士學位論文 2018 年。

王昆:《清華簡〈尹至〉〈尹誥〉〈赤鵠之集湯之屋〉集釋》,河北大學碩士學位論文 2016 年。

王明娟:《清華簡〈説命〉集釋》,安徽大學碩士學位論文 2016 年。

王挺斌:《戰國秦漢簡帛古書訓釋研究》,清華大學博士學位論文 2018 年。

王薇:《清華簡〈周公之琴舞〉研究》,天津師範大學碩士學位論文 2014 年。

王維:《清華簡研究三題》,東北師範大學碩士學位論文 2018 年。

王向華:《清華簡頌詩初探》,煙臺大學碩士學位論文 2016 年。

王永昌:《清華簡文字與晉系文字對比研究》,吉林大學博士學位論文 2018 年。

王瑜楨:《〈清華大學藏戰國竹簡(陸)〉鄭國史料三篇研究》,臺灣師範大學博士學位論文 2018 年。

王玉兔：《清華大學藏戰國竹簡（壹）句法研究》，揚州大學碩士學位論文2014年。

魏棟：《出土文獻與若干楚國史地問題探論》，清華大學博士學位論文2017年。

溫皓月：《出土文獻與傳世文獻之伊尹材料整理及相關問題研究》，吉林大學碩士學位論文2016年。

翁倩：《清華簡〈越公其事〉與傳世先秦兩漢典籍中的勾踐形象比較研究》，西南大學碩士學位論文2019年。

吳博文：《〈清華大學藏戰國竹簡（伍）·厚父〉文本集釋與相關問題研究》，復旦大學碩士學位論文2017年。

吳德貞：《清華簡〈越公其事〉集釋》，武漢大學碩士學位論文2018年。

吳祺：《戰國竹書訓詁方法探論》，華東師範大學博士學位論文2019年。

吳思雯：《〈清華大學藏戰國竹簡（陸）〉疑難字詞彙釋》，首都師範大學碩士學位論文2018年。

肖攀：《清華簡〈繫年〉文字研究》，吉林大學博士學位論文2013年。

謝歡歡：《清華簡〈保訓〉與黃帝四經〈道法〉法律思想比較研究》，上海社會科學院碩士學位論文2017年。

解冠華：《清華簡"書"類文獻之政治思想探論》，西南大學碩士學位論文2018年。

辛然：《清華簡〈周公之琴舞〉中"亂"字研究》，天津大學碩士學位論文2017年。

徐靜：《先秦文獻中的"中"》，曲阜師範大學碩士學位論文2011年。

徐開亞：《清華簡的叙事學研究》，閩南師範大學碩士學位論文2019年。

許凱：《清華簡所見周公史事整理研究》，煙臺大學碩士學位論文2020年。

許莉莉：《清華簡所見商末周初史事初探》，煙臺大學碩士學位論文2016年。

許美蘭：《清華簡捌〈攝命〉等七篇集釋》，中山大學碩士學位論文2020年。

許雁綺：《楚簡同形字辨析》，臺灣中興大學碩士學位論文2013年。

薛培武：《〈雅〉〈頌〉字詞與出土文獻合證》，吉林大學碩士學位論文2018年。

嚴明：《"清華簡"〈保訓〉研究》，北京大學碩士學位論文2011年。

楊家剛：《出土"書"類文獻思想研究》，中國人民大學博士學位論文2019年。

楊蒙生：《三晉伐齊及相關史迹研究》，清華大學博士學位論文2017年。

楊鵬樺：《簡帛韻文釋論》，中山大學博士學位論文2020年。

楊一波:《清華簡所見〈逸周書〉四篇研究》,清華大學博士學位論文 2020 年。

姚道林:《出土文獻與毛〈傳〉訓詁研究》,安徽大學博士學位論文 2020 年。

姚影影:《〈清華大學藏戰國竹簡(七)〉動詞匯釋》,遼寧師範大學碩士學位論文 2019 年。

殷文超:《出土文獻視角下〈周易〉的卦畫與卦名研究》,華東師範大學碩士學位論文 2017 年。

于梁梁:《清華簡所見晉國史事研究》,華東師範大學碩士學位論文 2019 年。

于夢欣:《清華簡文字構形研究》,吉林大學碩士學位論文 2019 年。

于倩:《清華簡〈越公其事〉文字構形研究》,雲南大學碩士學位論文 2018 年。

原雅玲:《清華簡〈晉文公入於晉〉整理研究》,東北師範大學碩士學位論文 2019 年。

袁證:《清華簡〈子犯子餘〉等三篇集釋及若干問題研究》,武漢大學碩士學位論文 2018 年。

章丹悦:《出土戰國西漢簡帛文獻所見晉國史料輯證》,復旦大學碩士學位論文 2020 年。

張朝然:《清華簡〈越公其事〉集釋及相關問題初探》,河北師範大學碩士學位論文 2019 年。

張岱松:《清華簡〈壹—伍〉詞彙研究》,中國社會科學院研究生院博士學位論文 2017 年。

張涵:《清華簡〈封許之命〉整理與研究》,東北師範大學碩士學位論文 2020 年。

張璟琳:《清華簡人稱代詞初探》,首都師範大學碩士學位論文 2018 年。

張菁:《清華簡〈書〉類文獻〈說文〉未見字集釋與研究》,哈爾濱師範大學碩士學位論文 2020 年。

張晶穎:《〈清華簡〉新見文字現象整理與研究》,華東師範大學碩士學位論文 2015 年。

張利瑩:《清華簡(壹～柒)否定詞研究》,北京外國語大學碩士學位論文 2019 年。

張明珠:《〈清華大學藏戰國竹簡(柒)·趙簡子〉集釋、譯注》,武漢大學碩士學位論文 2019 年。

張娜:《出土易學文獻"卦體兩系"問題研究》,曲阜師範大學碩士學位論文 2016 年。

張啟珍：《清華簡〈繫年〉與晉、楚邦交策略研究》，煙臺大學碩士學位論文 2014 年。

張文庫：《北鬭齊秦，南戰荊楚——清華簡〈繫年〉所見晉國史事研究》，西南大學碩士學位論文 2016 年。

張雨：《〈清華大學藏戰國竹簡（貳）〉動詞匯釋》，遼寧師範大學博士學位論文 2019 年。

趙佳：《清華簡〈攝命〉集釋及相關問題研究》，武漢大學碩士學位論文 2020 年。

趙明：《〈清華大學藏戰國竹簡〉（壹－肆）字形與音義對應關係研究》，哈爾濱師範大學碩士學位論文 2015 年。

趙培：《〈書〉類文獻的早期形態及〈書經〉成立之研究》，北京大學博士學位論文 2017 年。

趙珊珊：《清華簡〈尹至〉〈尹誥〉相關歷史問題研究》，天津師範大學碩士學位論文 2013 年。

趙市委：《清華簡（壹－肆）通假字反映的聲調問題和韻部問題研究》，北京大學碩士學位論文 2017 年。

趙思木：《清華大學藏戰國竹簡（壹）集釋及專題研究》，華東師範大學博士學位論文 2017 年。

鄭瑞傑：《清華簡〈繫年〉詞彙整理與研究》，河南大學碩士學位論文 2019 年。

周紅：《清華簡與先秦〈詩〉類文獻研究》，上海師範大學碩士學位論文 2017 年。

周佳琳：《清華簡〈傅說之命〉研究》，濟南大學碩士學位論文 2018 年

周鵬：《〈清華大學藏戰國竹簡〉（叁）探論》，中山大學碩士學位論文 2014 年。

周翔：《楚文字專字研究》，安徽大學博士學位論文 2017 年。

周陽光：《楚系文字同義連用研究》，安徽大學博士學位論文 2020 年。

朱德威：《〈芮良夫毖〉集釋》，吉林大學碩士學位論文 2017 年。

朱忠恆：《〈清華大學藏戰國竹簡（陸）〉集釋》，武漢大學碩士學位論文 2018 年。

清華簡文字聲首

之部

曉紐
犎	3
喜	3
灰	5

匣紐
亥	5
又	7
或	45

喻紐
臣	57

見紐
丌	58
其	92
己	96
龜	102

溪紐
丘	103

疑紐
牛	105
㫗	107

端紐
止	107

定紐
以	209
臺	260

邪紐
巳	261

泥紐
而	275
耳	295
乃	298
鹵	330

來紐
來	334
里	340

精紐
再	342
宰	343
子	344
兹	370
䊵	376

清紐
采	377

從紐

· 3819 ·

才	378	不	440
士	399	**並紐**	
心紐		婦	495
史	402	**明紐**	
司	422	母	496
絲	434	某	515
鹵	434	麥	516
幫紐		牧	516
畐	440		

職部

影紐		弋	563
啬	519	異	569
曉紐		**泥紐**	
黑	520	匿	570
見紐		**來紐**	
革	521	力	571
戒	522	**精紐**	
巫	524	則	576
溪紐		矢	594
克	528	稷	595
端紐		**心紐**	
旻	534	窜	597
戠	543	嗇	599
陟	544	色	599
透紐		息	601
敕	545	**幫紐**	
定紐		北	602
食	545	畐	604
直	551	**並紐**	
定紐		菖	605

蒸部

影紐
雁 …… 619

曉紐
興 …… 621

匣紐
熊 …… 624
互 …… 624

見紐
弓 …… 627
厷 …… 628

溪紐
冃（肯） …… 628

端紐
登 …… 629
峷 …… 630

透紐
再 …… 632
升 …… 635

艮 …… 610
伏 …… 612
畐 …… 612

定紐
乘 …… 637
承 …… 641
僉 …… 643

泥紐
能 …… 650

來紐
夌 …… 660

從紐
曾 …… 661

幫紐
仌 …… 663

並紐
朋 …… 664

明紐
兓 …… 667
黽 …… 668

幽部

影紐
憂 …… 673
幽 …… 673
幺 …… 676

曉紐

休 …… 678
好 …… 679
臭 …… 684

匣紐
學 …… 685

見紐

字	頁
丩	685
九	698
殳	706
臼	707

溪紐

字	頁
丂	708
臼	711
求	713
各	721

端紐

字	頁
鳥	724
周	725
舟	733
州	743
巠	744

透紐

字	頁
曫	745
首	748
手	760
丑	761

定紐

字	頁
卣	761
皀	763
錐	766
鼂	767
攸	767
由	771
酉	777
舀	781
斿	783

泥紐

字	頁
肉	784

來紐

字	頁
流	789
牢	791
老	792

精紐

字	頁
早	794
秋	797
艸	799

從紐

字	頁
曹	801
橐	802

心紐

字	頁
蒐	804
羞	805
秀	805

邪紐

字	頁
囚	806

幫紐

字	頁
勹	806
保	809
缶	812

滂紐

字	頁
孚	816

明紐

字	頁
矛	819
冃	826
戊	827
卯	829

覺部

見紐
告 ………………………………… 833

端紐
竹 ………………………………… 841
祝 ………………………………… 843

書紐
卡 ………………………………… 845

定紐
逐 ………………………………… 845

來紐
六 ………………………………… 848

清紐
戚 ………………………………… 857

心紐
佰 ………………………………… 859
玧 ………………………………… 860

並紐
复 ………………………………… 860

明紐
目 ………………………………… 867
穆 ………………………………… 869

冬部

見紐
宮 ………………………………… 875

匣紐
夆 ………………………………… 879

端紐
冬 ………………………………… 883
中 ………………………………… 887
眾 ………………………………… 902

定紐
蟲 ………………………………… 905

泥紐
戎 ………………………………… 906

精紐
宗 ………………………………… 908

心紐
宋 ………………………………… 914

宵部

影紐
夭 ………………………………… 921
要 ………………………………… 923

曉紐
囂 ………………………………… 924

匣紐
爻 ………………………………… 926
虣 ………………………………… 933

3823

昊	…………………………… 933		兆	…………………………… 954
号	…………………………… 933		**來紐**	
見紐			勞	…………………………… 956
高	…………………………… 934		燎	…………………………… 960
交	…………………………… 940		**心紐**	
疑紐			小	…………………………… 960
堯	…………………………… 943		枭	…………………………… 979
端紐			**滂紐**	
刀	…………………………… 944		票	…………………………… 979
定紐			**明紐**	
盗	…………………………… 952		毛	…………………………… 980
肇	…………………………… 952		苗	…………………………… 982

藥部

疑紐			**定紐**	
樂	…………………………… 987		翟	…………………………… 1002
虐	…………………………… 991		**泥紐**	
端紐			弱	…………………………… 1003
卓	…………………………… 993		**並紐**	
勺	…………………………… 995		暴	…………………………… 1005
弔	…………………………… 998			

侯部

匣紐			**見紐**	
侯	…………………………… 1009		句	…………………………… 1025
后	…………………………… 1018		**溪紐**	
灸	…………………………… 1019		口	…………………………… 1025
昂	…………………………… 1022		具	…………………………… 1032
厚	…………………………… 1022		**疑紐**	

禺 …… 1032	婁 …… 1050
端紐	屚 …… 1050
豈 …… 1035	**精紐**
主 …… 1035	走 …… 1051
晝 …… 1039	**清紐**
透紐	取 …… 1052
戍 …… 1039	匐 …… 1059
定紐	**心紐**
豆 …… 1040	須 …… 1059
豎 …… 1046	需 …… 1061
殳 …… 1046	**幫紐**
俞 …… 1046	付 …… 1062
泥紐	**並紐**
乳 …… 1050	鳧 …… 1064
來紐	

屋部

影紐	**透紐**
屋 …… 1067	束 …… 1083
見紐	**定紐**
谷 …… 1068	蜀 …… 1096
角 …… 1068	**泥紐**
溪紐	辱 …… 1099
寇 …… 1071	**來紐**
區 …… 1072	鹿 …… 1101
曲 …… 1072	彔 …… 1102
青 …… 1075	**精紐**
哭 …… 1079	足 …… 1104
疑紐	奏 …… 1106
玉 …… 1080	**幫紐**
獄 …… 1081	卜 …… 1107

攴	…………………… 1108		明紐
	並紐	木	…………………… 1110
羍	…………………… 1108	峕	…………………… 1114

東部

	影紐	同	…………………… 1171
囟	…………………… 1119	用	…………………… 1179
	曉紐	童	…………………… 1198
凶	…………………… 1120		來紐
	見紐	龍	…………………… 1199
公	…………………… 1123		清紐
工	…………………… 1154	悤	…………………… 1206
廾	…………………… 1165		從紐
	溪紐	从	…………………… 1207
孔	…………………… 1170	叢	…………………… 1212
	端紐		滂紐
東	…………………… 1171	丰	…………………… 1213
冢	…………………… 1171	豐	…………………… 1234
	透紐		明紐
舂	…………………… 1171	尨	…………………… 1234
	定紐		

魚部

	影紐	霍	…………………… 1298
烏	…………………… 1239		匣紐
亞	…………………… 1267	乎	…………………… 1298
	曉紐	于	…………………… 1299
虍	…………………… 1272	羽	…………………… 1330
西	…………………… 1296	禹	…………………… 1331

雨	…… 1331		余	…… 1453
下	…… 1333		黍	…… 1471
夏	…… 1340		**定紐**	
戶	…… 1345		舁	…… 1471
見紐			与	…… 1482
古	…… 1353		予	…… 1483
壴	…… 1373		野	…… 1483
及	…… 1374		**泥紐**	
瓜	…… 1375		女	…… 1483
寡	…… 1377		**來紐**	
叚	…… 1381		旅	…… 1508
尻	…… 1381		呂	…… 1509
睍	…… 1381		魯	…… 1513
夋	…… 1384		**精紐**	
溪紐			且	…… 1513
去	…… 1387		**清紐**	
巨	…… 1389		初	…… 1522
興	…… 1391		**心紐**	
疑紐			疋	…… 1523
吳	…… 1391		**幫紐**	
魚	…… 1398		夫	…… 1534
五	…… 1401		百	…… 1543
午	…… 1417		**並紐**	
牙	…… 1423		父	…… 1543
端紐			**明紐**	
者	…… 1423		毋	…… 1558
透紐			巫	…… 1558
兔	…… 1441		馬	…… 1559
鼠	…… 1442		武	…… 1561
土	…… 1443		無	…… 1568
車	…… 1450			

・3827・

鐸部

影紐
隻 ················· 1575

匣紐
貈 ················· 1577

見紐
虢 ················· 1578
各 ················· 1579

溪紐
䇂 ················· 1589

疑紐
屰 ················· 1590
𠮷 ················· 1594

端紐
乇 ················· 1595

透紐
𠁥 ················· 1602
赤 ················· 1633

定紐

石紐（影紐）
石 ················· 1603
射 ················· 1612
夕 ················· 1613
亦 ················· 1615
睪 ················· 1630

泥紐
若 ················· 1634

從紐
乍 ················· 1646

心紐
素 ················· 1656
昔 ················· 1657
索 ················· 1661

並紐
步 ················· 1661
白 ················· 1662

明紐
莫 ················· 1692

陽部

影紐
央 ················· 1703

曉紐
皀 ················· 1703
𠭴 ················· 1706
向 ················· 1708
兄 ················· 1709

匣紐
杏 ················· 1711
行 ················· 1711
王 ················· 1721
坒 ················· 1758
黄 ················· 1764
永 ················· 1766

見紐
畺 ················· 1766

京	…… 1768		殹	…… 1843
庚	…… 1770		**來紐**	
羮	…… 1775		兩	…… 1845
競	…… 1776		量	…… 1846
更	…… 1776		良	…… 1847
光	…… 1776		刅	…… 1852
卅	…… 1777		**清紐**	
溪紐			倉	…… 1851
亢	…… 1778		**從紐**	
慶	…… 1780		爿	…… 1853
競	…… 1781		**心紐**	
彊	…… 1783		桑	…… 1868
弜	…… 1784		相	…… 1872
端紐			喪	…… 1879
章	…… 1785		**幫紐**	
透紐			匸	…… 1879
商	…… 1788		兵	…… 1879
昌	…… 1792		丙	…… 1883
邕	…… 1793		秉	…… 1885
定紐			方	…… 1887
上	…… 1793		**並紐**	
丈	…… 1803		彭	…… 1899
昜	…… 1803		並	…… 1900
羊	…… 1816		**明紐**	
象	…… 1821		明	…… 1901
尚	…… 1823		亡	…… 1911
長	…… 1836		网	…… 1932
泥紐			皿	…… 1934

支部

匣紐
系 ……………………… 1939
篋 ……………………… 1939

見紐
規 ……………………… 1940
圭 ……………………… 1941
解 ……………………… 1944

端紐
知 ……………………… 1946
只 ……………………… 1954

透紐
豕 ……………………… 1956

定紐
是 ……………………… 1958
氏 ……………………… 1972
廌 ……………………… 1974

日紐
兒 ……………………… 1975

清紐
此 ……………………… 1976

幫紐
卑 ……………………… 1982

明紐
糸 ……………………… 1988

錫部

影紐
厄 ……………………… 1997
丹 ……………………… 1997
益 ……………………… 1999

見紐
彀 ……………………… 2000
昊 ……………………… 2001

端紐
帝 ……………………… 2001

定紐
狄 ……………………… 2006
易 ……………………… 2007

役 ……………………… 2013

來紐
鬲 ……………………… 2016

精紐
脊 ……………………… 2017

清紐
朿 ……………………… 2017
册 ……………………… 2019

心紐
析 ……………………… 2020

並紐
辟 ……………………… 2021

耕部

影紐
賏 ………………………………… 2029

匣紐
幸 ………………………………… 2031
熒 ………………………………… 2032
刑 ………………………………… 2033

見紐
苟 ………………………………… 2033
巠 ………………………………… 2041
同 ………………………………… 2045
耿 ………………………………… 2045

溪紐
頃 ………………………………… 2046

端紐
丁 ………………………………… 2047
鼎 ………………………………… 2049
正 ………………………………… 2050

透紐
耴 ………………………………… 2069

定紐
呈 ………………………………… 2075
廷 ………………………………… 2081
成 ………………………………… 2083

盈
盈 ………………………………… 2102

泥紐
寍 ………………………………… 2102

來紐
令 ………………………………… 2105
霝 ………………………………… 2124

精紐
晶 ………………………………… 2127
井 ………………………………… 2127
爭 ………………………………… 2135

清紐
青 ………………………………… 2137

心紐
生 ………………………………… 2143

滂紐
甹 ………………………………… 2150

並紐
平 ………………………………… 2151
并 ………………………………… 2155

明紐
名 ………………………………… 2158
鳴 ………………………………… 2160
冥 ………………………………… 2161

脂部

見紐
皆 ………………………………… 2165
癸 ………………………………… 2171

几 ………………………………… 2172

溪紐
启 ………………………………… 2174

端紐
氏 ……………… 2178
透紐
矢 ……………… 2181
尸 ……………… 2185
定紐
夷 ……………… 2191
弟 ……………… 2192
示 ……………… 2194
彝 ……………… 2197
泥紐
二 ……………… 2198
尔 ……………… 2212
來紐
豊 ……………… 2217
履 ……………… 2220

精紐
弗 ……………… 2221
清紐
妻 ……………… 2222
從紐
齊 ……………… 2226
心紐
西 ……………… 2234
死 ……………… 2238
衰 ……………… 2243
厶 ……………… 2243
帀 ……………… 2245
幫紐
比 ……………… 2251
明紐
米 ……………… 2260

質部

影紐
一 ……………… 2265
乙 ……………… 2273
曉紐
肙 ……………… 2273
血 ……………… 2273
匣紐
頁 ……………… 2276
彗 ……………… 2276
惠 ……………… 2276
見紐
吉 ……………… 2279
季 ……………… 2284

溪紐
器 ……………… 2285
棄 ……………… 2287
定紐
聿 ……………… 2289
矞 ……………… 2289
端紐
至 ……………… 2290
疐 ……………… 2303
透紐
替 ……………… 2304
定紐
隶 ……………… 2304

失	………… 2305	自	………… 2343
逸	………… 2310	**心紐**	
實	………… 2313	悉	………… 2355
泥紐		四	………… 2355
日	………… 2315	帀	………… 2370
疒	………… 2321	**從紐**	
來紐		疾	………… 2372
栗	………… 2326	**幫紐**	
利	………… 2326	畀	………… 2372
戾	………… 2331	八	………… 2374
精紐		必	………… 2386
卪	………… 2332	畢	………… 2386
清紐		閉	………… 2387
七	………… 2337	**滂紐**	
桼	………… 2342	匹	………… 2388
從紐			

真部

影紐		申	………… 2423
因	………… 2391	身	………… 2428
印	………… 2393	**定紐**	
肙	………… 2394	引	………… 2428
匣紐		田	………… 2429
玄	………… 2396	陳	………… 2434
弦	………… 2396	臣	………… 2437
見紐		奠	………… 2451
匀	………… 2396	**泥紐**	
端紐		人	………… 2457
丩	………… 2401	**來紐**	
透紐		㐰	………… 2508
天	………… 2405	**精紐**	

平	……… 2509		信	……… 2535
書	……… 2520			幫紐
晉	……… 2527		扁	……… 2535
千	……… 2529			明紐
	從紐		民	……… 2536
秦	……… 2529		旁	……… 2557
	心紐		命	……… 2558
辛	……… 2530			並紐
孔	……… 2535		頻	……… 2558

微部

	影紐		豈	……… 2600
威	……… 2563			疑紐
衣	……… 2563		𠂉	……… 2602
	曉紐		兀	……… 2603
火	……… 2570			章紐
	影紐		隹	……… 2603
伊	……… 2572			端紐
	曉紐		自	……… 2626
毀	……… 2572			透紐
希	……… 2573		水	……… 2640
	匣紐			來紐
韋	……… 2574		畾	……… 2644
胃	……… 2577			幫紐
回	……… 2577		飛	……… 2644
褢	……… 2581		非	……… 2645
叀	……… 2583			並紐
	見紐		肥	……… 2652
幾	……… 2588			明紐
鬼	……… 2590		散	……… 2653
	溪紐			

物部

匣紐
囻 ……………………………… 2663
位 ……………………………… 2670
見紐
旡 ……………………………… 2670
骨 ……………………………… 2683
溪紐
气 ……………………………… 2687
透紐
出 ……………………………… 2689
夏 ……………………………… 2695
定紐
朮 ……………………………… 2697
泥紐
内 ……………………………… 2703
來紐
類 ……………………………… 2711
心紐
帥 ……………………………… 2711
率 ……………………………… 2712
邪紐
㒸 ……………………………… 2718
幫紐
弗 ……………………………… 2719
並紐
弼 ……………………………… 2727
孛 ……………………………… 2729
滂紐
配 ……………………………… 2731
明紐
勿 ……………………………… 2731
未 ……………………………… 2736

文部

影紐
殷 ……………………………… 2745
㬎 ……………………………… 2748
曉紐
昏 ……………………………… 2749
匣紐
云 ……………………………… 2761
圂 ……………………………… 2766
見紐
斤 ……………………………… 2766
艮 ……………………………… 2769
軍 ……………………………… 2770
昆 ……………………………… 2774
鯀 ……………………………… 2776
堇 ……………………………… 2776
溪紐
囷 ……………………………… 2780
困 ……………………………… 2780

疑紐		**侖** ………… 2829	
愁 ………… 2780		**從紐**	
端紐		卬 ………… 2830	
屯 ………… 2781		**心紐**	
典 ………… 2785		先 ………… 2832	
透紐		孫 ………… 2839	
川 ………… 2786		隼 ………… 2842	
定紐		**幫紐**	
豚 ………… 2792		分 ………… 2842	
辰 ………… 2793		奮 ………… 2844	
盾 ………… 2796		奔 ………… 2845	
𦮙 ………… 2796		本 ………… 2847	
尹 ………… 2798		**並紐**	
允 ………… 2823		焚 ………… 2848	
泥紐		**明紐**	
刃 ………… 2827		文 ………… 2849	
來紐		門 ………… 2860	

歌部

曉紐		可 ………… 2908	
化 ………… 2865		**疑紐**	
匣紐		我 ………… 2928	
爲 ………… 2870		宜 ………… 2940	
禾 ………… 2894		**端紐**	
𦎧 ………… 2900		多 ………… 2941	
見紐		**透紐**	
加 ………… 2900		它 ………… 2948	
戈 ………… 2903		妥 ………… 2956	
果 ………… 2904		**定紐**	
咼 ………… 2907		也 ………… 2957	
溪紐		**來紐**	

羅	……… 2966	坐	……… 2979
羸	……… 2969	**心紐**	
麗	……… 2970	沙	……… 2980
罟	……… 2972	**並紐**	
精紐		皮	……… 2984
十	……… 2972	**明紐**	
從紐		林	……… 2990

月部

曉紐		乂	……… 3059
威	……… 2995	剌	……… 3061
匣紐		月	……… 3061
曰	……… 2995	**端紐**	
衛	……… 3021	帶	……… 3073
會	……… 3024	叕	……… 3074
戉	……… 3029	贅	……… 3074
害	……… 3035	**透紐**	
見紐		夆	……… 3079
孑	……… 3039	**定紐**	
介	……… 3040	大	……… 3081
丯	……… 3042	折	……… 3100
匃	……… 3043	舌	……… 3102
曷	……… 3043	西	……… 3104
夬	……… 3045	筮	……… 3105
氒	……… 3047	叡	……… 3107
蓋	……… 3053	厲	……… 3109
溪紐		兌	……… 3110
桀	……… 3053	**來紐**	
疑紐		剌	……… 3110
奇	……… 3055	孚	……… 3112
埶	……… 3055	**精紐**	

祭	…… 3115		拜	…… 3139
	清紐		市	…… 3140
殺	…… 3116			**滂紐**
叏	…… 3121		癹	…… 3141
毳	…… 3124			**並紐**
	從紐		友	…… 3145
𪚔	…… 3125		伐	…… 3146
	心紐		罰	…… 3150
戌	…… 3127		敝	…… 3153
柰	…… 3130			**明紐**
离	…… 3131		末	…… 3155
	幫紐		苜	…… 3155
貝	…… 3135		萬	…… 3158

元部

	影紐		幻	…… 3203
安	…… 3167		縣	…… 3204
肰	…… 3177		袁	…… 3204
晏	…… 3180			**見紐**
夗	…… 3181		干	…… 3212
肙	…… 3183		建	…… 3219
	曉紐		見	…… 3220
莧	…… 3187		肩	…… 3227
厂	…… 3191		开	…… 3228
顯	…… 3198		閒	…… 3230
憲	…… 3198		柬	…… 3230
	匣紐		官	…… 3233
寒	…… 3198		串	…… 3233
爰	…… 3198		叕	…… 3235
藿	…… 3198		卵	…… 3241
宦	…… 3203			**溪紐**

犬	3243		清紐	
臤	3243	青		3309
辛	3244		從紐	
看	3248	戔		3310
	疑紐		齐	3316
虍	3248	泉		3319
言	3251		心紐	
辵	3266	山		3320
兀	3067	鮮		3322
	端紐	亘		3323
丹	3271	算		3328
旦	3271		幫紐	
單	3273	班		3328
東	3277	半		3329
耑	3280	般		3330
	透紐	辡		3332
延	3284		並紐	
羴	3285	釆		3333
	定紐	楙		3335
蠹	3285	支		3336
塵	3285	弁		3338
次	3286	躲		3340
合	3286		明紐	
	泥紐	宀		3341
朕	3293	面		3344
	來紐	翏		3345
連	3297	滿		3347
崙	3298	曼		3348
縣	3303	万		3351
	精紐	免		3351
贊	3309	丏		3355

· 3839 ·

緝部

影紐
邑 ………………………… 3359

匣紐
合 ………………………… 3362
劦 ………………………… 3362

溪紐
及 ………………………… 3364

疑紐
沓 ………………………… 3372
驫 ………………………… 3373

端紐
霱 ………………………… 3373

定紐
嵒 ………………………… 3374

眔 ………………………… 3375
十 ………………………… 3377
龖 ………………………… 3396

泥紐
㚔 ………………………… 3398

來紐
立 ………………………… 3407

清紐
皀 ………………………… 3419

從紐
人 ………………………… 3420
雥 ………………………… 3446
集 ………………………… 3447

侵部

影紐
音 ………………………… 3451

匣紐
函 ………………………… 3453
咸 ………………………… 3453
马 ………………………… 3456
縿 ………………………… 3458

見紐
今 ………………………… 3459

端紐
占 ………………………… 3459

透紐
突 ………………………… 3460

審 ………………………… 3461

定紐
甚 ………………………… 3462
冘 ………………………… 3464
罕 ………………………… 3467
尋 ………………………… 3469

泥紐
男 ………………………… 3470
壬 ………………………… 3472
南 ………………………… 3475

來紐
林 ………………………… 3477
㐭 ………………………… 3479

臨	………… 3481	參	………… 3499
精紐		心	………… 3503
晉	………… 3482	**滂紐**	
清紐		品	………… 3513
侵	………… 3484	**明紐**	
心紐		凡	………… 3515
三	………… 3487		

葉部

	匣紐		**來紐**
盍	………… 3525	巤	………… 3536
	見紐		**清紐**
甲	………… 3529	妾	………… 3538
夾	………… 3531		**從紐**
	疑紐	疌	………… 3539
業	………… 3532		**心紐**
	定紐	燮	………… 3539
涉	………… 3532		**並紐**
	泥紐	乏	………… 3541
聶	………… 3534		

談部

	影紐	兼	………… 3548
猒	………… 3545	甘	………… 3550
弇	………… 3546	敢	………… 3558
	匣紐	監	………… 3558
炎	………… 3547		**溪紐**
臽	………… 3548	欠	………… 3563
	見紐	贛	………… 3567

3841

端紐
詹 ………………………… 3567
定紐
鹵 ………………………… 3568
精紐
斬 ………………………… 3568
清紐
僉 ………………………… 3570
戔 ………………………… 3574

清華簡文字聲系筆畫索引

一畫

一	…………………	2265	乙	………………… 2273

二畫

又	…………………	7	丁	………………… 2047
乃	…………………	298	二	………………… 2198
力	…………………	571	厶	………………… 2243
丩	…………………	685	七	………………… 2337
九	…………………	698	八	………………… 2374
丂	…………………	709	人	………………… 2457
卜	…………………	1107	十	………………… 3377

三畫

己	…………………	96	士	………………… 399
之	…………………	108	弋	………………… 563
巳	…………………	261	弓	………………… 627
子	…………………	344	勹	………………… 995
才	…………………	378	口	………………… 1025

· 3843 ·

工	……	1154	千	2496
于	……	1299	川	2786
下	……	1333	刃	2827
土	……	1443	也	2957
与	……	1482	子	3039
女	……	1483	大	3081
夕	……	1613	干	3212
上	……	1793	山	3320
丈	……	1803	及	3364
亡	……	1911	三	3487
彳	……	2021	凡	3515

四畫

友	……	42	弔	998
亓	……	58	攴	1108
牛	……	105	木	1110
止	……	107	凶	1120
以	……	209	公	1123
丏	……	330	孔	1170
不	……	440	戶	1345
毋	……	496	巨	1389
丂	……	708	五	1401
手	……	760	午	1417
丑	……	761	牙	1423
仇	……	796	夫	1534
六	……	848	父	1543
中	……	887	王	1721
夭	……	921	亢	1778
少	……	960	方	1887
毛	……	980	氏	1972

厄	1997	分	2842
井	2127	文	2849
弔	2221	化	2865
巿	2245	戈	2903
比	2252	曰	2995
弌	2269	介	3040
日	2315	刈	3059
四	2388	月	3061
天	2405	太	3098
引	2428	市	3140
仁	2488	女	3169
火	2570	反	3194
厃	2602	犬	3243
水	2640	元	3267
气	2687	丹	3271
內	2703	劦	3362
勿	2731	今	3424
斤	2766	壬	3472
屯	2781	心	3503
尹	2798	乏	3541
允	2823		

五畫

右	34	司	422
丘	103	母	496
市	207	北	602
吕	209	永	641
台	256	幼	676
史	402	句	685

伋	744	册	2019
攸	770	同	2045
由	771	正	2050
囟	806	生	2143
矛	819	氏	2178
矛	825	矢	2181
戊	827	尼	2185
卯	829	示	2194
目	867	弋	2207
冬	883	尔	2212
勿	945	北	2254
勺	995	四	2355
邙	997	穴	2378
玉	1080	必	2379
用	1179	印	2393
尻	1292	申	2423
乎	1298	田	2429
古	1353	民	2536
去	1387	出	2689
邙	1447	弗	2719
奴	1505	未	2736
奻	1507	本	2847
且	1513	禾	2894
疋	1523	加	2900
尾	1595	可	2908
石	1603	它	2948
乍	1646	左	2972
白	1662	卫	2979
央	1703	皮	2984
兄	1709	戉	3029
永	1720	勾	3043
丙	1883	外	3069

发	……	3145	弁	…… 3338
未	……	3155	立	…… 3407
斥	……	3215	占	…… 3459
邘	……	3216	甲	…… 3529
旦	……	3271	甘	…… 3550

六畫

亥	……	5	休	…… 678
有	……	37	好	…… 679
吕	……	97	收	…… 697
记	……	99	佋	…… 708
寺	……	195	攷	…… 709
迉	……	273	考	…… 710
而	……	275	舟	…… 733
耳	……	295	州	…… 743
再	……	342	守	…… 744
扜	……	393	肉	…… 784
犴	……	394	老	…… 792
芧	……	394	早	…… 794
囟	……	434	因	…… 806
怀	……	493	缶	…… 812
代	……	566	夙	…… 860
犾	……	567	戎	…… 906
式	……	568	烎	…… 926
旇	……	575	交	…… 940
色	……	599	邟	…… 975
伏	……	612	刐	…… 975
互	……	624	后	…… 1018
冐	……	628	戌	…… 1039
冰	……	663	曲	…… 1072

• 3847 •

朱	………	1113
兇	………	1121
巩	………	1159
江	………	1160
共	………	1165
同	………	1171
邦	………	1216
旱	………	1321
宇	………	1322
芋	………	1323
羽	………	1330
佢	………	1390
邮	………	1390
伍	………	1415
安	………	1507
汝	………	1508
呂	………	1509
令	………	1510
各	………	1579
宅	………	1595
尾	………	1601
亦	………	1615
百	………	1669
向	………	1708
行	………	1711
光	………	1776
弜	………	1783
羊	………	1816
圥	………	1868
邔	………	1897
亢	………	1928
芒	………	1930
犾	………	1932
此	………	1976
伇	………	2013
芍	………	2033
廷	………	2081
成	………	2083
荆	………	2128
肋	………	2134
并	………	2155
名	………	2158
吿	………	2172
西	………	2234
死	………	2238
牝	………	2251
旨	………	2255
米	………	2260
血	………	2273
吉	………	2279
聿	………	2289
至	………	2290
自	………	2343
因	………	2391
旬	………	2396
臣	………	2437
年	………	2502
衣	………	2563
回	………	2577
危	………	2602
臼	………	2626
尖	………	2653
汔	………	2687
郱	………	2711

艮	......	2769	邧	......	3176
邨	......	2785	迂	......	3214
训	......	2791	屽	......	3215
巡	......	2792	宇	......	3215
伊	......	2801	开	......	3228
先	......	2832	关	......	3235
多	......	2941	延	......	3284
地	......	2951	㐂	......	3336
有	......	2975	㐱	......	3351
㢑	......	3047	劦	......	3362
忐	......	3060	圾	......	3371
戍	......	3127	任	......	3473
伐	......	3146	邘	......	3473
安	......	3167	㕒	......	3517

七畫

忧	......	43	改	......	269
抾	......	43	里	......	340
宏	......	44	杍	......	369
昪	......	89	㤆	......	392
㘴	......	91	𢦔	......	395
沂	......	92	叴	......	426
歮	......	108	否	......	494
志	......	192	戒	......	522
迊	......	195	克	......	528
丼	......	195	戜	......	568
伭	......	257	㔸	......	575
㚻	......	257	抪	......	632
矣	......	258	拼	......	635
祀	......	265	妞	......	683

郒	695	坒	1046
寁	705	走	1051
求	713	足	1104
卣	761	攻	1156
攸	767	戉	1158
酉	777	䝉	1161
牢	791	志	1163
秀	805	甬	1185
孚	816	圢	1215
灸	820	劫	1367
㑊	826	匤	1371
告	833	迬	1390
旡	860	吴	1391
甹	898	㞢	1448
宋	914	社	1449
沃	922	杢	1449
芺	923	車	1450
兒	926	余	1453
孛	927	怱	1507
卲	945	芧	1513
邵	952	昗	1515
次	952	助	1521
省	973	初	1522
灼	973	迭	1542
肖	974	甫	1549
毛	981	巫	1558
多	995	赤	1633
㗊	1000	复	1649
沛	1002	步	1661
㡀	1003	邙	1668
谷	1026	坒	1758
隹	1036	狂	1761

弃	1778	殳	2580
抗	1778	没	2581
走	1801	位	2670
良	1847	汽	2688
妝	1853	弝	2728
兵	1879	芸	2761
迈	1895	岙	2762
芳	1896	忻	2766
沶	1897	困	2780
攺	1925	苊	2783
忘	1927	宅	2785
肚	1931	㞢	2790
豕	1956	尹	2801
设	2013	君	2802
役	2013	沈	2825
坙	2041	夋	2826
政	2066	忍	2828
医	2181	㕯	2855
弟	2192	辷	2858
宋	2222	迎	2868
妣	2253	匹	2900
利	2326	何	2923
即	2332	我	2928
卯	2385	㐌	2950
旬	2398	刭	2950
均	2399	佗	2950
阵	2428	妥	2956
悉	2489	邟	3031
身	2490	快	3045
辛	2530	块	3046
㝉	2557	肖	3072
㝉	2580	邮	3074

汏	……	3099	言	…… 3251
欤	……	3099	但	…… 3272
折	……	3100	兌	…… 3286
肖	……	3153	采	…… 3333
旻	……	3180	免	…… 3351
邵	……	3181	孛	…… 3352
肙	……	3183	邑	…… 3359
彶	……	3197	医	…… 3419
返	……	3197	吟	…… 3429
坂	……	3197	夲	…… 3433
攼	……	3213	沈	…… 3464
旱	……	3217	男	…… 3470
戈	……	3218	沁	…… 3513
見	……	3220	夾	…… 3531
冴	……	3229		

八畫

昏	……	42	廷	…… 330
肱	……	43	來	…… 335
态	……	44	采	…… 377
或	……	45	使	…… 406
忞	……	88	荬	…… 407
其	……	92	事	…… 407
侶	……	97	刽	…… 429
牧	……	106	昌	…… 506
跙	……	108	海	…… 511
寺	……	201	每	…… 514
昔	……	205	亟	…… 524
杞	……	265	直	…… 551
侔	……	297	衼	…… 567

艮	594	邦	1113
昊	594	松	1153
服	610	羿	1159
肯	628	妥	1159
坓	630	邢	1164
承	641	具	1169
朋	664	侗	1176
洶	694	从	1211
狗	697	奉	1213
咎	721	於	1239
周	725	亞	1267
受	734	虎	1272
泑	742	屋	1296
枭	785	雨	1331
佸	813	所	1346
茅	823	怗	1360
㞢	829	居	1361
降	879	姑	1365
攷	887	固	1368
忠	901	沽	1370
宗	908	肙	1374
肴	932	股	1374
庋	943	孤	1375
卓	993	㚔	1391
盆	996	者	1423
㝅	1036	兔	1441
乳	1050	邵	1510
取	1052	泜	1525
宕	1062	敇	1542
府	1062	斧	1549
東	1085	武	1561
彔	1102	宕	1601

乇	……	1602
妒	……	1604
迈	……	1607
夜	……	1627
若	……	1634
怍	……	1649
昔	……	1657
泊	……	1668
帛	……	1668
杏	……	1711
往	……	1760
枉	……	1761
京	……	1768
庚	……	1770
敁	……	1779
玩	……	1779
弝	……	1784
昌	……	1792
尚	……	1823
長	……	1836
兩	……	1845
郎	……	1850
狀	……	1854
牀	……	1855
㫚	……	1883
秉	……	1885
房	……	1898
並	……	1900
明	……	1901
秈	……	1931
周	……	1932
孟	……	1934

封	……	1943
怋	……	1954
邨	……	1981
卑	……	1982
易	……	2007
析	……	2020
幸	……	2031
定	……	2066
延	……	2068
命	……	2105
冊	……	2127
爭	……	2135
青	……	2137
坪	……	2151
勑	……	2157
攼	……	2174
怩	……	2189
屋	……	2189
妻	……	2222
柿	……	2251
勛	……	2257
郘	……	2258
籵	……	2261
卹	……	2274
劼	……	2282
季	……	2284
狄	……	2304
隶	……	2304
庚	……	2331
虫	……	2341
畀	……	2372
怭	……	2384

卸	……	2394	奇	……	2923
臤	……	2448	河	……	2926
依	……	2564	宜	……	2940
卒	……	2567	佗	……	2950
隹	……	2603	沱	……	2955
非	……	2645	诐	……	2988
肥	……	2652	坡	……	2989
枚	……	2660	波	……	2990
忞	……	2670	林	……	2990
氛	……	2688	戔	……	3023
屈	……	2694	殷	……	3041
述	……	2697	烈	……	3060
殊	……	2739	肖	……	3072
味	……	2739	敄	……	3140
沫	……	2741	岸	……	3193
昏	……	2749	弦	……	3203
耇	……	2768	建	……	3219
昆	……	2775	肩	……	3227
昏	……	2783	㥅	……	3235
典	……	2785	侃	……	3243
肯	……	2800	备	……	3266
昇	……	2825	忝	……	3269
侖	……	2829	坦	……	3272
奔	……	2845	肤	……	3293
忞	……	2857	戔	……	3310
玟	……	2857	恒	……	3323
門	……	2860	庚	……	3337
佀	……	2865	穽	……	3340
怸	……	2866	官	……	3342
和	……	2895	協	……	3363
翜	……	2900	念	……	3429
果	……	2904	肸	……	3432

戌	3433	沃	3466
舍	3440	林	3477
金	3441	妾	3538
函	3453	隶	3539
罙	3460	戔	3574

九畫

音	6	併	643
羿	89	郊	644
紀	98	茨	663
峕	202	幽	673
俟	260	胸	693
郢	342	竒	693
兹	370	厚	696
滋	376	敃	697
哉	397	叔	719
徍	406	洎	734
思	435	首	748
侸	494	俯	771
惡	507	曽	775
脣	513	胄	775
朝	514	冒	776
某	515	秋	797
茟	521	艸	799
昱	534	保	809
陟	544	背	812
食	545	炮	814
則	576	俘	817
再	632	悉	819
陞	636	敄	821

柔	824	勇	1194
冒	826	俑	1195
郜	840	封	1215
笙	841	埶	1232
祝	843	畫	1232
宮	875	昏	1296
陞	882	羿	1322
要	923	竽	1323
迯	942	禹	1331
窔	943	瓬	1345
逃	954	者	1365
姚	955	故	1366
削	975	胙	1368
虐	991	故	1368
約	997	殆	1372
侯	1009	壴	1373
迻	1019	卸	1421
後	1019	徐	1466
厚	1022	金	1467
禺	1032	郐	1468
侸	1041	怒	1507
俞	1046	俎	1521
屋	1067	恪	1581
㝵	1075	迻	1582
重	1089	洛	1586
奏	1106	客	1586
浼	1122	茖	1587
荒	1122	逆	1590
迸	1168	咢	1594
巷	1169	啟	1601
衕	1177	叚	1604
週	1177	悰	1627

俊	1655		星	2127
攽	1655		型	2129
柞	1656		幷	2157
敀	1667		皆	2165
明	1669		癸	2171
柏	1669		启	2177
高	1706		祗	2179
皇	1757		屎	2189
佳	1761		㚆	2191
匡	1763		俤	2193
昜	1803		迷	2261
迣	1816		姪	2298
相	1872		室	2299
柄	1884		閈	2394
疠	1896		恂	2398
昷	1910		均	2401
远	1930		神	2423
盉	1934		戕	2427
枳	1954		敃	2430
叕	1957		信	2486
是	1958		耑	2520
帝	2001		津	2522
疫	2015		威	2563
苟	2034		哀	2565
剄	2041		韋	2574
扁	2044		鬼	2590
貞	2049		畏	2596
惡	2058		酋	2634
政	2059		追	2635
郢	2075		飛	2644
盈	2079		美	2653
城	2096		娩	2658

荒	2659		戔	3121
胃	2663		郖	3124
既	2672		柰	3130
退	2695		拜	3139
袾	2702		癹	3141
帥	2711		狀	3176
衍	2712		怨	3182
柫	2727		肖	3183
昧	2740		庠	3191
郘	2748		彥	3191
軍	2770		舌	3218
春	2783		盼	3229
㺇	2792		柬	3230
盾	2796		旁	3244
洢	2802		耑	3280
眈	2825		栖	3310
身	2823		前	3316
紉	2829		泉	3319
选	2838		逗	3326
迡	2947		洹	3327
敀	2949		柳	3329
陖	2976		罘	3335
差	2979		室	3338
壅	2980		覍	3338
袂	3046		宦	3341
罰	3061		面	3344
陓	3068		庠	3353
坐	3072		勉	3354
枼	3075		荂	3354
适	3103		㙷	3354
剌	3111		級	3372
爰	3112		拉	3418

耳	……	3419	侵	……	3484
音	……	3451	厽	……	3499
咸	……	3453	品	……	3513
軛	……	3456	逜	……	3520
甚	……	3462	風	……	3520
南	……	3475	弇	……	3546

十畫

戜	……	6	悪	……	625
郲	……	55	亞	……	626
姬	……	57	陞	……	635
洭	……	57	桀	……	637
昇	……	95	乘	……	637
起	……	99	朕	……	645
時	……	203	能	……	650
起	……	271	陵	……	660
恥	……	298	紑	……	664
勑	……	338	厞	……	665
宰	……	343	畜	……	677
翯	……	425	臭	……	684
海	……	512	喬	……	696
晦	……	512	飢	……	705
晧	……	515	冒	……	763
悈	……	524	垡	……	770
飲	……	546	脩	……	771
貳	……	565	舀	……	781
貣	……	566	梭	……	785
匿	……	570	流	……	789
寁	……	597	㳟	……	791
息	……	601	羞	……	805

娱	……	811	虘	…… 1274
逊	……	821	虏	…… 1289
造	……	837	訏	…… 1321
逐	……	845	夏	…… 1340
陉	……	856	家	…… 1384
倗	……	859	悟	…… 1414
蚕	……	922	戙	…… 1421
笑	……	923	㫙	…… 1423
高	……	934	都	…… 1439
堲	……	951	徒	…… 1445
庫	……	952	舍	…… 1464
宵	……	974	旅	…… 1508
笒	……	975	㝵	…… 1526
唔	……	995	脊	…… 1549
訋	……	995	捕	…… 1550
豹	……	998	莆	…… 1552
弱	……	1003	專	…… 1553
浴	……	1026	晋	…… 1558
瓞	……	1035	馬	…… 1559
砡	……	1038	虔	…… 1578
逗	……	1043	敉	…… 1583
盟	……	1044	胳	…… 1584
哭	……	1079	烙	…… 1589
速	……	1084	朔	…… 1593
辱	……	1099	席	…… 1611
株	……	1113	射	…… 1612
容	……	1153	索	…… 1656
恐	……	1163	莫	…… 1692
恭	……	1168	卿	…… 1703
通	……	1197	徍	…… 1759
烏	……	1239	逄	…… 1760
䣙	……	1267	悻	…… 1761

窒	1762	朎	2134
弴	1763	隋	2141
倞	1770	肯	2148
航	1780	甹	2150
統	1780	敓	2156
鄧	1785	飢	2173
邕	1793	砥	2178
恙	1817	眉	2188
倀	1841	秜	2188
狼	1851	祀	2188
倉	1851	逹	2190
瓶	1856	恣	2210
匡	1879	脊	2210
病	1884	師	2250
旁	1898	氏	2258
設	1940	脂	2258
敗	1940	耆	2260
珪	1941	欯	2282
俾	1985	賓	2313
庫	1987	疾	2321
陣	1987	栗	2326
系	1988	眣	2395
奚	1988	約	2398
益	1999	真	2401
高	2016	陳	2434
脨	2017	劈	2450
袾	2018	訏	2486
硎	2042	嗚	2495
涇	2044	罗	2508
耿	2045	銥	2509
涅	2078	晉	2509
耕	2134	秦	2525

莘	2533	帯	3141
袞	2566	旆	3141
隼	2625	戟	3177
㪚	2656	罪	3182
梳	2660	悁	3184
訖	2687	赶	3214
𡎯	2701	徎	3217
悖	2729	畫	3219
配	2731	笄	3228
疾	2740	屏	3230
殷	2745	弹	3234
員	2762	恭	3236
圂	2766	㳟	3236
旂	2768	秦	3237
純	2784	虔	3247
訓	2788	莕	3265
㒸	2802	匓	3266
孫	2839	剗	3278
敓	2947	脡	3284
陘	2951	連	3297
㭰	2984	巡	3303
被	2988	㘇	3304
玻	2989	倿	3312
害	3035	鄈	3315
埮	3046	𦯄	3316
胯	3073	原	3320
剝	3102	班	3328
殺	3116	梴	3337
哉	3120	挽	3352
鄒	3121	娩	3353
威	3128	悷	3353
戙	3133	悗	3353

· 3863 ·

設	3371	盍	3525
眔	3375	涉	3532
圅	3420	脅	3537
衾	3433	奜	3539
陰	3441	屑	3545
郯	3446	兼	3548
浸	3466	郪	3574
紝	3474		

十一畫

寁	44	異	569
國	55	副	616
寍	56	掜	632
訡	87	淫	632
淇	92	悊	637
旹	206	悆	643
悠	271	堋	665
牽	334	崩	666
逑	337	匐	706
脞	342	悉	717
堊	376	救	717
菜	378	栽	720
釱	394	窑	724
釩	431	鳥	724
鈊	434	訐	760
啇	440	晜	763
訝	493	戜	764
婦	495	喬	778
晦	513	敤	794
惑	524	曹	801

宿	………	804
勢	………	806
敓	………	818
鬨	………	818
故	………	837
恚	………	837
舉	………	839
梧	………	840
戚	………	845
宿	………	859
隆	………	882
終	………	884
訞	………	922
教	………	929
湨	………	933
悤	………	950
堊	………	951
雀	………	976
眔	………	979
覭	………	980
窗	………	982
庿	………	982
逴	………	993
悼	………	993
欲	………	1028
勖	………	1034
舼	………	1035
畫	………	1039
致	………	1041
戔	………	1042
桓	………	1044
宿	………	1050

徹	………	1055
趣	………	1056
叡	………	1057
筐	………	1063
婁	………	1068
寇	………	1071
寇	………	1071
區	………	1073
訧	………	1082
動	………	1092
牽	………	1098
鹿	………	1101
麐	………	1102
彖	………	1103
豪	………	1103
跂	………	1105
訟	………	1152
唯	………	1159
痏	………	1178
惠	………	1194
䵼	………	1196
桶	………	1197
戜	………	1198
息	………	1206
從	………	1207
毇	………	1233
晉	………	1271
涇	………	1272
唐	………	1284
崝	………	1287
處	………	1287
遬	………	1288

虛	1290		芻	1813
虖	1299		陽	1814
雩	1324		逞	1817
鳸	1346		羕	1819
募	1377		象	1821
祡	1391		堂	1830
杲	1398		常	1835
魚	1398		張	1842
戠	1416		梁	1852
敔	1416		牁	1854
許	1417		㕒	1855
堵	1440		埜	1855
埜	1447		國	1856
袿	1449		戕	1856
念	1466		㬜	1861
敍	1467		牆	1862
梌	1468		塱	1877
盧	1517		訪	1895
脯	1549		貯	1897
補	1550		㳷	1901
鄂	1595		望	1925
庶	1608		況	1975
茖	1611		郒	1976
櫟	1630		婢	1986
箬	1644		寧	1987
惜	1661		埤	1988
桂	1761		惕	2010
黃	1764		責	2019
康	1772		虗	2044
章	1785		竝	2046
商	1788		頂	2050
剔	1810		䀇	2083

勘	2135		惟	2623
情	2138		遆	2639
旌	2142		埊	2701
清	2142		絑	2702
宵	2142		率	2712
階	2170		傃	2718
啓	2175		袢	2730
歐	2181		惥	2748
殹	2182		悆	2769
寅	2184		臾	2774
睫	2188		菫	2776
視	2194		菁	2783
痎	2211		豚	2792
秋	2211		唇	2794
絫	2216		淳	2797
悽	2225		晙	2825
淒	2225		貧	2843
訨	2253		畜	2844
閉	2255		遊	2846
逸	2310		奎	2846
泰	2342		訤	2857
悉	2355		訛	2867
遌	2373		過	2868
黔	2400		貨	2868
紳	2427		遖	2924
孴	2450		徛	2924
律	2521		徙	2980
進	2523		菚	3024
新	2533		戠	3032
敬	2558		偈	3043
鄏	2600		埶	3055
唯	2621		帶	3073

· 3867 ·

鄍	3076	畔	3329
靭	3102	剭	3329
柬	3110	科	3334
祭	3115	絣	3340
祓	3128	曼	3348
敗	3135	埶	3398
賊	3139	訡	3432
萇	3144	貪	3432
悬	3180	喊	3433
產	3192	會	3434
飯	3197	貪	3438
閉	3215	淦	3445
戜	3218	戠	3455
惓	3236	深	3461
逌	3244	遙	3467
舮	3273	淫	3468
連	3277	惏	3478
軔	3278	菑	3479
敩	3288	淲	3486
猒	3297	參	3499
後	3313	敢	3552
逡	3314	斬	3568
狻	3315		

十二畫

勞	3	械	56
蛕	42	惎	88
惄	43	惑	89
惑	55	期	89

期	94	尊	644
斯	94	秦	645
等	202	曾	661
竢	265	鄩	666
尘	335	學	674
殺	338	齒	676
棶	339	淄	676
剌	344	詢	696
葬	372	餕	706
歲	396	殿	732
絲	402	朝	740
貽	434	道	749
詞	511	遊	783
潜	512	就	803
啻	519	葆	812
黑	520	惑	824
噩	527	悆	841
惡	528	寡	860
戠	543	逯	862
惪	551	復	862
植	562	隆	881
骰	566	衆	902
惻	593	鄗	938
測	594	喬	939
穽	597	堯	943
備	605	瓞	956
富	616	勞	956
緬	626	雙	981
登	629	殔	994
勝	639	裕	1027
雺	640	遇	1033
舜	644	壘	1034

· 3869 ·

堣	1034	刲	1763
寓	1034	瘥	1763
鋊	1046	悪	1769
逾	1047	瘵	1769
渝	1049	瘥	1772
須	1059	釶	1777
粟	1068	硽	1785
棟	1088	膓	1792
童	1090	愓	1806
業	1108	湯	1806
項	1155	羞	1819
惡	1271	掌	1827
琥	1288	脹	1841
虎	1289	量	1846
塵	1291	勴	1852
暑	1296	葬	1856
鄦	1345	嫧	1861
辜	1371	喪	1868
御	1418	峨	1869
馭	1422	惡	1883
煮	1437	飭	1897
豬	1440	彭	1899
瘵	1470	智	1946
舒	1512	識	1954
釵	1549	徯	1957
楠	1552	遂	1957
無	1568	戔	1975
舀	1581	嗇	2004
蓉	1587	鄙	2017
癸	1612	練	2018
菖	1708	策	2018
胜	1710	敬	2034

哉	……	2040
程	……	2081
溫	……	2102
窑	……	2102
刞	……	2133
勝	……	2150
湝	……	2170
試	……	2178
酞	……	2209
猷	……	2211
惄	……	2275
惠	……	2276
壹	……	2283
結	……	2284
棄	……	2287
喬	……	2289
棣	……	2305
媿	……	2310
禭	……	2312
腏	……	2332
敝	……	2373
詘	……	2384
偲	……	2386
眩	……	2395
萄	……	2400
惥	……	2402
慇	……	2449
奠	……	2451
婞	……	2522
淒	……	2522
覻	……	2557
睪	……	2568

喜	……	2574
悼	……	2575
違	……	2576
漳	……	2576
寧	……	2576
圍	……	2576
貴	……	2583
幾	……	2588
愧	……	2592
嵒	……	2595
嵬	……	2595
剴	……	2600
悲	……	2652
渭	……	2669
甽	……	2670
飪	……	2680
遂	……	2718
彌	……	2727
弼	……	2727
堯	……	2731
寐	……	2740
愠	……	2748
溫	……	2748
勛	……	2764
圓	……	2765
順	……	2788
敦	……	2797
戟	……	2797
畯	……	2825
舜	……	2826
巽	……	2830
焚	……	2848

叒	2859		援	3114
閒	2862		寏	3114
爲	2870		絶	3125
𤊾	2901		戚	3129
禍	2907		發	3145
訶	2922		萬	3158
壺	2924		念	3182
椅	2924		虘	3192
冕	2925		寒	3198
墩	2950		銮	3208
貯	2951		脊	3227
詈	2972		開	3230
陿	2976		笑	3237
陸	2976		欮	3242
惰	2977		虔	3247
楚	2991		善	3260
𦥑	2991		匀	3266
越	3031		單	3273
割	3037		蚊	3277
萬	3038		惴	3282
害	3039		湍	3283
渴	3044		税	3292
傑	3053		然	3295
桀	3054		鬲	3298
敓	3058		卷	3309
剗	3061		戔	3312
間	3066		𠬪	3320
叀	3072		覞	3326
達	3079		訐	3339
律	3080		涵	3345
敢	3104		寋	3350
剮	3109		袤	3396

敦	3402	塞		3464
答	3420	湫		3466
禽	3439	惡		3469
惫	3443	湳		3477
琴	3444	替		3482
欽	3445	戠		3484
集	3446	帰		3485
寁	3454	晶		3499
軛	3458	喦		3514
鄰	3458	盧		3527
寂	3460	詛		3548
惛	3463	飲		3563
湛	3464	淛		3570

十三畫

熹	3	遖		610
賅	6	福		612
垩	57	雁		619
詩	201	毴		635
齒	339	膦		640
慈	372	僁		644
卻	396	龕		659
載	398	陞		666
絲	402	鄉		666
嗣	425	夢		667
絢	432	鉤		696
椶	439	裘		717
賞	439	趑		743
意	519	葷		755
象	575	惎		755

頂	757	會	1049
獸	779	蔑	1059
滔	782	塵	1067
嫪	795	穀	1075
趚	797	敎	1075
鄒	807	腫	1089
僂	812	戟	1090
楸	822	蜀	1096
悉	825	薴	1099
留	830	頌	1151
郭	840	詷	1178
腹	861	憶	1234
复	867	遞	1288
舩	877	虜	1288
童	912	遽	1289
叁	926	賈	1296
嵩	938	賁	1298
蒿	938	竧	1371
韶	944	鼓	1373
綯	951	卹	1421
絜	952	鼠	1442
覞	955	塗	1470
杲	979	與	1471
氍	980	遽	1508
溺	1003	戲	1517
壆	1033	鄘	1519
愚	1033	楚	1526
罿	1040	塼	1556
誅	1041	愽	1557
涅	1045	溥	1557
僉	1048	嫥	1557
愈	1048	貓	1577

詻	1582	壁	2012
路	1582	辟	2021
骼	1584	經	2042
詠	1592	傾	2046
閭	1602	鉦	2069
閼	1612	聖	2069
詠	1627	經	2080
睪	1630	程	2081
幕	1699	誠	2096
蓦	1699	諭	2124
墓	1699	鳖	2134
腸	1810	骿	2157
傷	1810	楷	2169
觟	1811	楑	2172
楊	1811	資	2211
殤	1814	豐	2217
堂	1827	裡	2236
堂	1830	蓑	2243
棠	1831	開	2255
塱	1878	詣	2256
痬	1884	脂	2257
蒡	1898	詰	2284
槊	1908	郗	2342
盟	1911	皋	2352
跬	1942	罪	2352
詿	1942	㷼	2385
解	1944	閟	2387
絿	1957	詢	2397
鷹	1974	訢	2404
啓	1981	詮	2405
溪	1992	肄	2522
嗌	1997	新	2533

3875

郼	……	2534	書	…… 3036
慧	……	2567	牽	…… 3038
毀	……	2572	漅	…… 3054
薏	……	2575	殢	…… 3076
裋	……	2599	皓	…… 3102
雷	……	2644	話	…… 3103
熾	……	2658	筮	…… 3105
媿	……	2659	寪	…… 3107
愛	……	2670	剌	…… 3111
愍	……	2680	敫	…… 3113
熙	……	2680	處	…… 3128
槊	……	2683	滅	…… 3129
歇	……	2683	譔	…… 3131
褶	……	2684	綏	…… 3181
舳	……	2693	膚	…… 3191
衛	……	2715	薩	…… 3193
滕	……	2718	遠	…… 3204
槃	……	2746	猿	…… 3208
魂	……	2765	睘	…… 3209
圓	……	2765	覢	…… 3227
勤	……	2779	覓	…… 3229
群	……	2822	豢	…… 3240
焋	……	2826	隩	…… 3242
豩	……	2841	蹐	…… 3244
勸	……	2845	遣	…… 3246
髟	……	2859	虞	…… 3248
義	……	2936	鈺	…… 3273
馳	……	2956	傳	…… 3277
陸	……	2978	敳	…… 3283
磊	……	2991	亂	…… 3299
會	……	3024	粲	…… 3315
歲	……	3032	遘	…… 3318

趕 ……… 3324	戩 ……… 3433
輊 ……… 3326	滄 ……… 3464
椝 ……… 3337	賃 ……… 3475
鈢 ……… 3340	業 ……… 3532
圙 ……… 3347	㒼 ……… 3549
䏅 ……… 3372	厭 ……… 3557
㵙 ……… 3376	僉 ……… 3570
埶 ……… 3402	

十四畫

蒩 ……… 41	壽 ……… 765
蒸 ……… 45	睪 ……… 775
旗 ……… 89	瞀 ……… 783
戩 ……… 206	毓 ……… 791
朕 ……… 260	膳 ……… 805
臺 ……… 260	誘 ……… 806
詢 ……… 431	銍 ……… 814
誨 ……… 515	諍 ……… 817
緪 ……… 528	賆 ……… 818
嘼 ……… 551	綯 ……… 822
厴 ……… 571	鄧 ……… 830
複 ……… 595	賠 ……… 837
熊 ……… 624	瘖 ……… 838
崟 ……… 630	窨 ……… 839
瑟 ……… 644	複 ……… 862
態 ……… 658	寠 ……… 913
罷 ……… 659	貌 ……… 926
勤 ……… 675	漯 ……… 933
頜 ……… 693	卻 ……… 950
監 ……… 707	肇 ……… 953

肇	953	蘆	1520
裻	956	歔	1543
戠	977	輔	1551
瘧	992	賻	1552
翟	1002	舞	1570
謓	1041	鄦	1572
聚	1057	容	1585
緅	1058	箬	1645
需	1061	蠭	1646
臿	1064	絡	1646
薯	1069	魄	1669
獄	1081	慕	1698
棘	1083	漳	1787
疃	1090	惕	1806
僮	1093	瘍	1814
僕	1108	隡	1815
誦	1196	嘗	1831
靚	1201	敛	1852
逸	1206	臧	1856
漶	1207	窺	1862
萁	1213	遜	1867
崞	1287	藉	1868
寡	1377	瘜	1884
悤	1381	橘	1884
豪	1384	詿	1927
薑	1414	遜	1957
語	1415	靰	1993
駢	1422	森	1997
圖	1437	瞑	2001
緒	1440	獌	2006
箸	1440	縈	2032
斂	1468	賍	2043

窟	……	2102	斟	…… 2749
誋	……	2104	聞	…… 2749
罯	……	2142	縉	…… 2761
鳴	……	2160	敳	…… 2764
榠	……	2161	慈	…… 2768
餡	……	2173	懂	…… 2777
齊	……	2226	蓮	…… 2777
敽	……	2260	董	…… 2778
鼠	……	2272	遯	…… 2792
蘆	……	2303	慾	…… 2841
實	……	2313	嘉	…… 2902
瘙	……	2326	裹	…… 2907
蝨	……	2341	歌	…… 2922
緰	……	2371	墮	…… 2976
算	……	2374	劈	…… 2977
斳	……	2403	邊	…… 2980
鄭	……	2457	鞁	…… 2988
誌	……	2489	鞍	…… 2988
諕	……	2495	蔵	…… 3035
鄰	……	2509	蒿	…… 3042
辟	……	2531	鄢	…… 3045
賓	……	2558	寠	…… 3059
諟	……	2573	敼	…… 3060
匱	……	2588	誓	…… 3102
槃	……	2593	睿	…… 3107
戜	……	2601	甌	…… 3109
鼔	……	2601	鹽	…… 3125
維	……	2624	敵	…… 3133
蜼	……	2624	墠	…… 3134
糕	……	2625	罰	…… 3150
歸	……	2635	誧	…… 3153
達	……	2715	幣	…… 3153

蔑	……	3155
蓎	……	3158
鄩	……	3186
漢	……	3191
箟	……	3237
叅	……	3241
槦	……	3241
端	……	3283
褍	……	3283
㬎	……	3305
棧	……	3315
算	……	3328
槃	……	3330
辡	……	3332
管	……	3343

寡	……	3350
叠	……	3373
需	……	3373
䉤	……	3420
監	……	3432
鄡	……	3470
寢	……	3486
廬	……	3527
緌	……	3538
厭	……	3545
奮	……	3547
厲	……	3549
屢	……	3549
監	……	3558
漸	……	3569

十五畫

齒	……	208
奮	……	340
䪽	……	369
覭	……	396
墨	……	520
㵒	……	527
整	……	545
黃	……	550
遹	……	562
稷	……	596
爽	……	604
諻	……	631
徵	……	631

澂	……	632
嫷	……	640
奢	……	640
虢	……	659
憎	……	661
增	……	662
瘦	……	684
寶	……	694
諮	……	723
潮	……	742
罾	……	745
憂	……	755
稻	……	782

諃	785	閟	1235
戮	808	膚	1292
瘳	808	慮	1292
槹	840	價	1298
箮	842	慙	1381
感	857	魹	1399
遷	866	魯	1399
復	867	憩	1438
窮	878	豫	1510
歠	931	鄘	1519
蒐	944	樐	1520
蓁	960	勱	1521
標	979	憮	1571
慭	981	虢	1578
樂	987	骼	1584
暴	1005	諕	1630
儌	1034	諾	1644
豎	1040	諒	1769
愈	1049	慶	1780
緰	1049	璋	1788
趣	1056	楊	1812
諏	1057	瘍	1812
遝	1060	殤	1814
寶	1063	賞	1834
數	1069	慼	1860
毆	1074	塱	1867
勢	1078	撥	1877
達	1092	撫	1925
憧	1093	翦	1945
緟	1094	繐	2000
璁	1207	戩	2006
諆	1215	敵	2006

賜	…………	2010	㷇	………… 2780
瘠	…………	2017	堅	………… 2792
䞓	…………	2075	震	………… 2793
溋	…………	2079	章	………… 2796
齮	…………	2135	墳	………… 2846
請	…………	2140	誊	………… 2856
睛	…………	2141	駕	………… 2901
膚	…………	2168	踦	………… 2924
慇	…………	2171	駝	………… 2956
髁	…………	2179	壆	………… 2983
禎	…………	2185	衛	………… 3021
稺	…………	2188	鄑	………… 3028
遲	…………	2190	薊	………… 3038
瘴	…………	2210	邁	………… 3038
履	…………	2220	澗	………… 3068
諌	…………	2225	敎	………… 3099
㥯	…………	2226	緩	………… 3114
麀	…………	2254	寏	………… 3124
監	…………	2259	僕	………… 3131
㚔	…………	2303	蘴	………… 3161
逄	…………	2305	滿	………… 3161
馬	…………	2313	鄸	………… 3212
駟	…………	2370	罩	………… 3217
竂	…………	2457	閘	………… 3233
窒	…………	2519	鮕	………… 3240
醉	…………	2570	惲	………… 3274
緯	…………	2577	廛	………… 3285
遺	…………	2584	遷	………… 3309
彘	…………	2590	賤	………… 3314
頵	…………	2657	盤	………… 3330
頼	…………	2711	蕃	………… 3333
斀	…………	2778	勞	………… 3345

昏	3372	憯	3484
摯	3402	歸	3486
僉	3438	奭	3534
歔	3438	倢	3539
諓	3443	諂	3548
審	3461	歷	3550
遵	3483	險	3572

十六畫

憙	3	融	905
璊	203	鴞	933
謀	507	橈	944
諼	511	瘴	992
意	519	魰	998
興	621	鄳	1003
蹬	641	戰	1045
縢	649	鎣	1079
學	707	踵	1089
戭	745	腄	1090
曓	794	樟	1095
栽	796	澭	1119
蘇	799	章	1198
瘳	806	龍	1199
錄	815	遽	1287
颲	818	蔓	1520
輹	861	墼	1570
斂	861	嗇	1571
穆	869	虞	1589
窶	878	靈	1594
龜	887	賆	1606

羿	1632	係	2535
甍	1699	諱	2575
衡	1719	襄	2581
彊	1766	朕	2590
盠	1775	薇	2659
磺	1777	憖	2780
蕩	1811	奮	2844
裳	1836	慾	2849
殴	1843	閔	2858
樸	1871	憖	2892
醜	1955	敿	2893
鴻	1975	縈	2972
縊	1999	隱	2977
緆	2012	磨	2991
遏	2012	篕	3036
縈	2032	潢	3037
整	2068	憲	3039
鍮	2124	鰲	3041
靜	2137	澗	3068
謨	2171	薛	3073
霊	2184	避	3081
樨	2190	敼	3104
腄	2237	澲	3132
醒	2237	鄭	3157
眥	2259	縣	3204
罷	2271	還	3209
器	2285	繯	3211
穌	2370	懷	3211
繹	2386	諫	3232
逝	2405	斁	3265
鑒	2450	噩	3274
親	2531	戰	3274

諯	3282	虩	3404
縉	3284	鍫	3444
瞾	3309	憝	3446
諫	3319	麌	3479
覩	3326	懇	3484
蘇	3341	賹	3567
斂	3363	盧	3568
鴑	3373	憸	3571

十七畫

醓	41	戲	764
韱	54	鐙	783
龜	102	臺	802
趨	274	橐	813
癌	520	懋	819
穗	562	駮	822
翼	570	輯	829
賽	597	篓	976
盡	604	穀	979
稟	615	襃	1027
廊	621	壑	1060
燊	630	濡	1061
嚳	638	縷	1071
繒	662	縶	1078
繈	666	氈	1092
嚚	668	穜	1094
簋	707	禫	1095
舊	711	鐘	1096
願	759	櫚	1098
頿	759	償	1116

鴻	……	1159	膿	…… 2220
縱	……	1212	濟	…… 2233
戲	……	1291	憨	…… 2237
頭	……	1340	麋	…… 2262
壔	……	1372	蟋	…… 2341
頿	……	1439	蘀	…… 2371
舒	……	1442	窨	…… 2385
喬	……	1471	憗	…… 2404
鼜	……	1480	蜷	…… 2624
怨	……	1482	蟀	…… 2717
慮	……	1519	鯀	…… 2719
臐	……	1576	醫	…… 2746
鄉	……	1578	勲	…… 2779
翟	……	1595	龠	…… 2830
襄	……	1843	盥	…… 2925
甆	……	1861	鴋	…… 2951
藏	……	1861	熒	…… 2978
霜	……	1878	憲	…… 3036
舊	……	1939	縪	…… 3073
鹽	……	1943	價	…… 3099
縣	……	1946	濬	…… 3108
踐	……	1957	斁	…… 3154
譾	……	2017	瘧	…… 3156
績	……	2018	礥	…… 3162
勳	……	2041	諕	…… 3179
聖	……	2074	邁	…… 3182
聖	……	2080	壅	…… 3193
聘	……	2080	藿	…… 3198
靈	……	2124	環	…… 3211
骸	……	2141	斅	…… 3212
寲	……	2161	櫃	…… 3241
濫	……	2170	隟	…… 3242

瑗	3242	臨	3480
鬻	3245	謐	3527
縈	3292	竪	3535
顉	3296	謙	3548
鮮	3322	厤	3551
鼩	3327	藍	3561
鄿	3346	臀	3562
縵	3349	燮	3563
壓	3373	斂	3566
虧	3407	膽	3568
諳	3427	會	3570

十八畫

鹽	41	緯	1115
釐	340	償	1116
織	544	癰	1120
簋	562	豐	1233
竄	597	簠	1371
獸	747	黏	1371
鎐	783	謄	1381
絲	786	懟	1516
邊	847	鄩	1572
蟲	905	穫	1575
藥	990	虩	1589
簒	1006	鄾	1595
雛	1059	彙	1602
謱	1069	蟲	1709
謷	1083	颺	1812
纏	1094	蠢	1819
燭	1098	謬	1822

糧	……	1846	諰	…… 2984
鎗	……	1852	穢	…… 3035
贊	……	1861	薦	…… 3044
醬	……	1862	孰	…… 3046
甕	……	1869	屬	…… 3127
瞠	……	1926	鵑	…… 3186
雞	……	1991	顏	…… 3192
盬	……	1999	幰	…… 3276
謫	……	2005	斷	…… 3278
繒	……	2006	鞣	…… 3285
壁	……	2024	犇	…… 3285
麈	……	2044	鵾	…… 3293
顛	……	2050	衢	…… 3303
彝	……	2197	賤	…… 3314
璃	……	2216	鼙	…… 3335
歠	……	2233	鞭	…… 3336
甖	……	2312	嬃	…… 3345
謚	……	2403	鞼	…… 3404
饈	……	2405	織	…… 3456
歸	……	2637	森	…… 3479
顒	……	2683	聶	…… 3534
續	……	2694	獵	…… 3536
彊	……	2729	邋	…… 3536
醬	……	2729	檻	…… 3562
譽	……	2793	豁	…… 3564
懇	……	2761	墼	…… 3565
麋	……	2821	瞻	…… 3567

· 3888 ·

十九畫

字	頁	字	頁
馨	543	闚	1766
譙	620	疆	1766
繩	623	繲	1946
懲	630	繫	2000
韱	639	籀	2029
贈	663	蹈	2136
寍	669	櫓	2169
鰯	723	嬰	2171
獸	745	瀘	2184
謹	790	鑒	2212
寶	815	顗	2220
鶩	822	霽	2276
纏	913	礦	2303
嚚	1045	蘇	2372
鯫	1059	顛	2402
鏤	1071	繡	2431
麋	1084	瀕	2558
麗	1095	讀	2586
麗	1101	雛	2625
犢	1114	蠻	2717
譁	1115	辭	2749
甕	1120	譔	2831
韇	1201	選	2831
寵	1204	譌	2892
遷	1213	賜	2893
躲	1266	羅	2966
穩	1387	麗	2970
襦	1571	豐	2978

憲	……	3039	遼	…… 3266
氌	……	3042	願	…… 3269
爂	……	3100	戳	…… 3274
憲	……	3124	戀	…… 3304
護	……	3131	樂	…… 3308
穢	……	3157	簫	…… 3328
礪	……	3162	竊	…… 3447
釂	……	3163	譱	…… 3469
鷹	……	3186	譖	…… 3483
難	……	3187	禰	…… 3537
勸	……	3202	嚴	…… 3556
關	……	3233		

二十畫

蠹	……	42	酆	…… 1234
糞	……	570	醟	…… 1469
鷹	……	620	鐉	…… 1470
墾	……	622	趣	…… 1480
竇	……	668	壆	…… 1481
譜	……	764	藹	…… 1522
鬱	……	797	鶚	…… 1594
邊	……	803	競	…… 1781
轎	……	829	繽	…… 1999
竈	……	838	賜	…… 2012
療	……	1006	蘦	…… 2126
繻	……	1062	齧	…… 2168
儳	……	1109	贍	…… 2170
癢	……	1116	饑	…… 2173
藘	……	1204	鹽	…… 2184
藼	……	1212	騮	…… 2191

躇	2509	遺	3246
饋	2587	獻	3249
臧	2730	儔	3280
鏝	2860	矊	3307
贏	2969	歔	3349
蠠	3021	闥	3397
臂	3073	騖	3403
骰	3102	鹹	3455
魘	3132	竄	3564
觳	3134	隳	3566
櫕	3134	隮	3566
瀶	3194	懀	3571
懽	3199		

二十一畫

躊	764	懼	1383
欜	785	囍	1414
臺	803	露	1585
䨥	804	鼎	2030
爝	814	羅	2387
罨	924	鼉	2402
霧	1064	鼛	2403
響	1069	懿	2519
纏	1102	禦	2638
儥	1114	鰥	2776
續	1115	儷	2979
罩	1199	賭	3115
覼	1201	瀔	3116
瀧	1205	劘	3143
顧	1381	鼙	3152

護	……	3156	蠚	…… 3341
鶉	……	3179	囍	…… 3374
權	……	3203	彀	…… 3480
罾	……	3245	瀘	…… 3528
適	……	3246	鐱	…… 3573
鄉	……	3305		

二十二畫

譯	……	521	斲	…… 2769
纏	……	620	懋	…… 2780
纑	……	623	讈	…… 3125
鬻	……	789	讅	…… 3127
穮	……	803	竊	…… 3134
鶴	……	976	糴	…… 3189
讀	……	1115	灘	…… 3191
聾	……	1205	藋	…… 3203
鑠	……	2033	襲	…… 3396
竷	……	2177	糵	…… 3534
體	……	2219	隃	…… 3572
贐	……	2765		

二十三畫

顫	……	274	齌	…… 1469
讎	……	766	蠱	…… 1482
邐	……	796	驒	…… 1788
蠱	……	991	賜	…… 1885
癯	……	1116	曬	…… 1939

贑	2101	讛	3246
戁	3189	轉	3280
儱	3202	顯	3307
猷	3237	霝	3482

二十四畫

鷹	620	躪	3299
讒	790	𩇕	3374
鬥	1042	纖	3456
釀	1845	蠶	3484
顳	2535	體	3537
贆	2730	贛	3564
鱻	3035	贛	3564
鑾	3144	隴	3565
毚	3187	鹽	3568
觀	3200		

二十五畫

鹽	2185	鑿	3245
纘	2972		

二十六畫

靁	1062	觀	2971
贕	1115	蠏	3308
纂	2741	讟	3484

贖 ………………………… 3565

二十七畫

鷹 ………………………… 620
鱷 ………………………… 1594
钀 ………………………… 2587
韢 ………………………… 2640
灣 ………………………… 3245

二十八畫

蠱 ………………………… 905
戇 ………………………… 3201

二十九畫

驪 ………………………… 2971

三十畫

䍤 ………………………… 3362

殘字

〇迧 ………………………… 3297

清華簡文字聲系拼音索引

A

哀	āi	……	2565
衰	āi	……	2566
憙	āi	……	2567
敱	ái	……	2601
炁	ài	……	2670
愛	ài	……	2670
懇	ài	……	2680
忩	ài	……	3060

安	ān	……	3167
女	ān	……	3169
妟	ān	……	3176
隌	àn	……	3193
岸	àn	……	3193
壅	àn	……	3193
灌	àn	……	3194

B

八	bā	……	2374
發	bá	……	3141
犪	bá	……	3144
墢	bá	……	3144
发	bá	……	3145
白	bái	……	1662
柏	bǎi	……	1669
百	bǎi	……	1669
敗	bài	……	3135
賏	bài	……	3139

拜	bài	……	3139
班	bān	……	3328
坂	bǎn	……	3197
湴	bàn	……	1901
邦	bāng	……	1216
堲	bāng	……	1232
勏	bǎng	……	2157
蒡	bàng	……	1898
保	bǎo	……	809
媒	bǎo	……	811

· 3895 ·

寚	bǎo	812	訛	bǐ	2253
窢	bǎo	814	姕	bǐ	2253
寶	bǎo	815	婢	bì	1986
鑤	bǎo	815	仳	bì	2254
豹	bào	998	閟	bì	2255
暴	bào	1005	閉	bì	2255
纂	bào	1006	辟	bì	2021
癝	bào	1006	壁	bì	2024
卑	bēi	1982	鼳	bì	2030
宰	bēi	1987	畀	bì	2372
悲	bēi	2652	逬	bì	2373
北	běi	602	畝	bì	2373
怀	bèi	493	箅	bì	2374
誖	bèi	493	必	bì	2379
佫	bèi	494	怭	bì	2384
備	bèi	605	柲	bì	2385
僃	bèi	812	縪	bì	2386
背	bèi	812	鞸	bì	2387
悖	bèi	2729	閉	bì	2387
㯱	bèi	2731	彌	bì	2727
鞁	bèi	2988	弼	bì	2727
鞍	bèi	2988	弦	bì	2728
被	bèi	2988	彊	bì	2729
奔	bēn	2845	醬	bì	2729
本	běn	2847	臧	bì	2730
逩	bèn	2846	蠿	bì	2730
陘	bēng	666	敝	bì	3140
崩	bēng	666	肖	bì	3153
繃	bēng	666	誧	bì	3153
啚	bǐ	440	幣	bì	3153
俾	bǐ	1985	斁	bì	3154
比	bǐ	2252	支	biān	3336

鞭	biān	……	3336	怲	bǐng	……	1883
庉	biān	……	3337	枋	bǐng	……	1884
宀	biān	……	3338	柄	bǐng	……	1884
鬲	biān	……	3345	賟	bǐng	……	1885
嫚	biān	……	3345	秉	bǐng	……	1885
鄢	biān	……	3346	病	bìng	……	1884
辡	biàn	……	3332	癗	bìng	……	1884
釆	biàn	……	3333	痾	bìng	……	1884
覍	biàn	……	3338	疧	bìng	……	1896
弁	biàn	……	3338	並	bìng	……	1900
諞	biàn	……	3339	幷	bìng	……	2155
窉	biàn	……	3340	敄	bìng	……	2156
絣	biàn	……	3340	波	bō	……	2990
㫗	biāo	……	979	料	bō	……	3334
標	biāo	……	979	伯	bó	……	995
橐	biǎo	……	813	泊	bó	……	1668
穷	bīn	……	2557	帛	bó	……	1668
賓	bīn	……	2558	邲	bó	……	1668
敂	bīn	……	2558	卜	bǔ	……	1107
瀕	bīn	……	2558	捕	bǔ	……	1550
冰	bīng	……	663	不	bù	……	440
兵	bīng	……	1879	賻	bù	……	1552
丙	bǐng	……	1883	步	bù	……	1661
丙	bǐng	……	1883				

C

才	cái	……	378
采	cǎi	……	377
菜	cài	……	377
鄒	cài	……	3121
參	cān	……	3499
蠶	cán	……	3484
朁	cǎn	……	3482
憯	cǎn	……	3484

憯 cǎn	3484	棠 cháng	1831
粲 càn	3315	常 cháng	1835
燦 càn	3315	裳 cháng	1836
倉 cāng	1851	長 cháng	1836
斂 cāng	1852	鬯 chàng	1793
贊 cáng	1861	洲 chāo	742
藏 cáng	1861	潮 cháo	742
閬 cáng	1861	車 chē	1450
䆱 cáng	1862	敱 chè	3104
曹 cáo	801	敵 chè	3104
艸 cǎo	799	阵 chén	2428
草 cǎo	799	陳 chén	2434
惻 cè	593	臣 chén	2437
測 cè	594	唇 chén	2794
策 cè	2018	愖 chén	3471
冊 cè	2019	爯 chēng	632
謢 chá	3131	懲 chéng	630
戩 chá	3133	懲 chéng	630
差 chà	2979	湜 chéng	632
犲 chái	394	澂 chéng	632
讒 chán	790	兗 chéng	637
讒 chán	790	乘 chéng	637
廛 chán	3285	韲 chéng	638
產 chǎn	3192	承 chéng	641
㺉 chǎn	3315	承 chéng	641
諂 chǎn	3548	程 chéng	2081
謟 chǎn	3548	程 chéng	2081
昌 chāng	1792	成 chéng	2083
㫤 chāng	1792	誠 chéng	2096
倀 chāng	1841	城 chéng	2096
腸 cháng	1810	䖢 chéng	2101
嘗 cháng	1831	䡢 chěng	2080

騁	chěng	2080		畜	chù	677
迡	chí	2190		犀	chù	1098
遲	chí	2190		敱	chuǎi	3283
馳	chí	2956		川	chuān	2786
齒	chǐ	208		遄	chuán	3277
恥	chǐ	298		傳	chuán	3277
欼	chǐ	2947		巛	chuàn	2791
勑	chì	338		牀	chuáng	1855
赤	chì	1633		春	chūn	2783
啻	chì	2004		芚	chūn	2783
憧	chōng	1093		旾	chūn	2783
翀	chōng	1199		純	chún	2784
蟲	chóng	905		享	chún	2796
緟	chóng	1094		淳	chún	2797
緟	chóng	1094		連	chuō	993
蕙	chǒng	1204		慈	cí	372
寵	chǒng	1204		訋	cí	431
瘳	chōu	806		此	cǐ	1976
昌	chóu	763		賜	cì	2010
戜	chóu	764		賜	cì	2014
戳	chóu	764		宋	cì	2222
雔	chóu	766		悤	cōng	1206
栽	chóu	796		怱	cōng	1206
仇	chóu	796		璁	cōng	1207
懋	chóu	797		漗	cōng	1207
丑	chǒu	761		從	cóng	1207
初	chū	1522		从	cóng	1211
出	chū	2689		竃	cuì	3124
貙	chú	1059		讓	cuì	3125
雛	chú	1059		虘	cuó	1517
蒭	chú	1059		鄘	cuó	1519
楚	chǔ	1526		鄘	cuó	1519

· 3899 ·

虘	cuó	1520		蘆	cuó	1520

D

達	dá	3079		悹	dào	950
徣	dá	3080		悼	dào	993
逮	dá	3081		殣	dào	994
畣	dá	3420		旻	dé	534
答	dá	3420		悳	dé	551
詥	dá	3427		遱	dé	562
大	dà	3081		登	dēng	629
眔	dà	3375		氐	dī	2178
戠	dài	206		翟	dí	1002
讆	dài	543		趯	dí	1003
瓏	dài	659		贖	dí	1115
帶	dài	3073		敱	dí	2006
繜	dài	3081		敵	dí	2006
丹	dān	3271		獥	dí	2006
單	dān	3273		诋	dǐ	2178
膽	dǎn	3568		砥	dǐ	2178
旦	dàn	3271		遞	dì	1288
但	dàn	3272		遞	dì	1288
胆	dàn	3273		帝	dì	2001
噐	dàn	3274		眉	dì	2188
憚	dàn	3274		睞	dì	2188
堂	dāng	1827		弟	dì	2192
堂	dāng	1831		俤	dì	2193
閬	dàng	1612		地	dì	2951
諹	dàng	1822		叀	diān	2402
道	dào	749		顛	diān	2402
荳	dào	755		典	diǎn	2785
稻	dào	782		奠	diàn	2451

字	拼音	頁碼	字	拼音	頁碼
敠	diāo	732	笁	dǔ	841
訝	diào	995	笙	dǔ	841
弔	diào	998	篤	dǔ	842
㕱	diào	1000	坏	dù	1447
達	dié	2305	啟	dù	1601
丁	dīng	2047	妬	dù	1604
頂	dǐng	2050	耑	duān	3280
頂	dǐng	2050	端	duān	3283
定	dìng	2066	褍	duān	3283
寎	dìng	2457	剬	duàn	3278
冬	dōng	883	斷	duàn	3278
東	dōng	1085	㠯	duī	2626
棟	dòng	1088	峕	duī	2634
達	dòng	1092	兑	duì	3286
動	dòng	1092	敦	dūn	2797
侗	dòng	1176	敦	dūn	2797
迵	dòng	1177	豎	dùn	1957
詎	dòu	1041	㔷	dùn	2792
戥	dòu	1042	遯	dùn	2792
鬪	dòu	1042	盾	dùn	2796
逗	dòu	1043	多	duō	2941
梪	dòu	1044	墩	duó	2950
豆	dòu	1044	貤	duó	2951
歜	dòu	1045	敓	duó	3288
斲	dòu	1045	鈶	duò	2693
都	dū	1439	陊	duò	2976
澀	dú	1045	墮	duò	2976
獨	dú	1098	憜	duò	2977
犢	dú	1114	惰	duò	2977
償	dú	1114	隓	duò	2977
譚	dú	1115	陸	duò	2978
讀	dú	1115			

E

訛	é	2867
譌	é	2892
惡	è	1271
啎	è	1271
咢	è	1594
噩	è	1594
鱷	è	1594
鶚	è	1594
鄂	è	1595
鄂	è	1595
厄	è	1997

蘁	è	3044
而	ér	275
耳	ěr	295
邇	ěr	847
尔	ěr	2212
爾	ěr	2216
佴	èr	297
二	èr	2198
弍	èr	2207
貳	èr	2209

F

發	fā	3145
伐	fá	3146
罰	fá	3150
乏	fá	3541
灋	fǎ	3528
蕃	fán	3333
緐	fán	3335
燓	fán	3335
緐	fán	3340
蘇	fán	3341
蘨	fán	3341
凡	fán	3515
㠪	fán	3517
𨒪	fán	3520
反	fǎn	3194

彶	fǎn	3197
返	fǎn	3197
詉	fǎn	3197
軓	fàn	3456
軭	fàn	3458
匚	fāng	1879
方	fāng	1887
芳	fāng	1896
訪	fāng	1897
䢵	fāng	1897
邡	fāng	1897
汸	fāng	1897
房	fáng	1898
訪	fǎng	1895
迉	fǎng	1895

飛	fēi	2644	福	fú	612
非	fēi	2645	孚	fú	816
肥	féi	2652	俘	fú	817
䠵	fèi	3144	誟	fú	817
分	fēn	2842	敦	fú	818
坌	fén	2846	賻	fú	818
墳	fén	2846	殿	fú	818
焚	fén	2848	䎽	fú	818
蕡	fén	2849	雋	fú	1064
畚	fèn	2844	鸄	fú	1064
奮	fèn	2844	攽	fú	1542
勶	fèn	2845	弗	fú	2719
圥	fēng	1215	柿	fú	2727
封	fēng	1215	巿	fú	3140
㞢	fēng	1232	符	fǔ	1062
豐	fēng	1233	府	fǔ	1062
鄷	fēng	1234	寶	fǔ	1063
風	fēng	3520	匚	fǔ	1371
奉	fèng	1213	簠	fǔ	1371
諱	fèng	1215	鈇	fǔ	1549
毀	fèng	1233	斧	fǔ	1549
否	fǒu	494	畗	fǔ	1549
缶	fǒu	812	脯	fǔ	1549
㕻	fǒu	813	甫	fǔ	1549
膚	fū	1292	輔	fǔ	1551
夫	fū	1534	楠	fǔ	1552
枎	fū	1550	塼	fǔ	1556
專	fū	1553	改	fǔ	1925
旇	fú	575	撫	fǔ	1925
逋	fú	610	秙	fǔ	1931
服	fú	610	婦	fù	495
伏	fú	612	稟	fù	615

富	fù	……	616	復	fù	…… 862
副	fù	……	616	遼	fù	…… 866
葍	fù	……	860	徝	fù	…… 867
輹	fù	……	861	㚆	fù	…… 867
馥	fù	……	861	父	fù	…… 1543
腹	fù	……	861	娊	fù	…… 1557
複	fù	……	862	𢾾	fù	…… 1557
返	fù	……	862			

G

賅	gāi	……	6	賠	gào	…… 837
改	gǎi	……	269	𨛷	gào	…… 840
槩	gài	……	2683	郜	gào	…… 840
匄	gài	……	3043	胳	gē	…… 1584
干	gān	……	3212	戈	gē	…… 2903
玕	gān	……	3213	歌	gē	…… 2922
迁	gān	……	3214	割	gē	…… 3037
甘	gān	……	3550	鄏	gē	…… 3045
赶	gǎn	……	3214	革	gé	…… 521
諴	gǎn	……	3443	敆	gé	…… 1583
敢	gǎn	……	3552	骼	gé	…… 1584
㽅	gàn	……	3177	諨	gé	…… 2017
淦	gàn	……	3217	各	gè	…… 1579
淦	gàn	……	3445	䀤	gè	…… 1581
贛	gàn	……	3564	䓀	gè	…… 1587
贛	gàn	……	3564	蓉	gè	…… 1587
紌	gāng	……	1780	亙	gèn	…… 624
高	gāo	……	934	艮	gèn	…… 2769
嵩	gāo	……	938	庚	gēng	…… 1770
告	gào	……	833	䨷	gēng	…… 1775
恁	gào	……	837	肋	gēng	…… 2134

耕	gēng	……	2134	彀	gòu	…… 1075
秔	gēng	……	2134	鷇	gòu	…… 1078
麙	gēng	……	2135	姑	gū	…… 1365
䉛	gēng	……	2135	沽	gū	…… 1370
䵷	gēng	……	2136	鴣	gū	…… 1371
耿	gěng	……	2045	辜	gū	…… 1371
㧢	gōng	……	43	孤	gū	…… 1375
肱	gōng	……	43	谷	gǔ	…… 1026
弓	gōng	……	627	榖	gǔ	…… 1078
宮	gōng	……	875	穀	gǔ	…… 1079
躳	gōng	……	877	古	gǔ	…… 1353
公	gōng	……	1123	䎸	gǔ	…… 1365
工	gōng	……	1154	胍	gǔ	…… 1368
攻	gōng	……	1156	㽎	gǔ	…… 1371
戎	gōng	……	1158	壃	gǔ	…… 1372
玜	gōng	……	1159	鼓	gǔ	…… 1373
杠	gōng	……	1161	臎	gǔ	…… 1374
邟	gōng	……	1164	股	gǔ	…… 1374
恭	gōng	……	1168	舉	gù	…… 839
龏	gōng	……	1201	櫸	gù	…… 840
巩	gǒng	……	1159	梏	gù	…… 840
共	gòng	……	1165	故	gù	…… 1366
灨	gòng	……	3565	劼	gù	…… 1367
贑	gòng	……	3566	固	gù	…… 1368
竷	gòng	……	3566	賵	gù	…… 1381
句	gōu	……	685	顧	gù	…… 1381
苟	gǒu	……	693	寡	guǎ	…… 1377
狗	gǒu	……	697	叒	guǎ	…… 1377
頯	gòu	……	693	詿	guà	…… 1942
寶	gòu	……	694	鰥	guān	…… 2776
詢	gòu	……	696	觀	guān	…… 3200
𣪘	gòu	……	1075	關	guān	…… 3233

3905

關	guān	……	3233	簋	guǐ	……	707
弲	guān	……	3234	癸	guǐ	……	2171
官	guān	……	3342	謉	guǐ	……	2171
悹	guǎn	……	3236	鬼	guǐ	……	2590
猷	guǎn	……	3237	槷	guǐ	……	2593
䉵	guǎn	……	3241	賵	guǐ	……	2893
管	guǎn	……	3343	貴	guì	……	2583
雚	guàn	……	3198	鱥	guì	……	3035
光	guāng	……	1776	馘	guó	……	54
室	guǎng	……	1762	郭	guó	……	55
龜	guī	……	102	國	guó	……	55
攱	guī	……	1940	宧	guó	……	56
敗	guī	……	1940	虢	guó	……	1578
珪	guī	……	1941	䖍	guó	……	1578
歸	guī	……	2635	虩	guó	……	1578
歸	guī	……	2637	果	guǒ	……	2904
㱦	guī	……	2638	裹	guǒ	……	2907
遹	guī	……	2639	惈	guò	……	2866
飢	guǐ	……	705	迡	guò	……	2868
盥	guǐ	……	707	過	guò	……	2868

H

醢	hǎi	……	41	害	hài	……	3036
醯	hǎi	……	41	瀣	hài	……	3037
洢	hǎi	……	512	邁	hài	……	3038
海	hǎi	……	512	寒	hán	……	3198
潜	hǎi	……	512	邗	hán	……	3216
亥	hài	……	5	函	hán	……	3453
㐬	hài	……	6	郔	hán	……	3458
害	hài	……	3035	詌	hàn	……	3179

漢	hàn	3191
開	hàn	3215
圩	hàn	3215
厈	hàn	3215
宇	hàn	3215
覃	hàn	3217
旱	hàn	3217
戎	hàn	3218
戩	hàn	3218
㞷	hàn	3218
航	háng	1780
蒿	hāo	938
好	hǎo	679
妞	hào	683
淏	hào	933
滜	hào	933
鄗	hào	938
訶	hē	2922
貈	hé	1577
禾	hé	2894
和	hé	2895
何	hé	2923
河	hé	2926
盇	hé	3525
盧	hé	3527
悘	héng	625
𢛳	héng	626
衡	héng	1719
閧	héng	1766
黑	hēi	520
宏	hóng	44
雄	hóng	1159

鴻	hóng	1159
侯	hóu	1009
蜀	hòu	696
厚	hòu	696
鉤	hòu	696
后	hòu	1018
逡	hòu	1019
後	hòu	1019
厚	hòu	1022
乎	hū	1298
摩	hū	1299
猷	hú	1543
虎	hǔ	1272
虐	hǔ	1274
唐	hǔ	1284
琥	hǔ	1288
祡	hǔ	1289
户	hù	1345
所	hù	1345
扈	hù	1346
怙	hù	1360
化	huà	2865
伦	huà	2865
鈅	huà	2900
話	huà	3103
裹	huái	2581
轟	huài	2640
懽	huān	3199
睘	huán	3209
還	huán	3209
浧	huán	3211
環	huán	3211

imagine	huán	⋯⋯⋯⋯⋯⋯	3323	誨	huì	⋯⋯⋯⋯⋯⋯	515
駏	huán	⋯⋯⋯⋯⋯⋯	3327	惠	huì	⋯⋯⋯⋯⋯⋯	2276
洹	huán	⋯⋯⋯⋯⋯⋯	3327	諱	huì	⋯⋯⋯⋯⋯⋯	2575
緩	huǎn	⋯⋯⋯⋯⋯⋯	3114	讀	huì	⋯⋯⋯⋯⋯⋯	2586
悡	huǎn	⋯⋯⋯⋯⋯⋯	3235	黌	huì	⋯⋯⋯⋯⋯⋯	2741
奂	huàn	⋯⋯⋯⋯⋯⋯	3107	沬	huì	⋯⋯⋯⋯⋯⋯	2741
敎	huàn	⋯⋯⋯⋯⋯⋯	3212	會	huì	⋯⋯⋯⋯⋯⋯	3024
豢	huàn	⋯⋯⋯⋯⋯⋯	3240	蒇	huì	⋯⋯⋯⋯⋯⋯	3035
宦	huàn	⋯⋯⋯⋯⋯⋯	3341	穢	huì	⋯⋯⋯⋯⋯⋯	3035
巟	huāng	⋯⋯⋯⋯⋯⋯	1928	昏	hūn	⋯⋯⋯⋯⋯⋯	2749
狂	huāng	⋯⋯⋯⋯⋯⋯	1932	惽	hūn	⋯⋯⋯⋯⋯⋯	2761
皇	huáng	⋯⋯⋯⋯⋯⋯	1757	䰟	hún	⋯⋯⋯⋯⋯⋯	2765
坓	huáng	⋯⋯⋯⋯⋯⋯	1758	魂	hún	⋯⋯⋯⋯⋯⋯	2765
桂	huáng	⋯⋯⋯⋯⋯⋯	1763	圂	hùn	⋯⋯⋯⋯⋯⋯	2766
黄	huáng	⋯⋯⋯⋯⋯⋯	1764	火	huǒ	⋯⋯⋯⋯⋯⋯	2570
玩	huáng	⋯⋯⋯⋯⋯⋯	1779	或	huò	⋯⋯⋯⋯⋯⋯	45
远	huáng	⋯⋯⋯⋯⋯⋯	1930	惑	huò	⋯⋯⋯⋯⋯⋯	55
蠢	huí	⋯⋯⋯⋯⋯⋯	42	穫	huò	⋯⋯⋯⋯⋯⋯	1575
蛕	huí	⋯⋯⋯⋯⋯⋯	42	臛	huò	⋯⋯⋯⋯⋯⋯	1576
回	huí	⋯⋯⋯⋯⋯⋯	2577	歜	huò	⋯⋯⋯⋯⋯⋯	2683
毁	huǐ	⋯⋯⋯⋯⋯⋯	2572	祸	huò	⋯⋯⋯⋯⋯⋯	2684
昦	huì	⋯⋯⋯⋯⋯⋯	513	貨	huò	⋯⋯⋯⋯⋯⋯	2868
晦	huì	⋯⋯⋯⋯⋯⋯	513	禍	huò	⋯⋯⋯⋯⋯⋯	2907
毌	huì	⋯⋯⋯⋯⋯⋯	514				

J

姬	jī	⋯⋯⋯⋯⋯⋯	57	飢	jī	⋯⋯⋯⋯⋯⋯	2173
坙	jī	⋯⋯⋯⋯⋯⋯	91	餡	jī	⋯⋯⋯⋯⋯⋯	2173
雞	jī	⋯⋯⋯⋯⋯⋯	1991	饑	jī	⋯⋯⋯⋯⋯⋯	2173
旨	jī	⋯⋯⋯⋯⋯⋯	2172	勛	jī	⋯⋯⋯⋯⋯⋯	2257

幾	jī		2588	茍	jì		2034
朡	jī		2590	猷	jì		2233
鐖	jī		2590	濟	jì		2233
笄	jī		3228	季	jì		2284
圾	jī		3371	既	jì		2672
亟	jí		524	餼	jì		2680
亟	jí		527	诣	jì		2924
惡	jí		528	徛	jì		2924
脨	jí		2017	偈	jì		3043
瘠	jí		2017	祭	jì		3115
瘠	jí		2210	屬	jì		3127
痰	jí		2211	豪	jiā		1384
吉	jí		2279	家	jiā		1384
疾	jí		2321	加	jiā		2900
㦺	jí		2326	嘉	jiā		2902
即	jí		2332	夾	jiā		3531
及	jí		3364	賈	jiǎ		1296
級	jí		3372	貢	jiǎ		1298
稭	jí		3420	叚	jiǎ		1604
集	jí		3446	賖	jiǎ		1606
己	jǐ		96	甲	jiǎ		3529
㠯	jǐ		97	價	jià		1298
侣	jǐ		97	稼	jià		1387
紀	jì		98	䡅	jià		2901
忌	jì		88	駕	jià		2901
惎	jì		88	鑒	jiān		2450
禝	jì		595	臀	jiān		3227
稷	jì		596	肩	jiān		3227
徠	jì		2018	幵	jiān		3228
績	jì		2018	戔	jiān		3310
袳	jì		2018	覓	jiān		3432
㞒	jì		2033	纎	jiān		3456

3909

竊	jiān	……	3456	遻	jiāng	……	1867
兼	jiān	……	3550	蔣	jiāng	……	1868
監	jiān	……	3558	降	jiàng	……	879
鹽	jiān	……	3562	隆	jiàng	……	881
戩	jiǎn	……	3120	隆	jiàng	……	882
厵	jiǎn	……	3135	隆	jiàng	……	882
繭	jiǎn	……	3227	弜	jiàng	……	1783
柬	jiǎn	……	3230	牂	jiàng	……	1862
澗	jiàn	……	3068	醬	jiàng	……	1862
間	jiàn	……	3068	交	jiāo	……	940
閒	jiàn	……	3068	迒	jiāo	……	942
譏	jiàn	……	3131	孝	jiào	……	927
瑞	jiàn	……	3134	教	jiào	……	929
諫	jiàn	……	3232	敎	jiào	……	931
建	jiàn	……	3219	皆	jiē	……	2165
見	jiàn	……	3220	膚	jiē	……	2168
俴	jiàn	……	3312	瀍	jiē	……	2170
餞	jiàn	……	3313	湝	jiē	……	2170
遂	jiàn	……	3314	階	jiē	……	2170
賤	jiàn	……	3314	饞	jiē	……	2170
賤	jiàn	……	3314	綏	jiē	……	3538
猰	jiàn	……	3315	欬	jié	……	2282
遷	jiàn	……	3483	劼	jié	……	2282
檻	jiàn	……	3562	詰	jié	……	2284
漸	jiàn	……	3569	結	jié	……	2284
瀸	jiàn	……	3570	傑	jié	……	3053
鑑	jiàn	……	3573	榤	jié	……	3054
江	jiāng	……	1160	潔	jié	……	3054
疆	jiāng	……	1766	建	jié	……	3539
洚	jiāng	……	1816	逮	jié	……	3539
迋	jiāng	……	1817	解	jiě	……	1944
塱	jiāng	……	1867	豵	jiě	……	1945

戒	jiè	………	522	井	jǐng	………	2127
誡	jiè	………	524	霝	jǐng	………	1062
滐	jiè	………	527	竞	jìng	………	1781
介	jiè	………	3040	敬	jìng	………	2034
蒯	jiè	………	3038	截	jìng	………	2040
猭	jiè	………	3041	弪	jìng	………	2042
滰	jīn	………	1975	静	jìng	………	2137
津	jīn	………	2522	髻	jìng	………	2141
津	jīn	………	2522	睛	jìng	………	2141
斤	jīn	………	2766	坙	jiōng	………	2044
今	jīn	………	3424	扃	jiōng	………	2044
金	jīn	………	3441	冋	jiōng	………	2045
堇	jǐn	………	2776	丩	jiū	………	685
堇	jǐn	………	2778	夒	jiū	………	705
晋	jìn	………	2509	九	jiǔ	………	698
晋	jìn	………	2520	匓	jiù	………	706
侓	jìn	………	2521	駇	jiù	………	706
婎	jìn	………	2522	舊	jiù	………	711
燼	jìn	………	2522	救	jiù	………	717
進	jìn	………	2523	叔	jiù	………	719
浕	jìn	………	3486	栽	jiù	………	720
京	jīng	………	1768	咎	jiù	………	721
坙	jīng	………	2041	諮	jiù	………	723
經	jīng	………	2042	窖	jiù	………	724
涇	jīng	………	2044	喿	jiù	………	802
鱉	jīng	………	2134	臺	jiù	………	803
䀠	jīng	………	2142	就	jiù	………	803
旌	jīng	………	2142	㣴	jiù	………	803
勠	jǐng	………	2041	遼	jiù	………	803
剄	jǐng	………	2041	洵	jū	………	694
麈	jǐng	………	2044	尻	jū	………	1292
捪	jǐng	………	2127	屋	jū	………	1296

居	jū	……	1361	孓	jué	……	3039
邔	jǔ	……	1390	乄	jué	……	3047
泜	jǔ	……	1525	钁	jué	……	3125
郇	jù	……	695	絕	jué	……	3125
聚	jù	……	1057	譎	jué	……	3127
具	jù	……	1169	均	jūn	……	2399
遽	jù	……	1287	旳	jūn	……	2400
慁	jù	……	1381	均	jūn	……	2401
懼	jù	……	1383	軍	jūn	……	2770
巨	jù	……	1389	君	jūn	……	2802
詎	jù	……	1390	麇	jūn	……	2821
巣	jù	……	1391	晙	jùn	……	2825
巣	jù	……	1391	晙	jùn	……	2825
鵑	juān	……	3186	晃	jùn	……	2825
夬	juǎn	……	3235	晙	jùn	……	2825
桊	juàn	……	645	奠	jùn	……	2826
悘	juàn	……	3236	畧	jùn	……	2856
惓	juàn	……	3236	濬	jùn	……	3108
桊	juàn	……	3237	濬	jùn	……	3108
籅	jué	……	976				

K

屏	kāi	……	3230	喊	kān	……	3433
開	kāi	……	3230	岺	kān	……	3433
櫨	kǎi	……	2169	侃	kǎn	……	3243
楷	kǎi	……	2169	康	kāng	……	1772
剀	kǎi	……	2600	亢	kàng	……	1778
豈	kǎi	……	2601	弈	kàng	……	1778
烕	kān	……	3433	抗	kàng	……	1778
戡	kān	……	3433	敆	kàng	……	1779

丂	kǎo	……	709	塊	kuài	…… 3046
攷	kǎo	……	709	块	kuài	…… 3046
考	kǎo	……	710	匡	kuāng	…… 1763
蝌	kē	……	2925	悻	kuáng	…… 1761
可	kě	……	2908	狂	kuáng	…… 1761
渴	kě	……	3044	瘙	kuáng	…… 1763
克	kè	……	528	銦	kuàng	…… 1777
恪	kè	……	1581	磺	kuàng	…… 1777
客	kè	……	1586	胿	kuī	…… 1942
肎	kěn	……	628	刲	kuī	…… 1943
肯	kěn	……	628	顝	kuī	…… 2683
忐	kǒng	……	1163	慾	kuí	…… 2171
恐	kǒng	……	1163	夔	kuí	…… 2172
孔	kǒng	……	1170	楑	kuí	…… 2172
口	kǒu	……	1025	愧	kuì	…… 2592
敂	kòu	……	697	餽	kuì	…… 2587
寇	kòu	……	1071	饋	kuì	…… 2587
宼	kòu	……	1071	匱	kuì	…… 2588
哭	kū	……	1079	聵	kuì	…… 2670
殆	kū	……	1372	臾	kūn	…… 2774
苦	kǔ	……	1368	昆	kūn	…… 2775
鄶	kuài	……	3028	困	kùn	…… 2780
快	kuài	……	3045			

L

束	là	……	3110	逨	lái	…… 337
剌	là	……	3111	棶	lái	…… 339
禮	là	……	3537	惏	lán	…… 3478
麳	lái	……	335	藍	lán	…… 3561
來	lái	……	335	郎	láng	…… 1850

狼	láng	1851	纝	lì	2972
牢	láo	791	纚	lì	2972
勞	láo	956	朿	lì	3110
老	lǎo	792	礪	lì	3162
烙	lào	1589	礛	lì	3162
豙	lè	575	立	lì	3407
樂	lè	987	連	lián	3297
雷	léi	2644	溓	lián	3549
羸	léi	2969	厱	lián	3549
頪	lèi	2711	匳	lián	3549
嫠	lí	340	歷	lián	3550
釐	lí	340	曆	lián	3551
邵	lí	2258	繗	liǎn	3308
李	lǐ	334	量	liáng	1846
里	lǐ	340	糧	liáng	1846
胆	lǐ	342	良	liáng	1847
郢	lǐ	342	梁	liáng	1852
豊	lǐ	2217	兩	liǎng	1845
力	lì	571	諒	liàng	1769
鎏	lì	1943	琼	liàng	1769
鬲	lì	2016	悢	liàng	1769
鄏	lì	2017	倞	liàng	1770
隸	lì	2304	蓼	liáo	960
栗	lì	2326	鄝	liǎo	807
利	lì	2326	玁	liè	3536
戾	lì	2331	邋	liè	3536
脨	lì	2332	哭	lín	2508
麗	lì	2970	璘	lín	2509
儷	lì	2971	鄰	lín	2509
酈	lì	2971	林	lín	3477
驪	lì	2971	薔	lín	3479
詈	lì	2972	臨	lín	3480

霝	lín	……	3482	穋	lù	……	808
菻	lǐn	……	3479	陸	lù	……	856
廩	lǐn	……	3479	鹿	lù	……	1101
斀	lǐn	……	3480	麗	lù	……	1101
吝	lìn	……	2855	录	lù	……	1102
賃	lìn	……	3475	彔	lù	……	1103
陵	líng	……	660	彔	lù	……	1103
莠	líng	……	663	逯	lù	……	1582
鈴	líng	……	2124	路	lù	……	1582
霝	líng	……	2124	賂	lù	……	1584
窒	líng	……	2519	零	lù	……	1585
蕭	líng	……	2126	露	lù	……	1585
流	liú	……	789	麗	lù	……	2254
轙	liú	……	829	巒	luán	……	3304
輜	liú	……	829	緣	luán	……	3305
留	liú	……	830	亂	luàn	……	3298
六	liù	……	848	躙	luàn	……	3299
龍	lóng	……	1199	亂	luàn	……	3299
覶	lóng	……	1201	衞	luàn	……	3303
覯	lóng	……	1201	侖	lún	……	2829
聾	lóng	……	1205	羅	luó	……	2966
婁	lóu	……	1068	詻	luò	……	1582
嬰	lóu	……	1069	洛	luò	……	1586
謱	lóu	……	1069	縷	lǚ	……	1071
宿	lòu	……	1050	遽	lǚ	……	1508
屚	lòu	……	1050	旅	lǚ	……	1508
鏤	lòu	……	1071	吕	lǚ	……	1509
虜	lǔ	……	1102	郘	lǚ	……	1510
虜	lǔ	……	1288	顱	lǚ	……	2220
虜	lǔ	……	1289	履	lǚ	……	2220
魯	lǔ	……	1399	遽	lǜ	……	1289
戮	lù	……	808	慮	lǜ	……	1292

M

馬	mǎ	1559		覒	mào	980
悗	mán	3353		覐	mào	980
憒	mán	3353		楳	méi	2660
圂	mǎn	3348		頄	měi	2657
曼	màn	3349		娓	měi	2658
縵	màn	3350		媺	měi	2658
蔓	màn	3351		媄	měi	2659
寞	màn	3351		昧	mèi	2739
芒	máng	1930		寐	mèi	2740
矛	máo	819		寐	mèi	2740
犛	máo	820		眛	mèi	2740
楙	máo	822		袂	mèi	3046
茅	máo	823		門	mén	2860
矞	máo	825		閔	mén	2862
侔	máo	826		懜	mēng	1234
岇	máo	829		閽	mēng	1235
毛	máo	980		䍃	méng	1908
髦	máo	981		盟	méng	1911
卯	mǎo	829		夢	mèng	667
愗	mào	819		孟	mèng	1934
懋	mào	819		孟	mèng	1934
繆	mào	822		瓕	mí	2216
荗	mào	824		迷	mí	2261
悉	mào	825		麋	mí	2262
冒	mào	826		米	mǐ	2260
貇	mào	926		籾	mǐ	2261
貌	mào	926		楚	mǐ	2991
炙	mào	926		詘	mì	2384
皃	mào	926		峚	mì	2385

· 3916 ·

寲	mì	……	2385	槇	míng	……	2161
酒	miǎn	……	3345	寬	míng	……	2161
丏	miǎn	……	3351	覭	míng	……	2557
免	miǎn	……	3351	命	mìng	……	2105
㝸	miǎn	……	3352	䜉	mìng	……	2124
㲧	miǎn	……	3352	磊	mó	……	2991
冕	miǎn	……	3353	磨	mó	……	2991
娩	miǎn	……	3353	墨	mò	……	520
勉	miǎn	……	3354	莫	mò	……	1692
㝸	miǎn	……	3354	蔒	mò	……	1699
面	miàn	……	3344	旲	mò	……	2580
宙	miào	……	982	殳	mò	……	2580
廟	miào	……	982	没	mò	……	2581
蔑	miè	……	3042	末	mò	……	3155
袜	miè	……	3128	吂	móu	……	506
愛	miè	……	3128	悡	móu	……	507
威	miè	……	3128	謀	móu	……	507
滅	miè	……	3129	誨	móu	……	511
覭	miè	……	3132	謜	móu	……	511
蔑	miè	……	3155	吂	móu	……	515
譏	miè	……	3156	某	mǒu	……	515
瘛	miè	……	3156	母	mǔ	……	496
鄭	miè	……	3157	畝	mǔ	……	512
穢	miè	……	3157	畱	mǔ	……	512
蔑	miè	……	3158	牧	mù	……	106
民	mín	……	2536	目	mù	……	867
緡	mín	……	2761	穆	mù	……	869
玟	mín	……	2857	木	mù	……	1110
忞	mǐn	……	2857	慕	mù	……	1698
明	míng	……	1901	幕	mù	……	1699
名	míng	……	2158	墓	mù	……	1699
鳴	míng	……	2160	墓	mù	……	1699

N

乃 nǎi	…………	298
廼 nǎi	…………	330
奈 nài	…………	3130
因 nān	…………	806
難 nán	…………	3187
艱 nán	…………	3189
男 nán	…………	3470
南 nán	…………	3475
戁 nǎn	…………	3189
湳 nǎn	…………	3477
內 nèi	…………	2703
能 néng	…………	650
況 ní	…………	1975
郳 ní	…………	1976
伲 ní	…………	2189
晳 nǐ	…………	3372
晳 nǐ	…………	3372
匿 nì	…………	570
溺 nì	…………	1003
氼 nì	…………	1003
逆 nì	…………	1590
誽 nì	…………	1592
年 nián	…………	2502
念 niàn	…………	3429
釀 niàng	…………	1845
鳥 niǎo	…………	724
肖 niè	…………	3072
臬 niè	…………	3244
闑 niè	…………	3534
聶 niè	…………	3534
暬 niè	…………	3535
嚀 níng	…………	2102
寧 níng	…………	2102
誽 níng	…………	2104
牛 niú	…………	105
奴 nú	…………	1505
伮 nú	…………	1507
怒 nù	…………	1507
莈 nù	…………	1507
諾 nuò	…………	1644
女 nǚ	…………	1483
盧 nüè	…………	991
虐 nüè	…………	991
瘧 nüè	…………	992
瘧 nüè	…………	992

O

毆 ōu	…………	1074

P

字	拼音	页码	字	拼音	页码
𣲺	pài	2990	匹	pǐ	2388
泙	pán	734	胼	pián	2157
盤	pán	3331	楩	pián	3337
槃	pán	3331	梗	pián	3337
畔	pàn	3329	顨	pín	2535
削	pàn	3330	貧	pín	2843
𠚉	pàn	3330	品	pǐn	3513
旁	páng	1898	牝	pìn	2251
爃	páo	813	噻	pīng	2150
炮	páo	814	坪	píng	2151
朋	péng	664	荓	píng	2157
䀠	péng	665	𡍮	pō	2989
堋	péng	665	坡	pō	2989
彭	péng	1899	敀	pò	1667
郶	péi	666	䏲	pò	1669
㫄	péi	666	攴	pū	1108
配	pèi	2731	𦘔	pú	1063
帯	pèi	3141	業	pú	1108
斾	pèi	3141	僕	pú	1108
庰	pī	1987	儶	pú	1109
陴	pī	1987	逵	pú	1542
埤	pí	1988	莆	pú	1552
皮	pí	2984	溥	pǔ	1557
𡟥	pí	2988			

Q

字	拼音	页码	字	拼音	页码
丌	qī	89	期	qī	89

字	拼音	頁碼	字	拼音	頁碼
戚	qī	845	燅	qì	2680
慼	qī	857	气	qì	2687
妻	qī	2222	訖	qì	2687
悽	qī	2225	汽	qì	2688
淒	qī	2225	氣	qì	2688
濝	qī	2226	臮	qì	3419
柿	qī	2251	臤	qiān	2448
七	qī	2337	掔	qiān	2450
壹	qī	2924	千	qiān	2496
踦	qī	2924	汧	qiān	3229
亓	qí	58	逌	qiān	3244
羿	qí	89	耑	qiān	3309
旗	qí	89	韱	qiān	3309
淇	qí	92	遷	qiān	3309
沂	qí	92	栖	qiān	3310
其	qí	92	謙	qiān	3548
齊	qí	2226	僉	qiān	3570
耆	qí	2260	鈇	qián	2509
散	qí	2260	虔	qián	3247
旂	qí	2768	虞	qián	3247
蓍	qí	2768	黚	qián	3316
奇	qí	2923	遒	qián	3318
记	qǐ	99	濽	qiǎn	3132
起	qǐ	271	畣	qiǎn	3245
迟	qǐ	273	遣	qiǎn	3246
攺	qǐ	2174	譴	qiǎn	3246
啟	qǐ	2175	鎗	qiāng	1852
啓	qǐ	2177	彊	qiáng	1766
髭	qǐ	2258	琞	qiáng	1784
溼	qì	527	䢦	qiáng	1785
器	qì	2285	鄝	qiáng	1785
棄	qì	2287	喬	qiáo	939

· 3920 ·

且	qiě	……	1513	清	qīng	……	2142
旻	qiě	……	1515	宵	qīng	……	2142
叡	qiě	……	1517	情	qíng	……	2138
敵	qiè	……	3133	請	qǐng	……	2140
嚴	qiè	……	3134	慶	qìng	……	1780
檝	qiè	……	3134	窮	qióng	……	878
竊	qiè	……	3134	窮	qióng	……	878
妾	qiè	……	3538	丘	qiū	……	103
辟	qīn	……	2531	秋	qiū	……	797
親	qīn	……	2531	秌	qiū	……	797
衾	qīn	……	3432	蘇	qiū	……	799
欽	qīn	……	3445	求	qiú	……	713
戡	qīn	……	3484	裘	qiú	……	717
侵	qīn	……	3484	忞	qiú	……	717
歸	qīn	……	3486	囚	qiú	……	806
秦	qín	……	2525	曲	qū	……	1072
懂	qín	……	2777	區	qū	……	1073
蓳	qín	……	2777	屈	qū	……	2694
堇	qín	……	2778	朐	qú	……	693
勤	qín	……	2779	佢	qú	……	1390
慁	qín	……	2779	取	qǔ	……	1052
胗	qín	……	3432	御	qù	……	1055
禽	qín	……	3439	趣	qù	……	1056
鑫	qín	……	3444	趄	qù	……	1056
琴	qín	……	3444	去	qù	……	1387
骎	qǐn	……	3485	箞	quān	……	3237
寢	qǐn	……	3486	篖	quān	……	3237
沁	qìn	……	3513	繟	quán	……	2831
卿	qīng	……	1703	權	quán	……	3203
坙	qīng	……	2046	泉	quán	……	3319
傾	qīng	……	2046	菉	quán	……	3320
青	qīng	……	2137	犬	quǎn	……	3243

· 3921 ·

⿱觀心 quàn …………………… 3201
⿰亻⿱雚心 quàn …………………… 3202
勸 quàn …………………… 3202
⿰享夬 quē …………………… 3046
雀 què …………………… 976
⿰雀鳥 què …………………… 976
群 qún …………………… 2822
夋 qūn …………………… 2826

R

肰 rán …………………… 3293
然 rán …………………… 3295
蕘 ráo …………………… 944
橈 ráo …………………… 944
顈 rǎo …………………… 759
寊 rè …………………… 3059
人 rén …………………… 2457
仁 rén …………………… 2488
忎 rén …………………… 2489
⿰言忎 rén …………………… 2489
壬 rén …………………… 3472
忍 rěn …………………… 2828
刃 rèn …………………… 2827
紉 rèn …………………… 2829
任 rèn …………………… 3473
⿰壬阝 rèn …………………… 3473
紝 rèn …………………… 3474
扔 réng …………………… 330
日 rì …………………… 2315
⿰享虫 róng …………………… 905
融 róng …………………… 905
戎 róng …………………… 906
容 róng …………………… 1153
葺 róng …………………… 1213
脜 róu …………………… 757
⿱脜心 róu …………………… 759
柔 róu …………………… 824
肉 ròu …………………… 784
濡 rú …………………… 1061
繻 rú …………………… 1062
乳 rǔ …………………… 1050
辱 rǔ …………………… 1099
汝 rǔ …………………… 1508
⿱雨䖵 rù …………………… 1062
蓐 rù …………………… 1099
⿰内阝 ruì …………………… 2711
⿰貝睿 ruì …………………… 3107
睿 ruì …………………… 3107
弱 ruò …………………… 1003
若 ruò …………………… 1634
⿱艹若 ruò …………………… 1644
箬 ruò …………………… 1645
⿰糸若 ruò …………………… 1646

S

訊	sǎ	3371
賽	sài	597
寰	sài	597
寋	sài	597
三	sān	3487
散	sàn	2991
喪	sāng	1868
芒	sāng	1868
竷	sāng	1869
嵤	sāng	1869
桑	sāng	1871
嗇	sè	339
色	sè	599
殺	shā	3116
脠	shān	3284
羴	shān	3285
山	shān	3320
善	shàn	3260
歚	shàn	3265
商	shāng	1788
惕	shāng	1806
剔	shāng	1810
傷	shāng	1810
敭	shāng	1811
殤	shāng	1814
瘍	shāng	1814
賞	shǎng	1834
上	shàng	1793
丄	shàng	1801
尚	shàng	1823
筲	shāo	975
唞	sháo	995
訋	sháo	995
勺	sháo	995
弓	sháo	995
少	shǎo	960
省	shǎo	973
肁	shào	945
卲	shào	945
塑	shào	951
綤	shào	951
聖	shào	951
邵	shào	952
奢	shē	1439
社	shè	1449
祍	shè	1449
杢	shè	1449
猍	shè	1612
射	shè	1612
㤰	shè	1627
詠	shè	1627
涉	shè	3532
申	shēn	2423
紳	shēn	2427
繡	shēn	2431
身	shēn	2490
莘	shēn	2533
郣	shēn	2534

罙	shēn	……	3460	尸	shī	……	2185
深	shēn	……	3461	屍	shī	……	2189
神	shén	……	2423	帀	shī	……	2245
審	shěn	……	3461	師	shī	……	2250
瀋	shěn	……	3464	時	shí	……	203
沈	shěn	……	3464	旹	shí	……	205
湞	shěn	……	3466	食	shí	……	545
沃	shěn	……	3466	石	shí	……	1603
浚	shěn	……	3466	寔	shí	……	2313
訢	shèn	……	2403	實	shí	……	2313
慜	shèn	……	2403	攺	shí	……	2949
鎟	shèn	……	2403	十	shí	……	3377
訙	shèn	……	2404	史	shǐ	……	402
憖	shèn	……	2404	徔	shǐ	……	406
遯	shèn	……	2405	使	shǐ	……	406
甚	shèn	……	3462	豕	shǐ	……	1956
阹	shēng	……	635	矢	shǐ	……	2181
陞	shēng	……	636	屎	shǐ	……	2189
曻	shēng	……	641	市	shì	……	207
生	shēng	……	2143	士	shì	……	399
繩	shéng	……	623	事	shì	……	407
繩	shéng	……	623	衪	shì	……	567
眚	shěng	……	2148	忕	shì	……	567
胜	shěng	……	2150	弒	shì	……	568
戠	shèng	……	639	式	shì	……	568
勝	shèng	……	639	奭	shì	……	604
朁	shèng	……	640	是	shì	……	1958
奢	shèng	……	640	氏	shì	……	1972
聖	shèng	……	2069	示	shì	……	2194
悊	shèng	……	2074	視	shì	……	2194
珵	shèng	……	2075	脂	shì	……	2257
詩	shī	……	201	室	shì	……	2299

殢	shì	……	3076	暑	shǔ	……	1296
奭	shì	……	3099	舒	shǔ	……	1442
䛳	shì	……	3102	鼠	shǔ	……	1442
誓	shì	……	3102	矞	shǔ	……	1471
适	shì	……	3103	戍	shù	……	1039
筮	shì	……	3105	嬰	shù	……	1040
醔	shì	……	3245	豎	shù	……	1040
鱀	shì	……	3245	侸	shù	……	1041
澨	shì	……	3245	膞	shù	……	1069
遾	shì	……	3246	數	shù	……	1069
夑	shì	……	3563	棘	shù	……	1083
收	shōu	……	697	稴	shù	……	1084
佨	shǒu	……	744	忞	shù	……	1507
守	shǒu	……	744	庶	shù	……	1608
首	shǒu	……	748	述	shù	……	2697
手	shǒu	……	760	絉	shù	……	2702
訮	shǒu	……	760	帥	shuài	……	2711
受	shòu	……	734	衛	shuài	……	2712
嘼	shòu	……	745	率	shuài	……	2712
戰	shòu	……	745	衛	shuài	……	2715
獸	shòu	……	745	達	shuài	……	2715
獸	shòu	……	747	蟞	shuài	……	2717
壽	shòu	……	765	蟀	shuài	……	2717
洀	shū	……	1002	霜	shuāng	……	1878
鋀	shū	……	1046	水	shuǐ	……	2640
箸	shū	……	1440	稅	shuì	……	3292
舒	shū	……	1512	順	shùn	……	2788
疋	shū	……	1523	忶	shùn	……	2790
是	shū	……	1526	舜	shùn	……	2826
蜀	shǔ	……	1096	朔	shuò	……	1593
欘	shǔ	……	1098	斯	sī	……	94
臀	shǔ	……	1296	昇	sī	……	95

• 3925 •

絲	sī	402
司	sī	422
思	sī	435
禗	sī	439
厶	sī	2243
死	sǐ	2238
泹	sì	57
寺	sì	195
似	sì	257
佁	sì	260
巳	sì	261
祀	sì	265
竢	sì	265
禩	sì	265
覗	sì	425
嗣	sì	425
飤	sì	546
禄	sì	2305
四	sì	2355
駟	sì	2370
緟	sì	2370
絆	sì	2371
松	sōng	1153
宋	sòng	914
頌	sòng	1151
訟	sòng	1152
誦	sòng	1196
穌	sū	1399
蓿	sù	804

宿	sù	804
佰	sù	859
宿	sù	859
𤕫	sù	860
夙	sù	860
粟	sù	1068
警	sù	1083
速	sù	1084
籑	suàn	3328
算	suàn	3328
鬠	suí	2978
鬠	suí	2978
㚔	suì	1957
襚	suì	1957
陞	suì	2701
祂	suì	2702
俆	suì	2718
遂	suì	2718
膵	suì	2718
䍁	suì	2719
戠	suì	3032
歲	suì	3032
孫	sūn	2839
𤩅	sūn	2841
隼	sǔn	2625
敓	sǔn	2764
褒	suō	2243
所	suǒ	1346
索	suǒ	1658

T

它	tā	2948		體	tǐ	2219
佗	tā	2950		膿	tǐ	2220
侂	tā	2950		惕	tì	2010
拕	tā	2950		趚	tì	2304
訑	tā	2950		天	tiān	2405
譶	tà	3376		田	tián	2429
台	tái	256		畋	tián	2430
臺	tái	260		覜	tiào	955
薹	tái	551		餂	tiè	2405
態	tài	658		飻	tiè	2405
太	tài	3098		廷	tíng	2081
汰	tài	3099		艋	tíng	2083
灘	tān	3191		痌	tōng	1178
惏	tān	3438		重	tōng	1196
貪	tān	3438		通	tōng	1197
壜	tán	3273		童	tóng	1090
坦	tǎn	3272		鐘	tóng	1092
湯	tāng	1806		僮	tóng	1093
悳	táng	1772		穜	tóng	1094
餳	táng	1812		橦	tóng	1095
堂	táng	1830		同	tóng	1171
滔	tāo	782		侗	tóng	1177
逃	táo	954		調	tóng	1178
忒	tè	565		桶	tóng	1197
貣	tè	566		緰	tōu	1049
慝	tè	571		𡈼	tóu	1046
鄧	téng	644		荼	tú	1437
滕	téng	649		圖	tú	1437
絴	téng	664		悤	tú	1438

· 3927 ·

豬	tú	……	1440	屯	tún	……	2781
徒	tú	……	1445	邨	tún	……	2785
梌	tú	……	1468	宧	tún	……	2785
鄦	tú	……	1468	豚	tún	……	2792
塗	tú	……	1470	閲	tuō	……	1602
土	tǔ	……	1443	蘀	tuō	……	3292
兔	tù	……	1441	沱	tuó	……	2955
湍	tuān	……	3283	駝	tuó	……	2956
退	tuì	……	2695	妥	tuǒ	……	2956

W

洼	wā	……	1272	户	wēi	……	2602
外	wài	……	3069	危	wēi	……	2602
尬	wài	……	3072	岜	wēi	……	2653
萬	wàn	……	3158	散	wēi	……	2656
蔓	wàn	……	3161	荵	wēi	……	2659
漫	wàn	……	3161	薇	wēi	……	2659
王	wáng	……	1721	韋	wéi	……	2574
亡	wáng	……	1911	喜	wéi	……	2574
徃	wǎng	……	1759	違	wéi	……	2576
逛	wǎng	……	1760	漳	wéi	……	2576
往	wǎng	……	1760	寧	wéi	……	2576
桂	wǎng	……	1761	圍	wéi	……	2576
枉	wǎng	……	1761	嵬	wéi	……	2595
弶	wǎng	……	1763	唯	wéi	……	2621
罔	wǎng	……	1932	惟	wéi	……	2623
望	wàng	……	1925	維	wéi	……	2624
朢	wàng	……	1926	糳	wéi	……	2625
誆	wàng	……	1927	爲	wéi	……	2870
忘	wàng	……	1927	敳	wéi	……	2893
威	wēi	……	2563	愇	wěi	……	2575

蒐	wěi	……	2575	鑂	wén	……	2860
緯	wěi	……	2577	甕	wèng	……	1120
鳶	wěi	……	2892	我	wǒ	……	2928
匩	wěi	……	2900	沃	wò	……	922
䛐	wěi	……	2951	廮	wū	……	1067
畏	wèi	……	2596	屋	wū	……	1067
禔	wèi	……	2599	烏	wū	……	1239
鄔	wèi	……	2600	郂	wū	……	1267
蜼	wèi	……	2624	呇	wū	……	1558
蝪	wèi	……	2624	巫	wū	……	1558
胃	wèi	……	2663	毋	wú	……	496
渭	wèi	……	2669	吳	wú	……	1391
位	wèi	……	2670	無	wú	……	1568
未	wèi	……	2736	譕	wú	……	1571
味	wèi	……	2739	五	wǔ	……	1401
衛	wèi	……	3021	伍	wǔ	……	1415
壐	wèi	……	3021	午	wǔ	……	1417
彘	wèi	……	3023	武	wǔ	……	1561
叡	wèi	……	3024	豊	wǔ	……	1570
柆	wèi	……	3418	舞	wǔ	……	1570
厏	wèi	……	3419	憮	wǔ	……	1570
昷	wēn	……	1910	炙	wù	……	820
鄙	wēn	……	2748	敄	wù	……	821
䣈	wén	……	2749	遜	wù	……	821
聞	wén	……	2749	鶩	wù	……	822
文	wén	……	2849	鷔	wù	……	822
紋	wén	……	2857	戊	wù	……	827
閺	wén	……	2858	堊	wù	……	1414
彣	wén	……	2858	囍	wù	……	1414
曼	wén	……	2859	悟	wù	……	1414
髟	wén	……	2859	勿	wù	……	2731

X

息	xī	……	601	闟	xí	…… 3397
夕	xī	……	1613	憙	xǐ	…… 3
昔	xī	……	1657	意	xǐ	…… 3
惜	xī	……	1661	遷	xǐ	…… 2980
枲	xī	……	1988	徙	xǐ	…… 2980
奚	xī	……	1988	屣	xǐ	…… 2983
溪	xī	……	1992	謑	xǐ	…… 2989
析	xī	……	2020	盡	xì	…… 604
K	xī	……	2021	戲	xì	…… 1291
樨	xī	……	2190	虩	xì	…… 1589
西	xī	……	2234	虢	xì	…… 1591
螆	xī	……	2341	烖	xì	…… 1975
蝨	xī	……	2341	繡	xì	…… 2000
蟋	xī	……	2341	繫	xì	…… 2000
泰	xī	……	2342	禹	xiá	…… 3038
郗	xī	……	2342	牽	xiá	…… 3038
悉	xī	……	2355	轄	xiá	…… 3404
諆	xī	……	2573	下	xià	…… 1333
笘	xí	……	1611	頵	xià	…… 1340
席	xí	……	1611	夏	xià	…… 1340
曬	xí	……	1939	鄠	xià	…… 1345
舊	xí	……	1939	先	xiān	…… 2832
覍	xí	……	3229	选	xiān	…… 2838
盰	xí	……	3229	鮮	xiān	…… 3322
迺	xí	……	3303	憸	xiān	…… 3571
坙	xí	……	3304	憸	xiān	…… 3571
襃	xí	……	3374	次	xián	…… 952
褱	xí	……	3396	慭	xián	…… 2449
襲	xí	……	3396	努	xián	…… 2450

閒	xián	……………	3066	向	xiàng	……………	1708
弦	xián	……………	3203	象	xiàng	……………	1821
咸	xián	……………	3453	敎	xiāo	……………	794
諴	xián	……………	3454	嚻	xiāo	……………	924
鹹	xián	……………	3455	鴞	xiāo	……………	933
韱	xián	……………	3574	肖	xiāo	……………	974
孅	xián	……………	3574	宵	xiāo	……………	974
㬎	xiǎn	……………	3305	刟	xiāo	……………	975
顯	xiǎn	……………	3307	削	xiāo	……………	975
險	xiǎn	……………	3572	嶕	xiáo	……………	1287
幰	xiǎn	……………	3572	崤	xiáo	……………	1287
害	xiàn	……………	3039	虓	xiáo	……………	1287
憲	xiàn	……………	3039	芙	xiào	……………	923
鄡	xiàn	……………	3186	笑	xiào	……………	923
縣	xiàn	……………	3204	劦	xié	……………	3362
鄼	xiàn	……………	3212	劼	xié	……………	3362
虡	xiàn	……………	3248	龤	xié	……………	3362
獻	xiàn	……………	3249	㦚	xié	……………	3363
墊	xiàn	……………	3565	協	xié	……………	3363
竅	xiàn	……………	3566	骿	xié	……………	3537
𣪠	xiāng	……………	1843	脅	xié	……………	3537
襄	xiāng	……………	1843	血	xiě	……………	2273
相	xiāng	……………	1872	齂	xiè	……………	1469
塑	xiāng	……………	1877	繲	xiè	……………	1946
想	xiāng	……………	1878	繫	xiè	……………	1946
羞	xiáng	……………	1819	燮	xiè	……………	3539
羞	xiáng	……………	1819	辛	xīn	……………	2530
亯	xiǎng	……………	1706	新	xīn	……………	2533
薌	xiǎng	……………	1708	新	xīn	……………	2533
蠁	xiǎng	……………	1709	忻	xīn	……………	2766
項	xiàng	……………	1155	惢	xīn	……………	2769
巷	xiàng	……………	1169	忿	xīn	……………	3443

心	xīn	3503	需	xū	1061
囟	xìn	434	虛	xū	1290
訫	xìn	2486	虗	xū	1291
信	xìn	2486	訏	xū	1321
哠	xìn	2495	旴	xū	1321
諅	xìn	2495	許	xū	1417
釁	xìn	2741	魯	xū	1571
興	xīng	621	鄦	xū	1572
嬹	xīng	622	戌	xū	3127
星	xīng	2127	徐	xú	1466
行	xíng	1711	鑢	xú	1470
荊	xíng	2128	緈	xù	1115
型	xíng	2129	續	xù	1115
劘	xíng	2133	緒	xù	1440
杏	xìng	1711	㑳	xù	1467
幸	xìng	2031	敘	xù	1467
凶	xiōng	1120	敍	xù	1468
兇	xiōng	1121	芧	xù	1513
兄	xiōng	1709	瞁	xù	2001
焟	xiōng	1710	卹	xù	2274
佭	xiōng	1761	恤	xù	2275
熊	xióng	624	懁	xuān	3211
休	xiū	678	睍	xuān	3326
俢	xiū	771	䙹	xuān	3326
脩	xiū	771	眩	xuàn	2395
羞	xiū	805	眩	xuàn	2395
膳	xiū	805	胯	xuē	3073
臭	xiù	684	薛	xuē	3073
秀	xiù	805	臂	xuē	3073
須	xū	1059	學	xué	707
遵	xū	1060	穴	xué	2378
壾	xū	1060	雪	xuě	2276

血	xuè		2273	鄩	xún		3470
勛	xūn		2764	悉	xùn		643
旬	xún		2396	徇	xùn		643
詢	xún		2397	愻	xùn		644
恂	xún		2398	係	xùn		2535
旬	xún		2398	訓	xùn		2788
絢	xún		2398	巽	xùn		2830
巡	xún		2792	愻	xùn		2841
鬳	xún		3469			

Y

亞	yā		1267	鹽	yán		3568
壁	yā		3373	沇	yǎn		2825
壓	yā		3373	䳺	yǎn		3179
㐖	yá		1423	畲	yǎn		3434
牙	yá		1423	虘	yǎn		3527
邥	yān		3176	弇	yǎn		3546
隒	yān		3242	晏	yàn		3180
隒	yān		3242	悬	yàn		3180
次	yán		952	䨲	yàn		3182
𩰨	yán		3191	嚞	yàn		3187
顏	yán		3192	度	yàn		3191
麃	yán		3192	彥	yàn		3191
言	yán		3251	厭	yàn		3545
延	yán		3284	肙	yàn		3545
繵	yán		3284	央	yāng		1703
鞍	yán		3285	易	yáng		1803
喦	yán		3514	諹	yáng		1811
嚴	yán		3556	楊	yáng		1811
厰	yán		3557	颺	yáng		1812
盬	yán		3568	鴹	yáng		1812

剔	yáng	1813		謚	yè	3537
瘍	yáng	1814		医	yī	2181
陽	yáng	1814		弋	yī	2259
壨	yáng	1815		一	yī	2265
羊	yáng	1816		罷	yī	2271
恙	yàng	1817		鼠	yī	2272
羕	yàng	1819		壹	yī	2283
夭	yāo	921		衣	yī	2563
訞	yāo	922		依	yī	2564
蚤	yāo	922		伊	yī	2801
䌛	yáo	785		尹	yī	2801
謠	yáo	785		㮐	yī	2802
繇	yáo	786		㴷	yī	2802
肴	yáo	932		钧	yí	426
堯	yáo	943		剑	yí	429
姚	yáo	955		釩	yí	434
舀	yǎo	781		貽	yí	434
要	yào	923		𡎰	yí	2191
笅	yào	943		彝	yí	2197
藥	yào	990		遺	yí	2584
埜	yě	1447		宜	yí	2940
埜	yě	1448		迻	yí	2947
野	yě	1448		㠯	yǐ	209
也	yě	2957		以	yǐ	209
夜	yè	1627		佁	yǐ	257
詖	yè	1630		矣	yǐ	258
欒	yè	1630		乙	yǐ	2273
邺	yè	3074		椅	yǐ	2924
葉	yè	3075		意	yì	519
鄴	yè	3076		意	yì	519
𤓖	yè	3532		𦒣	yì	519
業	yè	3532		瘴	yì	520

弋	yì	563
戭	yì	566
異	yì	569
糞	yì	570
翼	yì	570
羆	yì	659
蓏	yì	659
亦	yì	1615
睪	yì	1630
槸	yì	1997
嗌	yì	1997
繶	yì	1999
縊	yì	1999
益	yì	1999
溢	yì	1999
易	yì	2007
錫	yì	2012
遏	yì	2012
墬	yì	2012
役	yì	2013
没	yì	2013
役	yì	2013
疫	yì	2015
殹	yì	2182
詣	yì	2256
瞖	yì	2259
隗	yì	2310
逸	yì	2310
駅	yì	2313
憶	yì	2386
抑	yì	2394
義	yì	2936

埶	yì	3055
藝	yì	3058
刈	yì	3059
敊	yì	3060
劓	yì	3061
肙	yì	3072
奠	yì	3072
邑	yì	3361
禋	yīn	2236
陲	yīn	2237
䤃	yīn	2237
因	yīn	2391
殷	yīn	2745
慇	yīn	2746
駰	yīn	2746
峹	yīn	2762
佥	yīn	3440
陰	yīn	3441
鄬	yīn	3446
音	yīn	3451
寅	yín	2184
䗱	yín	2184
濥	yín	2184
臏	yín	2184
濱	yín	2185
鑋	yín	2185
吟	yín	3429
訡	yín	3432
𨽾	yín	3467
淫	yín	3468
㸒	yín	3469
引	yǐn	2428

尹	yǐn	………	2798	甬	yǒng	……… 1185
肙	yǐn	………	2800	悪	yǒng	……… 1194
歙	yǐn	………	3438	勇	yǒng	……… 1194
飲	yǐn	………	3563	俑	yǒng	……… 1195
印	yìn	………	2393	戩	yǒng	……… 1198
㞥	yìn	………	2780	永	yǒng	……… 1720
㹢	yìn	………	2780	用	yòng	……… 1179
慭	yìn	………	2780	懋	yōu	……… 43
憖	yìn	………	2780	忧	yōu	……… 43
雁	yīng	………	619	幽	yōu	……… 673
鷹	yīng	………	620	惪	yōu	……… 755
應	yīng	………	620	憂	yōu	……… 755
纏	yīng	………	620	攸	yōu	……… 767
譍	yīng	………	620	伇	yōu	……… 770
膺	yīng	………	620	悠	yōu	……… 770
郟	yīng	………	621	由	yóu	……… 771
褰	yīng	………	956	㿝	yóu	……… 778
髻	yīng	………	3102	猷	yóu	……… 779
縈	yíng	………	2032	鐙	yóu	……… 783
鑅	yíng	………	2033	遊	yóu	……… 783
盈	yíng	………	2079	有	yǒu	……… 37
盈	yíng	………	2079	吝	yǒu	……… 42
經	yíng	………	2080	友	yǒu	……… 42
溋	yíng	………	2102	卣	yǒu	……… 761
郢	yǐng	………	2075	酉	yǒu	……… 777
涅	yǐng	………	2078	鎬	yǒu	……… 783
嬰	yìng	………	640	又	yòu	……… 7
媵	yìng	………	640	右	yòu	……… 34
灉	yōng	………	1119	學	yòu	……… 674
癰	yōng	………	1120	幼	yòu	……… 676
甕	yōng	………	1120	梭	yòu	……… 785
臺	yōng	………	1198	櫾	yòu	……… 785

誘	yòu	806	与	yǔ	1482
䛺	yòu	806	棫	yù	56
禺	yú	1032	琉	yù	791
愚	yú	1033	毓	yù	791
偈	yú	1034	浴	yù	1026
俞	yú	1046	裕	yù	1027
逾	yú	1047	㕛	yù	1027
㼍	yú	1048	欲	yù	1028
渝	yú	1049	遇	yù	1033
於	yú	1239	禺	yù	1033
鮽	yú	1266	勋	yù	1034
于	yú	1299	堨	yù	1034
䍧	yú	1322	寓	yù	1034
芋	yú	1323	愈	yù	1048
㝢	yú	1398	偷	yù	1049
魚	yú	1398	會	yù	1049
余	yú	1453	玉	yù	1080
舍	yú	1464	獄	yù	1081
䦡	yú	1480	䛇	yù	1082
趣	yú	1480	䝿	yù	1116
毉	yú	1481	債	yù	1116
䍽	yú	1482	癭	yù	1116
慮	yú	1482	芋	yù	1323
瓜	yǔ	1035	御	yù	1418
宇	yǔ	1322	卸	yù	1421
羽	yǔ	1330	卸	yù	1421
禹	yǔ	1331	馭	yù	1421
雨	yǔ	1331	馭	yù	1422
語	yǔ	1415	駗	yù	1422
敔	yǔ	1416	念	yù	1466
敔	yǔ	1416	瘵	yù	1470
與	yǔ	1471	予	yù	1510

豫	yù	……	1510	転	yuán	……	3326
聿	yù	……	2289	寏	yuǎn	……	3114
矞	yù	……	2289	遠	yuǎn	……	3204
肙	yuān	……	2394	夎	yuǎn	……	3208
肎	yuān	……	3183	㺼	yuǎn	……	3208
胃	yuān	……	3183	念	yuàn	……	3182
悁	yuān	……	3184	怨	yuàn	……	3182
諫	yuān	……	3319	恚	yuàn	……	3269
員	yuán	……	2762	願	yuàn	……	3269
圓	yuán	……	2765	約	yuē	……	997
圎	yuán	……	2765	曰	yuē	……	2995
爰	yuán	……	3112	趉	yuè	……	743
敫	yuán	……	3113	雩	yuè	……	1324
援	yuán	……	3114	龥	yuè	……	2029
榗	yuán	……	3241	戉	yuè	……	3029
櫞	yuán	……	3241	越	yuè	……	3031
备	yuán	……	3266	郶	yuè	……	3031
匓	yuán	……	3266	月	yuè	……	3061
匀	yuán	……	3266	鴃	yuè	……	3293
邅	yuán	……	3266	芸	yún	……	2761
元	yuán	……	3267	身	yǔn	……	2823
原	yuán	……	3320	允	yǔn	……	2823
趄	yuán	……	3324	愿	yùn	……	2748
逗	yuán	……	3326	愠	yùn	……	2748

Z

窽	zá	……	3455	䂂	zǎi	……	344
𢦏	zāi	……	395	再	zài	……	342
哉	zāi	……	397	䶂	zài	……	396
宰	zǎi	……	343	載	zài	……	398

字	拼音	页码	字	拼音	页码
牂	zāng	1855	愸	zhà	1516
戕	zāng	1856	乍	zhà	1646
臧	zāng	1856	厇	zhái	1595
賍	zāng	1861	宅	zhái	1595
囟	zàng	1856	宒	zhái	1601
葬	zàng	1856	厇	zhái	1601
牊	zàng	1856	乇	zhái	1602
戕	zàng	1861	觲	zhài	3042
樔	zǎo	794	幨	zhān	3276
早	zǎo	794	占	zhān	3459
燥	zào	795	贍	zhān	3567
趮	zào	796	瞻	zhān	3567
散	zào	837	斬	zhǎn	3569
造	zào	837	戰	zhàn	3274
窖	zào	838	戦	zhàn	3274
竈	zào	838	湛	zhàn	3464
窖	zào	839	章	zhāng	1785
梟	zào	979	漳	zhāng	1787
縠	zào	979	璋	zhāng	1788
則	zé	576	黵	zhāng	1788
彙	zé	1602	張	zhāng	1842
睪	zé	1632	掌	zhǎng	1827
責	zé	2019	丈	zhàng	1803
昃	zè	594	脹	zhàng	1841
昊	zè	594	朝	zhāo	740
譖	zèn	3483	韶	zhāo	944
曾	zēng	661	卲	zhāo	950
憎	zēng	661	庫	zhāo	952
縡	zēng	662	肇	zhāo	953
增	zēng	662	肈	zhāo	953
贈	zèng	663	炟	zhāo	956
樝	zhā	1520	灼	zhào	973

· 3939 ·

兆阝	zhào	975	之	zhī	108
邵	zhào	997	織	zhī	544
迀	zhē	1607	觶	zhī	2179
謫	zhé	2005	衼	zhī	2179
惹	zhé	2402	脂	zhī	2258
折	zhé	3100	䑐	zhī	2259
剫	zhé	3102	戠	zhí	543
鄢	zhé	3102	直	zhí	551
者	zhě	1423	植	zhí	562
貞	zhēn	2049	穜	zhí	562
真	zhēn	2401	姪	zhí	2298
甄	zhēn	3455	鴲	zhí	3373
朕	zhèn	645	鼄	zhí	3373
戭	zhèn	2427	執	zhí	3398
瞢	zhèn	2793	𡕢	zhí	3402
震	zhèn	2793	𦎢	zhí	3403
蒸	zhēng	630	止	zhǐ	107
丞	zhēng	630	㞢	zhǐ	108
延	zhēng	2068	詁	zhǐ	631
鉦	zhēng	2069	徵	zhǐ	631
爭	zhēng	2135	識	zhǐ	1954
睜	zhēng	2141	忮	zhǐ	1954
鹽	zhēng	2185	枳	zhǐ	1954
挣	zhěng	632	酨	zhǐ	1955
拚	zhěng	632	旨	zhǐ	2255
承	zhěng	641	志	zhì	192
整	zhěng	2068	絅	zhì	432
正	zhèng	2050	陟	zhì	544
恧	zhèng	2058	智	zhì	1946
政	zhèng	2059	鷹	zhì	1974
政	zhèng	2066	秷	zhì	2188
鄭	zhèng	2457	稱	zhì	2188

騺	zhì	……	2191	株	zhū	…… 1113
至	zhì	……	2290	邾	zhū	…… 1113
疐	zhì	……	2303	逐	zhú	…… 845
礩	zhì	……	2303	劯	zhǔ	…… 575
墊	zhì	……	3402	舳	zhǔ	…… 1035
摯	zhì	……	3402	宔	zhǔ	…… 1036
鷙	zhì	……	3404	祝	zhù	…… 843
終	zhōng	……	884	住	zhù	…… 1036
中	zhōng	……	887	壴	zhù	…… 1373
宙	zhōng	……	898	勯	zhù	…… 1521
忠	zhōng	……	901	助	zhù	…… 1521
踵	zhǒng	……	1089	壽	zhù	…… 1522
腫	zhǒng	……	1089	耑	zhuān	…… 3282
瘇	zhǒng	……	1090	敦	zhuǎn	…… 3277
衆	zhòng	……	902	譔	zhuàn	…… 2831
碇	zhòng	……	1038	妝	zhuāng	…… 1853
重	zhòng	……	1089	劀	zhuàng	…… 1852
賵	zhòng	……	1090	牐	zhuàng	…… 1854
周	zhōu	……	725	狀	zhuàng	…… 1854
舟	zhōu	……	733	毀	zhuàng	…… 1877
州	zhōu	……	743	隹	zhuī	…… 2603
謅	zhōu	……	764	雖	zhuī	…… 2625
譸	zhōu	……	764	追	zhuī	…… 2635
㐱	zhǒu	……	708	墜	zhuì	…… 2701
侜	zhǒu	……	708	價	zhuì	…… 3099
罩	zhòu	……	775	惴	zhuì	…… 3282
冑	zhòu	……	775	卓	zhuó	…… 993
冨	zhòu	……	776	酌	zhuó	…… 998
晝	zhòu	……	1039	兹	zī	…… 370
致	zhū	……	1041	釨	zī	…… 394
誅	zhū	……	1041	䣈	zī	…… 1981
朱	zhū	……	1113	資	zī	…… 2210

3941

秋	zī	2211	足	zú	1104
資	zī	2211	趾	zú	1105
鑑	zī	2212	卒	zú	2567
子	zǐ	344	崒	zú	2568
杍	zǐ	369	俎	zǔ	1521
訾	zǐ	1981	皋	zuì	2352
宋	zǐ	2221	罪	zuì	2352
栽	zì	396	醉	zuì	2570
恣	zì	2210	彝	zūn	644
㱾	zì	2211	尊	zūn	644
自	zì	2343	左	zuǒ	2972
荢	zì	3355	右	zuǒ	2975
宗	zōng	908	慮	zuò	1519
蓯	zōng	1122	怍	zuò	1649
縱	zòng	1212	复	zuò	1649
諏	zōu	1057	俊	zuò	1655
掫	zōu	1057	攸	zuò	1655
緅	zōu	1058	柞	zuò	1655
走	zǒu	1051	卫	zuò	2979
奏	zòu	1106	罜	zuò	2980

後　記

　　2018年我申報的教育部、國家語委"甲骨文等古文字研究與應用專項"重大項目"戰國文字譜系疏證"獲批後,擬從《清華大學藏戰國竹簡》(壹)—(捌)入手,先做《清華簡文字聲系》。爲何選清華簡(壹)—(捌),一方面是因爲清華簡(壹)—(捌)是李學勤先生主編的;另一方面也是與之前出版過的《上博楚簡文字聲系(一～八)》相呼應。2019年初整合之前已完成的清華簡各輯字形、出處、辭例,全部按韻部完成歸類。正式寫作是從2019年初開始一直持續到2021年初。2020年初,居家躲"疫",效率極高。2020年5月7日下午左眼突然有飛片狀的黑雲,查了一下是飛蚊症,是因眼睛老化和勞累所致。研究論著目錄有一個初稿,後由滕勝霖、張文成、陳宣陽增補、校對,王磊也看過一遍,增補數條。該書於2021年獲批國家出版基金項目。2021年9月16日一校排出後,博士後顧王樂率領徐文龍、張一方、張文成、陳宣陽開始校稿,9月26日又增加了許飛、韓亦傑、賀一平、周雪潔、李志紅。他們將書稿從頭到尾校核一遍,字形、出處、辭例一一核對,并核查所有引文。10月22日校完全部稿子。國慶節假期,顧王樂、徐文龍、張一方、張文成、陳宣陽、李志紅只休息了一天,令我感動。楊爍也幫忙校過一遍。2021年11月2日上午全部退改完成!那天正好是農曆九月二十八日。索引由徐加躍完成。程燕老師看了部分書稿,指出了不少問題。出版社李君老師、李加凱老師、陳宣陽編輯認真負責。照排劉朝林老師處理古文字字形游刃有餘,指出了好多處放錯的字形。在此一併向所有爲此書付出心血的老師、學生表示衷心感謝!文中錯誤均由我負責。窗外有一棵桂花樹,"花繁實厚",微風輕拂,淡淡的桂花清香溢滿書房,沁人心脾!

2022年10月23日

補記:
　　二校到最後定稿,先後參與校稿的學生有顧王樂、張文成、韓亦傑、賀一平、李旭凝;核對索引的有張文成、韓亦傑、馮蘭、賀一平、王斐、劉肖靜、李婷璇、甘雨生、汪穎。一併向他們表示感謝!

2023 年 8 月 1 日